本书受全国文化名家暨“四个一批”人才自主选题（中宣干字[2016]133号）
和国家社会科学基金项目（11BKS005）资助

刘冠军 任洲鸿◎著

中国经济出版社
CHINA ECONOMIC PUBLISHING HOUSE
北 京

图书在版编目（CIP）数据

劳动力资本论（第二版）/ 刘冠军，任洲鸿著.

北京：中国经济出版社，2018. 3（2023. 8 重印）

ISBN 978-7-5136-4817-2

Ⅰ. ①劳… Ⅱ. ①刘…②任… Ⅲ. ①社会主义政治经济学—理论研究 Ⅳ. ①F04

中国版本图书馆 CIP 数据核字（2017）第 200767 号

责任编辑　赵静宜

责任印制　巢新强

封面设计　久品轩

出版发行　中国经济出版社

印 刷 者　三河市同力彩印有限公司

经 销 者　各地新华书店

开　　本　710mm×1000mm　1/16

印　　张　26

字　　数　399 千字

版　　次　2018 年 3 月第 1 版

印　　次　2023 年 8 月第 2 次

定　　价　88. 00 元

广告经营许可证　京西工商广字第 8179 号

中国经济出版社 **网址** www. economyph. com **社址** 北京市东城区安定门外大街 58 号 **邮编** 100011

本版图书如存在印装质量问题，请与本社销售中心联系调换（联系电话：010-57512564）

本书系教育部人文社会科学研究2007年度规划基金项目“现代科技劳动价值论与社会主义市场经济条件下的劳动力资本化研究”（07JA710017）结项成果《现代科技劳动价值论与社会主义市场经济条件下的劳动力资本化研究》的第二版。本版的修订和出版受全国文化名家暨“四个一批”人才自主选题“马克思‘科技—社会’思想及其发展研究”（中宣干字［2016］133号）、国家社会科学基金项目“马克思‘科技—经济’思想及其发展研究”（11BKS005）资助。

内容简介

本书在现代科技劳动价值论基础上，在社会主义市场经济条件下，系统地建构了“马克思主义劳动力资本理论”。这是在马克思主义经济理论框架内建构起来的一种与“西方人力资本理论”相抗衡的理论学说，它将马克思劳动力理论在劳动力商品理论基础上推进到一个新的发展阶段，在马克思主义经济学视域下将劳动力资本纳入到资本世界中，确定了劳动力资本在整个资本世界中的重要地位，确定了劳动力资本理论在马克思主义经济学中的重要位置。本书除“绪论”外分六章来建构：(1) 历史考察劳动力资本理论之源与流的演进过程，展示马克思主义劳动力理论发展的“三步曲”。(2) 全面考察劳动力资本研究的现实基础，着重阐述社会主义市场经济的内在逻辑、所有制变革、分配方式变革及和谐劳动关系建构等为它奠定的客观现实基础。(3) 系统考察劳动力资本研究的理论基础，着重阐述现代科技劳动价值论的“对象域”和体系内容为它提供的系统理论基础。(4) 劳动力资本理论之核心内容的系统建构，着重论证劳动力资本的内涵、资本世界中劳动力资本的地位、劳动力资本的基本类型、劳动力资本之价值与使用价值的特殊性、劳动力资本的产权及产权结构等。(5) 通过与西方人力资本理论比较，揭示劳动力资本理论的学术价值和理论意义，阐述现代人力资本理论是西方资产阶级主流经济学发展的理论产物，而劳动力资本理论是中国特色社会主义政治经济学研究的理论产物。(6) 阐述劳动力资本理论推动社会主义市场经济条件下生产方式转型升级以及生产资料所有制结构和生产关系新变革，赋予社会主义市场经济条件下“按劳分配”原则以新内涵、促进社会主义市场经济条件下和谐劳动关系新建构等现实意义。

本书适用于哲学社会科学理论工作者特别是马克思主义经济理论工作者和经济管理工作者，以及大学生、研究生等的学习和阅读。

目　录

绪论 劳动力资本问题研究的现状述评与本书的体系内容

任何科学理论都是时代的产物，都是当时社会历史现实的反映。马克思主义经典作家在当时“资本—劳动”二元对立的历史条件下批判地汲取了古典经济学家的思想，在科学的劳动价值论的基础上创新性地建构了科学的劳动力理论和劳动力商品理论。同时我们发现，在马克思主义的经典理论中预见性地萌发了许多与“劳动力资本”相关的思想，特别是在马克思关于资本和固定资本的大量论述中蕴含着丰富的“劳动力资本”的思想。譬如，马克思在《1857—1858 年经济学手稿》中曾经指出，“节约劳动时间等于增加自由时间”，而增加个人的自由时间并使之得到充分发展就相当于或就“可以看作生产固定资本，这种固定资本就是人本身”①；“知识和技能的积累，社会智慧的一般生产力的积累，就同劳动相对立而被吸收在资本当中，从而表现为资本的属性，更明确地说，表现为固定资本的属性”②；“在固定资本中”，“包括科学的力量”在内的“劳动的生产力表现为资本的固有的属性”③，等等。随着时代的进步和社会的发展，马克思的这些前瞻性思想成为全球范围内的经济理论的发展趋向。或者说，随着时代的发展和社会的进步，世界范围内的经济理论从不同的角度展示着这一发展走向，主要表现为：西方的人力资本理论在西方经济学的框架中展示了这一发展走向；而社会主义市场经济条件下的劳动力资本理论研究正在马克思主义经济理论的框架中彰显着这一发展的走向。

马克思劳动力资本思想在马克思主义经济理论框架中的这一发展走

① 《马克思恩格斯全集》第 46 卷下册，人民出版社 1980 年版，第 225 页。

② 《马克思恩格斯全集》第 46 卷下册，人民出版社 1980 年版，第 210 页。

③ 《马克思恩格斯全集》第 46 卷下册，人民出版社 1980 年版，第 229 页。

向，正是在现代科技劳动价值论的基础上、在社会主义市场经济条件下向前拓展的。这正如笔者在《现代科技劳动价值论研究》的“结语”中所指出的，完善现代科技劳动价值论这一全新理论体系的“一个努力的方向，就是在这一全新理论的指导下对社会主义市场经济条件下的劳动力资本化进行系统研究，进而建构起‘社会主义市场经济条件下的劳动力资本化理论’”。① 在我们看来，在现代科技劳动价值论的指导下建构起社会主义市场经济条件下的劳动力资本化理论，实质上就是在马克思主义经济理论框架中建构起社会主义市场经济条件下的劳动力资本理论，因为现代科技劳动价值论是在现代经济社会与境中建构起来的马克思劳动价值论的新理论形态②，而社会主义市场经济条件下的劳动力资本化研究，其目的在于创立社会主义市场经济条件下的劳动力资本理论；同时，在马克思主义经济理论的框架中进行劳动力资本化研究在我们所处的时代具有其历史必然性，这是因为：从理论层面来看，马克思科学的劳动价值论在我们这个时代已经发展为现代科技劳动价值论，它为劳动力资本化研究提供了理论基础。而从现实层面来看，社会主义市场经济的确立，为劳动力资本理论研究提供了现实基础。

在本书的“绪论”中，我们主要考察理论界关于劳动力资本理论研究的现状，并对理论界提出的各种观点进行述评。同时，在述评的基础上提出当代中国需要一种什么样的劳动力资本理论的问题，并对本书的体系结构和主要内容进行简要概述。

第一节　理论界关于劳动力资本问题研究的现状述评

通过对理论界提出的关于劳动力资本或劳动力资本化问题研究的诸多理论观点进行考察分析发现，理论界的许多专家学者都已经认识到，在社会主义市场经济条件下，劳动力不能仅仅作为商品，从而只获得劳动力商

① 刘冠军：《现代科技劳动价值论研究》，中国社会科学出版社 2009 年版，第 399 页。

② 刘冠军：《现代科技劳动价值论研究》，中国社会科学出版社 2009 年版，第 395 页。

品的价值，而且应当作为资本并获得一部分剩余价值，即只有劳动者的劳动力实现了资本化进而呈现为劳动力资本，才能体现社会主义市场经济相对于资本主义市场经济的优越性，才能最终实现共同富裕的社会主义本质。然而，这些专家学者对劳动力资本（化）的经济学意义的具体理解方面存在着许多分歧，至今尚未达到共识。甚至很少有学者能够从马克思主义经济学的理论框架内在概念上正面来阐释劳动力资本的具体理论内涵。此外我们还注意到，有的学者还提出并使用“劳动资本”或“劳动资本化”的不准确说法①。这就使理论界关于劳动力资本问题的理论研究进一步模糊甚至混乱起来。同时，自20世纪50年代以来逐步兴起并日益成熟的西方人力资本理论对我国理论界在马克思劳动价值论基础上研究探讨劳动力资本问题造成强大的理论压力和空前的理论挑战。据说，人力资本理论在西方理论界尚未出现与之相竞争的经济理论②。

在国内致力于马克思主义经济学研究的学者中，有一部分学者没有经得起西方人力资本理论的冲击，在理论立场上产生了动摇，对马克思劳动价值论从根本上产生了怀疑，完全抛弃了马克思劳动价值论而转向西方人力资本理论；有一部分学者则要么是出于对资产阶级意识形态的排斥③，要么是出于对马克思所建立的资本与劳动之间对立理论的教条式理解，对西方人力资本理论不加分析地简单地加以拒斥，而忽略了西方人力资本理论当中的许多与马克思劳动价值论相通的重要思想④；还有一部分学者采取了折中的理论态度，认为西方人力资本理论与马克思的劳动价值论和资本理论是两种平行的经济理论⑤，它们之间完全可以互不干涉地各自发展，从而将对这两种经济理论进行比较研究视为多余的理论工作。因此，如何应对西方人力资本理论对马克思劳动价值论与资本理论的冲击，在马克思劳动价值论的理论框架内建立起马克思主义的劳动力资本理论，已经成为

① 史正富:《劳动、价值和企业所有权——马克思劳动价值论的现代拓展》，《经济研究》，2002年第2期；朱敏:《劳动资本化及其激励效应》，载于《经济学家》，2001年第2期。

② ［英］马克·布劳格:《经济学方法论》，北京大学出版社1990年版，第253页。

③ 吴宣恭:《“人力资本”概念悖论分析》，载于《经济学动态》2005年第10期。

④ 谢富胜等:《人力资本理论与劳动力价值》，载于《马克思主义研究》2008年第8期。

⑤ 李健民:《人力资本通论》，上海三联书店1999年版，第41页。

社会主义市场经济条件下深化和发展马克思主义经济学并使之实现中国化所必须面对的重大理论课题。

关于劳动力资本或劳动力资本化问题，国内理论界主要围绕以下几方面加以探讨，在此我们在对这些理论观点进行系统梳理的基础上作出如下的评价和分析。

一、劳动力资本与社会主义本质之关系问题研究的现状述评

关于劳动力资本与社会主义本质之间的关系问题，有学者认为，劳动力资本化使劳动者以劳动为尺度参与分配利润成为可能，这就使具有公有制特征的劳动者个人所有制与其他形式的公有制能够在生产力与生产关系的矛盾运动中通过生产过程生产和再生产出来，从而为实现由邓小平提出的社会主义本质提供了重要的现实途径①。然而，这种观点虽然提出了劳动力资本概念，但本质上仍然没有突破生产资料只是指的外在于劳动者的物质生产资料的传统观念的束缚，而是通过劳动者按劳分配到一定量的利润之后，逐渐在企业中积累起来的物质生产资料来实现所谓的劳动力资本化的。其实，这已经不再是什么劳动力本身的资本化，而是物质生产资料的资本化了。从理论界的研究现状来看，劳动力资本问题虽然已经在学术界提出了许多年②，但是似乎始终没有得到广泛的认同，也没有得到深入研究并建立起系统的理论体系。其中问题的关键或许就在于：一方面，在经典作家的原著中找不到相应的概念和直接理论判断，这是文献方面的困难；另一方面，则是由于劳动力资本化中所说的资本化，在归根结底的意义上究竟指的是什么？或者说，是什么东西实现了资本化？因为在马克思看来，劳动力是一种特殊商品，劳动力的价值体现为工资，这种理论观点已经成熟并被广为接受。如果劳动力转化为了资本，那么一定存在着某种超越于劳动力商品价值之外的价值存在于劳动者之中，而这部分价值究竟是什么呢？它又是如何进行计量和如何实现的呢？为什么说它被资本化了

① 征汉文：《论劳动力资本化与社会主义本质的实现》，载于《唯实》2006年第12期。

② 据我们所掌握的材料来看，屈炳祥是较早提出并研究社会主义社会中的劳动力资本化问题的国内学者。屈炳祥：《论社会主义社会劳动力的资本化》，载于《经济评论》1996年第1期。

呢？显然，只有对这一系列问题给予一种清晰的马克思主义经济学回答，才有可能构建起一种马克思主义的劳动力资本理论。

也有学者明确地认识到，劳动力资本是区别于劳动力商品的一个经济范畴，是商品经济高度发达的必然产物。我国当前两极分化加剧与劳动者主人翁地位下降，原因就在于仍然把劳动力作为商品而非资本，劳动力转化为资本是消除两极分化的内在逻辑。因此，社会主义要比资本主义发展更快些、更好些，能有一个更高的起点，就应该对资本进行“扬弃”，而不是绝对否定。在此观点的基础上，该学者认为，与马克思在分析资本主义生产关系时以商品为起点相对应，在分析社会主义生产关系时，应该以资本为起点，以实现劳动力向资本的转化来体现社会主义本质①。显然，这种对劳动力资本的认识是比较深刻的，已经意识到劳动力从商品向资本的转化是商品经济发展更高一阶段的必然产物，已经初步理解到这一转化的历史进步性和历史必然性。然而，作为对劳动力商品向劳动力资本的转化问题并没有去深入研究劳动力商品的内在矛盾，而是从将社会主义制度本身作为劳动力向资本转化的依据。同时，这位学者认为，在社会主义初级阶段，劳动力具有商品和资本的双重属性，在经济活动中起着双重作用。一方面，作为商品的劳动力与资本相交换的生产要素取得工资收入；另一方面，作为资本的劳动力则不再与物质资本或货币资本相交换，而是与货币资本相融合，从而使这部分劳动者成为资产经营的代理人、股份资本的直接占有者，或兼有双重身份。这就使劳动者与货币所有者不再是支配与被支配的关系，而成为企业的主人，从而“把劳动力资本定义为劳动力本身所采取的资本的外壳形式。它是一种增量的无形价值形态的劳动力资本，一种体现在劳动者身上的无形的资本力”②。然而，这种观点对劳动力资本的解释仍然十分有限且模糊，只是将劳动力向资本转化作为一种经济事实来从现象层面来直接确定下来，而没有探究劳动力商品与劳动力资本之间存在着何种关系，以及导致劳动力商品获得了劳动力商品与劳动力

① 黄建军:《劳动力资本与社会主义本质》，载于《当代财经》1997年第8期。

② 黄建军:《劳动力资本与社会主义本质》，载于《当代财经》1997年第8期。

资本的双重属性的经济根源。难道仅仅是由于一个外在于劳动者自身的社会主义公有制吗？这种武断的回答显然不能为我们提供任何对劳动力资本问题的经济学解释。

唯物辩证法告诉我们，任何事物的转化都是有条件的，而且最根本的原因在于事物自身的内部矛盾。问题的关键在于，劳动力商品向劳动力资本的转化在什么条件下成为可能？对于这些问题，这位学者为我们提供的回答是："劳动力和资本不同所有制的存在是资本主义商品经济产生的必要条件，也是资本主义条件下劳动力商品或资本的必要条件。从决定劳动力价值的生产关系角度看，劳动者和生产资料完全分离使劳动力成为商品，劳动者和生产资料的高度统一形成劳动力资本。劳动者和生产资料相对分离或部分分离，使劳动力具有商品和资本双重属性。"① 然而，这种回答并不能令人信服劳动力向资本转化的结论，因为这个回答本身就至少存在着如下理论疑点：

第一，资本主义商品经济产生的必要条件是"劳动力和资本不同所有制"吗？众所周知，在马克思所研究的资本主义商品经济中，资本家占有一切生产资料，雇佣工人仅仅是劳动力商品的所有者。所以，资本的所有制是资本家的生产资料私有制，劳动力的所有制是劳动者的个人私有制。劳动力与资本同样都是私有制，只不过两种私有制所包括的对象不同而已，在所有制形式上并没有什么不同。而作者接着说的"也是资本主义条件下劳动力商品或资本的必要条件"这句话，显然更是让人不知所云。而所谓"从决定劳动力价值的生产关系角度看……"的这种说法，也是令人难以理解，劳动力价值怎么会由"生产关系"决定呢？

第二，所谓"劳动者和生产资料的高度统一形成劳动力资本。劳动者和生产资料相对分离或部分分离，使劳动力具有商品和资本双重属性"。然而，我们知道，在马克思所设想的共产主义社会是"劳动者和生产资料的高度统一"的，如果照此逻辑的话，那么必然会得出共产主义社会应该是劳动力的资本化程度最高的社会经济形态的结论，这显然难以成立。另

① 黄建军：《劳动力资本与社会主义本质》，载于《当代财经》1997 年第 8 期。

外，对于个体小生产者来说，生产资料归劳动者自己所有，也可以说是一种“劳动者和生产资料的高度统一”，那么这种劳动者的劳动力也实现了完全的资本化吗？我们不要忘记，个人小生产者在多种人类社会发展阶段上都始终存在，而资本则不然。

尽管作为一种关于劳动力资本问题的代表性观点，但是这位学者实际上并没有真正搞清楚劳动力向资本转化的经济学意义。也可以说，在寻找导致劳动力向资本转化的经济根源的过程中，并没有找到正确的研究方向，即没有在劳动力内部矛盾方面寻找劳动力商品向劳动力资本转化的根本动因，而将自己的研究视线错误地集中在了外在于劳动力的物质生产资料上。

二、劳动力资本与国有企业改革之关系问题研究的现状述评

关于劳动力资本与国有企业改革之间的关系，有学者直接指出，社会主义企业中职工的工资具有双重含义：一方面作为劳动力价值的回收，体现一种劳动力商品等价交换的关系；另一方面作为劳动力投资的计算标准，然后按比例分得红利。同时还认为，劳动者成为双重主体，即一方面是劳动力商品的主体；另一方面是企业存量资产的股权所有者①。然而，这种对劳动力向资本转化的这种解释并不能清楚说明劳动力商品与劳动力资本之间的关系。事实上，劳动者作为主体，只不过是作为占有不同的价值量的单一主体，其工资收入仍然是劳动力商品的价值，它的性质并没有变化，变化的仅仅是工人收入并不仅仅限于工资收入，还有通过占有和掌握劳动力资本而获得的一部分自己创造的剩余价值，这部分是劳动力所有者所占有和掌握的精神生产资料即劳动力资本在经济上的实现。从理论上讲，工资就是工资，它是劳动力商品的价值，不可能具有什么双重含义。而只有超过工资水平的那部分收入才是劳动力资本的经济实现。如果劳动者无法得到超过工资即劳动力商品价值的收入水平，那么是根本谈不上什么劳动力向资本转化的。收入的表现形式是货币，它只有量的差别，而没

① 王珏：《国企改革应实现劳动力资本化》，载于《中国经贸导刊》1999年第3期。

有质的区别，这种性质统一于劳动力商品与劳动力资本的价值同质的经济规定性。

在关于劳动力资本与国有企业改革之间关系的理论探讨中，还有学者认为："我国对国有企业实行的股份制和民营化的产权改革不能从根本上解决监督激励和效率流失问题，而劳动力资本化是一项可行的制度选择。劳动力资本化改革是国有企业股份制改革的一项制度补充，是对社会主义公有制的发展和完善。"① 这种基本观点已经将其对劳动力向资本转化的理解限制在了一个相当狭窄的范围内，即把劳动力资本化理解为一种有效的监督激励机制，是对国有企业股份制改革的一项"制度补充"。这种观点还认为："劳动力资本是指凝结在人体内，能够物化于商品和服务，增加商品或服务的效用，并依此享受收益的价值（舒尔茨）。劳动力资本化的核心内容是把企业职工的劳动力资本所有权转化为企业的股权，企业职工按照其股份的多少与资本股（或资金股）共同参与分配。"可见，这里所理解的"劳动力资本"实际上是西方经济学中的人力资本与马克思劳动价值论的一种理论混合物。事实上，这种定义将劳动力资本最终归结为一种"价值"，但却没有说明这部分价值的来源是什么以及这部分价值是如何转化为资本的。因为，既然这种观点使用"劳动力资本"概念而不使用甚至回避使用西方经济学中的"人力资本"概念，那么显然是试图在马克思主义经济学理论框架内探讨这个问题。然而，在马克思主义经济学看来："在理论上，价值概念先于资本概念，而另一方面，价值概念的纯粹的发展又要以建立在资本上的生产方式为前提，同样，在实践上也是这种情况。"② 价值向资本的转化必须经过一系列中介才有可能实现，并且也只有在一定的生产关系中才有可能找到这一系列中介。

然而，这位学者并没有进一步探讨这些重要的理论问题，甚至可以说根本没有意识到这些问题的存在，而是在分析社会主义社会时直接指认"劳动者的社会地位发生了根本的转变，在理论上国有制的建立确立了生

① 王升：《制度创新——国有企业劳动力资本化》，载于《河北经贸大学学报》2002 年第 6 期。

② 《马克思恩格斯全集》第 46 卷上册，人民出版社 1979 年版，第 205 页。

产资料全民所有制的性质，‘全民’成为生产资料的主人，这在理论上实现了劳动者与生产资料的直接结合；实践中，我国社会主义传统国有经济的发展采用的是低工资、高积累的政策，就国有职工而言，他们正常收入构成中的一部分工资、全部劳动力资本要素收入、物质资本要素收入通过计划经济的原始积累机制，转化成现在的国有资产的积累，因而劳动者对国有资本拥有事实上的原始产权。一旦劳动者取得了对物质资本的所有权就取得了对剩余价值的控制权和索取权，劳动力从商品转变成可以实现增殖的资本"。但是，我们未免疑惑，国有经济中的劳动者是作为所有者与（物质）生产资料实现"直接结合"的吗？历史表明，一种所有者与生产资料直接结合的生产方式，必然是生产的结果与所有者直接相关的，是劳动者即所有者实行自我监督、自我激励和自我享受收益的[①]，不会存在普遍的偷懒、磨洋工、出工不出力等问题。国有经济显然与此不符。事实上，国有经济中的劳动者与生产资料并不是直接结合的，而是经过一系列的委托—代理关系间接地结合在一起的[②]，作为全民代表的政府最终成为一个抽象化的所有者代表，但它仍然不是一个人格化的所有者代表，而这恰恰是一个真正经济学意义上的所有者的本质规定。当这种经过一系列委托—代理关系的全民所有制落实到单个劳动者身上的时候，很难说是一个与生产资料直接结合的具体的所有者。

同时，这种观点还认为劳动者在取得了对物质资本的所有权的条件下，就会使其劳动力从商品转变成可以实现增殖的资本，即取得对物质资本的所有权是劳动力向资本转化的条件，劳动力转化为资本则是取得物质资本所有权的结果。显然，这种逻辑恰恰颠倒了二者之间的关系，是一种倒果为因的错误逻辑。尤其重要的是，在以公有制为主体、多种所有制经济共同发展的社会主义初级阶段的基本经济制度背景下，对劳动力资本的这种理解，实际上完全把劳动力资本问题的研究仅仅局限于国有经济中，

① 这也就是马克思所说的自己"剥削"自己、自己"雇佣"自己等生产方式。详细参见《马克思恩格斯全集》第 26 卷第 1 分册，人民出版社 1972 年版，第 440 页。

② 这里所说的"结合"，不是从物质形态意义上来讲的，而是从生产关系意义上来讲的，因为任何实际生产过程都必须要将劳动者与生产资料进行"直接结合"。

而将社会主义市场经济条件下的其他所有制经济排除在理论研究之外，这就大大降低了劳动力资本研究的理论价值，大大缩小了劳动力资本化研究的适应范围，而且也不符合将马克思主义经济学与中国特色社会主义市场经济相结合从而实现马克思主义经济学中国化的理论要求。事实上，国内许多学者在研究劳动力资本问题时，在相当高的程度上都存在着将劳动力资本化作为深化国有企业改革的一种理论工具，进而将其作为对国有企业实现股份制改造理论依据的倾向。尽管对劳动力资本问题的这种认识对国有企业改革实践具有明显的理论指导意义，但是也存在着一些明显的理论局限性。因为这种理论目的的短期性与局部性，说明对劳动力资本化趋势的认识还没有上升到从唯物史观视角下将资本逻辑的发展作为一种历史进步力量的理论高度①，也就不可能认识到劳动力向资本转化对建立和完善社会主义市场经济乃至对整个人类社会发展的历史进步意义，从而也就难以构建起一种系统的马克思主义的劳动力资本理论。

三、劳动力资本与社会主义分配制度之关系问题研究的现状述评

关于劳动力资本与社会主义分配制度之间的关系，有学者从劳动力向资本转化的角度来探讨社会主义分配问题，并将其称为“现代分配制度”，即“在社会主义市场经济条件下，也就是劳动力商品按其价值分配，物质资本（或货币资本，下同）和智力资本均按其形成利润分配”②。事实上，尽管这种观点似乎是在讨论社会主义市场经济条件下的分配问题，但实际上与作为马克思研究对象的资本主义生产关系和由其决定的分配制度并没有什么本质的区别。因为，在这里劳动力仅仅被理解为商品，而将利润理解为物资资本或货币资本、智力资本共同形成或创造的，这已经存在着明显的各种生产要素共同创造价值的非马克思劳动价值论倾向。这种观点声称，现代分配制度赖以形成的经济条件是“对劳动力所有者来说，按劳动

---

① 关于资本逻辑及其历史进步意义的详细讨论，参见任洲鸿、刘冠军：《从“雇佣劳动”到“劳动力资本”——西方人力资本理论的一种马克思主义解读》，载于《马克思主义研究》2008年第8期。

② 汪海波：《论建立现代分配制度》，载于《经济学家》2003年第6期。

力价值分配，是同劳动力商品化相联系的。对货币资本所有者来说，按利润分配，是同货币资本化相联系的。对智力资本所有者来说，按利润分配，是同智力资本化相联系的”。然而，智力资本的经济学本质到底是什么？它的形成机制怎样？它又是如何形成价值与利润的？这一系列重要的理论问题对这位学者来说都似乎根本不存在。同时，这种观点实际上已经将智力从劳动力概念当中分割出去，并认为它能够独立地形成利润即剩余价值，这种说法显然是有待商榷的，因为没有劳动力的使用即劳动，单凭存在于人体内的智力本身是无法创造价值的，更不会创造出剩余价值。

另有学者认为，所谓劳动力资本化就是指劳动力的所有者或使用者，能够以生产者或经营者的资格，将劳动力作为资本并入生产经营过程，借以生产、实现并据此分享剩余价值①。这种观点将劳动力资本化划分为两种类型：即他人意义上的劳动力资本化与自身意义上的劳动力资本化。前者实际上就是马克思所分析的可变资本；后者则是指劳动力的所有者能够以生产者或经营者的资格，将劳动力作为资本并入生产经营过程，借以生产、实现并据此分享剩余价值。对前者来说，劳动力资本的所有权与使用权是分离的；对后者来说，劳动力资本的所有权与使用权是结合在一起的。同时，这位学者在对劳动力资本与人力资本进行对比之后认为，人力资本理论的本质是一种“劳动力商品理论”的观点，这无疑有其合理之处。同时，这位学者也注意到了劳动力向资本转化的经济后果即对生产关系与分配关系的深刻影响，这一点无疑已经抓住了与西方人力资本理论的本质区别。但是，这位学者将劳动力资本与企业的股权直接联系在一起，也就使劳动力资本概念与独立于劳动者而存在的物质资本联系在一起，而不是在劳动力商品与劳动力资本之间、在劳动者所创造的价值的量与质的辩证关系上进行深入分析，进而划分出劳动力商品与劳动力资本两个概念。

事实上，这种忽视对劳动力资本的价值本质的研究是当前理论界在劳

---

① 余传贵：《试论社会主义市场经济条件下的劳动力资本化》，载于《财经理论与实践》1999年第11期。

动力资本化领域研究在普遍存在的理论缺陷。此外，尽管这位学者注意并指出了劳动力向资本转化的时代背景，即高科技与知识经济，实际上已经认识到科学技术与劳动者的一体化发展是劳动力向资本转化的必要条件。然而，这位学者并没有将科学技术等理解为由劳动者所掌握并与劳动者的劳动力结合在一起的精神生产资料，也就没有以此为契机对劳动力资本的价值本质以及由此导致的生产资料所有制与生产关系的深刻变化进行深入分析，而只是描述了科学技术与劳动者相结合，并客观上要求劳动者获得一部分利润的经济事实。显然，这与构建系统的马克思主义的劳动力资本理论还相去甚远。

四、劳动力资本与社会主义生产关系之关系问题研究的现状述评

关于劳动力资本与社会主义生产关系之间的关系，有的学者试图探究劳动力向资本转化对社会主义生产关系所形成的影响，这种理论出发点无疑具有重要意义。然而，在这个问题上，这位学者并没有抓住问题的关键，他认为："劳动力资本化，意味着劳动力像其他生产要素一样参与对利润的分配，从而使分配关系发生质的变化。分配给劳动力的利润，用于扩大再生产以后，在股份制条件下必然形成股份，劳动者从而获得股权，进而产生劳动者个人所有制。劳动力资本化过程中的劳动者参与分配利润与劳动者个人所有制是辩证的统一。"① 显然，这种观点认为劳动力资本化似乎是一个纯粹的分配问题，并且使分配关系发生质的变化。但是，这并没有说明劳动力为什么会转化为资本？劳动力参与利润分配的经济依据是什么？更没有意识到，分配领域中所发生的质的变化，最终是由于生产领域中生产资料所有制关系（即劳动者对作为精神生产资料的科学知识的占有和掌握）所发生的部分质变导致的。事实上，这位学者是按照西方经济学理论来理解"资本"概念的，即凡是能够带来利润的价值，从而能够构成资本的生产要素，包括资金、土地、劳动，以及经营管理、科学技术、知

① 征汉文：《浅析劳动力资本化对生产关系的影响》，载于《现代经济探讨》2006 年第 8 期。

识信息等，都属于资本之列。所谓“资本化”，既指各种生产要素参与利润分配的过程，也指它们的经济结果，即“任何一种生产要素，都并非一开始就占有利润，而是必然经历一个过程，最终使其占有利润成为事实，从而使其由具体的生产要素转化成为资本。这样的过程和结果就叫‘资本化’”，正如这位学者所说：“在实践中，诸如资本金（货币）、物质生产资料、土地、经营管理、科学技术、知识信息等等生产要素，由于它们都已经参与对利润的分配，所以我们就说，这些生产要素都已经资本化了。”①

从马克思主义经济学的理论视角来看，这种对资本和资本化的理解从根本上说是值得商榷的，因为它是以利润的存在为先验的前提，而把研究视野仅仅局限于分配领域，似乎什么东西参与利润的分配，什么东西就成为资本，也就是已经资本化了。这显然是一种没有任何理论意义的循环论证。首先，任何一种参与分配的要素都不是生产要素本身，而是这种生产要素的所有者；其次，它没有说明利润从何而来？最后，分配关系是由一定的生产关系决定的，在没有说明这种生产关系的前提下来谈论分配关系是没有意义的。对于劳动力向资本转化的问题，这位学者认为：“所谓‘劳动力资本化’，即劳动力也要参与对利润的分配。首先，这是由‘资本’的性质决定的。因为资本的本质在于对利润的占有，而当劳动力也占有利润时，劳动力也就资本化了。并且，也只有当劳动力参与分配利润时，劳动力才具有‘资本’的性质。其次，这是由利润为人类的活劳动所创造决定的。人类的劳动创造了商品的利润，劳动也就应当参与分配利润。这也是由劳动同样是生产要素之一决定的。”② 可见，这种观点一方面以劳动力占有利润为先验的事实，从而确立劳动力的资本性质，这显然是在倒果为因，将劳动力转化为资本的最终的经济实现作为劳动力转化为资本的先决条件；另一方面，尽管将其研究的劳动力限定在“企业”中，即

① 征汉文：《浅析劳动力资本化对生产关系的影响》，载于《现代经济探讨》2006年第8期。

② 征汉文：《浅析劳动力资本化对生产关系的影响》，载于《现代经济探讨》2006年第8期。

所谓直接生产利润的劳动力，但并没有说明在科学技术普遍应用的现代企业中利润来源的复杂性和多元性，而是简单地认为企业利润都是企业中的直接生产者创造的。这显然已经远远不符合现代企业尤其是科学技术普遍应用的高科技企业利润生产的事实。

同时，这位学者还认为，劳动力参与利润的分配，是由劳动作为一种生产要素决定的，似乎只要是参与生产过程的生产要素都天然地应该参与利润的分配。这种观点显然也混淆了劳动力与其他生产要素之间的本质区别，也抹杀了劳动力商品的历史性质，没有理解劳动力由马克思严格定义的雇佣劳动到现代经济社会中的劳动力资本化发展的历史演变及其经济依据。尽管这位学者意识到应该深化认识劳动者获得的工资的本质，但是在这个问题上，作者的理解并没有任何的“深化”，反而使劳动力商品与劳动力资本这两个不同的概念具有很大的随意性和主观性，认为“‘工资是劳动力的价值或价格’，在中国特色社会主义的今天，它仍然是真理。但是，在这里，必须明白以下界限：一是作为劳动力的价值或价格的‘工资’，是对生产成本——不管‘生产成本’是首先以货币资本的形式出现还是首先以劳动力资本的形式出现——的补偿。在生产过程中，劳动者首先以其‘劳动力’作为生产成本投入生产过程，以后再从生产成果的总价值中取出与劳动力价值相当的价值，并以‘工资’的方式对劳动力进行补偿，……对劳动力的这种补偿，从一开始就与利润毫无关系”。然而，这位学者同时又认为，股份制企业中实现劳动力资本化的途径是“以劳动力对企业投资的方式，使劳动力直接作为资本进入生产过程，进而参与对企业用于扩大再生产的利润——‘利转股’——的分配”。通过将利润转变为企业股份，也就使劳动者成为企业的股东，从而参与对企业利转股的分配，“劳动者首先以其‘劳动力’作为生产成本投入生产过程”①。这些观点之间显然存在着混乱和矛盾，即为什么劳动力一会儿作为生产成本投入生产过程，一会儿又作为资本投资于企业生产，其中的依据是什么？是劳

① 征汉文：《浅析劳动力资本化对生产关系的影响》，载于《现代经济探讨》2006年第8期。

动者的主观意愿还是企业生产的客观要求？或者说，劳动力何以能够取得生产成本与资本的双重性质？这一系列重要的理论问题作者都没有说明，不能不说这是其劳动力资本理论存在的内在缺陷。

第二节　问题提出：当代中国需要一种什么样的劳动力资本理论

通过上述评析可知，当前国内学术界关于劳动力资本化问题的研究，仍然存在着很大的理论局限性，往往是针对我国在由传统计划经济向市场经济转轨的进程中遇到的一些具体问题（如国有企业改革问题、所有制结构和分配制度变革问题、生产关系改进问题等）而提出的一些理论思考，一般都带有明显的政策建议性质。这样，对劳动力由商品向资本转化问题的认识也就难以从历史发展的高度加以认识，更难以构建起系统的马克思主义的劳动力资本理论。然而，已有理论成果中关于劳动力资本和劳动力资本化之概念本身在理解上是混乱的，它们之间存在着诸多分歧。同时，对劳动力资本与西方人力资本概念一般都不加区分地视为等同，脱离现实的社会主义生产关系的实际而从抽象的“经济人”假设出发，照搬西方经济学人力资本理论的分析方法，这些也是现有的理论成果中存在的明显的理论缺陷。从这个意义上讲，国内学术界已经取得的理论成果都是极其有限的。特别应该强调的是，这个系统的、一般化的劳动力资本理论对于探索人类现代科技革命特别是新技术革命与经济全球化时代条件下的社会主义市场经济发展的规律具有十分重要的意义，而这一点却被学术界严重地忽视了。

早在1979年，彼得·德吕克在谈到养老基金问题时就曾严肃地指出：“如果社会主义被定义为劳动者以这种方式占有生产资料（即实行雇员股东制——笔者注），那么美国就是第一个真正的社会主义国家。”① 事实上，雇员持股制度仅仅是劳动力由商品向资本转化的具体表现形式之一。问题的本质在于，正是由于现代科技革命特别是新技术革命条件下的资本主义生产方式的新变化，使得劳动力由商品转化为资本成为在新的生产条件下

① 参见陈露：《“人民资本主义”是骗局》，载于《国外理论动态》2003年第9期。

实现资本增殖的客观要求，从而使得劳动力由商品向资本转化获得了雇员持股的具体表现形式，而绝不是由于在某个企业中实现了雇员持股制度而导致了劳动力资本化。事实上，如果我们面对劳动力资本化这样一种历史趋势而只是着眼于进行个别的、局部的问题进行研究的话，是不可能在马克思劳动价值论框架内构建总体的、一般化的劳动力资本理论的。

这是因为，“如果不先解决总的问题就去着手解决局部性问题，那么随时随地都必然会不自觉地‘碰上’这些总的问题”①。因此，在现代科技革命特别是新技术革命所带来的科技劳动与知识经济日益普遍化和以资本逻辑统治为本质特征的经济全球化趋势下，在建立和完善中国特色社会主义市场经济的历史进程中，如何以历史唯物主义基本原理为方法论指导，以马克思劳动价值论为理论指导，在现代科技劳动价值论的基础上将马克思的劳动力理论和劳动力商品理论与社会主义市场经济的具体实际相结合，系统构建一种马克思主义的劳动力资本理论，既是将马克思主义经济学实现中国化的重大理论课题，也是在新的历史时期深化和发展马克思主义经济学、创立中国特色社会主义政治经济学的重大理论任务。

在此意义上讲，中国特色社会主义市场经济的伟大实践，呼唤在马克思主义政治经济学的理论框架内，创建与这一伟大实践相适应的马克思主义的劳动力资本理论。只有这样，才能在理论上坚持马克思主义的指导，才能有针对性地阻止反映资本主义生产方式及其与之相适应的资本主义生产关系的西方人力资本理论在社会主义中国大地上的蔓延趋势，才能有效地克服作为资产阶级主流经济学发展新形态的、“和资产阶级眼界相符合的”并“满脑袋都是生意经”② 的西方人力资本理论对中国特色社会主义市场经济之改革开放实践的误导，才能真正摆脱具有浓厚资产阶级意识形态色彩的西方人力资本理论对马克思主义中国化理论肆意侵蚀的困境。简言之，在当代中国，由中国特色社会主义的新型生产方式以及与之相适应的中国特色社会主义的新型生产关系所决定，社会主义市场经济建设需要的是能够反映这种新型生产方式和新型生产关系的马克思主义的劳动力资

① 《列宁全集》第 15 卷，人民出版社 1988 年版，第 366 页。

② 马克思：《资本论》第 2 卷，人民出版社 1975 年版，第 134 页。

本理论。这也正是本书再版的理论初衷。

第三节　本书的体系结构和主要内容设计

在本书第一版出版时，将书名命名为“现代科技劳动价值论与社会主义市场经济条件下的劳动力资本化研究”。而从这一标题来看，本书研究的是“劳动力资本化”问题，针对这一问题所建构的是“劳动力资本”理论体系，而这一研究和建构是建立在现代科技劳动价值论基础上且在社会主义市场经济条件下展开的，因此本书第一版的体系结构和主要内容也就是“现代科技劳动价值论与社会主义市场经济条件下的劳动力资本化理论”的体系结构和主要内容。在第一版基础上修订而成的第二版，我们将其书名直接简称为“劳动力资本理论”。由于“劳动力资本”与“劳动力资本化”具有内在的逻辑一致性和现实的统一性——劳动力资本是劳动力资本化的静态体现，而劳动力资本化是劳动力资本的动态展现，因此本书所使用的标题“劳动力资本理论”视同为“劳动力资本化理论”。为了行文的方便和表述的逻辑严谨性，我们根据讨论问题的不同语境而使用了不同的表述，如在前三章讨论其历史源流、现实基础和理论基础时主要使用了“劳动力资本化理论”，而在第四章针对核心内容进行理论建构时主要使用了“劳动力资本理论”。在此理解和认识的前提下，本书第二版体系结构和主要内容也就沿袭了第一版的体系结构，并对主要内容略加调整，而在实质上是针对现代科技劳动价值论与社会主义市场经济条件下的劳动力资本或劳动力资本化问题而进行体系建构和内容设计的。

一、构成要素和体系结构

一般地，科学理论的体系结构，原则上可以大致地分为两类：一类是经验归纳结构体系；另一类是演绎结构体系①。从科学发展的历史和现代科学发展的趋势来看，比较成熟的科学理论一般都采用演绎结构体系，因

① 刘冠军、王维先：《科学思维方法论》，山东人民出版社2000年版，第461页。

此我们在建构现代科技劳动价值论与社会主义市场经济条件下劳动力资本理论的体系结构时，主要运用演绎方法按照演绎结构体系的程序来建构。也就是说，从理论体系的视角看，现代科技劳动价值论与社会主义市场经济条件下的劳动力资本理论是一种演绎结构理论体系。爱因斯坦在谈到理论物理学的体系及其构成要素时指出："理论物理学的完整体系是由概念、被认为对这些概念是有效的基本定律，以及用逻辑推理得到的结论这三者所构成的。"① 而现代科技劳动价值论与社会主义市场经济条件下的劳动力资本理论作为一种科学学说，如同爱因斯坦所说的理论物理学一样，也是由概念、基本原理或科学定律以及科学推论或现实意义构成的②。

第一，科学概念是构成现代科技劳动价值论与社会主义市场经济条件下的劳动力资本理论之体系结构的"细胞"和基础性核心要素。它是建立在现代科技劳动价值论之主要概念③的基础上所形成的构建社会主义市场经济条件下的劳动力资本理论的核心范畴，主要包括：劳动力、劳动力商品、劳动力资本、劳动力资本化、现代科技劳动价值论、社会主义市场经济、科技—经济一体化、科技与劳动相结合、精神生产资料、物质生产资料、生产资料所有制、劳动者个人所有制、资本世界、资本世界的内在逻辑、精神资本、物质资本、劳动力资本的价值、劳动力资本的使用价值、科学型劳动力资本、技术型劳动力资本、直接生产型劳动力资本、劳动力资本的产权、劳动力资本的所有权、劳动力资本的占有权、劳动力资本的使用权、劳动力资本的收益权、社会主义生产关系、社会主义"按劳分配"原则、社会主义和谐劳动关系等。

第二，基本原理或科学定律是现代科技劳动价值论与社会主义市场经济条件下的劳动力资本之现实的反映。它是建立在现代科技劳动价值论之

① 《爱因斯坦文集》第1卷，许良英、范岱年编译，商务印书馆1976年版，第313页。

② 刘冠军：《现代科技劳动价值论研究》，中国社会科学出版社2009年版，第46-47页。

③ 现代科技劳动价值论之主要概念主要包括现代科技经济社会与境、现代企业、科技商品、科技价值、科技使用价值、科技劳动、科技具体劳动、科技抽象劳动、科技私人劳动、科技社会劳动、"科学价值库"、科学价值的累加效应、剩余价值、相对剩余价值、超额剩余价值、"无人工厂"的高额利润等。参见刘冠军：《现代科技劳动价值论研究》，中国社会科学出版社2009年版。

主要内容①的基础上所形成的现代科技劳动价值论与社会主义市场经济条件下的劳动力资本理论的核心内容，主要包括：劳动力资本化与劳动力资本的本质及其二者的关系原理；资本世界中劳动力资本的划分原理；科学型劳动力资本、技术型劳动力资本、直接生产型劳动力资本的形成与特征；劳动力资本之价值和使用价值的特殊性；马克思经济理论视域中劳动力资本之产权特征，包括劳动力资本的所有权、占有权、使用权、收益权等特征。

第三，科学推论是根据上述的基本原理或科学规律通过对社会主义市场经济之现实进行分析和逻辑推理而推导出来的一系列结论。这些结论具有一定的普适性和前瞻性，并且对现实的经济社会发展具有较强的理论指导意义，它们是现代科技劳动价值论与社会主义市场经济条件下的劳动力资本理论不可缺少的重要内容。这些结论主要包括：（1）劳动力资本化理论必然推动社会主义市场经济条件下的生产关系新变革，首先突出地表现在由传统的物质生产资料所有制向物质生产资料和精神生产资料“双重生产资料所有制”的新变革；由原来意义上的单一的物质资本关系向劳动力资本化条件下的“物质资本—精神资本”的双重资本关系的演变；由原来意义上的社会主义劳动者“单重所有、单一结合”的生产关系即社会主义劳动者仅是劳动力商品的所有者、仅与物质生产相结合的生产关系，演变为社会主义市场经济条件下的“双重所有、两种结合”即社会主义劳动者

① 现代科技劳动价值论之主要内容概括地讲，主要包括科技商品的二因素原理；生产科技商品的科技劳动的二重性原理；科技商品生产的基本矛盾原理；现代企业考虑科学和技术因素时的价值创造和运行的“价值链”结构模式；科学价值的“库存”原理和“累加效应”规律；科学价值库中价值的“孵化机制”规律；科学在现代企业生产过程中实现价值增殖的规律；超额剩余价值主要是从事理论创新的科学家所创造的剩余价值，在首先利用科技的个别企业中实现的结果，不是由“在企业现场的”生产工人创造的；相对剩余价值主要是从事理论创新的科学家所创造的，也不是由“在企业现场的”生产工人创造的；“无人工厂”的高额利润主要来源于“科学价值库”的价值，或者说主要来源于从事基础性理论创新的科学家所创造的剩余价值；“无人工厂”在一定意义上是“科学价值库”潜在价值的“显示器”或“孵化器”；科技商品拜物教是现代经济社会与环境中所特有的现象，在实质上是科技商品作为“物”所掩盖着的生产它的科技劳动的社会性质，是科技商品的价值所隐含着的人与人的社会关系；当我们揭开科技商品拜物教的面纱之时，展现在我们面前的，不仅有共时性横向维度上的人与人之间的相互关系，而且还有历时性纵向维度上的前人与后人之间的秉承关系等。参见刘冠军：《现代科技劳动价值论研究》，中国社会科学出版社2009年版。

不仅是劳动力商品的所有者还是劳动力资本的所有者的“双重所有者”，不仅与物质生产资料的结合而且还与精神生产资料的结合的“两种结合”的生产关系等。（2）与此同时，劳动力资本化理论必将赋予社会主义市场经济条件下的“按劳分配”原则以新的内涵，突出地表现在：社会主义劳动者不仅要获得其劳动力作为商品的价值即传统意义上的工资，而且要获得其劳动力作为资本所创造的剩余价值即参与剩余价值的分配——二者都属于按“劳”分配的范畴，都属于“劳动”收入的范畴。（3）在这样的情况下，劳动力资本化必然促进社会主义社会主义市场经济条件下和谐劳动关系的新建构，由原来的“严格经济学意义上的雇佣劳动”基础上的“劳动—资本”的对立关系转变为劳动力资本化条件下的社会主义市场经济的和谐的“劳动—劳动”“劳动—资本”“资本—资本”的新关系等等。

由此可见，这种由概念、基本原理或科学定律以及科学推论或现实意义构成的现代科技劳动价值论与社会主义市场经济条件下的劳动力资本理论，各要素并不是按照任意的外在次序排列的，而是有一个前后一贯的严密的理论体系结构。可以说，在理论体系上，这是一种建立在现代科技劳动价值论基础上的社会主义市场经济条件下关于劳动力资本的演绎结构理论体系。

二、主要内容设计和理论创新

依据从研究到建构的写作思路，除“绪论”之外，全书拟就现代科技劳动价值论与社会主义市场经济条件下的劳动力资本问题，主要分为以下六章来展开论述和建构。

第一章是对劳动力资本理论之源与流的历史考察。通过这种历史考察，展示了马克思主义经济学中劳动力理论发展的“三步曲”，展示了劳动力资本化理论的创立在理论发展上的历史必然性。在马克思主义经济学中，劳动力理论占有至关重要的地位，也是马克思主义经济学区别于其他一切政治经济学的独具特色的经济理论。从历史的维度和经济哲学的高度来考察，在马克思主义经济学中劳动力理论的发展经历了三个相对明确的理论演进过程，这就是从“马克思在科学地区分劳动力和劳动基础上创立的劳动力理论，到科学地区分劳动力商品和劳动商品基础上创立的劳动力商品理论，再到现代科技劳动价值论基础上的社会主义市场经济条件下创立的劳动力资本理论”的演进过程，这一演进过程展示了马克思主义经济学中劳动力理论发展的“三步曲”。通过这种历史的考察发现，劳动力资本化的理论之源就是马克思在当时的历史条件下创立的科学的劳动力理论；马克思科学的劳动力商品理论是其劳动力理论向劳动力资本化理论历史演进的中间环节或中介形态，它在资本主义历史条件下产生，并在社会主义市场经济条件下经历了剧烈的历史嬗变最后得以认可；马克思主义的劳动力资本理论是马克思劳动力商品理论在现代科技劳动价值论基础上的认识飞跃之结果，是对社会主义市场经济条件下“科技—经济一体化”的现代化大生产中的劳动力商品资本化或劳动力资本化趋势之客观经济现实的时代反映。通过对劳动力资本化理论之源与流的历史考察，进一步彰显了它的创立在理论发展上的历史必然性。

——关于劳动力资本理论的思想渊源。正如马克思政治经济学是在批判地继承了古典政治经济学家的经济思想基础上创立的一样，建立在马克思劳动力理论和劳动力商品理论基础上的劳动力资本理论，在思想渊源上最早的思想源头可追溯到威廉·配第、亚当·斯密等古典政治经济学家的劳动力资本思想。在此之后，包括萨伊、麦克库洛赫、J. S. 穆勒、W. S 西尼尔、F. 李斯特等许多资产阶级政治经济学家都从不同的角度提出过将人的各方面的能力视为一种资本的观点或思想。

——关于劳动力资本理论直接的理论之源是马克思创立的劳动力理论。在马克思主义经济理论的框架中，从历史维度来看，劳动力资本理论直接的理论之源就是马克思在当时的历史条件下在科学地区分了劳动力和劳动基础上创立的科学的劳动力理论。对这一理论之源进行系统考察，有助于我们深入理解现代科技劳动价值论基础上的劳动力资本化理论。

——关于马克思劳动力商品理论及在中国社会主义市场经济实践中的历史嬗变。与马克思科学的劳动力理论交织在一起向前发展的另一个重要的理论，就是马克思在科学地区分了劳动力商品和劳动商品的基础上创立的科学的劳动力商品理论。可以说，马克思科学的劳动力商品理论是其劳动力理论向劳动力资本化理论历史演进过程中的中间环节或中介形态，它在资本主义历史条件下由马克思创立，在社会主义市场经济条件下经历了剧烈的历史嬗变并最后在理论界得以认可。

——关于劳动力资本化理论的构建：马克思劳动力商品理论在当代的拓展和深化。现代科技劳动价值论基础上的劳动力资本理论是马克思劳动力商品理论在“科技—经济一体化”的现代经济社会条件下认识飞跃的结果和进一步拓展、深化的产物，是对社会主义市场经济条件下劳动力商品资本化或劳动力资本化趋势之客观经济现实的时代反映。

第二章主要考察分析劳动力资本理论研究和建构的现实基础。这一现实基础就是中国特色社会主义市场经济建设的伟大实践。任何科学理论都是时代的产物，都是当时社会历史的反映。马克思主义创始人在当时的历史条件下批判地汲取了古典政治经济学家的思想，创新性地建构了科学的劳动力理论和劳动力商品理论。同时，任何的科学理论都有其科学的预见性和前瞻性，进而表现出超时代性。在马克思劳动力理论的发展历程中，马克思从对劳动和劳动力的辨析，到对劳动商品和劳动力商品的区分，必然孕育着从劳动力商品到劳动力资本的认识飞跃。马克思在创新性地建构科学的劳动力理论和劳动力商品理论之同时，预见性地萌发了许多与“劳动力资本”相关的思想。然而，在“资本—劳动”二元对立的资本主义社会中，马克思的这一前瞻性思想没有得以深入、系统的研究。然而，随着时代的进步和社会的发展，马克思的这一前瞻性思想已经成为我国经济理论发展的一大趋向。其中的一个主要原因就在于，轰轰烈烈、波澜壮阔的中国特色社会主义市场经济建设的实践，为劳动力资本化研究提供了现实基础、创造了成熟的现实条件。中国特色社会主义市场经济条件下的所有制变革、分配制度的变革、和谐劳动关系的构建等为劳动力资本化研究提出了现实的要求。可以说，社会主义市场经济条件下的劳动力资本化研究已经成为我们这个时代发展的客观要求，因而具有了现实的必然性。

——从社会主义市场经济的形成及其内在逻辑与劳动力资本化研究的关系来看，改革开放以来，中国特色社会主义市场经济的确立以及轰轰烈烈、波澜壮阔的中国特色社会主义市场经济建设实践，一方面通过“事实说明，我国社会主义市场经济改革的方向是正确的……通过社会主义基本制度和市场经济的有机结合，更好地发挥了社会主义的优势”①；另一方面，中国特色的社会主义市场经济建设实践“是在不断深化改革中发展前进的。我国要建成完善的社会主义市场经济体制，还有很长的路要走，许多规律性的东西我们还不熟悉”，“特别是当前我国改革已进入‘深水区’”② 的情况下，有许多的新问题、新情况、新规律需要我们去研究、探索、发现和把握。其中需要研究、探索和把握的一个极为重要的问题，是社会主义市场经济的内在逻辑和内在规律。也就是说，我国进行社会主义市场经济建设，必须遵循社会主义市场经济的内在逻辑和内在规律，必须服从包括劳动力资本在内的所有资本追求价值增殖的资本逻辑。为此，劳动力资本化这一马克思主义经典著作中没有研究的理论问题，现在已经成为社会主义市场经济内在逻辑发展所必须系统研究的一个重大课题，这是时代发展的现实需求。

——从社会主义市场经济条件下的所有制变革与劳动力资本化研究关系来看，伴随中国从高度集中的社会主义计划经济体制到充满活力的中国特色社会主义市场经济体制的伟大历史转折，传统计划经济体制下的所有制结构也在不断地向与社会主义市场经济体制相适应的所有制结构转轨，并且当代中国的社会主义市场经济条件下的所有制结构正在发生着深刻的变革，这为劳动力资本化研究提供了现实的基础。在马克思主义经济理论的视域中，生产资料与劳动力是人类社会生产的一般生产条件，它贯穿于整个人类社会发展的各个历史阶段，具有自然的历史必然性。任何现实的社会生产都是劳动力与生产资料相结合的结果，正是这种劳动力与生产资料相互结合的具体方式，使这个人类社会生产的一般生产条件被纳入到不同的社会生产关系之中并获得了不同的经济学意义，从而表现为不同的经济范畴。在我国传统计划经济体制下所实行的是生产资料公有制，但在这

① 中共中央宣传部理论局：《六个“为什么”——对几个重大问题的回答》，学习出版社2009年版，第98页。

② 中共中央宣传部理论局：《六个“为什么”——对几个重大问题的回答》，学习出版社2009年版，第105页。

一生产资料所有制的实施过程中也萌发了劳动者个人所有制的思想，主要表现为理论界关于劳动者个人所有制的争鸣。改革开放以来社会主义市场经济的逐步确立，使社会主义市场经济条件下的劳动力个人所有制成为现实。社会主义市场经济条件下的劳动力个人所有制不仅为劳动力资本化研究奠定了现实基础，而且使劳动力资本化研究成为一种现实的需要。更为重要的是，在社会主义市场经济条件下，劳动力个人所有制所包含的经济内容已经发生了诸多新变化，它已经不再限于仅仅作为劳动力商品的劳动力所能够涵盖的经济内容了。作为劳动力商品与劳动力资本的双重所有者分别对应着不同的经济内容，它们共同组成劳动力个人所有制的内部经济结构。在劳动力个人所有制条件下，无论是劳动者劳动力商品质量的提高还是劳动者劳动力资本的增加和积累，最终获得经济利益的首先就是劳动者本身，从而实现了对劳动力商品与劳动力资本的投资与收益之间的激励相容。

——从社会主义市场经济条件下的分配方式变革与劳动力资本化研究关系来看，从马克思对共产主义社会“按需分配”的设想，到社会主义社会“按劳分配”的提出，再到社会主义市场经济条件下按劳分配与按要素分配相结合分配方式的确立，经历了一个漫长的发展历程，可以说按劳分配与按要素分配相结合的分配方式是与社会主义市场经济相适应的崭新的分配制度，它的确立以及在新的历史条件下的深化发展，为劳动力资本化研究提供了现实基础，使劳动力资本化研究具有了现实可能性。大家知道，在马克思主义经典作家对未来社会的分配关系提出了很多的设想并加以论述，但在现实的社会主义社会中，如何进行社会主义的分配仍然是一个值得探讨的问题，对这一问题的探讨应当以本国的具体国情和生产条件的实际分配状况作为分配方式得以具体实现的既定的出发点。随着我国社会主义市场经济体制的逐步建立和完善，与社会主义市场经济相适应的分配制度即以按劳分配为主体、多种分配方式并存的分配制度也逐步形成，这种分配制度又通过健全劳动、资本、技术、管理等各种生产要素按贡献参与分配的制度而不断得到完善。这种分配制度也可以概括为按劳分配为主体与按生产要素分配相结合的分配制度。而这一分配制度的具体实现形式与所应当包括的经济内容，在现实性上需要我们系统地研究劳动力资本化理论，因为在社会主义市场经济条件下，人们所面对的劳动力显然已经不再是马克思所设定的“严格的经济学意义上的雇佣劳动”概念下的劳动力商品，而是作为劳动力商品与劳动力资本的双重所有者的社会主义市场经济条件下的“人人有知识，个个有技能”的社会主义劳动者，这就使劳动力不可能再仅仅作为某种单一生产要素，并且随着社会主义劳动者个人能力的发展程度而表现出诸多差别的复合生产要素。对于作为双重所有者的社会主义劳动者来说，以科学知识为主要内容的精神形态的生产资料表现与劳动者结合在一起的劳动力资本，这就使社会主义劳动者与生产条件中的精神生产资料实现了真正的直接结合，而无须通过任何外在于劳动者的社会中介。这样一个简单的经济事实，本质上却是使马克思所探讨的劳动力商品条件下的生产关系发生深刻变革的因素，这就使社会主义市场经济条件下的按劳分配的实现更加复杂化。在这样的情况下，客观上要求对劳动力资本化进行系统研究。

——从社会主义市场经济条件下和谐劳动关系建构与劳动力资本化研究关系来看，“社会和谐是中国特色社会主义的本质属性，是国家富强、民族振兴、人民幸福的重要保证”，而实现社会和谐是一项系统工程。我国目前正处于并将长期处于社会主义初级阶段，以公有制为主体、多种所有制经济共同发展的基本经济制度与以按劳分配为主体、多种分配方式并存的分配制度已经逐步形成，生产方式和交换方式正在发生并将继续发生深刻的历史变革，市场化进程已成为不可阻挡的历史潮流。在这一历史变革过程中，市场经济的内在要求使一切生产要素（包括劳动）都汇入到市场化的洪流中去，都必须在竞争的市场中获得自己存在的依据，或者放弃自己存在的权利。既然社会主义初级阶段不可避免地要承担起资本的历史使命，即通过资本关系发展生产力，从而生产出全面发展的社会个人，那么社会主义市场经济条件必然也要将一切生产要素统摄于资本逻辑的威力之下。因此，我国原有的劳动关系必然会发生深刻的变革。在这样的时代背景下，一方面，现代科技（尤其是新技术）革命所创造出来的强大生产力以及由此造成的生产方式与生产关系的深刻变革，构建中国特色社会主义市场经济条件下的和谐的资本—劳动关系是构建和谐社会的经济基础；另一方面，在社会主义市场经济条件下，存在一个难以消解的影响和谐资本—劳动关系构建的、进而也是影响和谐社会构建的一个“难题”，这个“难题”也就是马克思在劳动力商品理论视域中对资本主义劳动性质考察过程中揭示出来的资本逻辑统治之下“雇佣劳动”的“异化”本质问题。在社会主义市场经济条件下克服和消解这一“难题”的关键，是对劳动力资本化进行系统的研究并建立起相应的理论。因此，劳动力资本化研究是消解和克服这一“难题”进而构建社会主义市场经济条件下和谐劳动关系的现实需要和有效路径。

第三章主要考察分析劳动力资本理论研究和建构的前提依据。建立在马克思劳动力和劳动力商品理论基础上的马克思劳动价值论、科技劳动价值论思想，以及在此基础上发展起来的现代科技劳动价值论，它们在不同的程度上与劳动力资本研究有着内在的关联。在本章中，沿着从马克思劳动价值论到现代科技劳动价值论的理论发展的历史进程，分别考察这些理论与劳动力资本研究的关系并探寻劳动力资本理论研究和建构的前提依据。其主要内容和理论观点包括：

——从马克思劳动价值论与劳动力资本化研究的关系来看，一方面，在理论发展的进程中，马克思科学的劳动价值论是建立在“劳动”这个人类本质活动基础上的价值论研究的结晶，是马克思和恩格斯在批判地继承了古典劳动价值论的基础上创立的，它有着丰富而严密的科学内涵，它为劳动力资本化研究提供深层次的原理依据。但另一方面，从时代发展的历史进程来看，马克思科学的劳动价值论有其特定的“对象域”，这一特定的“对象域”主要是工场手工业，进一步讲主要是工场手工业中占主导地位的“手工工具—体力型”劳动系统，从整体上讲主要属于“物质生产领域”的范畴。由此决定了马克思科学的劳动价值论的这一特定“对象域”还不具备系统地研究劳动力资本化问题的现实条件。

——从马克思科技劳动价值论思想与劳动力资本化研究的关系来看，一方面，在理论发展的进程中，马克思在创立科学的劳动价值论的过程中，在从对工场手工业的考察转向对机器大工业的考察，特别是转向对机器大工业中占主导地位的“机器—脑力型”劳动系统的考察时，萌发了以脑力支出为主的具有丰富内涵的科技劳动价值论的思想，这些思想是具有科学预见性和前瞻性的真知灼见，它为劳动力资本化问题的研究提供了直接的思想源泉，为劳动力资本化研究提供了理论上的可能性和作了思想认识上的准备。但另一方面，从时代发展的历史进程看，马克思的科技劳动价值论思想的孕育和萌发有着特定的“对象域”，这一特定“对象域”主要是机器大工业，或者说主要是机器大工业中占主导地位的“机器—脑力型”劳动系统，从整体上讲仍然属于“物质生产领域”的范畴。由此所决定，马克思萌发科技劳动价值论思想的这一特定“对象域”也不具备系统地研究劳动力资本化问题和直接地建构起劳动力资本化理论的现实条件，因而造成了在马克思经济理论中渗透着劳动力资本的思想萌芽但还没有系统的劳动力资本的理论之现实。

——从现代科技劳动价值论的“对象域”与劳动力资本化研究的关系来看，现代科技劳动价值论作为马克思科学的劳动价值论和科技劳动价值论思想在现代经济社会中发展的系统化理论体系，其创立主要是为了解决马克思科技劳动价值论思想与马克思劳动价值论的“整体对象域”之间的“不吻合”“不一致”的矛盾。为此，现代科技劳动价值论将其“对象域”确立为在“物质生产领域”的基础上加以拓展所形成的“物质生产”和“精神生产”相统一的“科技与经济一体化”社会生产系统，不仅在宏观上为劳动力资本化问题的研究全方位地提供了现实的可能性和具备了成熟的现实条件，而且在“劳动力所有者”“劳动力所有者”所使用的“劳动资料”“劳动力所有者”在使用劳动力即劳动过程中所设计的“劳动对象”等微观方面为劳动力资本化研究提供了现实的可能。

——从现代科技劳动价值论的体系内容与劳动力资本化研究关系来看，在历史与逻辑、理论与现实相统一的进路上，现代科技劳动价值论在将其“对象域”划定为在“物质生产领域”基础上拓展而成的“物质生产”和“精神生产”相统一的“科技与经济一体化”社会生产系统之同时，把马克思在创立科学的劳动价值论和提出科技劳动创造价值思想时所“简化掉”“忽略掉”或“被放在次要位置上”的因素凸现出来加以研究，建构起全面系统的科学理论体系，从而为劳动力资本化研究全方位地提供了系统的理论基础，使劳动力资本化研究在理论上成为可能。从现实的角度看，将价值生产领域或经济领域从“物质生产领域”拓展到“精神生产领域”特别是“科技生产领域”，在客观上将价值创造的主体从在企业现场进行生产劳动的“狭义的工人阶级”，扩展到包括不一定在企业现场操作的科技人员在内的“广义的工人阶级”，将创造价值的劳动从以简单的以体力付出为主的传统意义上的生产劳动拓展到以复杂的脑力付出为主的科技劳动，因为上述三方面的“拓展”是一体的，不能人为地将三者割裂开来，这也正是现代科技劳动价值论所做的和已经完成的工作——这为劳动力资本化问题的研究做好了理论上的准备。而从理论的角度看，现代科技劳动价值论针对这一“对象域”加以研究，至少在这样三个方面为劳动力资本化问题的研究作了准备：一是它不仅把拥有一般劳动力的传统意义上的“工人”或“雇佣个人”纳入到研究的视野，而且把拥有高级复杂劳动力的科学人员、技术人员、管理人员等纳入到研究的视野，这为将劳动力当作资本提供“资本的拥有者”；二是它将生产资料的范围进一步拓展，使之不仅包括“物质生产资料”，而且也包括“精神生产资料”，这为劳动力资本拥有者提供了“资本载体”；三是它使资本运动和价值运动范围进一步拓展，使之不仅包括“物质资本”的运动，而且也包括“精神资本”运动，而这两种资本的运动实质上都是“劳动力资本”的运动——拥有“物质生产资料”的传统意义上的资本家及其经理人的管理劳动和拥有“精神生产资料”的劳动力所有者的劳动共同协作运动的结果，这使劳动力资本全面地纳入到资本运动之中。

——从整体论意义上看，现代科技劳动价值论在“对象域”层面为劳动力资本化研究奠定了坚实的现实基础，在体系内容层面为劳动力资本化研究提供了理论上的可能性，所以现代科技劳动价值论能够成为劳动力资本化研究的理论基础。而现代科技劳动价值论作为劳动力资本化研究的理论基础，在实质上也就是将马克思劳动价值论作为其理论基础，其原因在于现代科技劳动价值论与马克思劳动价值论是一脉相承的关系。

第四章着重对劳动力资本理论的核心内容进行系统建构。在社会主义市场经济条件下，我们别无选择地生活在一个商品无处不在、一切生产要素都并入到资本化进程中的世界里。市场经济之所以能够通过市场价格机制有效地配置各种社会经济资源即一切生产要素，本质上就在于它内在地具有将一切生产要素资本化的趋势，从而在各种生产要素的所有者对价值增殖的不懈追求中实现一切社会财富（包括物质财富与精神财富）的生产、创造和积累。在本章中，我们将在现代科技劳动价值论的基础上建构起社会主义市场经济条件下的劳动力资本化理论的核心内容。

——关于劳动力资本化与劳动力资本的内涵界定与相关概念辨析。在对马克思关于劳动力、劳动力商品与科技劳动价值思想的有关论述进行考察的基础上，对社会主义市场经济和“科技—经济一体化”社会条件下的劳动力资本从两个层面作出规定，这也就是劳动力资本的两种含义：一是指，在劳动者占有和掌握以科学知识、技术、信息等为主要内容的精神生产资料并使之与自身的劳动力相结合和一体化发展的条件下，劳动者的劳动力已经不仅仅能够作为商品，而且已经转化为资本化的劳动力即劳动力资本；二是指，与劳动者的劳动力相结合并一体化发展的以科学知识、技术、信息等为主要内容的精神生产资料，由于这部分精神生产资料只有在劳动者对自己的劳动力进行运用即劳动的条件下，才能在实际上并入生产过程并表现为现实的生产力，所以将与劳动者的劳动力相结合着的精神生产资料本身称为劳动力资本。一般地，第一种含义的劳动力资本，是与劳动力商品相对应的，实质上是资本化的劳动力；第二种含义的劳动力资本，是与作为物质资本的物质生产资料相对应的，实质上是资本化的与劳动力一体的精神生产资料。就劳动力资本与劳动力资本化之间的关系而言，劳动力资本是劳动力资本化的必要前提，劳动力资本化是劳动力资本即精神生产资料并入实际生产过程而导致的必然结果。在此需要说明的是，“劳动力资本”不同于马克思所说的“可变资本”，更应当与理论界所谓的“劳动资本”相区别。

——关于资本世界中的劳动力资本。马克思从价值增殖过程的角度来对资本进行划分的方法，即将全部资本划分为可变资本和不变资本的方法，而这种划分方法又是建立在马克思经济学中独具特色的劳动二重性与商品二重性理论基础之上的。可以说，正是根据商品“二分法”，马克思对进入生产过程的所有生产要素也相应地进行了二元划分，即将这些表现为生产资本形式的生产要素划分为可变资本与不变资本。相对于古典政治经济学家所作的流动资本与固定资本的划分来说，马克思对生产资本的这种二元划分无疑是一个重大的理论变革，而如果没有劳动二重性理论与商品二重性理论，这种理论变革是不可能实现的，只有马克思才出色地完成了这一革命性的理论批判工作。可见，马克思对整个商品世界的“二分法”，是与马克思主义经济学的基本原理在理论上密切联系着的，在内在逻辑上是根本一致的。这样，将马克思的商品“二分法”的内在逻辑运用来分析我们所面对的这个由商品转化而来的资本世界，也就应当得到与马克思主义经济学的基本原理逻辑一致的理论判断。在此，我们运用马克思科学划分整个资本世界的内在逻辑即“二元划分”的逻辑，对我们在社会主义市场经济条件下所面对的整个资本世界进行划分，以此来显示马克思主义经济学视域下资本世界中资本的基本类型：物质资本和劳动力资本。因此，在马克思主义经济学视域下，劳动力资本在资本世界中是与物质资本相对应的一大类型。由此也就确定了劳动力资本在资本世界中的重要地位，并进而确定了劳动力资本在马克思主义经济学中的重要位置。

——关于劳动力资本的基本类型。由于现代科技劳动价值论是马克思劳动价值论在现代经济社会与环境中发展的结果，因此在现代科技劳动价值论基础上对劳动力资本的类型划分，也是在马克思主义经济理论的框架中展开的。在现代科技劳动价值论的视域中，“科技—经济一体化”的现代市场经济中的企业就是现代经济社会与环境中的企业即现代企业，它包括在现代科技产业化的世界性潮流中出现的新型现代科技产业、原来的大型生产企业通过设立“工业实验室”等研发机构使其变成了现代的科技企业、现代科技以“间接方式”通过转化、物化、渗透等途径应用于原来的生产企业进而使其“科技化”而形成的现代企业。这样，现代企业的整个生产劳动过程在不同程度上依次展现为“不在场的”科学人员研究科学成果的劳动、“准在场的”技术人员研究技术成果的劳动和“在场的”生产工人生产出企业最终产品的直接劳动，这是由社会分工和专业化发展所决定的现代社会劳动总过程中的不同环节构成的具有“跨时空”特征的“人类劳动链条”。与此相对应，在现代科技劳动价值论的基础上将劳动力资本划分为3种基本类型：科学型劳动力资本即“不在场的”科学人员的劳动力资本、技术型劳动力资本即“准在场的”技术人员的劳动力资本和直接生产型劳动力资本即“在场的”生产工人的劳动力资本。尽管这三种不同类型的劳动力资本在整个社会生产过程中处于不同的“时空”位置，但是这些劳动力资本的主体即科学家、技术专家、企业经理、生产工人等“总体工人”所创造的价值和剩余价值，最终都将通过多种形式和多种渠道的“价值链”传导或转移到社会生产和生活所需要的商品中去，这也是以现代科技革命为基础的“科技—经济一体化”的现代社会化大生产的典型特征。

——关于劳动力资本的价值与使用价值的特殊性。由于社会分工与专业化的发展，使从事不同职业的劳动者占有和掌握着具有不同使用价值的精神生产资料，而这些从事不同职业的劳动者恰恰正是作为这些精神生产资料的活的载体而存在，从而承担着不同类型的经济职能。从这个意义上来说，劳动者对这部分精神生产资料的使用与在生产过程对物质生产资料的使用并没有什么不同，它们都是作为经济学意义上的固定资本被并入实际生产过程的，当然，这只是从使用价值的角度来讲的。而从价值的转移角度来看，作为劳动力资本的精神生产资料在劳动过程中被使用的同时，和物质生产资料一样，也必然伴随着价值的转移。但是，由于精神生产资料与物质生产资料相比较，其价值与使用价值都表现出某些特殊性，从而使作为劳动力资本的精神生产资料在向劳动产品转移价值的过程中也具有某些特殊性。可以说，劳动力资本之价值和使用价值的特殊性是劳动力资本的重要经济学特征。

——关于劳动力资本的产权问题。通过对马克思主义经典著作的考证分析发现，马克思的所有权理论也就是马克思的产权理论，那种以为马克思经济学中没有产权理论的观点是站不住脚的。而在马克思产权理论的视域中，劳动力资本也存在一个产权的问题。我们提出“劳动力资本的产权”这样一个理论问题，不是仅仅就劳动力资本的所有权问题进行探讨，而是就劳动力资本产权所分解开来的一系列问题进行研究。由于现代市场经济社会中的产权分解已经成为一个普遍的经济事实，使得与劳动者的劳动力结合在一起的劳动力资本所发生的一系列市场交易与企业内交易关系异常复杂，从而使得所有权越来越表现为“一束”权利，即主要由所有权、占有权、使用权和收益权等组成的一系列权利的总和。

——关于劳动力资本的产权结构与特征分析。(1) 就劳动力资本的所有权而言，在现代市场经济条件下，特别是在社会主义市场经济条件下，劳动力资本的所有权规定应当遵循“谁投资，谁所有”的经济原则。伴随着改革开放的深入和社会主义市场经济的不断完善，劳动力资本的投资主体主要朝着家庭和个人的方向发展，因此越来越多劳动者劳动力资本之所有权应当给予客观、公正的认定。这是发展和完善社会主义市场经济的必要条件。(2) 就劳动力资本的占有权而言，以科学知识为主要内容的精神生产资料本身就是劳动者的脑力劳动的结晶，它在产生之初就自然地与作为劳动主体的劳动者结合在一起，因此作为劳动力资本的生理载体的劳动者对劳动力资本享有天然的占有权。这里所谓的“天然”，是从劳动力资本与劳动者相结合的生理学角度来讲的，而绝不是说以科学知识为主要内容的精神产品本身“天然”就是劳动力资本。概言之，在社会主义市场经济条件下，劳动力资本与劳动者的天然结合，决定了劳动者对劳动力资本享有唯一的占有权。(3) 就劳动力资本的使用权而言，尽管劳动者作为劳动力资本的天然载体唯一地享有对其劳动力资本的占有权，但是在社会主义市场经济条件下，劳动力资本的使用权却成为市场交易的对象，这一点与马克思所说的自由劳动者在一定时间内出卖自己劳动力商品的使用权而同时保留其对劳动力商品的所有权是相同的。在社会主义市场经济中，劳动者与企业之间通过“劳动契约”建立起一定的经济关系，即企业购买到对劳动者劳动力资本的使用权，而劳动者则有权获得劳动契约所规定的报酬。虽然劳动契约决定了劳动力资本的使用权归属于企业，但是由于具有主观意志和主观能动性的劳动者是劳动力资本的天然载体，在具体的、现实的社会生产过程中对劳动力资本的使用程度如何必然产生重要影响，即劳动者在一定程度上仍然控制着对劳动力资本的供给和使用。正是从这个意义上来说，企业若要充分获得已经购买到的劳动力资本的使用权，就必须建立一套比较完善的激励机制来最大可能地使劳动者有效运用其劳动力资本，以便获得尽可能多的剩余价值。（4）就劳动力资本的收益权而言，在社会主义市场经济条件下，既然劳动者作为劳动力资本的天然载体和主要投资者，享有对劳动力资本的所有权和占有权，那么当劳动力资本作为精神生产资料进入社会生产过程并生产出劳动产品之后，劳动者必然享有对劳动产品的收益权，这是由社会主义市场经济条件下的生产要素所有权规律决定的。作为生产资料所有者的劳动者必然要求自己对生产资料所有权的经济实现，从这个意义上讲，劳动力资本所有者也就不仅要获得自己劳动力商品的价值，而且还要获得一部分自己创造的剩余价值，这部分剩余价值是劳动者凭借属于自己的生产资料即劳动力资本取得的。

第五章是通过与西方人力资本理论的比较分析，阐述劳动力资本理论的学术价值。有比较才有鉴别，通过比较鉴别方能彰显理论的学术价值。20世纪中叶以来，作为反映人类现代科技（尤其是新技术）革命条件下社会化大生产新特征的西方人力资本理论的兴起与发展，对马克思主义经济学尤其是马克思劳动价值论和剩余价值理论形成了严峻的挑战。在经济全球化与社会主义市场经济条件下，如何对待西方人力资本理论，已经成为中国化的马克思主义经济学必须科学回答的重大理论课题。同时，我国理论界对待西方人力资本理论的态度是非常复杂和微妙的，既不得不承认这一理论对我国实施“科教兴国”伟大战略的现实指导意义，也不能接受这一理论对马克思劳动价值论和剩余价值理论的侵蚀，同时又尚未在马克思主义经济学的理论框架内产生一种能与西方人力资本理论相竞争的马克思主义的理论学说。事实上，我们在现代科技劳动价值论的基础上建构起来的社会主义市场经济条件下的劳动力资本化理论，就是在马克思主义经济学理论框架内建构起来的一种能与西方人力资本理论相抗衡的马克思主义的理论学说。从这个意义上讲，我们将马克思主义的劳动力资本化理论与西方人力资本理论进行一种理论上的比较研究，也就成为一项必然且必要的工作。

——关于西方人力资本理论：从古典到现代。在对马克思主义的劳动力资本化理论与西方人力资本理论进行比较之前，首先对西方人力资本理论的产生与发展等进行必要的介绍。从经济思想史的角度来看，任何一种经济理论或经济学说，我们都可以找到其理论渊源，当今学术界比较流行的西方人力资本理论当然也不例外。为了进行理论比较研究的方便，我们对西方人力资本理论的形成与发展以 20 世纪 50 年代为界在时间上将其简单划分为古典人力资本理论与现代人力资本理论两个发展阶段。

（1）自威廉·配第以来，包括亚当·斯密、萨伊、麦克库洛赫、J. S. 穆勒、W. S 西尼尔、F. 李斯特等许多古典政治经济学家和一些资产阶级政治经济学家都从不同的角度提出过将人的各方面能力视为一种资本的观点或思想。但严格来讲，古典时期的政治经济学家们并没有提出系统、完整的人力资本理论，只能说是他们提出了人力资本思想，这种思想正是在新生的资本主义生产方式下应运而生的。为了分析的方便，我们将古典时期的政治经济学家们提出的人力资本思想姑且称为古典人力资本理论。

（2）西方人力资本理论在从古典到现代的发展过程中，西方经济学中的“边际革命”与新古典经济学的形成是一个重要的过渡阶段，其间以研究如何实现稀缺资源的最优配置问题为核心的微观经济分析和市场价格理论逐步形成了一整套形式化的理论分析方法，由此也将资本理论的研究推向了一个崭新的发展阶段。如边际革命的代表人物之一瓦尔拉、新古典经济学的集大成者马歇尔、I. 费希尔等进一步推进了西方人力资本理论特别是关于人的经济价值的核算问题和人力资本投资问题的研究。而在 20 世纪 50 年代之后，现代人力资本理论作为现代经济学的研究，一方面源于经济学家们对美国收入的巨大增长中除物质资本与劳动的增加之外还存在着某些剩余因素所产生的理论困惑，另一方面源于某些经济学家关于教育对促进经济增长的重要性的特别强调。随着“二战”结束与现代科技革命特别是新技术革命带来经济的高速增长，一批优秀经济学家如舒尔茨、明塞尔、贝克尔等将现代主流经济学的实证分析方法成功运用于人力资本理论并令人信服地解释了长期困扰经济学家的诸多“经济之迷”，使古典人力资本理论发展到现代人力资本理论的新阶段并已成为主流经济学的重要组成部分。可以说，现代人力资本理论是对现代科技革命特别是新技术革命带来的科技劳动、知识劳动日益普遍化的理论反映和对诸多“经济之迷”的理性回答，它至少为我们提供了一个完整的理论研究框架，成功地将被西方主流经济学排除在研究视野之外的经济现象纳入到西方主流经济学的分析框架之中。

——关于劳动力资本理论与西方人力资本理论的一致性比较。在当代中国，中国化的马克思主义经济学的理论任务和历史使命就是服务于解放和发展生产力的社会主义本质要求，而“劳动是生产的真正灵魂”，因此解放生产力首先要解放劳动者，使他们从各种不适合生产力发展和时代要求的体制束缚和观念束缚中解放出来；发展生产力，首先要发展劳动者，使他们通过学习与实践成长为“人人有知识、个个有技能”从而能够占有科学技术知识这种一般社会生产力的社会主义建设者。坚持科学发展观的核心就是“以人为本”，最终目的就是实现人的全面发展。在现实的社会主义市场经济条件下，劳动仍然是人的一种谋生活动，并非是人生活的“第一需要”。因此，人的全面发展，首先就应该包括人的劳动能力的发展，这也就表现在人的知识、技能等方面的能力如何，这直接决定着人的收入水平，从而也就决定着人的生活质量、发展机会和发展空间。从这个角度来看，尽管马克思主义的劳动力资本化理论与西方人力资本理论之间存在着根本差异，但也不可避免地存在着某些一致性，主要表现为时代背景的一致性、研究对象的一致性和形成机制的一致性。

——关于劳动力资本理论与西方人力资本理论的差异性比较。尽管对于人在经济发展中的特殊作用是马克思主义的劳动力资本化理论与西方人力资本理论共同关注的研究对象，但它们本质上却是产生于不同的社会背景，并且基于不同的理论基础和理论立场上的两种完全不同的理论范式。马克思主义的劳动力资本化理论本质上是运用唯物辩证法、在现代科技劳动价值论基础上、在马克思主义经济理论框架内研究中国特色社会主义市场经济的必然结果，而西方人力资本理论则本质上是西方学者将西方主流经济学运用于物质资本的研究方法，在成本—收益的理论分析框架内，直接运用于对“人力”研究的理论产物。这两种不同的理论范式至少存在着以下几个方面的差异性：社会背景的差异性、理论基础的差异性和理论立场的差异性。

——现代人力资本理论是西方资产阶级主流经济学发展的理论产物。自从20世纪50年代西方人力资本理论主要由舒尔茨和贝克尔完成其创建工作以来，西方人力资本理论的研究伴随着科学技术日新月异地发展所创造出来的强大社会生产力和资本主义经济表现出来的强劲增长态势而不断得到深化和完善，而且在人力资本投资形成与途径、人力资本投资与收益的研究及其微观模型的构建、人力资本与经济增长之间的关系、人力资本与技术进步和劳动生产率之间的关系等领域进行了大量的研究。同时，西方人力资本理论已经不仅仅是一种经济理论，而且在西方经济学家手中成为一种几乎万能的分析工具，用来分析诸如人力资本与个人收入分配之间的关系、人力资本与就业和职业流动问题、人力资本与储蓄和消费问题、人力资本与人口增长和生育率之间的关系、人力资本与人口迁移和流动问题，乃至人力资本与婚姻家庭问题等人类社会生活的各个方面。西方经济学家在这样做的同时，无疑也将西方主流经济学的价值判断、思维方式、行为取向、决策方法等一系列资产阶级经济学观念侵入到人类的整个社会生活中来，从而在客观上为实现资产阶级的意识形态统治创造了有利条件，为资本主义生产关系的合法性与合理性提供了“理论基础”。

总体来看，西方人力资本理论具有明显的意识形态特征：一方面，它将“人力”等同于“劳动能力”或“劳动力”，并将“人力”作为一种“资本”，是用资产阶级的狭隘眼光来看待人和人的再生产，“这是和资产阶级眼界相符合的”，在资产阶级眼中把人的健康、人的体能、生产知识、生产技能和生产技巧仅仅看作是一种资本存量，即作为现在的未来产出和收入的源泉；另一方面，它试图调和资本主义生产方式以及和它相适应的生产关系的固有矛盾，主张当“人们已经获得了具有经济价值的大量的知识和多种技能”时，“他们已经变成了资本家”，从这个意义上说，资本主义生产方式固有的资产阶级和无产阶级的矛盾也就消失了，资产阶级成为掌握着物质资本的资本家，工人阶级成为掌握人力资本的“资本家”，这两个资本家集团共同在市场经济活动中各自追逐自己的效用最大化过程中实现了整个社会资源的有效配置，资本主义生产关系也就成为一种资产阶级与无产阶级利益和谐一致基础上的社会关系。

——劳动力资本理论是中国特色社会主义政治经济学研究的理论产物。随着中国特色社会主义市场经济的建立和不断完善，构建一种与中国具体实际相结合和相适应的中国化的马克思主义经济学，不仅已经日益成为学术界的基本共识，而且已经正式纳入我党关于中国特色社会主义理论建设的议事日程——这就是中国特色社会主义政治经济学的建设。而劳动力资本理论就是马克思主义劳动力商品理论与中国特色社会主义经济实践相结合的产物，也就是中国特色社会主义政治经济学研究的理论产物。这主要体现在：劳动力资本理论适应中国特色社会主义政治经济学建设需求，是与中国特色社会主义市场经济建设相适应的，实现了马克思劳动力商品理论与当代中国实际相结合，其基本思想和理论诉求也与最终实现共同富裕的社会主义本质要求相一致。在此意义上，劳动力资本理论推进了马克思主义的劳动力理论和劳动力商品理论的发展，深化和拓展了现代科技劳动价值论的研究领域，丰富和发展了马克思主义的资本理论等，同时也是马克思主义经济学中国化和中国特色社会主义政治经济学研究的理论产物，使马克思主义经济学在“科技—经济一体化”的知识经济时代焕发出新的理论生命力，并进一步提高马克思主义经济学自身的现实解释力和学术话语权。因此。在马克思主义经济理论框架内，在现代科技劳动价值论基础上建构的社会主义市场经济条件下的劳动力资本理论具有重大的学术价值和理论意义。

第六章是通过阐述劳动力资本理论推动当代中国经济的转型和变革而彰显其现实意义。理论只有回到现实进而关照现实、回应实践并解决实际问题，方能彰显其现实意义。劳动力资本化理论作为马克思主义经济理论框架内反映社会主义新型生产方式及其和它相适应的生产关系的资本理论，在现实性上必将推动社会主义市场经济条件下生产方式的转型升级和深刻变革，并在此基础上推动社会主义市场经济条件下生产关系一系列的新变革、新变化，推动社会主义市场经济条件下的生产资料所有制结构新变革，赋予社会主义市场经济条件下的“按劳分配”原则以新内涵，促进社会主义市场经济条件下的和谐劳动关系新建构，因此其现实意义是巨大的。

——关于劳动力资本理论推动社会主义市场经济条件下生产方式的转型升级和深刻变革。如果说马克思劳动力商品理论是对资本主义物质生产方式及其与之相适应的生产关系的考察研究过程中创立的，那么在马克思劳动力商品理论基础上发展起来的劳动力资本理论，就是在对现代市场经济社会条件下社会主义生产方式以及和它相适应的生产关系的考察研究过程中建构的，而现代市场经济社会条件的“社会主义生产方式”，除社会主义的本质属性之外，在现实的现象层面是与“科学技术是第一生产力”相适应的新型生产方式——科技型生产方式或知识型劳动方式，这是劳动力资本理论建立的生产方式之基础。也就是说，劳动力资本理论与劳动力商品理论相比较，反映了由科技劳动与生产劳动相分离的劳动形式向科技劳动和生产劳动相结合的新型劳动形式的转变，反映了由以体力劳动为主的劳动形式向以脑力和智力劳动为主的知识劳动或创新劳动形式的转变，反映了由以重复性劳动为主的劳动形式向以创新劳动为主的劳动形式的转变，反映了由依附性劳动为主的劳动形式向以自主性劳动为主的劳动形式的转变，反映了由经验型管理劳动向科学型管理劳动的转变等，因此劳动力资本理论必然推动社会主义生产方式的转型升级。

从生产方式构成的劳动维度讲，一方面要通过教育和培训等途径提高社会主义劳动者的知识、技能等劳动力资本，将越来越多的社会主义劳动者从原来意义上的普通的物质生产领域的劳动者，转化为能够进行技术研发创新甚至科学研究创新的劳动者，不断扩大社会主义市场经济条件下“总体工人”中的“脑力劳动无产阶级”范围；另一方面，要加强劳动力资本的产权保护，不仅要将社会主义市场经济条件下劳动者的劳动力视为劳动力商品，而且要将其升级为劳动力资本，保障其劳动力资本的收益权。

而从生产方式构成的生产资料维度讲，不仅要将传统意义上的物质生产资料作为现代新型生产方式的构成要素，也要将精神生产资料特别是劳动者掌握的知识、技能等劳动力资本以及与之相关的图书资料情报信息、仪器设备研发软性生产资料作为现代新型生产方式的构成要素，并加强这方面的产权保护和专利保护。这样势必能够推进社会主义市场经济条件下生产方式从低端粗放型向高端科技型或知识型转化升级。

——关于劳动力资本化理论推动社会主义市场经济条件下的生产资料所有制结构新变革。这突出地表现在：由传统的物质生产资料所有制向物质生产资料和精神生产资料“双重生产资料所有制”的新变革；由原来意义上的单一的物质资本关系向劳动力资本化条件下的“物质资本—精神资本”的双重资本关系的演变；由原来意义上的社会主义劳动者“单重所有、单一结合”的生产关系即社会主义劳动者仅是劳动力商品的所有者、仅与物质生产相结合的生产关系，演变为社会主义市场经济条件下的“双重所有、两种结合”即社会主义劳动者不仅是劳动力商品的所有者还是劳动力资本所有者的“双重所有者”，不仅与物质生产资料的结合而且还与精神生产资料结合的“两种结合”的生产关系等。

——关于劳动力资本化理论推进社会主义市场经济条件下的“按劳分配”制度的创新与和谐劳动关系的构建。劳动力资本化理论在推动社会主义市场经济条件下的生产关系新变革的同时，它必将赋予社会主义“按劳分配”原则以新的内涵，突出地表现在：社会主义劳动者不仅要获得其劳动力作为商品的价值即传统意义上的工资，而且要获得其劳动力作为资本所创造的剩余价值即参与剩余价值的分配——二者都属于按“劳”分配的范畴，都属于“劳动”收入的范畴。可见，劳动力资本化理论在推动社会主义市场经济条件下的生产关系新变革、赋予社会主义“按劳分配”原则以新的内涵的过程中，必然促就社会主义社会主义市场经济条件下和谐劳动关系的新建构，突出地表现在：由原来的“严格经济学意义上的雇佣劳动”基础上的“劳动—资本”的对立关系，转变为劳动力资本化条件下的社会主义市场经济的和谐的“劳动—劳动”“劳动—资本”“资本—资本”的新关系等等。

从整体上讲，本书的理论创新之处主要在于：在宏观上，在现代科技劳动价值论基础上系统地建构起社会主义市场经济条件下的劳动力资本理论，这是在马克思主义经济理论框架内建构起来的一种能与西方人力资本理论相抗衡的马克思主义的理论学说，将马克思劳动力理论在劳动力商品理论基础上推进到一个新的理论阶段，在马克思主义经济学视域下将劳动力资本纳入到资本世界中确定了劳动力资本在资本世界中的重要地位，确定了劳动力资本在马克思主义经济学中的重要位置。

在微观上，也就是具体到本书的各章节内容，本书的理论创新主要表现在：(1) 在理论界首次历史地考察了劳动力资本化理论之源与流的演变进程，揭示了马克思主义经济学中劳动力理论发展的“三步曲”：马克思劳动力理论→马克思劳动力商品理论→马克思主义的劳动力资本理论。(2) 在理论界首次全面考察了劳动力资本化研究的现实基础，阐述了社会主义市场经济的内在逻辑、社会主义市场经济条件下的所有制变革、社会主义市场经济条件下的分配方式变革、社会主义市场经济条件下和谐劳动关系建构等为劳动力资本化研究提供了现实基础和时代需求。(3) 在理论界首次系统考察了劳动力资本研究的理论基础，阐述了马克思劳动价值论、马克思科技劳动价值论思想、现代科技劳动价值论与劳动力资本化研究的关系，特别是论证了现代科技劳动价值论的“对象域”为劳动力资本化研究奠定了现实基础、提供了现实可能，以及系统论证了现代科技劳动价值论的体系内容为劳动力资本化研究提供了系统的理论基础。(4) 在理论界首次在现代科技劳动价值论的基础上系统地建构了社会主义市场经济条件下的劳动力资本理论的核心内容，包括劳动力资本化与劳动力资本的内涵界定、资本世界中的劳动力资本地位、劳动力资本的基本类型、劳动力资本的价值与使用价值的特殊性、劳动力资本的产权问题、劳动力资本的产权结构与特征等。(5) 在理论界首次对劳动力资本理论与西方人力资本理论进行了比较分析，揭示了劳动力资本理论的学术价值和理论意义，阐述了现代人力资本理论是西方资产阶级主流经济学发展的理论产物，而劳动力资本理论是中国特色社会主义政治经济学研究的理论产物。(6) 在理论界首次揭示了劳动力资本理论不仅推动社会主义市场经济条件下生产方式的转型升级和深刻变革，而且推动社会主义市场经济条件下的生产资料所有制结构和生产关系的新变革，赋予社会主义市场经济条件下的“按劳分配”原则以新内涵、促进社会主义市场经济条件下的和谐劳动关系新建构等现实意义。

第一章 历史考察：劳动力资本理论之源与流的演进历程

列宁指出，为了解决理论与现实的矛盾问题，“最可靠、最必需、最重要的就是不要忘记基本的历史联系，考察每个问题都要看某种现象在历史上怎样产生，在发展中经历了哪些主要阶段，并根据它的这种发展去考察这一事物现在是怎样的”，至少应该对该问题的“产生和发展情况作一个概括的历史的考察”①。对于劳动力资本理论的研究，同样需要采取这种科学的历史方法对其“基本的历史联系”进行考察和分析。从历史的维度和经济哲学的高度来考察，在马克思主义经济学中劳动力理论的发展经历了三个相对清晰的理论演进过程，这就是从“马克思在科学地区分劳动力和劳动基础上创立的劳动力理论，到科学地区分劳动力商品和劳动商品基础上创立的劳动力商品理论，再到现代科技劳动价值论基础上的社会主义市场经济条件下创立的劳动力资本理论”的理论演进过程，我们形象地将这一过程中的三个理论演进阶段称为马克思主义经济学中劳动力理论发展的“三步曲”。

如果将古典政治经济学和一部分庸俗资产阶级政治经济学家的劳动力资本思想作为劳动力资本理论的思想渊源的话，那么马克思主义的劳动力资本理论之源，就应当是马克思在当时的历史条件下创立的科学的劳动力理论，而马克思科学的劳动力商品理论是其劳动力理论向劳动力资本理论历史演进的不可或缺的中间环节或中介形态，它在资本主义历史条件下产生并在社会主义市场经济条件下经历了剧烈的历史嬗变之后得到认可。马克思主义的劳动力资本理论是马克思劳动力商品理论在现代科技劳动价值论基础上实现理

① 《列宁选集》第4卷，人民出版社1960年版，第43页。

论认识飞跃的必然结果。同时，对于社会主义市场经济条件下“科技—经济一体化”的现代化大生产来说，马克思主义的劳动力资本理论也是劳动力从商品向资本转化的客观经济现实的理论反映。本章通过对劳动力资本理论之源与流的历史考察，进一步彰显其创立的历史必然性。

第一节 劳动力资本理论的思想渊源：古典的劳动力资本思想雏形

从经济思想史的角度来看，任何一种经济理论或经济学说，我们都可以找到其思想渊源，马克思主义的劳动力资本理论当然也不例外。早在马克思批判继承古典政治经济学的过程中提出劳动力概念之前，以威廉·配第以降的一批被马克思称为古典政治经济学家的资产阶级学者①，以及被马克思称为“庸俗经济学家”的资产阶级学者，就已经从各种不同的理论视角下提出了劳动力资本的思想。客观看来，这些将劳动力理解为一种资本的经济思想，是刚刚兴起的资本主义生产方式以及与之相适应的生产关系、交换关系和分配方式等新的经济现象在人们头脑中的直观反映，也是资产阶级经济学家（尤其是一部分庸俗经济学家）对资本主义制度进行无批判地实证主义研究的理论表达。当然，由于社会经济条件的历史局限性和研究方法的狭隘性，古典时期的政治经济学家们并没有提出系统、完整的劳动力资本理论，他们甚至直到李嘉图学派解体之时都没能够区分“劳动”和“劳动力”两个概念，他们只不过提出了劳动力资本思想，这种思想可谓是随着新生的资本主义生产方式应运而生。

一、配第和斯密等古典政治经济学家的劳动力资本思想

英国古典政治经济学家威廉·配第，被马克思称为“政治经济学之

① 在这里，我们所说的“古典政治经济学家”，主要是指在法国从布阿吉尔培尔到西斯蒙第为止的政治经济学家，在英国则是从配第到李嘉图为止的政治经济学家，因为他们“研究了资产阶级生产关系的内部联系”（马克思：《资本论》第1卷，人民出版社2004年版，第99页）；而我们所说的“一些资产阶级政治经济学家”，主要是指马克思所说的19世纪30年代之后的庸俗经济学家。

父，在某种程度上也可以说是统计学的创始人”①。配第在其代表作《政治算术》中不仅提出了“土地是财富之母，劳动是财富之父”的劳动价值论思想，而且充分肯定了人的经济价值。同时，配第极力主张“用数字、重量和尺度”等数据来分析和说明经济问题，并由此导致他对包括人口本身在内的社会资源进行经济价值的估算。例如，配第在比较各国的国家实力和估计由于战争和瘟疫而造成的千万的人口死亡与迁徙所造成的经济损失时，采用了“生产成本法”计算出英国人口的货币价值。配第认为，一国的人口或劳动力应该作为国家的资产，由于一项资产的价值一般可以表述为其在若干使用年限内所创造收入的资本化，那么人口的经济价值显然也可以这样来计算。假设英格兰全部人口为600万，在扣除地产和其他动产创造的收入之后，全部人口每年创造的收入为2600万磅，那么在假定资本化期限为20年的情况下，其总人口的经济价值若按单利计算则为52000万磅。这样，每个人口（包括男人、妇女和儿童）的平均货币价值为80英镑，而且成年人的货币价值是儿童的2倍②。尽管配第对人的经济价值的计算方法并不科学，也没能够真正反映出人的生产能力或收入能力以及这些能力的形成机制，但是他将人的经济价值纳入到政治经济学的研究框架之内，可谓是古典劳动力资本思想的先驱。

作为古典政治经济学理论体系的创始人，英国经济学家亚当·斯密则是最早明确将劳动者的能力作为一种资本的古典政治经济学家。斯密认为：“人们天赋才能的差异，实际上并不像我们所感觉的那么大。人们壮年时在不同职业上表现出来的极不相同的才能，在多数场合，与其说是分工的原因，倒不如说是分工的结果”；而分工的倾向，则“为人类所共有，亦为人类所特有”，它使不同的劳动者通过不同的“习惯、风俗与教育”而“磨炼和发挥各自的天赋资质或才能”③。同时，斯密还明确地认为：“劳动所有权是一切其他所有权的主要基础，所以，这种所有权是最神圣不

---

① 马克思：《资本论》第1卷，人民出版社1975年版，第302页。

② 王亚南主编：《资产阶级古典政治经济学选辑》，商务印书馆1979年版，第65、86页。

③ 亚当·斯密：《国民财富的性质和原因的研究》上卷，郭大力、王亚南译，商务印书馆1996年版，第13、15页。

可侵犯的。一个穷人所有的世袭财产，就是他的体力和技巧。”①

正是基于这种认识，斯密在划分固定资本和流动资本时，将人们通过教育而获得的生产性技能明确归入固定资本的范围。他认为：“社会上一切人民学到的有用才能”是不同于机器工具、厂房和改良土地等物质生产资料的第四种固定资本，“学习一种才能，须受教育，须进学校，须做学徒，所费不少。这样费去的资本，好像已经实现并且固定在学习者身上。这些才能，对于他个人自然是财产的一部分，对于他所属的社会，也是财产的一部分。工人增进和熟练程度，可和便利劳动、节省劳动的机器和工具同样看作是社会上的固定资本”②。同时，斯密还注意到，由于对不同业务学习的难易程度和学习费用的不同，直接导致了不同职业的工资收入水平的差别。于是，斯密进一步论证了投入学习费用的补偿与收益问题，他认为，通过对人的特殊劳动能力的学习劳动和培训等同于一种资本投资，它不仅要收回成本，还要取得一定利润，即“一种费去许多工夫和时间才学会的需要特殊技巧和熟练的职业，可以说等于一台高价机器。学会这种职业的人，在从事工作的时候，必然期望，除获得普通劳动工资外，还收回全部学费，并至少取得普通利润。……熟练劳动工资和一般劳动工资之间的差异，就基于这个原则”。③

二、萨伊和麦克库洛赫等资产阶级经济学家的劳动力资本思想

古典政治经济学家之后的资产阶级庸俗经济学家们，深受斯密的劳动力资本思想的影响，提出了一系列劳动力资本思想。作为斯密经济学说在欧洲大陆的重要解释者和传播者的法国庸俗经济学家萨伊，也是进一步将斯密的劳动力资本思想庸俗化的经济学家。萨伊认为，由于人的技艺和能力的形成花费成本，并可以提高工人的劳动生产率，因此应该将人的技艺

---

① 亚当·斯密：《国民财富的性质和原因的研究》上卷，郭大力、王亚南译，商务印书馆1996年版，第115页。

② 亚当·斯密：《国民财富的性质和原因的研究》上卷，郭大力、王亚南译，商务印书馆1996年版，第257-258页。

③ 亚当·斯密：《国民财富的性质和原因的研究》上卷，郭大力、王亚南译，商务印书馆1996年版，第93页。

和能力视为资本。在《政治经济学概论》中，萨伊多次明确提出人们经过学习获得的能力或由此而支出的费用应该被视为资本，他认为："人不是一生下来就有足够的身长和足够的力气来搞甚至最简单的劳动。他要到大约十五岁或二十岁才取得这种能力，因此可以把他看作一项资本，这项资本由每年用以教养他的款项累积形成……一个成人是一项累积资本。"① 萨伊还进一步解释说："获得一种技能，总须先作一番钻研，而从事钻研就非预付资本不可。在医生会诊病或病人请他会诊病之前，他自己或他的亲戚必须负担许多年的教育费。当他在做学生的时候，他得付衣食住费用，教授须得到酬劳，书籍需要购买，他也许还要外出学习，这些都意味着支付一笔过去累积的资本。"② 显然，萨伊相对于斯密来说，更加全面和清晰地表述了劳动力资本与这种特殊资本的形成机制即劳动力资本投资和积累的思想，并且认识到对劳动能力进行投资是所有行业中增进个人技能的普遍现象，如果将劳动力资本因素考虑在内，那么个人总收入也就应该划分为原始的人力工资与劳动力资本投资支出所获得的利息两部分。

麦克库洛赫是将李嘉图的劳动价值学说庸俗化的另一位重要的资产阶级经济学家。尽管麦克库洛赫在试图解决李嘉图"难题"——即"等量劳动创造等量价值与等量资本获得等量利润"的过程中背离了李嘉图的劳动价值论的本质精神，从而导致李嘉图学派的解体，但是麦克库洛赫在研究资本与劳动之间的关系问题时却形成了比较明确的劳动力资本概念。麦克库洛赫认为，既然"资本不是别的，只是过去劳动产物的积累"，这样，"工人本身就是国家的一份资本，在所有这类研究中，工人可以被看作只是需要一定量的劳动制造的机器；工人所得到的工资不过是他所付出的劳动的公平报酬，……如果不计新工人补充衰老和退休工人所需的费用，他们只是号称为人的一种机器，为他们的所有人生产一般和普通的利润率罢了"。在麦克库洛赫看来，"人的劳动和机器的劳动，并无本质上的不同。人本身就是资本；人是过去劳动的产物，正如人用来做工的工具和机器一

① J. B. 萨伊：《政治经济学概论》，商务印书馆 1982 年版，第 375 页。
② J. B. 萨伊：《政治经济学概论》，商务印书馆 1982 年版，第 129 页。

样"①。可见，麦克库洛赫为了解决李嘉图遇到的无法解决的理论矛盾，反而将人的劳动与其他生产资料在生产过程中所起的作用混为一谈，从而将劳动价值论庸俗化了。

然而，麦克库洛赫毕竟是从试图维护李嘉图的劳动价值论的出发点来考察资本与劳动之间的关系的，劳动价值论也是他极力主张的经济理论，这也就使得麦克库洛赫在将人作为一种资本来理解的时候，依然能够闪烁着一些劳动价值论的科学思想。他认为："假如再花费一笔钱来训练或使他能掌握一种需要非常技能的事务或专业，那么，他的价值将相应地增加，他有权对他的努力要求更大的报酬。"麦克库洛赫还强调说："机器是人们造来帮助工作的，可是人们把机器的相对力量和效能，都过分重视了。人本身是所有机器中最重要的，他的技艺与才能每有增加，都会得到很大的效果。"同时，麦克库洛赫非常赞赏培根的"知识就是力量"的格言，认为"这在物质和精神和意义上，都同样正确。知识不独使每一个人获得一种优势越过其教养不足的邻居，而且使他们的生产能力作不可估量的增长"。正是从这种认识出发，麦克库洛赫正确地指出："在估计一个国家的资本和生产能力时，对这个国家的居民群众的技艺、才能和智慧，应该特别加以注意，不应该如通常所做的那样完全忽视它。"② 从这些思想表述来看，麦克库洛赫对劳动力资本概念的理解和劳动力资本的形成与积累机制的认识，处处都可以看到李嘉图劳动价值论思想的影响。也正是由于这个原因，我们认为麦克库洛赫的劳动力资本思想相对于斯密和萨伊来说，无疑都更加深刻和全面了。

英国经济学家 J. S. 穆勒、W. S 西尼尔、德国的经济学家 F. 李斯特等一大批经济学家，曾从多种不同的角度提出应将劳动者的劳动能力作为一种资本的思想。譬如，穆勒从生产劳动的角度揭示了家庭抚育、学校教育和培训、医疗保健等所具有的人力资本投资的经济功能，并且和斯密一样，认识到不同的人力资本投资会导致个人收入分配之间存在差异③。西

---

① 麦克库洛赫：《政治经济学原理》，商务印书馆 1980 年版，第 180-181 页。

② 麦克库洛赫：《政治经济学原理》，商务印书馆 1980 年版，第 68-69 页。

③ J. S. 穆勒：《政治经济学原理》上卷，商务印书馆 1991 年版，第 437 页。

尼尔则明确提出，人的健康也是一种资本，即“人的健康、体能和知识，以及其他天生和后天获得的体能与智能在我看来也是财富”①。李斯特则将人们获得的技艺和能力称为“一个国家资本存量中最重要的组成部分”②。英国资产阶级经济学家马歇尔强调指出：“一切资本中最有价值的莫过于投在人身上的资本。……不论谁用自己的资本来提高工人的本领，而这种本领终归是工人自己的财产。”③ 同时，马歇尔特别强调了教育对于人力资本形成的重要性，他认为，通过教育投资的方式，“使大多数人有比他们自己通常能利用的大得多的机会”，“许多原来会默默无闻而死的人就能获得发挥他们的潜在能力所需要的开端。而且，一个伟大的工业天才的经济价值，足以抵偿整个城市的教育费用”④。尼科尔森认为：“我们当前拥有的生产能力并非主要是由于物质财富的积累，而主要是通过各种劳动力生产效率的提高，特别是从事于实用科学和工业组织方面活动的高级劳动力。换言之，我们从过去继承下来的伟大遗产在定价的保险箱和国王的宝库中是找不到的，它存在于人民的活的头脑之中。”同时，尼科尔森还将这种“高级劳动力”称为“活资本”，并认为：“与死资本一样，活资本的生产和维持在有效状态也需要很多成本。孩子在能够自立之前的养育和教育费用是一种实际成本。”⑤

另外，对于劳动者经济价值的计量问题也引起了资产阶级经济学家和统计学家的注意。德国经济学家和统计学家恩格尔认为：“孩子的身心健康是父母最好的资本或储蓄银行。”⑥ 恩格尔认为，人的经济价值由两个部分组成：其一是人的成本价值，即一个人从出生到成长劳动力所花费的全部费用；其二是人的投资价值，但对于人的投资价值的具体内容，恩格尔并没有具体说明，或许是因为对人的投资与消费难以明确区分的缘故。但是，恩格尔毕竟已经意识到劳动力形成过程中两种不同成本之间的区别

① 李健民《人力资本通论》，上海三联书店 1999 年版，第 6 页。
② 李斯特：《政治经济学的国民体系》，商务印书馆 1983 年版，第 190-196 页。
③ 马歇尔：《经济学原理》下卷，陈良璧译，商务印书馆 1997 年版，第 232-234 页。
④ 马歇尔：《经济学原理》上卷，朱志泰译，商务印书馆 1997 年版，第 233 页。
⑤ 李健民《人力资本通论》，上海三联书店 1999 年版，第 9 页、第 7 页。
⑥ 李健民《人力资本通论》，上海三联书店 1999 年版，第 6 页。

了。另一位资产阶级经济学家法尔，则对人的经济价值的计量问题首次提供了一种较为科学的方法。法尔利用所谓的“生命表技术”，着眼于劳动者的收入能力并运用“现值收入”计算方法来计量劳动者的经济价值。法尔认为，一个人的资本价值等于其未来净收入即未来收入减去生产成本的现值。由于计算的是未来或预期收入的现值，所以，对不同年龄或处于生命周期不同阶段的劳动者而言，其资本价值也必然不同。与法尔的计算方法不同，德国统计学家维特斯坦将劳动者的生产成本与现值收入两种方法统一起来，从终身收入和终身成本两个方面来分析劳动者的经济价值。维特斯坦假设一个人的终身收入等于其终身生活消费加上教育费用，并运用生命表方法计算出不同年龄劳动者的生产成本和预期收入现值。显然，这种计算方法也存在明显缺陷：其一，关于终身收入和终身成本的假设从实际情况看难以成立；其二，同时采用生产成本和现值收入两种方法存在着重复计算的危险。

三、古典政治经济学家劳动力资本思想的分化演进

可见，由古典政治经济学家们明确提出并在理论上初步阐发的劳动力资本思想，得到了资产阶级经济学家们的不断追随和发展。但无论是古典政治经济学家还是资产阶级庸俗经济学家，都没有能够科学地区分“劳动”和“劳动力”两个概念，致使这一时期的劳动力资本思想总体上仍然处于萌芽之中。从经济思想发展史上来看，古典政治经济学中劳动力资本的思想萌芽最终走向了两条不同的理论发展道路：

其一，由资产阶级庸俗经济学家继承和发展，经过了边际革命和新古典经济学的进一步孕育，发展演变为现代西方人力资本理论史。尤其是随着资本主义生产方式的全球化扩张和“苏东解体”带来的社会主义实践的历史低潮，以及中国特色社会主义市场经济体制的快速推进，尽管现代西方人力资本理论具有很强的意识形态功能，对资本主义经济制度也始终抱以无批判的实证主义态度，但是仍然在中国学术界得到了迅速传播和普遍接受。

其二，马克思批判继承了古典政治经济学中的劳动价值论并使之科学

化，尤其是在科学的劳动价值论基础上区分“劳动”和“劳动力”两个概念，从而使已经陷入理论绝境的李嘉图学派开辟了全新的理论发展路径，同时也为构建一种马克思主义的劳动力资本理论奠定了理论基础。然而，由于社会经济条件的历史局限性，马克思的劳动力概念是内生于马克思的劳动力商品理论之中的，这就使构建一种马克思主义的劳动力资本理论，成为在知识经济时代条件下继承和发展马克思劳动力商品理论和应对现代西方人力资本理论的冲击与挑战的当务之急。

同时应当看到，自从马克思发现了“劳动力”并创立科学的劳动力理论以来，人类社会已经发生了翻天覆地的变化。在资本主义国家中，工人阶级普遍得到良好的教育和培训，雇佣工人的教育水平和知识水平也在不断提高，这与马克思所做的符合当时资本主义机器大生产的历史现实的“简单劳动力”理论假设①也已经有了很大差别。在社会主义建设实践中，人们普遍认识到商品经济是社会主义发展不可逾越的历史阶段，通过市场机制来配置社会资源（包括劳动力资源）即建立社会主义市场经济，不仅是中国特色社会主义建设的有机组成部分和创造中国经济奇迹的重要手段，也已经成为其他社会主义国家建设过程中的普遍共识。马克思主义经济学所固有的与时俱进的理论品质，客观上要求我们应该结合当今世界的具体发展实际和中国特色社会主义市场经济的具体国情，在坚持马克思主义经济学原理的基础上深化和发展马克思主义的劳动力理论。

第二节 劳动力资本理论的奠基成果：马克思科学的劳动力理论及探索进程

在马克思主义经济理论的框架中，从历史维度来看，劳动力资本理论之源就是马克思在当时的历史条件下在科学地区分了劳动力和劳动基础上创立的科学的劳动力理论。对这一理论之源进行系统考察，有助于我们深入理解现代科技劳动价值论基础上的劳动力资本理论。

① 马克思：《资本论》第1卷，人民出版社1975年，第58页。

一、马克思“劳动力”范畴的发现及理论定位

恩格斯《在马克思墓前的讲话》中指出：马克思“发现了现代资本主义生产方式和它所产生的资产阶级社会的特殊的运动规律。由于剩余价值的发现，这里就豁然开朗了，而先前无论资产阶级经济学家或者社会主义批评家所做的一切研究都只是在黑暗中摸索”①。而剩余价值的发现首先是建立在马克思创立的科学的劳动价值论基础上的，而科学的劳动价值论则是在马克思科学地区分了劳动和劳动力的前提下创立的。正是在这一科学区分的基础上，马克思发现了“劳动力”并将其作为政治经济学研究的奠基性范畴，才有了剩余价值的发现，才有了对“现代资本主义生产方式和它所产生的资产阶级社会的特殊的运动规律”的发现。因此，在整个马克思主义政治经济学理论中，劳动力范畴占有至关重要的奠基性地位，劳动力理论也是马克思主义经济学区别于其他一切政治经济学的独具特色的经济理论。“先前无论资产阶级经济学家或者社会主义批评家所做的一切研究”，之所以“都只是在黑暗中摸索”，在理论上存在着一个致命的缺陷，就是没有区分劳动和劳动力，没有发现“劳动力”在现实和理论中的奠基性地位和至关重要的作用。

大家知道，在马克思着手进行政治经济学研究的时候，面对的是已经发展了100多年的古典政治经济学，劳动价值论在古典经济学家的视野中也已经基本得以确立。古典政治经济学家，特别是斯密和李嘉图正是运用劳动价值论作为分析资本主义生产方式的理论工具，初步揭示了资本主义生产方式的内在联系和内在矛盾。但是，当古典政治经济学家们将劳动价值论用来解释资本与劳动相交换这个资本主义生产方式最普遍、最基本而且是最重要的经济事实的时候，却陷入了一系列无法摆脱的理论矛盾之中。对此，恩格斯曾生动地指出：“自从政治经济学提出了劳动是一切财富和一切价值的源泉这个原理以后，就不可避免地出现了一个问题：雇佣工人拿到的不是他的劳动所生产的全部价值量，而必须把一部分价值交给资

① 《马克思恩格斯文集》第3卷，人民出版社2009年版，第601页。

本家，这一情况怎么能和上面的原理相容呢？不论是资产阶级经济学者或是社会主义者都企图对这个问题作出有科学根据的答复，但都徒劳无功。"① 之所以如此，根本原因就在于任何一位古典政治经济学家都没有对劳动与劳动力进行科学区分和论证。事实上，只要认为雇佣工人出卖的是劳动，认为工资是雇佣工人的劳动价值或价格，就不可能摆脱劳动价值论与资本和劳动的等价交换规律之间的理论矛盾。"古典政治经济学的最后一个代表——李嘉图学派，多半是由于不能解决这个矛盾而遭到了破产。古典政治经济学走入了绝境。从这种绝境中找到出路的那个人就是卡尔·马克思"②。

马克思劳动力理论的创立，是建立在科学地区分劳动与劳动力从而发现并确立劳动力这一重要经济范畴的基础上的。同时应当看到，马克思对劳动力范畴的发现经历了一个漫长而艰苦的研究过程。

二、马克思劳动力理论的创立和探索进程考证

19 世纪 40 年代，马克思在刚刚接触政治经济学研究之初，对古典劳动价值论基本上是持否定态度的③，当然也就谈不上对古典政治经济学的理论批判了。马克思在《1844 年经济学—哲学手稿》中，主要以"异化劳动"概念为核心对资本主义私有制进行了深刻批判。而在马克思看来，正是从古典劳动价值论的基本原理出发，才得出了这个表现资本主义私有制的非人性特征的"异化劳动"概念。马克思说："我们是从国民经济学的各个前提出发的。我们采用了它的语言和它的规律"，然而"我们从国民经济学本身出发，用它自己的话指出了：劳动都降低为商品，而且是最无足轻重的商品"；"劳动不仅生产商品，它还生产作为商品的自己本身和劳动者，而且同它生产一般的商品成正比"④。可见，一方面，马克思将以劳动价值论为主要原理的国民经济学（即资产阶级政治经济学）视为一种

① 《马克思恩格斯全集》第 19 卷，人民出版社 1963 年版，第 124 页。

② 《马克思恩格斯全集》第 22 卷，人民出版社 1965 年版，第 239 页。

③ 刘冠军：《现代科技劳动价值论研究》，中国社会科学出版社 2009 年版，第 64 页。

④ 马克思：《1844 年经济学—哲学手稿》，人民出版社 1979 年版，第 42-44 页。

为资本主义私有制进行辩护的理论而加以否定，因为“国民经济学不考察劳动者（即劳动）同他所生产的产品的直接的关系，借以掩盖劳动本质的异化”①。另一方面，马克思在经济学术语的运用上与古典政治经济学相比并没有任何进展，而且还经常将劳动与劳动者、工人等概念在同一意义上使用，更谈不上区分劳动与劳动力了。

在《哲学的贫困》和《雇佣劳动与资本》等著作中，马克思对资本与劳动之间的商品交换又作了进一步的研究。但是，马克思在这一时期还没有明确从概念上区分劳动与劳动力，也没有使用“劳动力商品”概念，而是像古典政治经济学家们一样，仍然使用的是“劳动商品”“劳动价格”等术语，认为“工人拿自己的商品即劳动去换得资本家的商品，即换得货币，……一定量的货币交换一定量的劳动时间”；“工资只是劳动价格的特种名称，是只能存在于人的血肉之中的这种特殊商品价格的特种名称”②。由此可以看出，在这里马克思实际上已经开始将在市场上作为商品出卖的劳动与在资本主义工厂中作为生产活动的劳动进行区分。前者实质上指的是劳动力商品的价值，它对应着一定量的货币；后者指的是劳动力商品的使用价值，它对应着一定时间内的劳动。

在《1857—1858年经济学手稿》中，尽管马克思还没有严格区分并使用劳动与劳动力这两个经济学术语，但是他已经开始大量使用“劳动能力”概念来说明与劳动力的使用价值即劳动相区别的劳动力本身。譬如，马克思在论及李嘉图所面对的理论矛盾时说：“因为价值的交换决定于价值中所实现的劳动时间。所以交换的是等价物。可见，一定量的活的形式的劳动时间必须与同量的过去形式的劳动时间相交换。交换规律恰恰转变为自己的对立面，这正是应该证明的。但是在李嘉图那里从来没有对这种现

① 马克思：《1844年经济学—哲学手稿》，人民出版社1979年版，第46页。

② 《马克思恩格斯选集》第1卷，人民出版社1995年版，第334页。在此需要说明的是，这里所引用的部分是按照原文最初在《新莱茵报》上发表时的说法，其中所使用的“劳动”，后来在1891年重新发行时，恩格斯将其全部修改为“劳动力”。恩格斯认为：“这里并不是单纯的咬文嚼字，而是牵涉到全部政治经济学中一个极重要的问题。”参见《马克思恩格斯选集》第1卷，人民出版社1995年版，第322页。

象的预感。”① 在这里，马克思所说的“一定量的活的形式的劳动时间”，就是劳动力的使用价值，而“同量的过去形式的劳动时间”则是指劳动力的价值，而李嘉图并没有深刻认识到这一点，所以马克思认为：“资本家换得的是劳动能力，这是资本家要支付报酬的交换价值。……由于李嘉图让资本同活劳动相交换——因而立即进入生产过程，——在他的体系里就留下了无法解决的二律背反：一定量的活劳动不等于这一劳动所创造的、这一劳动客体化在其中的商品，虽然商品的价值等于它所包含的劳动量。”②

马克思在批评马尔萨斯将劳动量与“劳动价值”混为一谈时，更明确地指出：“劳动能力不等于它能实现的活劳动，不等于它能完成的劳动量——这是它的使用价值。劳动能力等于它必须用来生产自己和能再生产自己的那个劳动量。因此，产品实际所交换的，不是活劳动，而是物化劳动，是物化在劳动能力中的劳动。”③ 可见，正是在对资产阶级古典政治经济学家的相关错误观点进行的理论批判过程中，马克思通过对作为商品的劳动力的使用价值与价值的区分，初步科学区分了劳动与劳动力这两个不同的经济范畴，从而基本解决了使资产阶级古典政治经济学陷入绝境的理论难题。尽管在这一时期，马克思在《手稿》中由于行文方便与习惯思维的影响，仍然经常将劳动力与劳动两个不同的范畴混用，而且极少使用“劳动力”这一术语，而是大量使用“劳动能力”这种说法。因为，毕竟《手稿》本身并不是为了公开发表之用，而只是马克思作为记录自己研究一系列政治经济学问题过程中的思想历程，所以我们没有理由对《手稿》本身提出太多的理论要求。

在 1865 年在国际工人协会总委员会会议的报告④中，马克思首先公开发表了自己对劳动与劳动力两个概念加以区分的重要观点。马克思明确地

---

① 《马克思恩格斯全集》第 46 卷下册，人民出版社 1980 年版，第 55 页。

② 《马克思恩格斯全集》第 46 卷下册，人民出版社 1980 年版，第 56 页。

③ 《马克思恩格斯全集》第 46 卷下册，人民出版社 1980 年版，第 73 页。

④ 保存下来的这个报告稿是马克思用英语写的手稿，没有标题，开头写着：“1865 年 6 月 20 日星期二向总委员会宣读”，在马克思生前并没有发表。中文版采用了伯恩斯坦翻译的德译文用的标题《工资、价格和利润》。参见《马克思恩格斯选集》第 2 卷，人民出版社 1995 年版，第 654 页的“注释 59”。

指出："作为劳动的价值的东西，就这个词的通常意义来说，实际上是不存在的。……工人卖的并不直接是他的劳动，而是他的暂时让资本家支配的劳动力"；而"各种不同质量的劳动力的生产费用既然各不相同，所以不同行业所用的劳动力的价值也就一定各不相同。因此，要求工资平等是根本错误的，这是一种决不能实现的妄想。这种要求是一种虚妄和肤浅激进主义的产物，只承认前提而企图避开结论"①。这是因为，在资本主义雇佣劳动制度的基础上，"劳动力的价值，也像其他一切商品的价值一样，是由生产它所必需的劳动量决定的"。这样，"不同种类的劳动力有不同的价值，要生产它们，需要有不同的劳动量，所以它们在劳动市场上就应当获得不同的价格"②。

1867 年《资本论》第一卷在德国汉堡正式出版。在这一巨著中，马克思已经将对劳动与劳动力两个范畴时常混用的不严谨现象彻底克服，劳动力这一范畴作为马克思实现政治经济学批判的专门经济学术语而固定下来，并且为它提供了一个明快而全面的理论解释："我们把劳动力或劳动能力，理解为人的身体即活的人体中存在的、每当人生产某种使用价值时就运用的体力和智力的总和。"③ 并且以此为基础系统构建了马克思的科学的劳动价值论和剩余价值理论。可以说，马克思劳动力理论的创立，既是马克思劳动力商品理论的基础，也是其科学的劳动价值论以及在此基础上的整个政治经济学理论的基础，还是马克思劳动价值论得以成立的关键之所在。

第三节　劳动力资本理论的过渡形态：马克思劳动力商品理论及其历史嬗变

与马克思科学的劳动力理论交织在一起向前发展的另一个重要的理论，就是马克思在科学地区分了劳动力商品和劳动商品的基础上创立的科

① 《马克思恩格斯选集》第 2 卷，人民出版社 1995 年版，第 74-76 页。

② 《马克思恩格斯选集》第 2 卷，人民出版社 1995 年版，第 76 页。

③ 马克思：《资本论》第 1 卷，人民出版社 1975 年版，第 190 页。

学的劳动力商品理论。可以说，马克思科学的劳动力商品理论是其劳动力理论向劳动力资本理论历史演进过程中不可或缺的中间环节或中介形态，它在资本主义历史条件下由马克思创立，在社会主义市场经济条件下经历了剧烈的历史嬗变并最后在理论界得到认可。

一、马克思科学的劳动力商品理论的创立

在科学地区分了劳动与劳动力两个不同范畴的基础上，马克思对劳动力商品和劳动商品加以区分，创立了科学的劳动力商品理论。劳动力商品理论是劳动价值论的重要组成部分，也是实现对资产阶级政治经济学批判的重要理论成果和创立剩余价值学说的理论基础。马克思认为，尽管劳动力作为人的劳动能力，是一切人类社会形态中都具有的“自然力”，但它只有在一定的经济社会条件下才会转变为商品。

马克思在《资本论》中明确解释了劳动力转化为商品的两个基本条件：其一是，“劳动力所有者要把劳动力当作商品出卖，他就必须能够支配它，从而必须是自己的劳动能力、自己人身的自由的所有者。”① 也就是说，劳动者必须作为自己劳动力的“自由的所有者”，才能在劳动力市场上出卖自己的劳动力商品，才能与货币所有者在法律上彼此作为平等的商品所有者按照等价交换的原则实现商品交换关系。同时，劳动者在市场上所出卖的，仅仅是对劳动力商品在一定时间内的暂时的使用权，而不是从根本上出卖劳动力商品的所有权。这是因为，资本主义生产方式的正常运行，必须要保持劳动力始终作为商品进行市场交换的经济关系，而“这种关系要保持下去，劳动力所有者就必须始终把劳动力只出卖一定时间，因为他要是把劳动力一下子全部卖光，他就出卖了自己，就从自由人变成奴隶，从商品所有者变成商品”②。其二是，“劳动力所有者没有可能出卖有自己的劳动物化在内的商品，而不得不把只存在于他的活的身体中的劳动力本身当作商品出卖”③。也就是说，劳动者必须没有任何实现自己劳动的

① 马克思：《资本论》第1卷，人民出版社1975年版，第190页。
② 马克思：《资本论》第1卷，人民出版社1975年版，第190-191页。
③ 马克思：《资本论》第1卷，人民出版社1975年版，第191页。

物质生产资料，因为劳动者所面对的一系列生产关系的变革已经迫使他们与实现自己劳动的所有劳动条件相分离，也就是与所有劳动条件的所有权相分离，使劳动者仅仅是“存在于他的活的身体中的劳动力”商品的所有者。

马克思进一步把劳动力转化为商品的两个基本条件概括为：“货币所有者要把货币转化为资本，就必须在商品市场上找到自由的工人。这里所说的自由，具有双重意义：一方面，工人是自由人，能够把自己的劳动力当作自己的商品来支配，另一方面，他没有别的商品可以出卖，自由得一无所有，没有任何实现自己的劳动力所必需的东西。”① 可见，对于一个按照马克思所严格限定的具有“双重自由”的劳动者来说，劳动者的劳动力实质上已经成为一种“徒有其名的财产”。而如果从社会再生产的角度来看，劳动者对自己劳动力商品的所有权，也就实质上成为一种“徒有其名”的所有权。然而，我们必须时刻认识到，马克思所考察和研究的经济范畴总是一定的、具体的、现实的生产关系的理论表现。既然“资产阶级除非对生产工具，从而对生产关系，从而对全部社会关系不断地进行革命，否则就不能生存下去”②，那么我们就不应该将马克思曾经论述的劳动力转化为商品的两个基本条件作为适用于任何社会经济条件的定理，而应该在理解和研究马克思所构建的经济范畴时，必须深刻认识到它们的历史性质。

二、马克思关于劳动力商品的划分及其理论的本质特征

我们按照历史与逻辑相统一的原则，将马克思所考察和分析的劳动力商品划分为工场手工业生产组织形式中劳动者的劳动力和机器大工业生产组织形式中劳动者的劳动力，从中归纳出马克思的劳动力商品理论的本质特征。

（一） 工场手工业生产组织形式中劳动者的劳动力商品

马克思考察了两种不同性质的工场手工业组织的基本形式：一种是以

① 马克思：《资本论》第1卷，人民出版社1975年版，第192页。

② 《马克思恩格斯选集》第1卷，人民出版社1995年版，第275页。

不同种的独立手工业的劳动者在同一个资本家的指挥下联合在一个工厂里进行生产，这些手工业非独立化和片面化表现在，他们只有通过相互补充才能完成某一种商品的全部生产过程，其中每一个独立的手工业劳动者只是完成其中的某些局部操作；另一种是以同一种手工业劳动者之间的相互协作为前提，将这同一种个人手工业分成生产同一个商品过程中由于工序而形成的各种不同的特殊操作，并且逐步将这些特殊操作孤立化和独立化，使对每一个工序的特殊操作固定化为某一个手工业劳动者的专门职能，从而使手工业劳动者成为一个工场手工业组织中的局部工人。马克思将前一种形式的工场手工业称为“混成的工场手工业”，将后一种形式的工场手工业称为“有机的工场手工业”或者“真正的工场手工业”，它“不仅各种局部劳动分配给不同的个体，而且个体本身也被分割开来，成为某种局部劳动的自动的工具，……起初，工人因为没有生产商品的物质资料，把劳动力卖给资本，现在，他个人的劳动力不卖给资本，就得不到利用。它只有在一种联系中才发挥作用，这种联系只有在它出卖以后，在资本家的工场中才存在。工场手工业工人按其自然的性质没有能力做一件独立的工作，他只能作为资本家工场的附属物进行生产活动。正像耶和华的选民的额上写着他们是耶和华的财产一样，分工在工场手工业工人的身上打上了他们是资本的财产的烙印”①。

由此可见，工人将自己的劳动力作为商品出卖给资本家，不仅是因为工人没有相应的生产条件，还因为工场手工业的资本主义生产方式已经使单个劳动者沦为了局部工人，单个劳动者已经不能生产商品，这就使工人若要生存下去，就只能将自己的劳动力作为商品出卖给资本家，否则工人既无法利用这种劳动力，也无法获得生存所必需的生活资料。事实上，即使某些手工业劳动者能够保持一部分生产资料，他们也往往被纳入资本主义社会化生产方式之中去，因为，局部工人只是作为整个工场手工业组织的活的组成部分或一个活的器官，他在资本主义生产方式下变成了资本的附属物。作为局部工人手工业劳动者的劳动能力是片面化发展的，往往只

---

① 马克思：《资本论》第1卷，人民出版社1975年版，第399页。

能在某一个工厂里发挥作用，这就导致劳动者的劳动力只能出卖给资本家才能作为一种现实的劳动力，否则只能作为一种潜在的力量存在于劳动者体内。作为局部工人的劳动者“现在从属于资本主义生产、受资本的支配，不只是由于他缺少劳动资料，而且是由于他的劳动能力本身，由于他的劳动的性质和方式；他受资本的支配，因为在资本的手中不仅掌握着主观劳动的客观条件，而且也掌握着主观劳动的社会条件，工人的劳动只有在这些条件下还能是劳动”①。

此外，在真正的工场手工业生产组织形式中，尽管也曾使用某些简单的机器进行生产，例如，在造纸手工工场中采用了粉碎磨来磨碎破布，在冶金业中很快采用了捣碎磨来捣碎矿石等，但与工场手工业中使劳动者转化为局部工人的企业内分工相比而言，总还是起着次要的作用。马克思认为：“工场手工业时期所特有的机器始终是由许多局部工人结合成的总体工人本身。……局部工人作为总体工人的一个器官，他的片面性甚至缺陷就成了他的优点。从事片面职能的习惯，使他变成本能地准确地起作用的器官，而总机构的联系迫使他以机器部件的规则性发生作用。”② 可见，马克思一方面认识到真正的工场手工业中的总体工人的技术合理性和生产过程的集约性是以劳动者的劳动能力片面化甚至畸形化发展为代价的，这种片面化与畸形化又强化了单个劳动者的劳动力只能作为商品出卖给资本家，另一方面，真正的工场手工业也成为机器大生产方式的直接技术基础和组织基础，因为机器大工业最初所需要的科学要素和技术要素都是在工场手工业时期发展起来的，并且“工场手工业本身大体上为机器体系对生产过程的划分和组织提供了一个自然基础”③。

（二） 机器大工业生产组织形式中劳动者的劳动力商品

马克思认为，任何现实的生产过程都需要物的因素与人的因素，即生产资料与劳动力的结合才能实现。所以，一定生产方式的变革也往往体现

① 《马克思恩格斯全集》第 47 卷，人民出版社 1979 年版，第 319 页。

② 马克思：《资本论》第 1 卷，人民出版社 1975 年版，第 387 页。

③ 马克思：《资本论》第 1 卷，人民出版社 1975 年版，第 417 页。

在物的因素或人的因素这两个方面。资本主义生产方式由工场手工业转变为机器大工业的过程恰恰体现了这一点。这正如马克思所说："生产方式的变革，在工场手工业中以劳动力为起点，在大工业中以劳动资料为起点。"①

在工场手工业两种不同性质的基本形式中，有机的工场手工业相对于混成的工场手工业是一种生产方式的变革，它使劳动者从原来独立的手工业工人转变为手工工场这部由总体工人组成的"活机器"上的一个部件、一个器官，转变为只能够执行专门职能和特殊操作的局部工人，从而使单个手工业劳动者只能从属于资本主义社会化的生产方式。所以，工场手工业中生产方式的变革是以独立的劳动者转变了局部工人为起点的，但马克思也强调指出："不管它的特殊的出发点如何，它的最终形态总是一样的：一个以人为器官的生产机构。"② 也就是说，工场手工业内部的劳动分工还保持着比较明显的劳动者主观意志的痕迹，无论劳动者是从事于哪一种特殊操作或专门职能，他所面对的都是一种从属于劳动者主观意志的分工原则，这种特殊操作与劳动者在劳动过程中是相互适应的，劳动者在劳动过程中能够使自己的劳动能力实现一定的发展，尽管往往是一种片面的发展。例如，从非熟练工人成长为熟练工人，甚至使劳动者片面的专长发展成为某种技艺。这样，工场手工业中的"各个劳动力，需要极不相同的教育程度，从而具有极不相同的价值。因此，工场手工业发展了劳动力的等级制度，与此相适应的是工资的等级制度"③。

然而，在机器大工业中，生产方式的变革则表现出完全不同的经济学意义。马克思明确地指出："在工场手工业生产和机器生产之间一开始就存在着本质的区别。在工场手工业中，单个的或成组的工人，必须用自己的手工工具来完成每一个特殊的局部过程。如果说工人会适应这个过程，那么这个过程也就事先适应了工人。在机器生产中，这个主观的分工原则消失了。在这里，整个过程是客观地按其本身的性质分解为各个组成阶段，

① 马克思：《资本论》第 1 卷，人民出版社 1975 年版，第 408 页。
② 马克思：《资本论》第 1 卷，人民出版社 1975 年版，第 375 页。
③ 马克思：《资本论》第 1 卷，人民出版社 1975 年版，第 388 页。

每个局部过程如何完成和各个局部过程如何结合的问题，由力学、化学等在技术上的应用来解决。”① 这样，机器大工业生产使劳动者所面对的生产资料发生了根本的变革，这些生产资料不再是工场手工业时期由他们自己所掌握和控制的生产工具了，生产过程中的分工与劳动者的主观意志无关，生产资料表现为由力学、化学等科学技术的应用即一种外在于劳动者的客观力量，生产过程中原来由局部工人的特殊操作来完成的专门职能，已经由自动的机器体系通过各种连续不断的特殊生产过程来自动地实现，整个生产过程已经基本上不再需要人的帮助就能完成对原料的加工，而劳动者所需要做的只是在机器旁边“照料”。马克思对此作了精辟的概括：“在工场手工业和手工业中，是工人利用工具，在工厂中，是工人服侍机器。在前一种场合，劳动资料的运动从工人出发，在后一种场合，则是工人跟随劳动资料的运动。在工场手工业中，工人是一个活机构的肢体。在工厂中，死机构独立于工人而存在，工人被当作活的附属物并入死机构。”② 可见，机器大工业并没有使工人摆脱劳动，而是使工人的劳动由过去工场手工业时期一定的技艺变成了抽象化的、毫无内容的“操作”，这样就使机器大工业生产中所需要的劳动力也就相对于工场手工业生产发生了根本的变化。

首先，机器大工业生产彻底完成了劳动对资本从形式上的隶属到实际上的隶属的转变。劳动在形式上隶属于资本，并不一定要求生产方式发生变革，只要资本能够支配劳动，指挥劳动过程就足够了。即便是在资本主义生产方式之前的旧的劳动方式中，也可以形成资本对直接生产过程的支配。事实上，“资本起初是在历史上既有的技术条件下使劳动服从自己的。因此，它并没有直接改变生产方式”③。而劳动对资本的实际上的隶属，不仅是指劳动过程直接受资本的支配和控制，而且要求资本对劳动的支配和控制是建立在特殊的资本主义生产方式的基础上，使雇佣工人的客观劳动条件即生产资料和主观劳动条件即生活资料都作为他人的财产与雇佣工人

---

① 马克思：《资本论》第 1 卷，人民出版社 1975 年版，第 417 页。

② 马克思：《资本论》第 1 卷，人民出版社 1975 年版，第 463 页。

③ 马克思：《资本论》第 1 卷，人民出版社 1975 年版，第 344 页。

相对立，从而使雇佣工人的劳动力只能以商品的形式出卖给资本家。资本主义的机器大工业生产正是这样一种特殊的资本主义生产方式，它使劳动者所面对的生产资料相对于工场手工业时期发生了根本变革。如果说工场手工业时期，独立的手工业劳动者转变成局部工人，终生从事于某一种局部操作和使用某一种局部生产工具，从而还能够保持一定的生产技艺的话，那么在机器大工业时期，雇佣工人则是终生专门服侍自动机器体系中的某一台局部机器，从而使雇佣工人的活劳动并入到机器之中成为局部机器的一部分，雇佣工人的劳动能力完全失去任何内容了。这样，在马克思看来，机器大工业作为资本主义生产方式发展的顶点，使劳动对资本在实际上的隶属也就发展到顶点。

其次，雇佣工人不再需要什么智力活动，从而与科学技术知识相分离，进而与精神生产资料相分离。马克思指出："物质生产过程的智力作为别人的财产和统治工人的力量同工人相对立。这个分离过程在简单协作中开始，在工场手工业中得到发展，在大工业中完成。"① 科学技术与智力一样，对雇佣工人来说表现为一种敌对的和统治的力量与他们相对立。单个劳动者在工场手工业时期所积累下来的局部劳动技艺，也成为雇佣工人的"徒有其名的财产"而变得空虚了，甚至"在科学面前，在巨大的自然力面前，在社会的群众性劳动面前，作为微不足道的附属品而消失了"②。这在事实上造成了雇佣工人与科学技术知识的分离，造成了科学技术发展的产物——机器和机器大工业与雇佣个人的对立。而这种分离和对立，本质上是雇佣工人与生产条件相分离、相对立的另一种表现形式，它和由资本主义生产资料私有制所导致的雇佣工人与物质生产资料相分离一样，也使雇佣工人与精神形态的生产资料即科学技术知识相分离，使雇佣工人成为真正的"一无所有"的自由劳动者，他们的劳动力也就事实上表现为只需要能够从事简单的体力劳动就可以了。

最后，由于机器大工业只需要雇佣工人的简单操作，使直接生产过程

---

① 马克思：《资本论》第1卷，人民出版社1975年版，第400页。

② 马克思：《资本论》第1卷，人民出版社1975年版，第464页。

中所需要的劳动简单化，这也就导致劳动力商品的价值贬值，从而还使大量妇女劳动力和未成年劳动力即童工也被并入到资本主义生产过程中去。与工场手工业时期相反，机器大工业时期的“总体工人即结合工人的构成也发生了根本的变革，……现在，只要可行，分工的计划总是把基点放在使用妇女劳动、各种年龄的儿童劳动和非熟练工人劳动上，总之，就是放在使用英国人所谓的‘廉价劳动’上”①。由于资本主义生产方式对大量妇女和儿童非人道的摧残达到了惊人的程度，以致威胁到整个资产阶级对剩余价值追求的长远利益，再加上此起彼伏的工人罢工运动，迫使作为资产阶级的总资本家的国家专门设立如童工调查委员会等官方机构，向资本主义工厂派驻工厂视察员以及通过相关立法等方式来加以限制。

三、马克思劳动力商品理论在中国社会主义市场经济实践中的历史嬗变

在建立和完善社会主义市场经济过程中，许多传统政治经济学观念长期束缚着人们的头脑。其中，如何结合中国社会主义建设的具体实际来对待马克思的劳动力商品理论，一直是学术界争议的焦点问题之一。特别是自从1992年中共十四大提出建立社会主义市场经济体制和党的十四届三中全会第一次明确提出“劳动力市场”概念之后，我国理论界就社会主义公有制经济中的劳动力是否是商品的问题展开了激烈而持久的争论。直到今天，社会主义市场经济建设历程已经走过了20多年，中国的改革开放也已经近40年了，但是国内理论界对社会主义劳动力商品论持否定和批评观点的学者们并没有因为社会主义市场经济体制的建立和日益完善而改变自己的理论立场。可见，传统观念在人们头脑中的束缚力量比我们想象得要强大得多，而对传统思想束缚的突破也必将是一个痛苦艰难而漫长的过程。在社会主义建设实践中，斯大林主义不仅在苏联长期占据统治地位，从而形成了以高度集中的计划经济为根本特征的“苏联模式”或“斯大林模式”，而且对中国的社会主义建设实践也造成了长期而深远的影响。然而，

① 马克思:《资本论》第1卷，人民出版社1975年版，第505页。

斯大林在对待马克思恩格斯的经济理论方面并不像列宁那样能够结合俄国的具体实际情况加以实事求是地运用，而是表现出明显的主观主义和教条主义，将马克思恩格斯的许多个别的理论判断不加分析地提升为现实中社会主义建设的“公式”并加以照搬，关于现实中的社会主义国家如何对待马克思的劳动力商品理论就是一个典型。

在《苏联社会主义经济问题》一书中，斯大林集中表达了自己对马克思的劳动力商品理论的观点。斯大林曾这样讲：“我认为，也必须抛弃从马克思专门分析资本主义的《资本论》中取来而硬套在我国社会主义关系上的其他若干概念。我所指的概念包括‘必要’劳动和‘剩余’劳动、‘必要’产品和‘剩余’产品、‘必要’时间和‘剩余’时间这样一些概念。马克思分析资本主义，是为了说明工人阶级受剥削的泉源，即剩余价值，并且给予被剥夺了生产资料的工人阶级以推翻资本主义的精神武器。显然，马克思在这里所使用的概念（范畴）是和资本主义关系完全适合的。但是现在，当工人阶级不仅没有被剥夺政权和生产资料，反而掌握着政权和占有生产资料的时候，还使用这些概念，这就非常奇怪了。现在，在我国制度下，说劳动力是商品，说工人‘被雇佣’，这真是十分荒谬的：仿佛占有生产资料的工人阶级自己被自己雇佣，把自己的劳动力出卖给自己。现在来讲‘必要’劳动和‘剩余’劳动，也是令人非常奇怪的：仿佛在我国条件下，交给社会去扩大生产、发展教育和保健事业以及组织国防等等的工人劳动，对于现在掌握政权的工人阶级来说，并不是像用来满足工人及其家庭的个人需要的劳动那样必要的。”①

鉴于此，斯大林对当时苏联的经济学理论界提出了这样的要求：“我认为，我们的经济学家应当消除旧概念和我们社会主义国家新情况之间这种不相适合的现象，而用适合新情况的新概念来代替旧概念。”② 自从斯大林对经济理论界提出这样的要求以来，社会主义国家的政治经济学家们的确提出并使用了一些新概念，并且试图消除马克思在分析资本主义生产关系

① 《斯大林文集》，人民出版社 1985 年版，第 610 页。

② 《斯大林文集》，人民出版社 1985 年版，第 610-611 页。

时创立的与资本主义生产关系相适合的旧概念。例如，政治经济学家们用“资金”来代替“资本”，用“净产值”来代替“剩余价值”，似乎在进行了这一系列的概念替换之后，劳动者的劳动力也就不会再是商品了，因此对马克思的劳动力商品理论也就绝口不提，只是讲社会主义劳动者是国家和企业的“主人翁”。

然而，在当代中国政治经济学研究中，我们不应该也不可能脱离开现实的社会经济发展阶段来研究经济范畴和创立经济理论，而应该以实事求是的科学态度来认识作为人类社会存在与发展基础的一般剩余劳动及其在社会主义市场经济条件下的具体表现形式。

经过几十年社会主义建设的实践，我们已经深刻地认识到，商品经济阶段是建设社会主义不可逾越的历史阶段。这样，剩余劳动和剩余产品就不仅会取得它们的物质形态，还必然会取得它们的价值形态，必然会表现为剩余价值范畴。因此，剩余价值范畴绝不是资本主义社会的特有范畴，而是现代市场经济条件下的共有范畴。我国正处于社会主义初级阶段，并且正在建立和完善中国特色社会主义市场经济，这必将是一个商品经济日趋社会化、市场化和货币化的历史进程。以公有制为主体，多种所有制长期并存、共同发展是我国的基本经济制度，它客观上必然要求存在剩余价值的多种具体表现形式。这样，对剩余价值的追逐，就不再仅仅是私有资本的特性，也是公有资本的特性。具体说来，现阶段的剩余价值范畴获得了企业利润或超额利润、资本的利息、股本的股息以及土地的地租或大型机器设备的租金等多种形式，就必然会使其他一切生产要素，如管理、科学技术、资本设备以及土地等自然资源都从属于资本的运动过程，服务于获取剩余价值的需要。而这一过程也正是以市场为手段配置社会资源的过程，它必将会使整个社会迸发出巨大的生产力，使社会财富迅速增长。

当然，“经济范畴只不过是生产的社会关系的理论表现，即其抽象”①。剩余价值范畴作为重要的经济范畴也不可能例外，它必然反映资本与雇佣劳动之间表面上是等价交换、而实际上是无偿占有剩余劳动的经济剥削关

① 《马克思恩格斯选集》第1卷，人民出版社1995年版，第141页。

系，这在我国现有的经济制度条件下也是不可避免的。对此，我们抱持辩证唯物主义的科学态度：我们既不能对此讳莫如深，视之为理论禁区；也不能脱离我国国情，极力鼓吹私有化，力图使公有经济消融在私有化的浪潮之中，使资本与雇佣劳动关系统治一切经济领域。

一方面，我们首先应该看到资本无偿占有剩余劳动的生产方式的历史进步意义。恩格斯曾经指出："马克思了解古代奴隶主、中世纪封建主等等的历史必然性，因而了解他们的历史正当性，承认他们在一定限度的历史时期内是人类发展的杠杆；因而马克思也承认剥削，即占有他人劳动产品的暂时的历史正当性。"① 实际上，人类历史上曾经出现过许多无偿占有剩余劳动的方式：奴隶主与封建主对剩余劳动的占有方式受到其生产方式的限制，他们总是以占有一定的使用价值为目的，这就必然受到使用价值本身的物质限制；而资本对剩余劳动的占有超越了一定使用价值的物质限制，它以追逐剩余价值或以追逐抽象的货币为目的。可以说，在这种生产方式所能容纳的生产力尚未全部发挥出来之前，对剩余价值的追逐是没有任何物质限制的。马克思对这种生产方式的历史进步性曾给予客观的评价：

"剩余劳动是工人的劳动，……事实上是为社会的劳动，虽然这个剩余劳动在这里首先被资本家以社会的名义占为已有了。……这种剩余劳动一方面是社会的自由时间的基础，另一方面是整个社会发展和全部文化的物质基础。正是因为资本强迫社会的相当一部分人从事这种超过他们的直接需要的劳动，所以资本创造文化，执行一定的历史的社会的职能。这样就形成了整个社会的普遍勤劳，劳动超过了为满足工人本身身体上的直接需要所必需的时间界限。"②

既然我国现阶段正处于社会主义初级阶段并且正在建立和完善中国特色社会主义市场经济，所执行的是以公有制为主体、多种所有制共同发展的基本经济制度，那么我们就应该对资本与雇佣劳动之间的经济关系坦然

① 《马克思恩格斯全集》第21卷，人民出版社1965年版，第557-558页。

② 《马克思恩格斯全集》第47卷，人民出版社1979年版，第257页。

面对、积极引导，使资本的历史进步作用充分发挥出来，以更快、更好地促进社会财富的增长和综合国力的提高。

另一方面，在社会主义市场经济条件下，我国现阶段的公有经济也取得了公有资本的现象形态，它和私有资本一样，客观上要求保值、增殖和不断扩大再生产，同样要投入到对剩余价值追逐的历史洪流当中。但是，公有资本对剩余劳动的占有，虽然在现阶段表现为追逐剩余价值，虽然劳动力的价值也还要表现为工资，但是它并不反映资本与雇佣劳动的剥削关系，而是直接以社会的名义对这种社会劳动的占有或扣除，而不像私有资本那样，假借社会的名义来将剩余劳动占为己有。正如马克思所说的：

“如果我们把工资和剩余价值，必要劳动和剩余劳动的独特的资本主义性质去掉，那末，剩下的就不再是这几种形式，而只是它们的为一切社会生产方式所共有的基础。”①

因此，公有经济作为我国各种经济形式的主导，必然也应该能够在追逐剩余价值的过程中促进社会资源的有效配置，促进生产力与社会关系的发展，为实现向更高级的社会形态变迁奠定物质基础。事实上，随着社会主义改革实践的不断深化和发展，理论界对社会主义劳动力商品论持有肯定态度的学者越来越多，可以说已经成为一种普遍认可的理论观点。从笔者所掌握的现有资料来看，早在 1980 年初，就有学者发表文章提出：“我们使用‘资本’、‘劳动力商品’、‘剩余价值’、‘雇佣’等概念”，“只是现实生产关系的理论表现”②。当然，这种共识也是在理论界的不断争论探讨中逐步形成的。在 1987 年高校社会主义经济理论研讨会上，著名经济学家何炼成教授就曾作了明确肯定劳动力商品论的专题发言，当时就引起了热烈的争论。1994 年，何炼成教授又专门发表了题为《社会主义企业中劳动力的商品属性》的论文，再一次对社会主义劳动力商品论进行了详细分析探讨，同时也针对那些反对社会主义劳动力商品论的观点提出了批评③。

马克思指出：“劳动首先是人和自然之间的过程，是人以自身的活动来

① 马克思：《资本论》第 3 卷，人民出版社 1975 年版，第 990 页。

② 王东胜等：《论所有制的内涵》，载于《社会科学辑刊》1980 年第 1 期。

③ 何炼成：《社会主义企业中劳动力的商品属性》，载于《经济纵横》1994 年第 6 期。

引起、调整和控制人和自然之间的物质变换的过程。”① 可见，劳动作为人类社会之所以存在的最基本的活动具有自然必然性，但劳动的形式却依社会经济形态的不同而发展变化。“不论生产的社会形式如何，劳动者和生产资料始终是生产的因素。但是，二者在彼此分离的情况下只在可能性上是生产因素。凡要进行生产，就必须使它们结合起来。实行这种结合的特殊方式和方法，使社会结构区分为各个不同的经济时期。”② 马克思的这段论述是针对作为具有自然必然性的人类一般劳动来讲的，并不只是针对分析资本主义生产方式才有效，因为人类社会的存在和发展片刻都不能离开生产劳动，片刻都不能离开劳动者与生产资料的结合。从总体上来看，社会主义生产方式的基本特征之一仍然是商品的生产交换。马克思在《哥达纲领批判》中所设想的未来社会主义社会中将是劳动者与生产资料在全社会范围内实行单一的、直接的结合，劳动者的劳动力也是当作社会劳动力来使用的，一切生产资料则由全社会共同拥有，也就不存在商品货币关系。然而，我们现实中的社会主义建设的具体实际，却完全超出了马克思主义经典作家的预想范围，劳动者与生产资料的结合方式是以大量单个劳动者的劳动力与多种形式的生产资料所有制进行的多元化的、多层次的结合，这就从总体上决定了现实社会主义制度下商品生产与商品交换的客观必然性，劳动力商品化不可避免。

当然，当前国内学术界仍然有学者否定社会主义企业中劳动力商品属性，其原因总体上可以归结为“两个担心”，而这“两个担心”又来自“两个不能相容”和“两个动摇”：即社会主义企业中劳动者劳动力的商品属性与按劳分配的社会主义原则“不能相容”，它会“动摇”按劳分配的社会主义原则；社会主义企业中劳动者劳动力的商品属性与社会主义劳动者的“主人翁”地位“不能相容”，它会“动摇”社会主义劳动者的“主人翁”地位。对此，我们分别作进一步考察：

第一个担心主要是认为，社会主义企业中劳动者之劳动力的商品属性

① 马克思：《资本论》第1卷，人民出版社1975年版，第201-202页。

② 马克思：《资本论》第2卷，人民出版社1975年版，第44页。

与按劳分配的社会主义原则“不能相容”，它会“动摇”按劳分配的社会主义原则。

存在这种担心的学者认为，在社会主义公有制企业中，劳动者个人共同占有生产资料，就意味着每个劳动者都在其中拥有一份占有的权力，尽管这份权利不能也不应该量化为个人产权，但是他们作为劳动者集体中的一员，就有权参与支配企业的生产资料，也就有权参与分配由劳动者集体共同生产的产品。因为在公有制企业中，劳动者一方面是劳动者集体的成员，这是社会主义企业生产的历史前提；另一方面，每个劳动者都必须参加集体劳动，任何有劳动力的人都没有理由不劳而获，因为这就相当于无偿占有了别人的劳动。因此，每个劳动者并非是通过出卖自己的劳动力商品来换取集体生产的产品中的一个份额，从而获得自己的生活资料。在公有制企业中对劳动者个人的产品分配实行的是按劳分配，其含义是按照劳动者劳动的质量与数量来分配个人消费品。如果认为社会主义劳动者的劳动力作为商品出卖给公有制企业的话，那么劳动者的个人消费品就应该按照劳动者的劳动力商品的价值进行分配，社会主义劳动者必然会受到剥削，这必然会动摇按劳分配的社会主义原则。

事实上，这种担心是没有必要的。一方面，在社会主义市场经济条件下，从理论上承认劳动力商品化这一经济事实，在实践中并不一定就严格按照劳动力商品的价值来分配个人消费品。也就是说，劳动者所获得的工资收入以及其他形式的收入，并不一定就是马克思严格经济学意义上的、仅仅能够还原为维持劳动者生存所需要的一定数量的生活资料的价值。因为马克思严格经济学意义上的劳动力商品所有者，不会给自己创造和积累任何物质财富和精神财富，而只会将劳动所创造的物质财富与精神财富作为他人的财产不断生产和再生产出来，这就必然导致两极分化，显然这与最终实现共同富裕的社会主义本质相矛盾。正如邓小平所指出的：“社会主义不是少数人富起来、大多数人穷，不是那个样子。社会主义最大的优越性就是共同富裕，这是体现社会主义本质的一个东西”①；“社会主义有两

① 《邓小平文选》第3卷，人民出版社1993年版，第364页。

个非常重要的方面，一是以公有制为主体，二是不搞两极分化”①。另一方面，现实的社会主义建设实践条件与马克思主义经典作家所设想的实行按劳分配的社会经济条件相去甚远，这已经是一个不争的事实。我们在反思传统计划经济试图将按劳分配作为一个社会主义“公式”来“实行”所带来的各种弊端的同时，或许更应该深入研究按劳分配的社会主义原则的具体实现形式特别是在社会主义市场经济条件下的具体实现形式是什么？按劳分配的社会主义原则与按生产要素分配之间的关系又是什么？随着中国特色社会主义市场经济建设实践的不断发展，这一系列重大理论问题都还有待进一步探讨。因此，不能简单地断定，社会主义公有制企业中劳动者的劳动力作为商品就必然与按劳分配的社会主义原则不能相容。

第二个担心主要是认为，社会主义企业中劳动者之劳动力的商品属性与社会主义劳动者的“主人翁”地位“不能相容”，它会“动摇”社会主义劳动者的“主人翁”地位。

存在这种担心的学者认为，曾经获得邓小平充分肯定和高度评价的1984年《中共中央关于经济体制改革的决定》中明确指出：“在我国社会主义条件下，劳动力不是商品。”似乎由此也就“决定了”在社会主义条件下“劳动力不是商品”，这也就成为了社会主义社会的“定论”。如果认为社会主义企业中劳动者的劳动力具有商品属性，那么劳动者也就从国家和企业的“主人”转变到出卖自己劳动力的“雇佣工人”，从而动摇了社会主义劳动者的“主人翁”地位。实际上，随着社会主义改革的不断推进，邓小平对于许多问题的认识也是在不断深化发展和不断变化的。别的不必说，单就劳动力商品问题，邓小平在1987年4月16日《会见香港特别行政区基本法起草委员会委员时的讲话》中就改变了自己3年前的观点，他说：“现在我们国内人们议论雇工问题，我和好多同志谈过，犯不着在这个问题上表现我们在‘动’，可以再看几年。……从全局看，这只不过是小小的一点。要动也容易，但是一动就好像政策又在变了。动还是要动，因为我们不搞两极分化。但是，在什么时候动，用什么方法动，要研

① 《邓小平文选》第3卷，人民出版社1993年版，第138页。

究。动也就是制约一下。像这样的事情，我们要考虑到不要随便引起动荡甚至引起反复，这是从大局来看问题。重要的是，鼓励大家动脑筋想办法发展我们的经济，有开拓的精神，而不要去损害这种积极性，损害了对我们不利。”① 在这里，所谓“雇工”，实际上就是指的“雇佣工人”，也就是劳动者将自己的劳动力作为商品出卖。由此可见，尽管邓小平也曾经肯定了社会主义条件下劳动力不是商品的观点，但是随着改革实践的发展，这种观点也随之改变了。可以说，在理论与实践相矛盾的时候，邓小平坚持的始终是实践的观点，始终充满着大胆实验、敢于突破传统理论束缚的巨大勇气。在随后几年的改革实践中，邓小平再也没有提劳动力是否是商品的问题，甚至到了后期连按劳分配也不再谈及了，而强调更多的则是发展生产力、公有制为主体、不出现两极分化以及实现共同富裕。或许是在邓小平看来，社会主义劳动者的劳动力是否具有商品属性，这些并不涉及社会主义的本质，或者至少应该将其理解为一个建设中国特色社会主义所必然需要经历的历史过程。

事实上，社会主义企业中劳动者的劳动力具有商品属性与劳动者的主人翁地位是两个不同性质和内容的问题，不能混为一谈。社会主义企业中的劳动者是国家和生产资料的主人，这是由社会主义制度决定的。但是，在社会主义市场经济条件下，生产的社会化、市场化是一个客观必然的经济过程，包括劳动力在内的各种生产要素都只能通过市场机制的配置方式才能在具体的企业中实现生产资料与劳动力的结合，才能实现社会主义生产。因此，社会主义企业中劳动力的商品属性，则是由劳动者的劳动力与生产资料相结合的社会经济方式决定的。在我国社会主义初级阶段，以公有制为主体、多种所有制经济共同发展的所有制结构，决定了大量的个人劳动力与多种形式的所有制之间的结合也并不都是一劳永逸的结合，它们始终处于不断地流动和变化之中。正如马克思所说：“大工业的本性决定了劳动的变换、职能的更动和工人的全面流动性。”② 其实这也是现代市场经

① 《邓小平文选》第 3 卷，人民出版社 1993 年版，第 216-217 页。

② 马克思：《资本论》第 1 卷，人民出版社 1975 年版，第 534 页。

济发展的一般特征，它决定了各种生产要素，包括劳动力和各种生产资料都要通过市场途径间接结合而不可能始终处于“直接结合”的状态，所以，包括劳动力在内的各种生产要素都必然获得商品属性。

因此，劳动者的劳动力商品化与劳动者在政治上的主人翁地位并不存在矛盾。从社会主义建设的经验来看，在传统计划经济体制下，由于政企不分，企业职工除获得一个政治上的“主人翁”地位的头衔之外，既没有真正获得对企业的管理权，也没有真正参与到企业管理之中。企业工会组织也都处于企业党组织的管辖之下，只是形式上参与管理，实际上只是负责一些职工生活福利方面的问题。而在社会主义市场经济体制下，企业职工的劳动力作为商品，要求企业按照其价值和效益支付相应的报酬，真正实现“多劳多得、少劳少得、不劳不得”的社会主义原则。同时，以建立现代企业制度为方向的国有企业改革，对企业劳动者的报酬形式也是多样化的，它是以建立一整套健全的企业激励机制为根本出发点，这样就能够大大激发国有企业中的经营管理者、科技与研发人员以及生产和服务人员等各方面的劳动积极性和创造性，从而促进企业的生产经营和发展，恰恰能够在经济上成为企业职工政治上的主人翁地位的实现和保证。而与传统计划经济时期的职工吃企业的“大锅饭”，企业吃国家的“大锅饭”所导致的贫穷落后相比，无疑是一种历史进步和人类文明程度的提高。

第四节　劳动力资本理论的现代建构：马克思劳动力商品理论在现代的深化拓展

现代科技劳动价值论基础上的劳动力资本理论是马克思劳动力商品理论在“科技—经济一体化”的现代经济社会条件下认识飞跃的结果和进一步拓展、深化的产物，是对社会主义市场经济条件下劳动力商品资本化或劳动力资本化趋势之客观经济现实的时代反映。

一、马克思劳动力商品理论的现代审视

马克思经济学本身并没有将劳动力作为资本进行系统的论述，这与马

克思时代资本主义生产方式和与之相适用的生产关系与交换关系的发育程度存在着密切联系，确切地讲，是由科学技术与劳动之间的分离所决定的。社会主义市场经济的建立和完善，是在以现代科技商品经济与环境下历史地展开的，它越来越表现出“科学—技术—生产”一体化的发展趋势，科学技术与劳动的结合是建立和完善社会主义市场经济和构建社会主义和谐社会的内在要求和重要基础。因此，马克思的劳动力商品理论也就应当置于以现代科技革命、人类新技术革命（尤其是信息技术革命）为基础的现代社会化大生产的时代背景下加以重新审视。

（一） 古典政治经济学对马克思劳动力商品理论的影响

在对马克思的劳动力商品理论进行深层次探讨之前，我们不应当忽视古典政治经济学关于雇佣工人得到的劳动报酬即工资之理论观点对马克思的影响，因为马克思关于工资的理论正是在批判和继承古典政治经济学关于工资的学说基础上创立和形成的。

威廉·配第把工资和维持工人生活的必要生产资料联系起来，第一次提出了决定工资水平的学说，认为决定工人工资水平的自然基础是能够维持工人必要生活资料的价值。配第说：“法律应该使劳动者只能得到适当的生活资料。因为，如果你使劳动者有双倍的工资，那么劳动者实际所做的工作，就只等于他实际所能做和在工资不加倍时所做的一半，这对社会来说，就损失了同等数量的劳动所创造的产品。”①

斯密认为：“需要靠劳动过活的人，其工资至少须足够维持其生活。在大多数场合，工资还得稍稍超过足够维持生活的程度，否则劳动者就不能赡养家室而传宗接代了。……很明显，上述工资是符合一般人道标准的最低工资。”② 同时，斯密的工资学说又具有两重性，一方面，斯密从劳动价值论出发，认为：“劳动生产物构成劳动的自然报酬或自然工资”③，而地

① ［英］威廉·配第：《配第经济著作集》，商务印书馆 1981 年版，第 88 页。

② ［英］亚当·斯密：《国民财富的性质和原因的研究》上卷，商务印书馆 1996 年版，第 62 页。

③ ［英］亚当·斯密：《国民财富的性质和原因的研究》上卷，商务印书馆 1996 年版，第 58 页。

主的地租则是从“劳动的生产物中扣除的第一个项目”，资本家取得的利润则是从“劳动的生产物中扣除的第二个项目”①。这样，斯密也就认识到，工资是工人创造的总价值中的一部分，是一个分解出来的因素，它与利润、地租之间存在着对立关系；另一方面，由于斯密并没有区分劳动和劳动力两个概念，所以他又认为工资是劳动的价格，这正是斯密工资学说中的庸俗成分。

李嘉图也没有区分劳动与劳动力两个概念，也从劳动者出卖的是“劳动商品”这个观点出发来探讨工资问题，但李嘉图不同于斯密之处在于，他能够在始终坚持商品中所包含的劳动量直接作为衡量商品价值量与影响商品价值量变动的内在尺度的基础上，试图说明劳动的价值是由雇佣工人得到的货币或一定量的生活资料所耗费的劳动量来决定。在李嘉图看来，劳动的价值既不直接等同于雇佣工人得到的货币量，也不直接等同于雇佣工人得到的生活资料，而是在一定的社会内维持雇佣工人及其家属所必需的生活资料的价值，即“劳动正像其他一切可以买卖并且可以在数量上增加或减少的物品一样，具有自然价格和市场价格。劳动的自然价格是让劳动者大体上能够生活下去并不增不减地延续其后裔所必需的价格。……劳动的自然价格便取决于劳动者维持其自身与其家庭所需食物、必需品和享用品的价格。”② 然而，正是由于没有在概念上区分开劳动与劳动力，李嘉图和所有的古典政治经济学家一样，都始终“没有意识到自己的分析所得出的这个结果，毫无批判地采用‘劳动的价值’‘劳动的自然价格’等等范畴，把它们当作所考察的价值关系的最后的、适当的用语”③。

事实上，马克思是在批判和继承古典政治经济学家关于雇佣工人的工资水平的相关观点的基础上，将当时条件下资本主义生产方式中的雇佣劳动进行理论化，从而形成了严格经济学意义上的“雇佣劳动”概念。正如马克思在充分肯定李嘉图关于“劳动的自然价格”或“劳动的价格”“劳

① ［英］亚当·斯密：《国民财富的性质和原因的研究》上卷，商务印书馆 1996 年版，第 59 页。

② ［英］大卫·李嘉图：《政治经济学及赋税原理》，商务印书馆 1962 年版，第 77 页。

③ 马克思：《资本论》第 1 卷，人民出版社 1975 年版，第 589 页。

动的价值”等工资学说时认为：“如果撇开把劳动和劳动能力混淆起来这一点不谈，那末李嘉图倒是正确地规定了平均工资，或者说，劳动的价值。这就是，李嘉图说，平均工资既不决定于工人得到的货币，也不决定于工人得到的生活资料，而是决定于为生产这些生活资料所花费的劳动时间，决定于物化在工人得到的生活资料中的劳动量。”① 尽管马克思认为李嘉图的这个关于劳动力价值的解释“多么正确（撇开劳动和资本的直接对立不谈），它还是不充分的”②，并且对劳动力价值的经济内容又作了一些补充，但是我们下面在对马克思所理解的严格经济学意义上的“雇佣劳动”概念中无时无刻不会看到李嘉图以及其他古典政治经济学家关于工资学说的影子。

（二） 马克思“雇佣劳动” 概念的理论假设性质

对马克思的劳动力商品理论的深层次探讨，不得不让我们对马克思在严格的经济学意义上使用的“雇佣劳动”概念重新加以审视，因为雇佣劳动概念是构建资本与劳动之间的对立关系以及创立剩余价值理论的核心概念。马克思强调：“雇佣劳动，在这里是严格的经济学意义上的雇佣劳动，我们也只是在这个意义上使用这一术语。”③ 在此，“严格的经济学意义上”，“雇佣劳动的平均价格是最低限度的工资，即工人为维持其工人的生活所必需的生活资料的数额。因此，雇佣工人靠自己的劳动所占有的东西，只够勉强维持他的生命的再生产”④。尽管马克思在《资本论》中给出了“劳动力”的经典定义，其中包含着脑力或智力因素，但是在雇佣劳动概念中却做了简单化的理论处理，使工人的劳动事实上却局限于简单劳动，甚至和牲畜的劳动没有什么区别。正如马克思所说：“劳动力的价值也是由它的再生产所必要的劳动量决定的；而这个劳动量是由工人的必要生活资料的价值决定的，从而等于再生产他的生活条件本身所必要的劳动，——这个情况是这种商品（劳动力）的特征，但并不比以下的事实具

① 《马克思恩格斯全集》第 26 卷第 2 分册，人民出版社 1973 年版，第 459-460 页。

② 《马克思恩格斯全集》第 26 卷第 2 分册，人民出版社 1973 年版，第 460 页。

③ 《马克思恩格斯全集》第 46 卷上册，人民出版社 1979 年版，第 461 页。

④ 《马克思恩格斯选集》第 1 卷，人民出版社 1995 版，第 287 页。

有更多的特征：役畜的价值是由维持役畜所必要的生活资料的价值决定的，从而是由生产这种生活资料所必要的人类劳动量决定的。”① 可见，这些生活资料实际上仅仅是工人维持其生命活动的最低限度的物质资料。在劳动力的价值能够完全被还原为一定数量的生活资料的理论假设下，马克思认为劳动力商品的价值是在实际生产过程进行之前就已经“预先决定”了，从而其市场价格也是在流通领域就“预先决定”了。因为这些简单劳动无须进行专门学习和培训的简单劳动，即使需要一些学习和训练，其费用也是可以忽略不计的；同时，劳动者本身是无须付出太多的时间和精力就可以完全掌握的，即从事这种简单劳动无须特殊的学习劳动过程。在这种情况下，劳动者的劳动力价值也就完全可以还原为维持劳动者的劳动力再生产所需要的生活资料价值，至多还包括劳动者自身生存、供养家庭，以及可以忽略不计的学习费用。

同时，我们还应该注意到，马克思严格意义上的“雇佣劳动”概念与“真正的资本主义生产方式”的确立存在着内在的关联。马克思认为，劳动对资本由形式上的隶属转变到实际上的隶属的过程，才是真正的资本主义生产方式产生的过程。马克思明确指出：“资本起初是在历史上既有的技术条件下使劳动服从自己的。因此，它并没有直接改变生产方式。所以我们上面所考察的、单靠延长工作日这种形式的剩余价值的生产，看来是与生产方式本身的任何变化无关的”②，而“绝对剩余价值的生产只同工作日的长度有关；相对剩余价值的生产使劳动的技术过程和社会组织发生根本的革命。因此，相对剩余价值的生产以特殊的资本主义的生产方式为前提；这种生产方式连同它的方法、手段和条件本身，最初是在劳动在形式上隶属于资本的基础上自发地产生和发展的。劳动对资本的这种形式上的隶属，又让位于劳动对资本的实际上的隶属”③。可见，劳动对资本的实际的隶属是使科学技术与劳动相分离的真正起点，也是马克思严格的经济学意义上的雇佣劳动的真正起点，从而也是作为一种历史的、特殊的生产方

① 马克思：《资本论》第 2 卷，人民出版社 1975 年版，第 424 页。

② 《马克思恩格斯全集》第 23 卷，人民出版社 1972 年版，第 344 页。

③ 《马克思恩格斯全集》第 23 卷，人民出版社 1972 年版，第 557 页。

式即资本主义生产方式的起点，而劳动对资本实际上的隶属的典型表现就是资本主义机器大生产。

马克思认为，当劳动从实际上隶属于资本时，对于资本主义生产过程来说，工人的具体劳动成为资本的使用价值，这种使用价值就是生产剩余价值，就是实现价值增殖。这就是劳动力商品的特殊使用价值。“这种经济关系——资本家和工人作为一种生产关系的两极所具有的性质——随着劳动越来越丧失一切技艺的性质，也就发展得越来越纯粹，越来越符合概念。劳动的技巧越来越成为某种抽象的、无关紧要的东西，而劳动越来越成为纯粹抽象的活动，纯粹机械的，因而是无关紧要的、同劳动的特殊形式漠不相干的活动；单纯形式的活动，或者同样可以说单纯物质的活动，同形式无关的一般意义的活动。这里再一次表明：生产关系的即范畴的（这里指资本和劳动的）特殊规定性，只有随着特殊的物质生产方式的发展和在工业生产力的特殊发展阶段上，才成为真实的”。①

如果仔细研究和思考马克思的上述观点，我们几乎可以得出这样一个重要的理论信息，即马克思在这里实际上已经暗示了自己整个资本—劳动二元对立关系的理论前提，就是这种所谓纯粹抽象的、无差别的、片面的、局部的、碎片化的劳动的客观存在并随着资本主义生产方式的发展尤其是机器大工业的发展而日趋普遍化。真正的资本主义生产方式将作为人的生命表现的劳动过程视为一种“单纯物质的活动”，一种可以不断地简单而机械地重复进行的“同形式无关的一般意义上活动”。这种理解也许正是马克思为什么将凝结成价值的抽象劳动理解为一种生理学意义上的真理，即人的手、脑力、神经等生理上的消耗的根本原因，也是马克思所说的严格经济学意义上的“雇佣劳动”概念的真正内容，不然的话，马克思也就不可能认为劳动力商品的价值可以还原为一定数量的生活资料的价值。这种劳动的确是完全与科学相分离的劳动，是只需要维持简单劳动力的生产与再生产即可以成为资本家所需要购买的劳动力商品的雇佣劳动。显然，这种劳动与人类的主观能动性与创造性没有什么关系，因为这种劳

① 《马克思恩格斯全集》第46卷上册，人民出版社1979年版，第254-255页。

动就算进行（实际上是简单重复）千万次，既不会使人的主观世界获得改造，也不会使人们改造自然的能力得到提高。然而，这种劳动恰恰就是完全符合马克思的与资本相对立的雇佣劳动概念中的劳动。这个理论假定必须要加以注意并澄清。正如列宁曾指出的："资本的理论假定工人获得他的劳动力的全部价值。这是资本主义的理想，但决不是资本主义的现实。……马克思的理论的科学价值，在于它阐明了社会总资本的再生产过程和流通过程。"①

我们不应该忘记，马克思不仅是一位科学家，而且"首先是一个革命家。他毕生的真正使命，就是以这种或那种方式参加推翻资本主义社会及其所建立的国家设施的事业，参加现代无产阶级的解放事业，正是他第一次使现代无产阶级意识到自身的地位和需要，意识到自身解放的条件"②。马克思的经济学说就是作为无产阶级革命的精神武器而创立的，因此这样来严格地定义雇佣劳动，无疑是阶级斗争和政治斗争的需要。正如马克思在《资本论》的写作任务即将完成时说："这无疑是向资产者包括土地所有者在内脑袋发射的最厉害的炮弹。"③ 尽管马克思将雇佣劳动关系下的劳动力价值所对应的生活资料内容进一步扩充，考虑到劳动力的发展费用、教育费用和医疗费用等开支从而使其更接近于现实生活，但从经济范畴意义上看，它始终没有超越雇佣关系下劳动力商品价值的概念原型，即它所能还原的仅仅是维持其生命的必要生活资料的价值。由此可见，马克思所研究的雇佣劳动关系下的劳动力商品概念，指的是在逻辑上与资本相对立的活劳动的载体，是可以像其他商品一样可以在"再生产条件不变的情况下"进行简单重复生产，尽管这种前提假设与人类在社会实践过程中所表现出来的能动反映能力存在着内在冲突。这个资本与劳动的二元对立关系，使得雇佣劳动概念作为对现实生产关系的抽象概括而具有很强的理论建构性质。从这个意义上讲，马克思所讲的"严格的经济学意义上的雇佣劳动"，成为构建马克思主义的劳动力资本化理论的理论前提和逻辑起点。

---

① 《列宁全集》第4卷，人民出版社1984年版，第72-73页。

② 《马克思恩格斯选集》第3卷，人民出版社1995年版，第777页。

③ 《马克思恩格斯全集》第19卷，人民出版社1963年版，第543页。

二、马克思“生产资料”范畴的现代反思与理论拓展

马克思的劳动力商品概念的经济内容之所以被设定为“严格经济学意义上的雇佣劳动”，与马克思在经济分析过程中对生产资料范畴所暗含着的理论假设存在着密切联系。因此，在社会主义市场经济条件下，结合科学技术劳动与知识经济的时代背景来深化和发展马克思的劳动力商品理论，就必须对马克思的生产资料范畴加以重新解读。

（一）理论假设性质：马克思“生产资料”范畴的现代反思

传统马克思主义经济学首先将生产力等同于物质生产力①，然后又将生产资料等同于物质生产资料，这样，在马克思经济学中所确定的生产资料也就是生产过程中的物的因素或劳动的客观条件，包括劳动资料和劳动对象。在《资本论辞典》中关于“生产资料”词条的解释是：“人们从事物质资料生产所必需的一切物质条件，即劳动资料和劳动对象的总和。生产资料包括自然物和经过劳动加工的产品，如土地、森林、河流、矿藏、机器、设备、厂房、生产建筑物、运输工具、燃料、原材料和辅助材料等。生产资料是构成生产力的物的要素，其中起决定性作用的是生产工具。”② 可以看出，我国理论界对马克思主义经济学中的生产资料概念的理解也是局限于物质形态的生产资料。事实上，出现这种情况也是可以理解的，因为综观马克思的《资本论》及其各个时期的经济学手稿，我们发现，马克思关于生产资料的理解从总体上来说是局限于物质形态的生产资

① 传统马克思主义经济理论认为，生产力等同于物质生产力，又称为社会生产力。它是指具有一定生产经验和劳动技能的劳动者，利用自然对象和自然力生产物质资料时所形成的物质力量。生产力的要素包括生产资料（劳动资料和劳动对象）和劳动者，生产资料则是人们从事物质生产所必需的一切物质资料和物质条件（参见宋涛主编《〈资本论〉辞典》，山东人民出版社 1988 年版，第 542 页的“生产力”词条）。这里所说的传统马克思主义经济学指的是以苏联《政治经济学教科书》为理论体系的政治经济学，正如樊纲所说：“这套东西究竟与马克思、恩格斯等人当年构造的经典意义上的马克思主义经济学是不是一个东西，是很值得怀疑的。”（参见樊纲：《“苏联范式”批判》，载于《经济研究》1995 年第 10 期）。事实也是如此，这种解释自产生以来就引发了不少理论争议。例如，柯亨就将马克思经济理论中“物质的”与“社会的”两个概念进行明确区分。我们认为，柯亨的这种区分应该是遵循马克思原意的（参见 G. A. 柯亨：《卡尔·马克思的历史理论——一个辩护》，岳长龄译，重庆出版社 1989 年版）。

② 宋涛主编：《〈资本论〉辞典》，山东人民出版社 1988 年版，第 551 页。

料的，尽管马克思并没有明确指出这一点。

对此，我们在这里引述几处马克思关于生产资料的论述作为例证：(1)“劳动资料是劳动者置于自己和劳动对象之间、用来把自己的活动传导到劳动对象上去的物或物的综合体”①。(2)“广义地说，除了那些把劳动的作用传达到劳动对象、因而以这种或那种方式充当活动的传导体的物以外，劳动过程的进行所需要的一切物质条件都算作劳动过程的资料”②。(3)“在其他条件不变的情况下，社会在例如一年里所消费的生产资料，即劳动资料、原料和辅助材料，只有在实物形式上为数量相等的新物品所替换，社会才能在原有的规模上再生产或保持自己的财富，这些新物品要从年产品总量中分离出来，重新并入生产过程”③。(4)“不变资本的物质存在形式，生产资料，不仅由这种劳动资料构成，而且还由各加工阶段上的劳动材料和辅助材料构成”④。(5)“资本不是物，而是一定的、社会的、属于一定历史社会形态的生产关系，它体现在一个物上，并赋予这个物以特有的社会性质。资本不是物质的和生产出来的生产资料的总和。资本是已经转化为资本的生产资料，这种生产资料本身不是资本，就像金和银本身不是货币一样”⑤。(6)在马克思亲自作了修改增补的《资本论》第一卷法文版中，马克思还使用了“严格意义上的劳动资料”的说法，并将其理解为“机器、厂房、煤炭等……”⑥。显然，这种“严格意义上的劳动资料”也与诸如科学知识等精神形态的生产资料无缘。

此外，恩格斯也曾对生产资料的具体内容有过一些类似的表述。例如恩格斯在1887年为美国版《英国工人阶级状况》写的序言中至少两次提到了“一切生产资料”，而其中所包含的都只是物质形态的生产资料。第一次是在谈到美国无产阶级纲领和最终目的应当符合《共产党宣言》时说：“这个纲领将宣布，最终目的是工人阶级夺取政权，使整个社会直接占

① 马克思：《资本论》第1卷，人民出版社1975年版，第203页。
② 马克思：《资本论》第1卷，人民出版社1975年版，第205页。
③ 马克思：《资本论》第1卷，人民出版社1975年版，第621页。
④ 马克思：《资本论》第2卷，人民出版社1975年版，第159页。
⑤ 马克思：《资本论》第3卷，人民出版社1975年版，第920页。
⑥ 马克思：《资本论》（法文版）第1卷，中国社会科学出版社1983年版，第449页。

有一切生产资料——土地、铁路、矿山、机器等等，让它们供全体和为了全体的得益而共同使用。”第二次是在批评亨利·乔治时说：“以马克思为代表的现代社会主义者要求土地应该共同占有，为共同的利益而共同耕种，对其他一切社会生产资料——矿山、铁路、工厂等也是这样。”① 由此可见，马克思经济学中的生产资料总体来说是局限于物质形态的生产资料的，它没有从理论上把现代社会生产中所必需的科学知识等精神产品纳入到生产资料范畴之中，更没有将科学知识等精神因素作为独立化的精神形态的生产资料加以理论化和概念化②。

尽管如此，马克思并非没有注意到科学在社会生产过程中的巨大作用。马克思认为，资本主义生产方式之所以能够大规模地利用各种自然力如风能、水能、热能以及化学工业中的各种化合与分解作用等等，并使这一系列自然力并入资本要素之中，表现为资本的力量，其根本原因就在于科学知识在生产过程中的作用并日益表现为一种“独立因素”；“生产过程成了科学的应用，而科学反过来成了生产过程的因素即所谓职能。……只有资本主义生产方式才第一次使自然科学为直接的生产过程服务，同时，生产的发展反过来又为从理论上征服自然提供了手段。科学获得的使命是：成为生产财富的手段，成为致富的手段”③。可见，在人类历史发展中，资本主义生产方式第一次将科学纳入到生产资料体系之内并通过科学知识来大规模地改造物质形态的生产资料，从而创造了大量先进的生产技术并使之不断革命化。与前资本主义生产方式相比，“范围有限的知识和经验是同劳动本身直接联系在一起的，并没有发展成为同劳动相分离的独立

① 《马克思恩格斯选集》第4卷，人民出版社1995年版，第390、392页。

② 值得说明的是，马克思文本中确实出现过“精神生产资料”的概念。在《德意志意识形态》中，马克思认为：“支配着物质生产资料的阶级，同时也支配着精神生产资料，因此，那些没有精神生产资料的人的思想，一般地是隶属于这个阶级的。”（参见《马克思恩格斯选集》第1卷，人民出版社1995年版，第98页）然而，马克思这里所说的“精神生产资料”并不是我们所说的以科学知识为主要内容的，在社会生产过程中对生产商品或使用价值具有重要作用，能够极大地提高劳动生产率的表现为精神产品的生产资料，而是指符合统治阶级利益的思想、意识、观念、法律等上层建筑，这些精神生产资料远离物质生产活动，一般也不直接表现为商品生产活动所需要的生产资料，从而也就不属于政治经济学所要研究的范围。

③ 《马克思恩格斯全集》第47卷，人民出版社1979年版，第570页。

的力量，因而整个说来从未超出制作方法的积累的范围，这种积累是一代代加以充实的，并且很缓慢地、一点一点地扩大的”①。

（二） 精神生产资料②范畴：马克思“生产资料”范畴的一个理论拓展

前面我们已经对马克思劳动力商品理论中的“雇佣劳动”概念的理论假设性质作了比较详细的论证与说明，即马克思所考察和研究的劳动力商品是19世纪前半叶西欧典型的资本主义国家中，尤其是英国的工人阶级的劳动力状况，并且对当时的资本主义现时作了进一步的理论抽象，认为雇佣工人的劳动力商品不仅必须作为商品出卖给资本家，而且只能作为商品来出卖，雇佣工人辛勤劳动的结果只是为资产阶级创造出财富和自由时间，而留给自己的只有贫穷。正如马克思所说：“在自由工人的概念中包含着这样的意思：他是赤贫，潜在的赤贫。按照他的经济条件来说，他不过是活的劳动能力而已，因而也有生活的需要。有一切方面的需要，而没有客观条件来作为劳动能力实现自己。”③

事实上，马克思在这里所说的“客观条件”，也就是生产条件或劳动条件，具体来说就是生产资料，即雇佣工人与生产资料是“绝对分离”④的。在马克思的理论分析视野中，生产资料仅仅是指物质形态的生产资料（以下我们简称为“物质生产资料”）。然而，人类社会发展的21世纪的今天，新技术革命，特别是信息技术革命，使人类社会的生产方式、生活方式以及思维方式都发生了深刻变化。科学技术以其无可抗拒的渗透能力与扩散能力物化于整个人类生活世界的各个方面与每个角落，现代社会生产越来越表现为科技劳动的日益普遍化和知识经济的加速发展。顽强的经济事实向我们提出了重新审视马克思的“生产资料”范畴的重大理论任务。

我们通过对马克思关于科学在资本主义生产过程中的应用及其经济与

---

① 《马克思恩格斯全集》第47卷，人民出版社1979年版，第570页。

② 这里的“精神生产资料”仅仅是指作为经济学范畴的精神生产资料，与马克思、恩格斯在《德意志意识形态》中所使用的“精神生产资料”概念不同，后者是一个含义相当宽泛的概念。参见《马克思恩格斯选集》第1卷，人民出版社1995年版，第98页。

③ 《马克思恩格斯全集》第46卷下册，人民出版社1980年版，第104页。

④ 《马克思恩格斯全集》第46卷上册，人民出版社1979年版，第519页。

社会后果的论述来看，科学知识作为成为一种生产资料已经是一个不争的经济事实。但是，由于在马克思时代，“科学对于劳动来说，表现为异己的、敌对的和统治的权力，……自然科学在物质生产过程中的应用，同样是建立在这一过程的智力同个别工人的知识、经验和技能相分离的基础上的，正像生产的（物质）条件的集中和发展以及这些条件转化为资本是建立在使工人丧失这些条件，使工人同这些条件相分离的基础上的一样”①。在马克思看来，科学像物质形态的生产资料一样，同雇佣工人是绝对分离的，雇佣工人与科学知识的分离是内在地包含在资本主义生产资料私有制之中的经济特征。尽管马克思认识到，资本主义机器大工业生产在客观上已经提出了这样的客观要求，即机器大工业“通过它的灾难本身使下面这一点成为生死攸关的问题：承认劳动的变换，从而承认工人尽可能多方面的发展是社会生产的普遍规律，并且使各种关系适应于这个规律的正常实现。……用那种把不同社会职能当作互相交替的活动方式的全面发展的个人，来代替只是承担一种社会局部职能的局部个人”②。尤其重要的是，马克思认为资本主义制度的这个“生死攸关”的问题在资本主义生产资料的私有制条件下是无法解决的，只有摆脱资本主义生产资料的私有制才能将给资本主义社会带来灾难的生产技术转化为无产阶级国家发展社会生产力的物质基础。“工人阶级**在不可避免地夺取政权之后**，将使理论的和实践的工艺教育在工人学校中占据应有的位置”③（注：着重号是引者加的）。因此，按照马克思的设想，科学知识与雇佣工人的结合与当时的资本主义生产关系是无法相容的，只有无产阶级夺取政权之后，实现了整个社会生产资料的公有制条件下才使之成为可能。马克思站在历史的高度指出：“从工厂制度中萌发出了未来教育的幼芽，未来教育对所有已满一定年龄的儿童来说，就是生产劳动同智育和体育相结合，它不仅是提高社会生产的一种方法，而且是造就全面发展的人的唯一方法。”④

---

① 《马克思恩格斯全集》第47卷，人民出版社1979年版，第572页。

② 马克思：《资本论》第1卷，人民出版社1975年版，第534-535页。

③ 马克思：《资本论》第1卷，人民出版社1975年版，第535页。

④ 马克思：《资本论》第1卷，人民出版社1975年版，第531页。

由此可见，我们可以确定的是，在马克思经济学和传统的马克思主义经济学家看来，生产资料仅仅是局限于物质形态的生产资料，以科学知识等精神产品为主要内容的精神要素没有明确纳入生产资料范畴。我们将这一论断作为马克思关于生产资料暗含的一个重大理论假设。这个理论假设使得马克思排除了劳动者通过占有精神生产资料，进而改变自身经济地位的任何可能性。然而，科技劳动的普及与知识经济时代的到来，使我们必须结合现代社会化大生产的时代特征来对马克思的生产资料范畴进行理论拓展，即在现代社会化大生产条件下，生产资料包括物质生产资料与精神生产资料两个方面，它们共同组成现代社会化大生产所需要的生产资料。其中，物质生产资料与马克思所说的生产资料是同一含义，当然会随着科学技术的发展增添一些新的物质内容，比如说机器人、数控机床、计算机等马克思时代尚未出现的物质生产资料；而精神生产资料则是指以科学技术和知识为主要内容的、在社会生产过程中对生产商品或使用价值具有重要作用，能够极大地提高劳动生产率的精神形态的生产资料即“精神生产资料”，这些科学技术和知识主要包括自然科学知识如力学、光学、化学、生物学以及工程技术知识等等，也包括社会科学知识如管理学、心理学、经济学以及经营管理技术与市场预测技术知识等等。这种精神生产资料总是能够由劳动者通过学习劳动等方式来占有和掌握，从而可以与劳动者直接结合在一起，而劳动者则表现为精神生产资料的活的生命载体。

（三）　作为人类劳动结晶的精神生产资料及其商品化与资本化

马克思认为，科学的力量是一种不费资本分文的生产力，“资本只有通过使用机器（部分也通过化学过程）才能占有这种科学力量”①。然而，马克思时代的科学还属于简单性的科学，科学研究的方法属于简单科学的简化的、分析的、还原的方法，而不是现代的复杂性科学的研究方法等，与此相适应，尽管马克思创立了辩证的唯物主义体系，但在将经济学当作科学来研究时，也难以摆脱当时简单科学背景下机械的简单对立的思维方式。在马克思之后的资本主义生产方式的发展过程中，科学知识本身的生

① 《马克思恩格斯全集》第46卷下册，人民出版社1980年版，第287页。

产已经越来越纳入到资本主义生产方式之中，从而使科学知识的生产日益成为一种产业。如果我们回顾一下现代社会新科技革命得以产生的社会经济背景，或许可以更加深刻地认识到科学在现代市场经济社会中的商品性质及其与新科技革命之间的关系，从而也能更加深刻地认识到，科学知识的商品化与资本化为社会生产力提供了一个怎样的发展远景。

哈里·布雷弗曼为我们生动而真实地描述了："到了十九世纪最后二十五年里，出现了兰德斯所谓的'工业革命提供的取得技术成就的一切可能性都已试尽'的局面。把这类可能性的贮备再次补足起来的新科技革命，具有自觉性和目的性，这一特点，老的工业革命大体上是没有的。过去是社会生产过程间接引起自发的技术革新，如今取而代之的是有计划地提高工业技术和产品设计。这要靠科学本身转化为商品，同其他生产工具和生产劳动一样可以买卖，才能做到。科学知识已从'外部经济'变成资产负债表上的一个项目。科学知识正如一切商品一样，也是有了需求，才有供应。结果，材料、动力资源和生产过程的发展就不像过去那样事出偶然，而是更加配合资本的迫切需要了。由于这个原因，不能把科技革命理解为一些具体的技术革新——工业革命就可以这样来理解，少数几项关键性的技术革新就足以说明工业革命的特点——而必须把整个科技革命看成一种生产方式，科学和不遗余力的工程技术方面的调查研究，已经并入此种方式之中，成为普通活动的一部分了。不论化学、电子学、自动机械制造、航空学、原子物理学，还是这些科学与工业技术的任何产品，都没有关键性的革新。科学本身转化为资本，这才是科技革命的关键性的革新。"①

由美国纽约证券交易所莫德尔、罗兰与斯能公司于1957年出版的一本名为《科学——工业革命》的小册子中认为，如果说蒸汽机作为工业革命的原动机直接导致了英国的工业革命，那么近现代的技术革新却没有一项单独的成就占有与蒸汽机同等重要的地位。科学技术许多领域取得的进展，"在滴水不漏的工业技术变革网中紧密地相互联系着"，因而"只是浑

① ［美］哈里·布雷弗曼：《劳动与垄断资本》，方生等译，商务印书馆1978年版，第148-149页。

然一体的主导工业技术的一些支脉而已”，主导工业技术的基础则是“以科学研究和试验为内容的精心制作的一整套机构”，因此对于近现代的新技术革命来说，“科学就是我们一起在寻找的‘蒸汽机’，总体科学家则是总技师”①。

资本主义机器大生产使科学、技术与经济之间的关系日益紧密，以至于工程技术人员在将科学知识应用于生产实践即进行任何一项技术革新或发明的时候，或者是在进行任何一项工程技术设计与生产结构设计的时候，都不得不考虑其成本与收益问题。美国实业家和车间管理的先驱人物亨利·R. 汤于1886年在美国机械工程师学会上宣读的论文中写道：“用我国国名起首字母组成的花押字，我们的货币单位——美元——的标记是它几乎同表明英尺、分钟、磅或加仑的符号一样频繁地和工程师的计算数字联系在一起。……在工程实践中出现的每一个方程式，几乎都以美元为其决定性的一项。”而另一位化学家也认为：“对于无需从经济上加以考虑的问题，我不再真正感兴趣了。我已把经济学看成研究化学反应时势必与之打交道的另一可变因数——可变因数中有压力，有温度，还有美元。”② 可见，科学并不是单方面地作用于生产技术并迅速地提高劳动生产率的，作为精神生产的产品的科学知识与技术革新和发明，它们是否值得生产也往往受到经济因素的制约。科学知识与技术也越来越像其他商品一样，日益形成了自己的市场供给与需求关系，从而与其它实物形态的生产资料一样获得了某种市场价格，并且以生产成本的形式计入企业生产过程的资产负债表。

事实上，恩格斯早已预言：“在一个超越于利益的分裂（正如同在经济学家那里利益是分裂的一样）的合理制度下，精神要素当然就会列入生产要素中，并且会在政治经济学家的生产费用项目中找到自己的地位。”③ 尽管恩格斯设想这种情况只有“在一个超越于利益的分裂的合理的制度

① 转引自［美］哈里·布雷弗曼：《劳动与垄断资本》，方生等译，商务印书馆1978年版，第149页的“脚注”。

② Spencer Klaw：“The New Brahmins：Scientific Life in America”，P192，New York，1968.

③ 《马克思恩格斯全集》第1卷，人民出版社1958年版，第607页。

下”才会发生，但是由于资本主义社会的发展，使得科学研究活动日益在社会分工中独立出来并成为一种产业，科学研究与技术发明也成为一种职业并获得了自己的市场价格与商业价值，从而使科学研究活动获得了生产劳动的性质。甚至有些资产阶级经济学家也注意到科学家的科学研究劳动所创造的巨大商业价值与其所获得的报酬之间不成比例。法国经济学家萨伊认为：“科学家即研究怎样支配自然规律给人类带来最大利益的人，是企业从他们所保管和增进的知识得到巨大利益，而他们自己却只得到产品的极小部分”；“鉴于这个不公平待遇，每一个充分意识到科学研究的巨大利益的国家，都企图通过特殊恩典或通过使人喜悦的荣誉奖赏来增补科学家由于他们的工作和由于他们所发挥的先天或后天才能而得到的极微小利润”①。而这些“荣誉硬币”就是科学家所获得的重要报酬。事实上，在现代市场经济条件下，科学知识的生产与科学技术的创造已经越来越受到知识产权相关法律如“专利法”的保护，科学研究与开发也会给科学工作者带来丰厚的物质财富。

有的学者提出了超额利润来源于企业由R&D活动而产生的技术创新，并且把马克思所说的“科学劳动”的理解仅限于企业内部的R&D活动②。这实际上已经将科学劳动局限于技术研发与应用层面，而将大量从事基础科学理论的研究活动排除在研究视野之外。马克思认为：“应当把一般劳动和共同劳动区别开来。二者都在生产过程中起作用，并互相转化，但它们也有区别。一般劳动是一切科学工作，一切发现，一切发明。这种劳动部分地以今人的协作为条件，部分地又以对前人劳动的利用为条件。共同劳动以个人之间的直接协作为前提。”③ 笔者认为，这里的“共同劳动”是企业内部生产过程中直接分工与协作劳动的结果，可以对应“直接劳动”；至于“一般劳动”，一方面，从历时性意义来看，是对前人科学研究成果的继承，另一方面，从共时性意义上来看，是对企业外部的社会分工与协

① ［法］萨伊：《政治经济学概论》，商务印书馆1997年版，第367-371页。

② 参见孟捷：《技术创新与超额利润的来源——基于劳动价值论的各种解释》，载于《中国社会科学》2005年第5期。

③ 马克思：《资本论》第3卷，人民出版社1975年版，第120页。

作劳动的分享，可以对应“一般科学劳动”。

因此，对“科学劳动”的此种理解依然没有突破马克思将科学作为一种“不费分文”的生产力思想的历史局限①，而对这一思想的理论突破恰恰是构建现代科技劳动价值论与“科学价值库”理论的关键环节。事实上，从科学技术的发展历史来看，科学基础理论的建立往往比单个的技术发明更为重要、更具有根本性的意义。因为我们无法想象，没有哥白尼、伽利略和牛顿所带来的科学革命，瓦特会发明和设计出新型蒸汽机；我们同样无法想象，没有量子物理学、爱因斯坦的相对论、原子裂变与聚变的研究和现代数学理论的发展，人类社会能够发明出电子计算机与互联网、能够实现对核能的开发与利用、能够制造出高度精密的数控机床并实现智能化生产以及使“无人工厂”出现。可以说，基础科学理论的研究与发展，是人类社会重大技术发明的前提与基础，后者只是前者在社会生产中的应用与推广。因此，在现代科技经济与知识经济社会中，基础科学理论本身的价值不仅绝不能排除在马克思劳动价值论的研究视野之外，反而是一个凝聚着人类历史发展总体智慧结晶的巨大“价值库”——“科学价值库”② 或“知识价值库”。

三、劳动力资本理论：社会主义市场经济条件下劳动力资本化趋势的现实反映

通过对马克思经济学中的生产资料范畴与“严格经济学意义上的雇佣劳动”概念的理论假设性质与历史暂时性质的剖析，我们已经认识到科学与劳动相结合条件下的雇佣劳动概念的新的经济内容和与劳动力一体化存在的精神生产资料的资本性质，也就为我们在社会主义市场经济条件下，结合科技劳动与知识经济的时代特征，在现代科技劳动价值论基础上构建

① 关于马克思“不费分文”的生产力思想的详细阐释，参见刘冠军《论马克思“不费分文”的生产力思想》（载于《自然辩证法研究》1996 年第 8 期）和《准确把握马克思“自然科学是不费分文的生产力”思想的意义》（载于《吉林大学社会科学学报》2001 年第 2 期）。

② 参见刘冠军《科学价值的“库存”模型和孵化机制研究》（载于《中国软科学》2004 年第 2 期）和《现代科技劳动价值论研究》（中国社会科学出版社 2009 年版）。

马克思主义的劳动力资本化理论提供了理论前提。同时应当说明的是，马克思主义的劳动力资本化理论并不是对马克思劳动力商品理论的否定，而在坚持马克思劳动价值论基本原理的基础上，结合新的和变化了的生产条件，在现代科技劳动价值论基础上对社会主义市场经济条件下的劳动力商品的重新认识的理论产物。既然生产性是资本的本质特征，那么我们阐释马克思主义的劳动力资本化理论也就要从马克思的生产劳动理论谈起。

（一） 马克思对古典政治经济学中的生产劳动理论的批判与继承

马克思的生产劳动理论是在批判继承古典政治经济学相关理论的基础上形成的。在资本主义发展初期，剩余价值在重商学派那里，表现为货币，在重农学派那里，表现为土地的产品，农产品；而在斯密那里，则表现为一般商品。“重农学派只要接触到价值实体，就把价值仅仅归结为使用价值（物质、实物），正如重商学派把价值仅仅归结为价值形式，归结为产品借以表现为一般社会劳动的那种形式即货币一样”①。马克思评价重农学派时认为，尽管重农学派正确地提出了只有创造剩余价值的劳动，也就是只有劳动产品中包含的价值超过生产该产品时所消耗的价值总和的那种劳动，才是生产劳动，但是他们却受到农产品的物质形态束缚，把农业劳动视为唯一的生产劳动。因为重农学派把价值归结为使用价值，又把使用价值归结为一般物质。重农学派认为，在工业生产过程中，工人并不增加物质的量，他们只改变物质的存在形式，而这些物质的总量则是农业生产的产品。工人在生产劳动中所耗费的，只不过是“靠他的劳动的生产费用，也就是靠他在劳动期间所消费的、等于他从农业得到的最低限度工资的生活资料总额”②。这样，重农学派根据对农业劳动与工业劳动的生产性划分，就“合乎逻辑”地把地租作为剩余价值的唯一形式。

实际上，在马克思看来，这是一个正确逻辑下的错误结论。马克思在将重农学派对生产劳动的认识与斯密的生产劳动理论进行比较时评价说：“在重农学派的著作中，创造剩余价值的，仅仅是一个特定种类的实在劳

① 《马克思恩格斯全集》第26卷第1分册，人民出版社1972年版，第166页。
② 《马克思恩格斯全集》第26卷第1分册，人民出版社1972年版，第20页。

动——农业劳动。因此，他们考察的是劳动的使用价值，而不是劳动时间，不是作为价值的唯一源泉的一般社会劳动。而在这特定种类的劳动中，实际上创造剩余价值的又是自然，是土地，剩余价值被理解为物质（有机物质）的量的增加，理解为生产出来的物质超过消费了的物质的余额。他们还只是在十分狭隘的形式中考察问题，因而夹杂着空想的观念。相反，在亚·斯密的著作中，创造价值的，是一般社会劳动（不管它表现为哪一种使用价值），仅仅是必要劳动的量。剩余价值，无论它表现为利润、地租的形式，还是表现为派生的利息形式，都不过是劳动的物质条件的所有者在同活劳动交换过程中占有的这种必要劳动的一部分。"① 然而，尽管斯密将创造价值的劳动推广到一般社会劳动层面上，但是面对纷繁复杂的商品世界，斯密对资本主义社会中的生产劳动和非生产劳动提出了两种相互矛盾的划分方法。

一方面，斯密把生产劳动看成同资本交换的劳动，即生产剩余价值的劳动是生产劳动。例如，斯密认为："制造业工人的工资，虽由雇主垫付，但事实上雇主毫无所费。制造业工人把劳动投在物上，物的价值便增加。这样增加的价值，通过可以补还工资的价值，并提供利润。" 相比之下，"家仆的维持费，却是不能收回的。雇用许多工人，是致富的方法，维持许多家仆，是致贫的途径"②。可见，斯密明确地区分了与资本相交换的劳动和与收入相交换的劳动，并且认为前者是能够致富的生产劳动，后者则是致贫的非生产劳动。

另一方面，斯密又认为生产劳动是物化在商品中的劳动，即生产物质产品的劳动是生产劳动。例如，斯密认为："制造业工人的劳动，可以固定并且实现在特殊商品或可卖商品上，可以经历一些时候，不会随生随灭。"相比之下，"家仆的劳动，却不固定亦不实现在特殊物品或可卖商品上。家仆的劳动，随生随灭。"③ 可见，斯密所理解的生产劳动必须是物化为实体

① 《马克思恩格斯全集》第 26 卷第 1 分册，人民出版社 1972 年版，第 64 页。

② ［英］亚当·斯密：《国民财富的性质和原因的研究》上卷，商务印书馆 1996 年版，第 303 页。

③ ［英］亚当·斯密：《国民财富的性质和原因的研究》上卷，商务印书馆 1996 年版，第 303-304 页。

性的物质产品之上的劳动，而将那些并不具有实体形态但却具有使用价值的服务劳动排除在了生产劳动之外。

显然，斯密对生产劳动的划分标准是自相矛盾的，马克思对此做出了深刻地批判。马克思认为，斯密对生产劳动的第一种划分方法是从资本主义生产的观点给生产劳动下的一个科学的定义，它触及到了问题的本质，并进而明确指出："只有生产资本的雇佣劳动才是生产劳动。……因而，只有创造的价值大于本身价值的劳动能力才是生产的。"① 斯密对生产劳动的第二种划分方法则"越出了和社会形式有关的那个定义的范围，越出了用劳动者对资本主义生产的关系来给生产劳动者和非生产劳动者下定义的范围"②。斯密也正是在这里抛开了自己第一种正确的划分方法，重新受到重农学派的影响而误入歧途的。因为重农学派"对剩余价值本身的理解是错误的，因为他们对价值有不正确的看法，他们把价值归结为劳动的使用价值，而不是归结为劳动时间，不是归结为没有质的差别的社会劳动"③。

马克思认为，斯密的第二种见解是比较浅薄的，"即根据劳动是否直接物化在劳动的买者可以出卖的商品中这一点，来区分生产劳动和非生产劳动"④。马克思认为："亚当·斯密的反对者无视他的第一种解释即符合问题本质的解释，而抓住第二种解释，并强调这里不可避免的矛盾和不一贯的地方。而且他们把注意力集中在劳动的物质内容，特别是集中在劳动必须固定在一个比较耐久的产品中那个定义，用这个办法为自己的论战制造方便。"⑤ 可见，马克思对那些斯密的反对者的指责值应该引起我们的重视，也为那些以服务商品的无形性来指责马克思对生产劳动的狭隘理解的学者们提供了一个重要的说明，因为这些学者在重复斯密反对者所犯的同样的错误，只不过这次受到误解的不再仅仅是斯密（由于斯密对生产劳动所下的两个定义是矛盾的，因此这种指责的产生本身也是无可厚非），而且也包括马克思。

---

① 《马克思恩格斯全集》第 26 卷第 1 分册，人民出版社 1972 年版，第 142 页。
② 《马克思恩格斯全集》第 26 卷第 1 分册，人民出版社 1972 年版，第 153 页。
③ 《马克思恩格斯全集》第 26 卷第 1 分册，人民出版社 1972 年版，第 144 页。
④ 《马克思恩格斯全集》第 26 卷第 1 分册，人民出版社 1972 年版，第 308 页。
⑤ 《马克思恩格斯全集》第 26 卷第 1 分册，人民出版社 1972 年版，第 166 页。

马克思强调："只有把生产的资本主义形式当作生产的绝对形式、因而当作生产的永恒的自然形式的资产阶级狭隘眼界，才会把从资本的观点来看什么是生产劳动的问题，同一般说来哪一种劳动是生产的或什么是生产劳动的问题混为一谈，并且因此自作聪明地回答说，凡是生产某种东西的、取得某种结果的劳动，都是生产劳动。"① 在这里，资本逻辑的发展恰恰证明了这种观点的正确性。随着资本主义生产方式的发展，资本逻辑的统治日益深化，使得一切劳动都从属于资本的逻辑，否则就会失去其现实意义，任何劳动也只有服从于资本增殖的逻辑，才能得到现实的发展。因此，可以说，这是一个资本逻辑的形而上学时代。从这种意义上讲，追求价值增殖的资本逻辑已经成为这一历史发展阶段的意识形态。此外，马克思还特别指出："'生产劳动'是对劳动所下的同劳动的一定内容，同劳动的特殊或劳动所借以表现的特殊使用价值绝对没有任何直接关系的定义。"② 可见，在马克思看来，资本主义生产方式中的一种劳动是不是生产劳动，并不是根据这种劳动是不是有用，是不是满足社会的需要，而是看它在一定社会历史条件下所体现的经济关系。

在市场经济社会中，由于剩余产品、剩余劳动必然表现为剩余价值，资本自然就成为整个社会经济的主导力量，一切社会生产力，如劳动、自然资源、科学技术等都从属于资本并且表现为资本的生产力。因此，社会劳动的生产性与非生产性的划分，也必然以资本为主导，而资本家或企业家就是资本的人格化代表，对剩余价值的不知疲倦地追求恰恰是他的灵魂，他的历史进步意义也正源于此。而一旦他"成为享用财富的代表，一旦开始追求享受的积累，而不是积累的享受，他就或多或少不能执行自己的职能了"③。从一定意义上说，它的历史进步意义也就终止了。对此，马克思在批判斯密的相互矛盾的两种划分方法时明确指出："生产劳动和非生产劳动始终是从货币所有者、资本家的角度来区分的，不是从劳动者的角

① 《马克思恩格斯全集》第 26 卷第 1 分册，人民出版社 1972 年版，第 422 页。
② 《马克思恩格斯全集》第 26 卷第 1 分册，人民出版社 1972 年版，第 432 页。
③ 《马克思恩格斯全集》第 26 卷第 1 分册，人民出版社 1972 年版，第 293 页。

度来区分的"①，"（生产劳动与非生产劳动）这些定义不是从劳动的物质规定性（不是从劳动产品的性质，不是从劳动作为具体劳动的物质规定性）得出来的，而是从一定的社会形式，从这个劳动借以实现的社会生产关系得出来的"②。

（二）马克思判断生产劳动的"双重标准"③与作为资本商品的劳动力

众所周知，马克思对资本主义生产关系的分析是从商品入手的。资本主义商品不同于简单商品的特殊性质就在于，它既是资本主义生产的起点又是资本主义生产的终点，因此它是作为资本的商品，生产劳动也就是生产资本的劳动。作为资本主义生产过程的结果，不仅生产出作为资本的一般商品，同时也必然生产特殊商品即劳动力，那么这种劳动力商品的生产是否属于生产劳动，或者说劳动力能否成为属于劳动者的作为资本的商品？

对于生产劳动，马克思确立了这样的判断标准，即"只有生产资本的雇佣劳动才是生产劳动……因而，只有创造的价值大于本身价值的劳动能力才是生产的"④。马克思还认为："使劳动成为'生产的'或'非生产的'劳动的，既不一定是劳动的这种或那种特殊形式，也不是劳动产品的这种或那种表现形式。同一劳动可以是生产的，只要我作为资本家、作为生产者来购买它，为的是用它来为我增加价值；它也可以是非生产的，只要我作为消费者来购买它，只要我花费收入是为了消费它的（劳动的）使用价值，不管这个使用价值是随着劳动能力本身活动的停止而消失，还是物化、固定在某个物中。"⑤ 这就是说，一方面，同样的劳动，由于所从属的生产关系不同，而可以是、也可以不是生产劳动，因此这种劳动所生产的同一产品可以是资本、也可以不是资本；另一方面，在同样的生产关系中的劳动，由于劳动量的不同，可以是、也可以不是生产劳动，即这种劳动所生产

① 《马克思恩格斯全集》第26卷第1分册，人民出版社1972年版，第148页。

② 《马克思恩格斯全集》第26卷第1分册，人民出版社1972年版，第148页。

③ 任洲鸿：《西方人力资本概念的劳动价值论阐释》，载于《当代经济研究》2007年第8期。

④ 《马克思恩格斯全集》第26卷第1分册，人民出版社1972年版，第142页。

⑤ 《马克思恩格斯全集》第26卷第1分册，人民出版社1972年版，第156-157页。

的同一产品可以是资本、也可以不是资本。同时，一种劳动是否生产劳动，与其具体劳动所创造的使用价值的存在形式无关，即无论这种使用价值是以流动形态的服务商品存在还是以固化状态的物质商品存在，都不影响生产该商品的劳动本身的生产性质，也就不影响该商品的资本性质。

然而，马克思对劳动的生产性质从而对商品的资本性质似乎存在着“双重”判断标准，即一种标准认为，根据生产关系这一“质”的标准来判断劳动的生产性质和商品的资本性质。只要是在资本主义生产关系下，即资本家与雇佣工人之间进行的劳动都是生产劳动，其生产的商品也必然是包含剩余价值的资本性质的商品，而掌握生产资料的资本家与除劳动力之外一无所有的雇佣工人在资本主义生产之前已经历史地产生了。这种判断标准也是学术界普遍认可的标准。另一种标准是根据劳动所创造的价值量是否大于该劳动力本身的价值量，即价值增殖这一“量”的标准来判断劳动的生产性质和商品的资本性质，劳动所创造的价值量只有大于劳动力本身的价值量，这样的劳动才算是生产劳动，其生产的商品才是包含剩余价值的资本性质的商品。

那么，这两种判断标准是相互矛盾的、还是内在一致的？如果深入思考就会发现，马克思在这里实际上存在着一个暗含的假设，即凡是雇佣劳动，与资本相交换的劳动，都创造出大于劳动力自身价值量的劳动，也就是都创造出包含剩余价值资本性质的商品。事实上，马克思是选择后者作为判断劳动性质的最终标准，而将前者作为生产劳动的社会历史条件。马克思对两种似乎相互矛盾的判断标准所做的科学理论处理，实际上体现了资本发展的历史的和逻辑的统一。他曾设想在资本与雇佣劳动的交换中，“如果一个工作日只够维持一个劳动者的生活，也就是说，只够把他的劳动能力再生产出来，那末，绝对地说，这一劳动是生产的，因为它能够再生产即不断补偿它所消费的价值（这个价值额等于它自己的劳动能力的价值）。但是，从资本主义意义上来说，这种劳动就不是生产的，因为它不生产任何剩余价值”①。这就说明，生产关系的资本主义性质应以价值的量

---

① 《马克思恩格斯全集》第26卷第1分册，人民出版社1972年版，第143页。

是否增殖为潜在的判断标准。既然一种劳动是否属于生产劳动，即这种劳动生产的产品是否是资本，最终的判断标准是取决于“量”的标准，即最终取决于劳动量的变化上，那么我们就完全有理由得出这样的结论：劳动的“量”即劳动的“质”，或劳动的“量”决定劳动的“质”。这里所说的劳动的“量”是指在抽象劳动即在无差别的、同质的一般人类劳动的前提下，由于劳动数量的变化而导致是否发生了价值增殖而确定其生产性质与非生产性质，从而决定了其劳动产品是否具有资本的性质。这样，如果劳动者获得的货币收入即抽象劳动的独立化形式，在考虑到“历史的和道德的因素”之后，普遍地超过了其必要的生活资料所需要的价值的话，那么他的劳动能力当然也就是属于自己的能够实现价值增殖的资本。因此，劳动能力资本化，或者说劳动力商品转化成劳动力资本具有符合马克思劳动价值论理论框架下的资本逻辑的可能性。

马克思判断劳动性质的“双重”标准为我们解读劳动力由商品向劳动力资本转化提供了重要的理论依据。马克思认为：“我们所说的生产劳动，是指社会地规定了的劳动，这种劳动包含着劳动的买者和卖者之间的一个十分确定的关系。……在这里，生产资料和生活资料在它们同工人的关系中，从一开始就具有一种社会规定性，这种社会规定性使它们变成资本，给它们以支配劳动的权力。因此，它们在作为资本同劳动相对立的情况下，是劳动的前提。”① 从这个意义上讲，在科学与劳动相结合，即已经占有和掌握了精神生产资料的现代社会劳动者已经不再是马克思所说的严格经济学意义上的“雇佣劳动”的条件下，与这种已经变化了的生产条件相适应的生产关系也必将发生深刻的变革，这是一种已经变化了的“社会规定性”，它必然使劳动者一方面获得占有一部分剩余价值的经济权利，另一方面又在与各种形式的劳动实践相结合的劳动力的不断生产与再生产中实现劳动力资本的积累。可见，在经济全球化与在社会主义市场经济条件下，现实中的劳动力商品已经不再是马克思所面对的、作为其重要研究对象之一的“雇佣劳动”了。科学技术与劳动相结合的科技劳动与知识经济

① 《马克思恩格斯全集》第 26 卷第 1 分册，人民出版社 1972 年版，第 426 页。

的不断发展，已经使劳动力商品转化为一种典型的资本商品，劳动力资本化是现代科技劳动的普及与知识经济发展的必然趋势。

综上所述，在社会主义市场经济条件下，科学技术与劳动相结合已经从根本上改变了马克思劳动力商品理论中“严格经济学意义上的雇佣劳动”的概念与生产资料概念的具体经济内容，劳动力商品向劳动力资本的转化是科学技术与劳动相结合的社会化大生产的必然结果。劳动力商品向劳动力资本的转化是一个历史发展过程，这个历史发展过程也是社会主义生产力不断发展的历史过程。因此，从某种意义上说，建立和完善社会主义市场经济的历史过程，也就是不断推动劳动力商品向劳动力资本转化的历史过程。也正是在这一历史过程中，才能使资本的生产性质充分发挥出其潜在的历史进步力量，从而“生产力绝对发展”①，这也正是实现解放和发展社会主义生产力的社会主义本质的客观要求。从这个意义上讲，劳动力资本化正是社会主义市场经济条件下所呈现出来的劳动力商品的资本化或劳动力资本化趋势的现实反映，是马克思劳动力商品理论在这一时代背景下深化、拓展的结果。

① 马克思：《资本论》第3卷，人民出版社1975年版，第287页。

第二章　现实基础：中国特色社会主义市场经济建设的伟大实践

任何科学理论都是时代的产物，都是当时社会历史的反映，“在不同的时代具有非常不同的形式，并因而具有非常不同的内容”①。马克思主义创始人在当时的历史条件下批判地汲取了古典经济学家的思想，创新性地建构了科学的劳动力理论和劳动力商品理论。同时，任何科学理论都有其科学的预见性和前瞻性，进而表现出超时代性。在马克思劳动力理论的发展历程中，马克思从对劳动和劳动力的辨析，到对劳动商品和劳动力商品的区分，必然孕育着从劳动力商品到劳动力资本的认识飞跃。马克思在创新性地建构科学的劳动力理论和劳动力商品理论之同时，预见性地萌发了许多与“人力资本”或“劳动力资本”相关的思想，如马克思在《1857—1858年经济学手稿》中曾经指出，增加个人的自由时间并使之得到充分发展就相当于“生产固定资本，这种固定资本就是人本身”②。然而，在“资本—劳动”二元对立的资本主义社会中，马克思的这一前瞻性思想没有得以深入、系统的研究。

而令人欣慰的是，随着时代的进步和社会的发展，马克思的这一前瞻性思想已经成为我国经济理论发展的一大趋向。其中的一个主要原因就在于，轰轰烈烈、波澜壮阔的中国特色社会主义市场经济建设的实践，为劳动力资本化研究提供了现实基础、创造了成熟的现实条件。中国特色社会主义市场经济条件下的所有制变革、分配制度的变革、和谐劳动关系的构建等，为劳动力资本化研究提出了现实的要求。可以说，社会主义市场经

① 《马克思恩格斯全集》第20卷，人民出版社1971年版，第382页。

② 《马克思恩格斯全集》第46卷下册，人民出版社1980年版，第225页。

济条件下的劳动力资本化研究已经成为我们这个时代发展的客观要求，因而具有了现实的必然性。

第一节　中国特色社会主义市场经济的形成及内在逻辑与劳动力资本研究

没有理论指导的实践是盲目的实践。轰轰烈烈的中国特色社会主义市场化改革的实践和波澜壮阔的社会主义市场经济经济建设的实践，使劳动力资本化研究已经我们这个时代发展的客观要求，使劳动力资本化研究成为社会主义市场经济建设的现实要求。

一、中国特色社会主义市场经济的形成历程

从一定意义上说，中国特色社会主义市场经济的建立和完善，是将马克思主义经济学的基本原理与中国的具体实际相结合，不断突破传统思维模式与体制模式，从而不断解放思想和解放生产力的历史过程。

（一）　马克思主义经典作家关于社会主义与商品经济关系的论述

在马克思主义经典著作中，马克思主义创始人对社会主义生产的基本观点是，社会主义社会不存在商品生产。商品生产与交换是人类社会生产力发展到一定水平的必然产物，它总是必然要在一定的社会经济关系中得以实现，这些不同的社会经济关系是人类社会划分为若干经济社会形态的重要标志，这就必然会在商品的本质属性即社会属性方面打下深刻的印记。从历史与逻辑相统一的原则出发，马克思将商品生产划分为简单商品生产与资本主义商品生产两种类型，并在当时的条件下认为，资本主义商品生产是最高类型的商品生产，即“活劳动同物化劳动的交换，即社会劳动确立为资本和雇佣劳动对立的形式，是价值关系和以价值为基础的生产的最后发展”①。关于商品生产存在的条件，根据马克思的经典表述：“各种使用价值或商品体的总和，表现了同样多种的、按照属、种、科、亚

① 《马克思恩格斯全集》第46卷下册，人民出版社1980年版，第217页。

种、变种分类的有用劳动的总和，即表现了社会分工。这种分工是商品生产存在的条件。”① 同时，马克思紧接着又强调：“不能反过来说商品生产是社会分工存在的条件。在古代印度公社中就有社会分工，但产品并不成为商品。或者拿一个较近的例子来说，每个工厂内都有系统的分工，但是这种分工不是通过工人交换他们个人的产品来实现的。只有独立的互不依赖的私人劳动的产品，才作为商品互相对立。”② 关于商品生产，恩格斯也明确指出：“什么是商品？商品是在一个或多或少互相分离的私人生产者的社会中所生产的产品，就是说，首先是私人产品。”③ 因此，从马克思主义经典作家的相关论述来看，社会分工与私有制是商品生产存在的充分必要条件。

对于在实行了生产资料公有制的社会主义社会，是否还具有商品生产的客观条件呢？马克思主义创始人的答案是否定的。马克思在《资本论》中曾认为：“假如生产是公有的生产，不具有商品生产的形式。”④ 后来，马克思在1875年的《哥达纲领批判》中进一步认为：“在一个集体的、以生产资料公有为基础的社会中，生产者不交换自己的产品；用在产品上的劳动，在这里也不表现为这些产品的价值，不表现为这些产品所具有的某种物的属性，因为这时，同资本主义社会相反，个人的劳动不再经过迂回曲折的道路，而是直接作为总劳动的组成部分存在着。”⑤ 恩格斯在《反杜林论》中也认为：“一旦社会占有了生产资料，商品生产就将被消除，而产品对生产者的统治也将随之消除。社会生产内部的无政府状态将为有计划的自觉的组织所代替”⑥；“每一个人的劳动，无论其特殊的有用性质是如何的不同，从一开始就直接成为社会劳动。”⑦ 这样，一件产品中所包含的社会劳动量，可以不必首先采用迂回的途径，即商品交换的社会过程，而仅仅凭借“日常的经验”就直接显示出来。整个社会生产完全可以按照

① 马克思：《资本论》第1卷，人民出版社1975年版，第55页。
② 马克思：《资本论》第1卷，人民出版社1975年版，第55页。
③ 恩格斯：《反杜林论》，《马克思恩格斯选集》第3卷，人民出版社1995年版，第657页。
④ 马克思：《资本论》第2卷，人民出版社1975年版，第505页。
⑤ 《马克思恩格斯选集》第3卷，人民出版社1995年版，第303页。
⑥ 《马克思恩格斯选集》第3卷，人民出版社1995年版，第633页
⑦ 《马克思恩格斯选集》第3卷，人民出版社1995版，第660页。

计划进行，并且人们可以简单而轻易地做到这一切，而不需要著名的“价值”插手其间。由于马克思主义创始人坚持认为社会分工与私有制是商品生产存在的充分必要条件，生产资料的社会主义公有制与商品生产消亡之间存在着内在一致的逻辑联系，因此从马克思主义经典作家的直接表述来看，我们难以找到社会主义与商品生产的任何明确的理论联系，这对于现实在从事社会主义建设事业的所有的马克思主义者，都提出了无法回避的理论难题，而对于这一理论难题的解决程度如何，又直接深刻影响着各国的社会主义实践。

（二） 列宁、斯大林关于社会主义与商品经济关系的基本观点

列宁、斯大林关于社会主义生产的基本观点是，商品生产与价值规律在社会主义社会的一定范围内客观存在并对社会主义经济具有重要的调节作用。由于列宁真正参与社会主义建设实践的时间比较短，没有形成和提出关于商品生产与社会主义社会之间关系的系统理论观点。但是，列宁作为伟大的无产阶级革命家和社会主义实践先驱者和理论家，对其所参与社会主义建设实践活动特别是新经济政策进行了不失时机地理论总结，并提出了许多重要理论观点。在“十月革命”胜利之后，由于外国武装干涉和国内拒付叛乱强加给新生的苏维埃共和国的战争和动乱，苏维埃政权最初实行“战时共产主义”政策，对农民实行余粮收集制，无代价地征收农民的全部余粮以满足城市工业的需要；同时，国家也不定时地、无代价地将一些工业品供应给农民。余粮收集制试图以“革命的办法”“直接和彻底摧毁旧社会经济结构以便代之以新社会经济结构”①。然而，这种余粮收集制是农民无法接受的，许多农民把粮食偷偷地藏起来并运送到黑市上出售，使城乡关系和工农关系十分紧张。1921 年开春之后，列宁开始实行了“改良主义的办法”即新经济政策，“就是不摧毁旧的社会经济结构——商业、小经济、小企业、资本主义，而是活跃商业、小企业、资本主义，审慎地逐步掌握它们，或者说，做到有可能只在使它们活跃的范围内对它们

① 《列宁选集》第 4 卷，人民出版社 1972 年版，第 611 页。

进行国家调节”①。并且用粮食税取代了余粮收集制，并在城乡之间恢复了商品交换。通过商品等价交换，城市工业获得了粮食和棉花等工业原料，农民获得了工业品，城乡关系和工农关系也开始正常起来。列宁高度评价了商品交换对社会主义城乡关系和工农关系的重要作用，他认为：“商业就是千百万小农和大工业之间唯一可能的经济联系。”②

在列宁逝世之后，斯大林在比较长时期的社会主义建设实践中，继承了列宁所提出的“掌握商业，引导商业，把它控制在一定的范围内”③的指导思想，并结合苏联社会主义建设实践，比较系统地提出了关于社会主义商品生产与价值规律的理论观点。斯大林认为，商品生产在现实的生产资料公有制的社会主义社会中具有存在的客观必然性；那些通过引证恩格斯在《反杜林论》中的观点即“一旦社会占有了生产资料，商品生产就将消除，而产品对生产者的统治也将随之消除”，并试图由此断定在当时的苏联应该消灭商品生产的同志，是“大错特错”的。斯大林认为，恩格斯的观点并不十分明确，“因为其中没有指出，究竟是社会占有一切生产资料，还是只占有一部分生产资料，即一切生产资料归全民所有，还是仅仅一部分生产资料转归全民所有。这就是说，恩格斯的这个公式可以这样理解，也可以那样理解”④。斯大林进一步指出：“在‘反杜林论’的另一个地方，恩格斯讲到占有‘一切生产资料’，讲到占有‘全部生产资料’。这就是说，恩格斯在他的公式中所指的，不是把一部分生产资料收归国有，而是把一切生产资料收归国有……在那里，不仅在工业中，而且也在农业中，资本主义和生产集中都充分发达，以致可以剥夺全国的一切生产资料，并把它们转归全民所有。因而，恩格斯认为，在这样的国家中在把一切生产资料公有化的同时，还应该消除商品生产。这当然是正确的。”⑤显然，这些“消除商品生产”的条件在当时的苏联并不具备。俄国在十月革

---

① 《列宁选集》第 4 卷，人民出版社 1972 年版，第 611 页。
② 《列宁选集》第 4 卷，人民出版社 1972 年版，第 615 页。
③ 《列宁选集》第 4 卷，人民出版社 1972 年版，第 615 页。
④ 《苏联社会主义经济问题》，《斯大林文集》，人民出版社 1985 年版，第 604 页。
⑤ 《苏联社会主义经济问题》，《斯大林文集》，人民出版社 1985 年版，第 605 页。

命之前，农业中仍然存在着大量的小私有生产者。十月革命胜利后，只能把在城市中已经相当集中的资本主义的工业生产资料转归全民所有，而绝不能通过剥夺那些人数众多而如此分散农业生产者的生产资料而使其转归全民所有，只能引导他们联合到集体农庄中去。斯大林结合当时苏联的具体国情进行分析后，指出："现今在我国，存在着社会主义生产的两种基本形式：一种是国家的即全民的形式，一种是不能叫作全民形式的集体农庄形式。在国家企业中，生产资料和产品是全民的财产。在集体农庄这种企业中，虽然生产资料（土地、机器）也属于国家，可是产品却是各个集体农庄的财产；……集体农庄只愿把自己的产品当作商品让出去，愿意以这种商品换得它们所需要的商品。现时，除了经过商品的联系，除了通过买卖的交换以外，与城市的其他经济联系，都是集体农庄所不接受的。因此，商品生产和商品流转，目前在我国，也像大约30年以前当列宁宣布必须以全力扩展商品流转时一样，仍然是必要的东西。"① 因此，斯大林认为："只要还存在着两种基本生产成分，商品生产和商品流通便应当作为我国国民经济体系中必要的和极其有用的因素而仍然保存着。"② 这样，斯大林事实上已经在理论上突破了马克思主义创始人否认社会主义社会存在商品生产的思想认识，并且进一步论证了价值规律在社会主义经济中的重要作用。

首先，斯大林论证了价值规律在社会主义经济中是客观存在的经济规律。斯大林认为："在有商品和商品生产的地方，是不能没有价值规律的。"③ 斯大林严厉批评并纠正了当时苏联经济理论界普遍流行的一种主观唯心主义观点，即认为包括价值规律在内的许多经济规律都可以在社会主义计划经济的基础上得到"改造"，甚至"根本改造"，这些被"改造"或被"根本改造"过的经济规律只不过是苏维埃政权实现对国民经济计划管理的工具。斯大林指出："如果能改造规律，那也就能消灭规律，而代之以另外的规律。'改造'规律的论战，就是'消灭'和'制定'规律这种

① 《苏联社会主义经济问题》，《斯大林文集》，人民出版社1985年版，第608-609页。

② 《苏联社会主义经济问题》，《斯大林文集》，人民出版社1985年版，第609页。

③ 《苏联社会主义经济问题》，《斯大林文集》，人民出版社1985年版，第611页。

不正确公式的残余。虽然关于改造经济规律的公式早已在我们这里流行起来，可是为了准确起见，必须把这个公式抛弃。"①

其次，斯大林认为，由于"价值规律的作用，并不限于商品流通范围内。它的作用也扩展到生产方面……我们的企业是不能不，而且不应该不考虑到价值规律的"②。然而，由于不懂得价值规律的客观要求，或者是主观上漠视价值规律的客观必然性，当时苏联的经济工作人员和计划工作人员往往满足于凭空想象出来的"大概数字"，竟然出现建议把一吨谷物的价格定得和一吨面包的价格相等，一吨谷物的价格差不多和一吨棉花的价格一样等紊乱现象。对此，斯大林指出，价值规律是"很好的实践的学校"③。社会主义社会中的经济工作干部必须学习、研究和遵循价值规律，在企业的生产经营实践中"不断改进生产方法，降低生产成本，实行经济核算，并使企业能够赢利"④，才能迅速成长为适应社会主义生产的"真正领导者"。

最后，斯大林提出了价值规律在社会主义经济中发生作用的范围问题。斯大林把价值规律在流通领域和生产领域中的作用明确区分开来。斯大林认为，在苏联社会主义社会中，价值规律发生作用的范围，主要集中在商品流通领域，"包括通过买卖的商品交换，包括主要是个人消费的商品的交换"，"在这个领域中，价值规律保持着调节者的作用"，而"价值规律在我国社会主义生产中，并没有调节的意义，可是它总还影响生产，这在领导生产时是不能不考虑的"⑤。那么，既然在社会主义生产中"不能不考虑"价值规律的作用，那么应该考虑哪些方面呢？由于在苏联计划经济体制下，各种生产要素的配置和产品数量的多少，都是由国家计划调节的，可以认为不受价值规律的调节。但是，由于维持劳动力生产和再生产的个人消费品从属于商品生产与交换，斯大林认为，在社会主义生产领域，"抵偿生产过程中劳动力的耗费所需要的消费品，在我国是作为商品来

① 《苏联社会主义经济问题》，《斯大林文集》，人民出版社 1985 年版，第 602 页。
② 《苏联社会主义经济问题》，《斯大林文集》，人民出版社 1985 年版，第 611 页。
③ 《苏联社会主义经济问题》，《斯大林文集》，人民出版社 1985 年版，第 612 页。
④ 《苏联社会主义经济问题》，《斯大林文集》，人民出版社 1985 年版，第 612 页。
⑤ 《苏联社会主义经济问题》，《斯大林文集》，人民出版社 1985 年版，第 611 页。

生产和销售的，而商品是受价值规律作用的。也正是在这里可以看出价值规律对生产的影响"①。尽管理论界对斯大林的这段论述仍然存在着争议，但是至少可以断定，在苏联计划经济体制下，劳动者获得的消费品只不过是用于抵偿劳动力在生产过程中的耗费，也就为了获得相当于维持劳动者劳动力的生产与再生产的生活资料。如果将这部分消费品转换成价值形态的话，也就是意味着劳动者获得的生活资料仅仅相当于自己的劳动力价值。这一理论判断对我们在进一步理解社会主义本质的基础上，构建符合马克思劳动价值论基本原理，并与社会主义市场经济相适应的劳动力资本化理论具有重要意义。

现在看来，斯大林关于社会主义社会中的商品生产与价值规律的理论观点，是在列宁所实行的新经济政策以及后来的社会主义建设的实践经验基础上总结出来的，它实际上已经突破了马克思主义创始人对未来社会中社会生产的推测和预见。尽管这些关于社会主义商品生产和价值规律的理论观点并不彻底，还具有很大的历史局限性，但是由于苏联作为世界上第一个社会主义国家和斯大林本人在整个世界社会主义阵营中的崇高威望，使得这些理论观点不仅在苏联，而且在世界其他社会主义国家中都广泛传播，同时被编写入政治经济学教科书，对各国的社会主义政治经济学理论产生了重大而深远的影响。同时，以斯大林的理论观点为指导形成的苏联社会主义建设模式即高度集中的计划经济体制（我国理论界又将其简称为"苏联模式"或"苏联范式"②），也成为其他社会主义国家争相学习和效仿的"正统"。

（三）中国特色社会主义市场经济的理论探索和实践总结

从社会主义商品经济到社会主义市场经济的理论探索和实践总结，构成了邓小平经济理论形成和发展的一条主线，也是中国特色社会主义市场经济理论在实践改革进程中不断突破"苏联模式"之局限而内在生成和发展完善的一条主线。斯大林关于社会主义商品生产与价值规律作用范围的

① 《苏联社会主义经济问题》，《斯大林文集》，人民出版社1985年版，第611页。

② 樊纲：《"苏联范式"批判》，载于《经济研究》1995年第10期。

理论观点及以此为依据编写的苏联政治经济学教科书在我国经济理论界长期占据着统治地位，对我国社会主义经济建设产生了重大而深远的影响。尽管早在20世纪50年代末，毛泽东就曾经对苏联政治经济学教科书中的一些观点提出了批评，但是并没有动摇斯大林观点的统治地位。同时，我国遵照“苏联模式”而建立并长期实行的计划经济体制则在社会主义建设实践中更加强化了斯大林的观点。因此，在我国从社会主义改造基本完成到“文化大革命”结束的20多年时间里，对社会主义商品生产、商品流通以及价值规律的认识，基本上都没有超过斯大林的观点。甚至可以说，尽管“我国长期以来，一直存在着社会主义商品经济，相应地也存在着市场。但是，有社会主义商品经济和市场，并不等于就有社会主义市场经济……我国从建国后到实行改革开放以前的近30年中，虽然一直存在着社会主义商品经济和市场，但是，在原有的高度集中的计划经济体制下，商品经济很落后，市场很不发育，市场的功能很微弱，市场机制不能在社会资源配置中起基础性作用，因而并不意味着实行了社会主义市场经济”①。

改革开放之后，经济理论界对商品生产和商品流通在社会主义经济建设中的重要性进行了深刻的历史总结与反思，由此也逐步深化了对社会主义与商品经济乃至市场经济之间内在关系的认识。可以说，1978年中共十一届三中全会以来，随着改革的深入，逐步摆脱了“市场经济是资本主义特有的东西，计划经济才是社会主义经济的基本特征”的传统观念，形成了新的认识，对推动我国经济体制改革和经济发展起到了重要作用。1982年中共十二大提出了“计划经济为主，市场调节为辅”的命题。1984年党的十二届三中全会作出《关于经济体制改革的决定》（以下简称《决定》），总结了中国社会主义经济建设正、反两方面的经验，根据马克思主义基本原理与中国具体实际相结合的原则，指出改革的基本任务是从根本上改变束缚生产力发展的经济体制，建立起充满生机和活力的社会主义经济体制，明确提出中国社会主义经济是公有制基础上的“有计划的商品经济”，它突破了把计划经济同商品经济对立起来的传统观念，也突破了

① 宋涛：《政治经济学教程》第8版，中国人民出版社2008年版，第259页。

斯大林关于社会主义商品生产和价值规律理论观点对我国社会主义经济建设的长期思想束缚，这对于刚刚实行改革开放政策的中国来说，是一次巨大的思想解放。邓小平在随后的一次讲话中谈到对《决定》的看法时说："我说我的印象是写出了一个政治经济学的初稿，是马克思主义基本原理和中国社会主义实践相结合的政治经济学，我是这么个评价。"① 事实上，我们可以从经济学理论研究角度进一步深刻地领会邓小平这个评价的精神实质，它说明中国应该而且必须具有自己的政治经济学，而这个政治经济学也应该而且必须是将马克思主义经济学的基本原理与中国具体实际相结合的政治经济学，或者说，中国的政治经济学，应该而且必须是中国化的马克思主义政治经济学。可见，我们完全有理由认为，早在 1984 年即邓小平刚刚提出"中国特色社会主义"② 这一重大历史命题之初，构建"中国化的马克思主义政治经济学"的理论命题就已经由于社会主义建设的需要而呼之欲出了，而对于这一重大理论命题的研究，则又必然受社会主义建设实践的发展制约。

事实上，"有计划的商品经济"离社会主义市场经济认识的形成还存在很大的差距，它总体上仍然属于计划经济性质，而商品的范围也局限于物质产品，只承认消费品和生产资料是商品，不承认各种生产要素如劳动力、资本（当时称作"资金"）、土地、技术等的商品属性，而且市场调节的作用也被限制在一个很小的范围之内，仍然将市场经济视为根本社会制度层面的东西而难以接受。在马克思主义创始人之后的马克思主义经典作家中，最先使用"市场经济"范畴的是列宁。列宁在 1906 年写的《土地问题和争取自由的斗争》一文中认为："只要还存在关市场经济，只要还保持着货币权力和资本力量，世界上任何法律无法消灭不平等和剥削。只有建立起大规模的社会化的计划经济，一切土地、工厂、工具都转归工人阶级所有，才可能消灭一切剥削。"③ 然而，列宁所指认的市场经济显然与社会主义经济无关，它指的是以私有制为基础的商品经济的另一个说

---

① 《邓小平文选》第 3 卷，人民出版社 1993 年版，第 83 页。

② 《邓小平文选》第 3 卷，人民出版社 1993 年版，第 63 页。

③ 《列宁全集》第 13 卷，人民出版社 1987 年版，第 124 页。

法，并且与以公有制为基础的社会主义经济相对立来使用的经济范畴。

而将市场经济与社会主义联结起来并提出“社会主义市场经济”范畴的是邓小平。早在 1979 年，邓小平在一次谈话中就曾指出：“说市场经济只存在于资本主义社会，只有资本主义的市场经济，这肯定是不正确的。社会主义为什么不可以搞市场经济，这个不能说是资本主义。我们是计划经济为主，也结合市场经济，但这是社会主义的市场经济。”① 针对人们一般将市场经济与社会主义对立起来的传统观点，邓小平在 1985 年又明确指出：“社会主义和市场经济之间不存在根本矛盾”，“我们吸收资本主义中一些有用的方法来发展生产力。现在看得很清楚，实行对外开放政策，搞市场经济和市场经济相结合，进行一系列的体制改革，这个路子是对的”②。直到 1992 年，邓小平在南方谈话中更加明确地指出：“计划多一点还是市场多一点，不是社会主义与资本主义的本质区别。计划经济不等于社会主义，资本主义也有计划；市场经济不等于资本主义，社会主义也有市场。计划和市场都是经济手段。”③ 邓小平最终对社会主义是否能够实行市场经济这个长期争论不休、阻碍我们社会主义事业前进的重大问题给予了一个清晰而精辟的回答，为发展中国特色社会主义市场经济扫清了思想障碍，同时也为深化和发马克思主义政治经济学提供了广阔而深厚的社会经济基础。也正是在 1992 年，中共十四大提出了中国经济体制改革的目标是建立社会主义市场经济体制。并且在 1993 年 11 月，党的十四届三中全会通过了《中共中央关于完善社会主义市场经济体制若干问题的决定》，全面规划了我国经济体制改革的总体方略，标志着我国市场化改革进入了一个新阶段。目前，我国社会主义市场经济体制已经初步建立，并且我国的市场化改革取得了举世瞩目的重大成就：一是确定了我国经济体制改革的目标是建立社会主义市场经济体制；二是初步建立起较为健全的现代市场体系；三是以公有制为主体、多种所有制经济共同发展的基本经济制度已经得到了巩固和发展；四是财政体制改革和金融体制改革取得了显著效果，

① 《邓小平文选》第 2 卷，人民出版社 1994 年版，第 236 页。

② 《邓小平文选》第 3 卷，人民出版社 1993 年版，第 148-149 页。

③ 《邓小平文选》第 3 卷，人民出版社 1993 年版，第 373 页。

政府的宏观调控体系已经建立起来并日臻完善；五是适合我国国情的居民收入分配制度基本建立起来，适应现代市场经济的社会保障体系建设逐步加强；等等。党的十七大报告深刻地总结了我国市场化改革的伟大历史意义："这是历史上从未有过的大改革……极大地调动了亿万人民的积极性，使我国成功地实现了从高度集中的计划经济体制到充满活力的社会主义市场经济体制……的伟大历史转折"，其中的宝贵经验就是"我们党坚持把马克思主义基本原理同推进马克思主义中国化结合起来"，"把坚持社会主义基本制度同发展市场经济结合起来"①。

二、社会主义市场经济的内在逻辑为劳动力资本研究提出了现实需求

轰轰烈烈、波澜壮阔的中国特色社会主义市场经济建设的"事实说明，我国社会主义市场经济改革的方向是正确的……通过社会主义基本制度和市场经济的有机结合，更好地发挥了社会主义的优势"②，同时应当看到，中国特色的社会主义市场经济建设"是在不断深化改革中发展前进的。我国要建成完善的社会主义市场经济体制，还有很长的路要走，许多规律性的东西我们还不熟悉"，"特别是当前我国改革已进入'深水区'"③ 的情况下，有许多的新问题、新情况、新规律需要我们去研究、探索、发现和把握。其中需要研究、探索和把握的一个极为重要的问题，是社会主义市场经济的内在逻辑和内在规律。也就是说，我国进行社会主义市场经济建设，必须遵循社会主义市场经济的内在逻辑和内在规律，必须服从包括劳动力资本在内的所有资本追求价值增殖的资本逻辑。

从中国改革开放近40年的发展趋势来看，一个不断趋于完善的社会主义市场经济体制是实现社会主义本质的必然要求，一切社会资源（包括劳

---

① 宋涛：《政治经济学教程》第8版，中国人民出版社2008年版，第266-267页。

② 中共中央宣传部理论局：《六个"为什么"——对几个重大问题的回答》，学习出版社2009年版，第98页。

③ 中共中央宣传部理论局：《六个"为什么"——对几个重大问题的回答》，学习出版社2009年版，第105页。

动力）都必将被纳入到商品化、市场化从而并入到资本增殖的无限运动过程之中，这是运用唯物史观来分析中国社会经济变迁的必然逻辑。从唯物史观看来，追求价值增殖的资本的运动是市场经济存在与发展的不竭动力，包括劳动力在内的一切生产要素通过市场机制进行配置从而实现市场化和资本化，这是社会主义市场经济不断完善的必然要求。马克思的历史使命理论告诉我们，资本“是发展社会生产力的重要关系。只有当资本本身成了这种生产力本身发展的限制时，资本才不再是这样的关系”①。资本对剩余价值的追求表现为对财富的一般形式即货币的无止境的欲望，这种对价值增殖的无止境追求通过发展社会生产力表现为一股不可遏制的历史进步力量，它必将推动人类社会生产力“达到这样的程度，以致一方面整个社会只需用较少的劳动时间就能占有并保持普遍财富，另一方面劳动的社会将科学地对待自己的不断发展的再生产过程，对待自己的越来越丰富的再生产过程，从而，人不再从事那种可以让物来替人从事的劳动，——一旦到了那样的时候，资本的历史使命就完成了”②。可见，在资本的历史使命最终完成之前，人类社会生产必然服从于资本价值增殖逻辑的统治。从这个意义上来看，尚处于社会主义初级阶段的社会主义市场经济也必然处于资本逻辑的统治之下，中国特色社会主义市场经济的发展只有在充分利用资本逻辑的前提下，才能充分解放和发展生产力，为实现向更高级的经济社会形态的变迁创造物质条件和精神条件。

同时我们也应该认识到，资本逻辑统治的实现形式是多样化的。尽管社会主义市场经济与资本主义市场经济共同处于一个资本逻辑统治的历史时代，但它们在实现资本逻辑统治的实现形式方面存在着根本区别。资本主义市场经济是以生产资料的资本主义私有制和按劳动力价值分配和按生产要素的所有权进行分配，它建立在资产阶级通过对生产资料所有权来无偿占有无产阶级创造的剩余价值的剥削制度基础上。相较而言，社会主义市场经济建立在一个以公有制为主体、多种所有制共同发展的所有制结构

① 《马克思恩格斯全集》第46卷上册，人民出版社1979年版，第287页。

② 《马克思恩格斯全集》第46卷上册，人民出版社1979年版，第287页。

为基本经济制度的基础之上，它客观上要求以按劳分配为主体、多种分配方式并存的分配制度与之相适应，公有资本与私人资本以国有经济与民营经济为社会载体共存于社会主义市场经济之中，公有资本与私人资本一样，也服从于追求价值增殖的资本逻辑，从而必然追求对劳动者创造的剩余劳动的占有，而这部分剩余劳动在社会主义市场经济条件下也必然表现为剩余价值。然而，公有资本与劳动者之间的经济关系，并不像私人资本或资本主义制度那样，反映资本与雇佣劳动的剥削关系，而是直接以社会的名义对这种社会劳动的占有或扣除，而且不像私有资本那样，假借社会的名义来将剩余劳动占为己有。正如马克思所说："如果我们把工资和剩余价值，必要劳动和剩余劳动的独特的资本主义性质去掉，那末，剩下的就不再是这几种形式，而只是它们的为一切社会生产方式所共有的基础。"①因此，公有经济作为我国各种经济形式的主导，必然也应该能够在追逐剩余价值的过程中促进社会资源的有效配置，促进生产力与社会关系的发展，为实现向更高级的社会形态变迁奠定物质基础。在社会主义初级阶段，以公有制为主体的基本经济制度，客观上也就要求社会主义市场经济应当是一个以公有资本为主体、充分利用资本关系发展社会主义生产力从而实现资本逻辑统治并最终完成资本历史使命的历史过程。

既然社会主义市场经济也必然处于资本逻辑的统治之下，中国特色社会主义市场经济的发展只有在充分利用资本逻辑的前提下才能充分解放和发展生产力，那么在资本逻辑统治多样化的的实现形式中，不仅公有资本与私人资本一样服从于追求价值增殖的资本逻辑，而且更为重要的，作为与传统的以物质生产资料为其存在方式的物质资本相对应的劳动力资本，同样应当服从于追求价值增殖的资本逻辑。值得注意的是，在传统的经济理论中，公有资本与私人资本都属于以物质生产资料为其存在方式的物质资本，而劳动力资本则是属于以精神生产资料为其存在方式的精神资本的范畴，因为劳动力成为资本或劳动力资本化的前提条件就是劳动力所有者占有或拥有知识、信息、科学、技术等精神生产资料，劳动力资本的实质

① 马克思：《资本论》第3卷，人民出版社1975年版，第990页。

就是将劳动者所掌握的精神生产资料作为资本，或者说将劳动者所掌握的精神生产资料视为带来剩余价值的价值。在马克思主义经典理论中，重点研究和探讨的是物质资本，而对于劳动力资本的研究和探讨基本上处于萌芽阶段；与此同时，在马克思主义经典理论中，有成熟的劳动力理论和劳动力商品理论，却没有系统的劳动力资本论。由于劳动力资本属于精神资本的范畴，它比传统的物质资本具有更复杂的特征，在服从资本逻辑方面具有更多的特殊性；它作为劳动者所掌握的精神生产资料如何能够带来剩余价值？带来的剩余价值是直接被掌握这些精神生产资料的劳动者占有还是被其他人占有？它作为劳动者所掌握的精神生产资料——带来剩余价值的价值，其价值的创造、运行、实现如何才成为可能？所有这些问题，马克思主义经典作家都没有给出现成的答案——不仅没有给出资本主义市场经济社会中的答案，而且更不可能给出社会主义市场经济社会中的答案。

今天，我们进行的是社会主义市场经济建设，社会主义市场经济中的“市场”在资源配置过程中不仅起基础性的重要作用，而是起着决定性的作用，这也就意味着社会主义市场经济必须遵循市场的逻辑规则，进而社会主义市场经济也必然处于资本逻辑的统治之下，因此我们必须研究、探讨和发现社会主义市场经济条件下的劳动力资本化规律和内在逻辑。只有如此，我们才能遵照劳动力资本化的内在逻辑和规律推动社会主义市场经济的发展，完善中国特色社会主义市场经济体制，才能在充分利用劳动力资本化的内在逻辑来解放和发展生产力，推进社会主义市场经济条件下的所有制改革、分配制度改革和和谐劳动关系的建构等等。从这个意义上讲，社会主义市场经济条件下的劳动力资本化研究已经成为我们这个时代发展的客观要求，成为社会主义市场经济建设的现实要求。

第二节　社会主义市场经济条件下的所有制变革与劳动力资本研究

马克思主义经济学认为，生产资料与劳动力是人类社会生产的一般生产条件，它贯穿于整个人类社会发展的各个历史阶段，具有自然的历史必然性。任何现实的社会生产都是劳动力与生产资料相结合的结果，正是这种劳动力与生产资料相互结合的具体方式，使这个人类社会生产的一般生产条件被纳入到不同的社会生产关系之中并获得了不同的经济学意义，从而表现为不同的经济范畴。伴随中国从高度集中的社会主义计划经济体制到充满活力的中国特色社会主义市场经济体制的伟大历史转折，传统计划经济体制下的所有制结构也在不断地向与社会主义市场经济体制相适应的所有制结构转轨，并且当代中国的社会主义市场经济条件下的所有制结构正在发生着深刻的变革，这为劳动力资本化研究提供了现实的基础。

一、计划经济体制下生产资料所有制及其突破：劳动者个人所有制争鸣

马克思主义经济学认为，生产条件包括生产资料与劳动力，它们是构成现实生产力的基本要素。这样，生产条件所有制也就包括生产资料所有制与劳动力所有制两个方面。我们对传统计划经济体制下的生产条件所有制的历史考察也是以此为基础进行的。

（一）　传统计划经济体制下的所有制：生产资料所有制

新中国成立后，在中国共产党的领导下，中国由一个贫穷、愚昧和落后的半殖民地半封建社会进入到一个百废待兴但人民充满空前建设热情的新民主主义社会。新中国成立前夕由中国人民政治协商会议通过具有临时宪法性质的《共同纲领》，本质上是一个建设新民主主义社会的共同纲领。按照毛泽东在中共七届二中全会上的报告关于对新民主主义经济形态的解释，即将建立的新民主主义社会的经济成分大致由社会主义性质的国营经济、半社会主义性质的合作社经济、私人资本主义经济、个体经济和国家资本主义经济五种经济成分构成。其中，国营经济是整个国民经济的领导成分，是社会主义性质的经济。由于中国经济相当落后，在革命胜利后的一个相当长的时期内，还需要尽可能地发挥城乡资本主义经济的积极作用，这有利于新民主主义国家经济的发展。对分散的个体的农业经济和手工业经济，应该经过合作社，谨慎地、逐步地、积极地引导它们朝现代

化、集体化方向发展，因为单靠国营经济而没有合作社经济，党就不可能领导劳动人民的个体经济逐步走向集体化，从而也就不可能从新民主主义社会向社会主义社会过渡。

然而，随着新民主主义社会经济的恢复和快速发展，以毛泽东为主要领导的党中央逐步改变了原来对新民主主义社会建设的构想，开始酝酿并逐步形成了一条实现国家工业化和全面建设社会主义制度同时并举的过渡时期的总路线："从中华人民共和国成立，到社会主义改造基本完成，这是一个过渡时期。党在这个过渡时期的总路线和总任务，是要在一个相当长的时期内，逐步实现国家的社会主义工业化，并逐步实现国家对农业、对手工业和对资本主义工商业的社会主义改造。"① 党在过渡时期总路线的确立，标志着中国社会一场空前深刻的社会革命即社会主义"三大改造"的开始。所谓社会主义的"三大改造"，就是指在全国范围内对农业、手工业和资本主义工商业进行社会主义改造，其实质是将生产资料的个人所有制和资本家的私人所有制改造成为生产资料的集体所有制和国家所有制即生产资料的社会主义公有制。正如毛泽东所说："党在过渡时期的总路线的实质，就是使生产资料的社会主义所有制成为我国国家和社会的唯一的经济基础。我们之所以必须这样做，是因为只有完成了由生产资料的私人所有制到社会主义所有制的过渡，才利于社会生产力的迅速向前发展，才利于在技术上起一个革命，把在我国绝大部分社会经济中使用简单的落后的工具农具去工作的情况，改变为使用各类机器直至最先进的机器去工作的情况，借以达到大规模地出产各种工业和农业产品，满足人民日益增长的需要，提高人民的生活水平，确有把握地增强国防力量，反对帝国主义的侵略，以及最后地巩固人民政权，防止反革命复辟这些目的。"② 随着社会主义"三大改造"在短时期内的基本完成，传统计划经济体制下的生产资料的单一的社会主义公有制（包括国家或全民所有制与集体所有制两种具体形式）也就基本形成了。

---

① 《毛泽东著作选读》下册，人民出版社 1986 年版，第 704 页。

② 《毛泽东著作选读》下册，人民出版社 1986 年版，第 705 页。

事实上，中国的社会主义改造本身是以当时苏联的社会主义模式作为目标模式来实行的，而当时苏联的社会主义模式又基本上是按照斯大林对社会主义社会的理解而建立起来的。也正是从这个意义上，学术界一般也将苏联的社会主义模式或“苏联模式”称为“斯大林模式”①。这一模式经济体制的根本特征就是在单一的生产资料公有制基础上的高度集中。斯大林在自己主持并制定的1936年苏联宪法对生产资料的社会主义公有制进行了明文规定，即苏联的社会主义所有制表现为两种形式：国家财产（全民财产），即全民所有制和合作社集体农庄财产（各集体农庄财产、各集体农庄财产），即集体所有制。斯大林在《苏联社会主义经济问题》中专门对社会主义社会中生产资料的经济性质作出解释。针对诺特京将国有化企业生产的生产资料看作商品的观点，斯大林首先给商品作了如下定义：“商品是这样的一种产品，它可以出售给任何买主，商品所有者在出售商品之后，便失去对商品的所有权，而买主则变成商品的所有者，他可以把商品转售、抵押或让它腐烂。”② 斯大林认为，在社会主义社会中，生产资料并不是由国家出售给任何国有企业或集体农庄的，而是由国家按照经济计划将生产资料分配给国有企业或集体农庄的，同时并不失去而是完全保持对这部分生产资料的所有权，企业经理虽然取得了生产资料，但并不就成为这部分生产资料的所有者，而仅仅是接受国家的委托并执行国家下达的生产计划才能有权利使用这部分生产资料。因此，“无论如何不能把我国制度下的生产资料列入商品的范畴”③。至于为什么还要讲生产资料的价值、价格或成本，斯大林解释说：从形式方面来看，这只是为了计价和核算，是为了对企业的盈亏状况进行检查和监督的需要。这样，在国内流通领域中，生产资料实际上已经失去了商品的属性，从而脱离了价值规律发生作用的范围，而仅仅保留了商品的“外壳”。而在对外贸易领域，生产资料则无论是在实质上还是在形式上都是商品。之所以如此，斯大林认为，这

① 当然，“苏联模式”或“斯大林模式”作为一种社会主义建设模式，涉及经济、政治、文化等整个社会主义建设的各个方面，但是限于本书的研究主旨，在提到这两个概念时仅仅涉及其中的经济体制方面的内容。

② 斯大林：《苏联社会主义经济问题》，人民出版社1961年版，第41页。

③ 斯大林：《苏联社会主义经济问题》，人民出版社1961年版，第41页。

是作为资本主义旧范畴的商品在社会主义社会中还依然无法被干脆而彻底消灭，虽然保留下来的还只是商品的形式和外表，但其实质已经由于适用社会主义国民经济的发展的需要而根本改变了。

斯大林之所以认为在社会主义社会中生产资料“无论如何”都不能列入商品范畴，是与他对生产关系范畴的理解密不可分的。斯大林认为，生产关系即经济关系，它包括“（一）生产资料的所有制形式；（二）由此产生的种种不同社会集团在生产中的地位以及他们的相互关系，或如马克思所说的，‘互相交换其活动’；（三）完全以它们为转移的产品分配形式”①。可见，斯大林是将生产资料的所有制形式从整个社会生产关系中抽离出来作为社会主义生产关系的决定性因素加以理解的。既然在社会主义社会中，生产资料实行单一的社会主义公有制，要么全民所有，要么集体所有，二者必居其一，并且在具体的配置和使用的经济运行层面上是通过按照国家完成经济计划的需要而无偿调拨或分配的形式来实现的，当然也就不再是为出售而生产的商品。这样，斯大林就对在社会主义生产资料公有制条件下生产资料的非商品属性作了比较系统的解释，这些观点在由斯大林主持编写的苏联《政治经济学教科书》中得到了更加理论化的表达，并由此对我国社会主义经济建设产生了广泛而深远的影响。

从一定意义上说，我国于1956年基本完成的社会主义“三大改造”使生产资料的社会主义公有制成为国家和社会的唯一经济基础，既是“斯大林模式”直接影响我国社会主义建设实践的结果，又是“斯大林模式”进一步影响我国社会主义建设并长期实行计划经济体制的开端。事实上，之所以造成这种局面，也与中国当时所处的特定历史环境密切相关，其中涉及的原因自然是非常复杂的。但是，单就经济方面来说，至少有这样两方面的原因：一方面，新民主主义革命胜利后的中国，仍然是一个生产力水平很低、经济和文化都不发达、封建专制势力影响至深、人民民主意识非常淡薄的落后国家，迅速改变本国的贫穷落后面貌，进一步巩固新生的人民政权，都需要首先恢复和发展社会生产力并迅速实现实现国家的工业

① 斯大林：《苏联社会主义经济问题》，人民出版社1961年版，第58页。

化，但是自己又没有任何经验；另一方面，在斯大林领导下的苏联社会主义建设成功地实现了国家的工业化和生产力的快速增长，也成为“二战”之后各个走上社会主义道路的国家纷纷效仿和学习的对象，苏联本身也积极推广和帮助其他国家追随自己的社会主义建设模式，并且以“唯一可能的和适当的”社会主义建设模式而自居。在这种历史条件下，苏联的社会主义建设经验自然也就成为中国社会主义建设唯一可以学习和模仿的对象。从这个意义上来说，中国以苏联模式为蓝本逐步建立起来的传统计划经济体制也具有其历史必然性。

自从在斯大林主持下编写的苏联《政治经济学教科书》介绍到我国以来，以“斯大林模式”为现实基础的政治经济学社会主义部分或称为传统社会主义政治经济学也就成为中国社会主义经济建设的重要理论依据，其中的理论观点也就成为我国学术界关于社会主义政治经济学的基本理论指导，从而在学术界占据着长期的理论统治地位。有学者明确指出，中国经济学在1979年之前“社会主义政治经济学”的主流范式，就是50年代初在斯大林主持下写成的苏联版的《政治经济学教科书（社会主义部分）》的那个范式，这本“教科书”所提供的体系，在当时可以说是唯一被普遍接受的、被大家使用、讨论的可以称为理论范式的东西，因此可将其称为“苏联社会主义政治经济学范式”，并简称为“苏联范式”。① 根据我们的理解，所谓“苏联范式”，可以说指的是这样一种政治经济学理论体系，它是对苏联社会主义模式即“苏联模式”或“斯大林模式”的政治经济学表达，其中生产资料所有制、计划经济与按劳分配类似于一个“三位一体”的“社会主义公式”成为这个政治经济学理论体系的主要内容，而生产资料公有制则是其中的理论“硬核”。然而，在以现代科技革命（尤其是信息技术革命）为基础的“科技—经济一体化”社会大生产的时代背景下，这个作为整个传统社会主义政治经济学的理论硬核的生产资料所有

---

① 樊纲：《“苏联范式”批判》，载于《经济研究》1995年第10期。其中的“范式”（Paradigm）一词，正如作者所说明的，来自美国学者库恩，从方法论的意义上来讲，它是指在某一学科内被一批理论家和应用者共同接受、使用并作为交流思想的共同工具的一套概念体系和分析方法。参见库恩：《科学革命的结构》（*The Structure of Scientific Revolutions*），芝加哥1962年版。

制，恰恰是最值得运用马克思主义经济学的基本原理重新进行理论考察的重要领域。

传统社会主义政治经济学认为，生产资料所有制又简称为所有制，它是某一社会经济形态中生产关系的基础，也是区分不同生产关系从而也是区分不同社会经济形态的根本标志，它集中体现在生产资料归谁所有。例如，许涤新主编的《政治经济学辞典》中对生产资料所有制的解释是："生产资料所有制指生产资料归个人、阶级、集团或社会所有，是人与人之间在占有生产资料方面所形成的关系。"① 由宋涛的《〈资本论〉辞典》中对生产资料所有制的解释是："生产资料所有制指生产资料归谁所有，是归个人或某些社会集团所有，还是归社会所有"；"生产资料所有制是生产关系的基础。人们占有生产资料的形式，决定着人们在生产中的地位和相互关系，决定着产品的交换和分配关系，从而也就决定着生产关系的性质"②。在传统社会主义政治经济学看来，生产资料公有制是社会主义制度优越性的重要表现，它决定了人与人之间不再存在通过对生产资料的占有而无偿地占有他人劳动的剥削关系，每个社会主义劳动者都成为生产资料的主人并通过一种同志式的互助合作关进行社会主义生产。事实上，这种对生产资料所有制的解释，本质上将其局限于"归谁所有"这样一种法权关系层面，实际上是混淆了经济学意义上的所有制范畴与法学意义上的所有权范畴，从而抽掉了蕴含在生产资料所有制关系之中的经济关系，并使其变成了一种脱离现实的经济活动与经济过程的法权关系，这显然是对生产资料所有制的片面解释。

马克思曾特别指出："政治经济学不是把财产关系的总和从它们的法律表现上即作为意志关系包括进来，而是从它们的现实形态即作为生产关系包括进来。"③ 显然，传统社会主义政治经济学再一次犯了类似于蒲鲁东那样的错误，因为生产资料"归谁所有"这样一种法权关系仅仅是作为现实形态或经济形态的生产资料所有制关系的法律表现。有学者认为，这种将

① 许涤新：《政治经济学辞典》（上），人民出版社 1982 年版，第 3 页。

② 宋涛主编：《〈资本论〉辞典》，山东人民出版社 1988 年版，第 554-555 页。

③ 《马克思恩格斯选集》第 2 卷，人民出版社 1995 年版，第 615 页。

生产资料所有制问题简单地理解为生产资料的“归属问题”自身就存在着无法自圆其说的矛盾：一方面强调生产资料所有制是起决定性作用的生产关系；另一方面又强调所有制的法权形式而取消其经济内涵。它同时还造成了这样一种理论错觉，认为只要实现了生产资料的国有化或集体化，即只要实现了生产资料的公有制，似乎就可以一劳永逸地“解决了”所有制问题，其余的问题都只是生产组织与生产技术上的问题，不属于政治经济学研究的范围。恰恰正是这种片面的理论指导下的社会主义建设实践，给我国的社会主义建设事业带来了灾难性的后果。①

（二）传统计划经济体制下所有制理论的突破：理论界关于劳动力所有制的争鸣

众所周知，任何生产都是在一定社会关系下进行的社会生产，它必然包括着生产资料与劳动者两个方面的因素，这是马克思主义经济学的一个基本原理。马克思在《资本论》中曾明确指出：“不论生产的社会形式如何，劳动者和生产资料始终是生产的因素。但是，二者在彼此分离的情况下只在可能性上是生产因素。凡要进行生产，就必须使它们结合起来。实行这种结合的特殊方式和方法，使社会结构区分为各个不同的经济时期。”② 然而，传统社会主义政治经济学将所有制范畴仅仅局限于生产资料所有制，而没有提及生产过程中所不可或缺的“劳动者”方面的所有制问题，这无疑是一个重要的理论缺陷。或者有学者会反对说，传统社会主义政治经济学中的所有制范畴并非没有注意到生产中的劳动者问题，而是由于生产资料所有制在整个社会生产中占据着决定性的地位，谁占有了生产资料，谁也就取得了对劳动者劳动力的支配权，或者说，生产资料所有制决定着对劳动者劳动力的所有制。所以，也就没有必要再单独创造一个连马克思都从来没有使用过的劳动力所有制范畴，似乎在马克思主义的政治经济学中本来就“不应该”存在劳动力所有制范畴的理论位置。当然，这种说法并非没有一点道理。从我们对马克思主义经典著作的把握来看，马

① 龚唯平：《没有结论的所有制定义之争》，载于《马克思主义研究论丛》第4辑，中央编译出版社2006年版，第179页。

② 马克思：《资本论》第2卷，人民出版社1975年版，第44页。

克思确实没有提出也没有使用过“劳动力所有制”这个术语，它本身是中国学者的一个理论创造。从我们所掌握的资料来看，国内学者艾思奇于1958年最初提出社会主义社会中的劳动力所有制问题。艾思奇认为，在社会主义社会中，“按照自己所供给的劳动来取得相应的报酬的这种等价交换权利，仍然是一种资产阶级式的法权。因为这里虽然没有生产资料的私有，但个人的劳动力在实际上仍被承认为私有。由于这样的私有权利，人们才可能按照自己的劳动向社会要求相应的报酬。这样的权利的存在，在社会主义社会中是不可避免的，甚至在一定时期是有相当的积极意义的”①。此后不久，国家许多学者相继参与到关于社会主义社会中的劳动力所有制问题的研究与讨论中来②，形成了各种不同的学术观点。

观点之一：社会主义社会中的劳动力所有制应当是公有制。如骆耕漠认为：“社会主义社会是由劳动人民组成的社会，是他们自己的社会。在这个社会内，生产资料（物力）固然是他们所公有的财产，就是附在他们身上的劳动力（人力）也是他们公有的财产，都是生产社会及其成员所需要的物质资料的公共生产力。大家知道，劳动力是最基本的生产力，如果从这个关系说，它的公有化就比生产资料的公有化更是社会主义社会存在的条件。假使社会成员只承认生产资料公有制，而不承认劳动力的公有制，那么这样的生产关系就还是半截头的社会主义生产关系。”③ 蒋家俊认为：“劳动力和生产资料只有在共同的基础上才能结合起来，生产过程中劳动力和生产资料结合的社会方式，基本上是由生产资料所有制的性质决定的，劳动力所有制一般是随着生产资料所有关系的改变而改变的”；这样，“在社会主义社会中，我国现阶段生产资料公有制有两种形式：全民所有制和集体所有制。我认为，无论在全民所有制企业或集体所有制企业中，劳动

① 艾思奇：《努力研究社会主义社会的矛盾规律》，载于《哲学研究》1958年第7期。

② 譬如，雨田：《国营企业工人购买的消费品不是商品吗？——与骆耕漠同志商榷》，载于《学术月刊》1959年第2期；蒋学模：《商品问题上的争论不仅是概念之争——与雨田同志商榷国营企业“出售”给职工的消费品是否商品》，载于《学术月刊》1959年第4期；李光远：《“劳动力所有制”的提法能够成立吗?》，载于《新建设》1962年第8期，等等。

③ 骆耕漠：《关于生产关系的几个理论问题的研究》，载于《光明日报》1962年1月23日。

力都是公有的"①。

观点之二：社会主义社会中的劳动力所有制应当是劳动者的个人所有制。于伍或许是国内中最早明确提出社会主义条件下劳动力个人所有制观点的学者，早在 1962 年于伍就在《试论社会主义社会的劳动力所有制形式》中指出："劳动力本人私有制和生产资料社会主义公有制相结合才构成了社会主义生产方式的基础；劳动力本人私有制和生产资料公有制之间的矛盾形成为社会主义生产方式的基础内含的最主要的矛盾。"② 古克武在结合社会主义建设的经验教训的基础上，明确支持劳动力个人所有制的观点，并对那种认为劳动力所有制从属于生产资料所有制，社会主义生产资料公有制决定了劳动力所有制也是公有的观点提出批判，认为"劳动力所有关系从属于生产资料所有制的说法是不科学的。无论生产资料的所有关系还是劳动力的所有关系，都是生产条件的占有关系，从而也是最基本的生产关系。这两大基本生产关系都是由生产力性质直接决定的"③。这样，在社会主义社会中，一方面是生产资料公有制，一方面是劳动力个人所有制，这就是社会主义社会最基本的生产关系。

观点之三：承认社会主义制度下劳动力所有制范畴，但是仅仅把劳动力所有制作为向共产主义社会过渡过程中即将消失的范畴来理解。例如，蒋学模认为，社会主义社会属于不成熟的共产主义社会，它还不可避免地带有"旧社会的痕迹"，劳动者在社会生产中的主人翁地位也就不可避免地打上旧社会的烙印。由于劳动者的个人消费品还要实行按劳分配，也就必须承认劳动者不同等的工作能力是一种"天然特权"，这就决定了在社会主义经济关系中，还存在着劳动力个人所有制的"痕迹"。这一方面表明劳动者在社会主义生产中的地位与在共产主义条件下是有区别的；同时，又表明这种区别只是共产主义社会两个经济成熟程度不同阶段之间的区别，而且它还说明，与旧社会相比，劳动者在社会主义生产中的地位在本质上已经发生了变化，只不过还带有它脱胎而来的旧社会的"传统或痕

① 蒋家俊：《关于社会主义劳动力所有关系问题》，载于《学术月刊》1980 年第 6 期。

② 于伍：《试论社会主义社会的劳动力所有制形式》，载于《新建设》1962 年第 6 期。

③ 古克武：《也谈社会主义社会劳动力个人所有制》，载于《江淮论坛》1981 年第 1 期。

迹”；“只有到了未来的共产主义社会的高级阶段，当个人消费品已按照人的不同需要而不是按照劳动者向社会提供的劳动量来分配的时候，劳动力个人所有制的痕迹才会完全泯灭”①。同时，蒋学模还认为，如果简单地承认社会主义制度下的劳动力个人所有制，那么就使得劳动者在社会主义生产中的地位与他们在资本主义生产中的地位没有发生根本变化，这与社会主义经济关系的本质相冲突。

观点之四：更有学者直接对社会主义条件下是否存在劳动力所有制范畴提出质疑，认为劳动力所有制本身就不成立。例如，李光远认为，从生产一般来看，生产就是个人对自然的占有过程。其中，个人即劳动者是生产的主体，因而也是占有和所有制关系的主体，自然即生产资料，它是生产的客体，因而也是占有和所有制关系的客体和对象。至于与劳动者身体密不可分的劳动能力，实际上是一种自然力，但是它在一般的生产过程中，即在劳动者占有自然物质的过程中，是劳动者实行这种占有的能力，属于主体方面的因素，而不是占有的客体和对象。既然劳动力是劳动者占有自然的能力，是占有关系中主体方面的因素，不是被占有的对象，那么也就谈不上劳动力所有制问题，并且强调：“这一点可以不加限制条件地适用于一切以劳动者为主体的生产形式，包括独立的个体劳动者的生产和劳动者联合起来共同占有生产资料的公有制生产。”② 当然，按照这种观点，即使是在资本主义生产方式下也不会存在劳动力所有制。李光远认为，学术界之所以会提出社会主义社会中的劳动力所有制问题，是由于多年来现实生活中劳动者作为生产资料的主人的地位在实际上并没有得到应有的承

① 蒋学模：《社会主义制度下劳动力所有制问题的我见》，载于《学术月刊》1980 年第 11 期。事实上，蒋学模在这里所说的“旧社会的痕迹”，显然是直接套用的马克思在《哥达纲领批判》中的话，马克思说：“我们这里所说的是这样的共产主义社会，它不是在它自身基础上已经发展了的，恰好相反，是刚刚从资本主义社会中产生出来的，因此它在各方面，在经济、道德和精神方面都还带着它脱胎出来的那个旧社会的痕迹。”（《马克思恩格斯选集》第 3 卷，人民出版社 1995 年版，第 304 页）可见，马克思所说的“旧社会”与蒋学模所说的“旧社会”完全不是一个概念。前者指的是社会生产力已经充分发展了的资本主义社会，后者指的则是经济文化都相当落后的半封建半殖民地旧中国。这样两个处于完全不同的人类社会发展阶段上的“旧社会”，它们的“痕迹”显然也是完全不能相提并论的。

② 李光远：《劳动力所有制论质疑》，载于《经济研究》1982 年第 1 期。

认和尊重，劳动力所有制问题的提出和讨论就是这一现实情况在理论上的反映。因此，对学术界存在着的劳动力所有制问题争论的解决方案，应该是“在理论上和实践上重新确认和强调劳动者作为生产资料公有制的主人的地位和作用，提高广大劳动者的主人翁责任感”①。

总体来看，在传统计划经济体制下直至改革开放之初，学术界反对劳动力个人所有制的学者们大都犯有同一个错误，这就是脱离中国的具体国情和社会经济发展状况的具体实际，拿马克思主义经典作家所设想的、作为未来共产主义社会第一阶段的社会主义直接来“要求”中国现实的社会主义，而面对现实生活中普遍存在着的与经典社会主义社会不相符的经济现象和经济事实，却简单地将其归因于封建主义的流毒、小资产阶级的自私与涣散、政治觉悟不高、主人翁观念不强、“旧社会的痕迹”等因素。甚至还有学者认为，人民公社在生产队统一经营下的包产到户是马克思设想的“自由联合劳动”的社会形式的一个具体实现，其中有自主权的、劳动者真正当家做主的、实行种种责任制的生产队，实质上就是马克思所说的“自由人联合体”，也就是在生产队范围内的自由的联合的劳动的实现形式②。而如果承认劳动力所有制，就势必导致劳动者陷入对劳动力“归谁所有”的争论之中，会导致劳动者只强调劳动力个人所有制，劳动者会只看到个人利益与眼前利益，并将其指责为“唯所有制论”③。显然，这种观点犯了理论与实践的双重错误，它不仅是脱离中国生产力发展水平来空谈社会主义，而且也严重误解了马克思关于“自由人联合体”的科学构想。

二、社会主义市场经济下劳动力个人所有制为劳动力资本研究提供现实需要

社会主义市场经济条件下的劳动力个人所有制不仅为劳动力资本化研究奠定了现实基础，而且使劳动力资本化研究成为一种现实的需要。可以说，除了在极“左”思潮泛滥时期，围绕劳动力所有制问题展开的严谨的

① 李光远：《劳动力所有制论质疑》，载于《经济研究》1982年第1期。
② 詹彪：《劳动力所有权，还是劳动的社会形式》，载于《江淮论坛》1981年第3期。
③ 詹彪：《劳动力所有权，还是劳动的社会形式》，载于《江淮论坛》1981年第3期。

理论研究与争论，从传统计划经济时期到社会主义市场经济时期就从来没有停止过。改革开放以来，我国学者在对传统计划经济体制进行深刻历史反思的同时，也对斯大林主持编写的苏联《政治经济学教科书》中的许多基本理论观点进行了客观而公正的科学研究①。这实际上也就为通过社会主义市场经济体制来建立和完善中国特色社会主义制度提供了最初的理论依据。并且随着改革开放与社会主义现代化建设的不断展开，以邓小平为核心的党的第二代领导集体从我国社会主义建设的历史前提、生产力发展的现实状况和时代特点出发，深刻总结了中国社会主义建设过程中的正反两方面经验，创造性地提出了社会主义初级阶段理论，这就将学术界那些仍然沉浸在对经典社会主义的幻想当中的学者们拉回到中国社会主义建设的具体实际中来，正如邓小平所说："我们的现代化建设，必须从中国的实际出发。无论是革命还是建设，都要学习和借鉴外国经验。但是，照抄照搬别国经验、别国模式，从来都不能得到成功，走自己的路，建设有中国特色的社会主义，这就是我们总结长期历史经验得出的基本结论。"②

从理论界争论的结果来看，支持劳动力个人所有制观点的学者越来越多，而主张不存在劳动力所有制范畴和劳动力公有制以及社会主义社会中劳动力的部分个人所有制和部分社会所有制的声音逐步微弱。特别是随着社会主义市场经济体制的确立和不断完善，以公有制为主体、多种所有制经济共同发展是社会主义初级阶段的一项基本经济制度。这是一种适用中国具体国情的所有制结构，它克服了传统计划经济体制下在所有制结构方面重视全民经济、轻视集体经济、排斥个体经济和消灭私营经济，急于过渡，盲目追求纯而又纯的单一公有制等一系列试图超越阶段的"左"倾错误思想和政策。同时，包括劳动力市场在内的各种生产要素市场的不断建立和日趋成熟，社会主义市场经济条件下的劳动力商品理论也逐步成为学术界普遍认可的主流观点。随着社会主义市场经济体制的建立和完善，以及《宪法》和《劳动合同法》的重新修正以及《物权法》的颁布实施，

---

① 在诸多理论研究成果中，孙冶方的《论作为政治经济学对象的生产关系》（载于《经济研究》1979 年第 8 期）是其中的典型代表。

② 《邓小平文选》第 3 卷，人民出版社 1993 年版，第 2-3 页。

劳动力个人所有制不仅成为活生生的经济实践，也受到国家法律的确认和保护。在社会主义市场经济条件下，劳动力个人所有制已经是一个无须争论的经济事实。在此社会经济背景下，劳动力个人所有制无论是在理论研究方面还是在改革实践方面，都得到了普遍的支持和响应。

事实上，即使是在马克思所设想的经过资本主义社会的充分发展并保留了资本主义社会所创造的一切人类文明成果基础上的共产主义社会，也仍然存在着劳动力个人所有制。马克思认为："从资本主义生产方式产生的资本主义占有方式，从而资本主义的私有制，是对个人的、以自己劳动为基础的私有制的第一个否定。但资本主义生产由于自然过程的必然性，造成了对自身的否定。这是否定的否定。这种否定不是重新建立私有制，而是在资本主义时代的成就的基础上，也就是说，在协作和对土地及靠劳动本身生产的生产资料的共同占有的基础上，重新建立个人所有制。"① 关于如何理解马克思所说的"重新建立个人所有制"，学术界一直存在着理论分歧②，有学者甚至将其称为经济学领域的"哥德巴赫猜想"③。在社会主义市场经济条件下，我们并不打算也不可能去详细探讨马克思所设想的共产主义社会中的"重新建立个人所有制"的具体内涵，我们能够也应当研究和探讨的只能是社会主义市场经济体制下的劳动力所有制的实际情况。

首先，社会主义市场经济条件下的单个社会主义劳动者与实行社会主义公有制的物质生产资料之间的结合是通过劳动契约关系实现的。因为任何现实的社会生产过程，都必然要通过物质生产资料即物的因素与一定形式的活劳动即人的因素之间相结合才能实现。在社会主义公有制条件下，物质生产资料的所有者要么是以国家为代表的全体人民，要么是或大或小的集体劳动者，而绝不是单个的社会主义劳动者。单个劳动者只能经过劳

---

① 马克思：《资本论》第1卷，人民出版社1975年版，第832页。

② 相关讨论可参见王成稼：《论"重建个人所有制"逐步实现"共同富裕"》，载于《当代经济研究》2007年第10期；卫兴华：《再析马克思"重建个人所有制"的涵义》，载于《当代经济研究》2008年第9期；应克复：《理解"重新建立个人所有制"的方法论问题》，载于《马克思主义与现实》1997年第5期；杨昌俊：《从个体全面发展的高度试解"重新建立个人所有制"之谜》，载于《广东社会科学》1997年第1期，等等。

③ 张喜燕、彭绍宗：《经济学的"哥德巴赫猜想"——马克思"重新建立个人所有制"研究观点综述》，载丁《中国社会科学》1999年第5期。

动力市场以劳动契约的形式与物质生产资料所有者的人格化代表建立起劳动关系，并由此实现与物质生产资料的现实的结合。单个劳动者虽然作为名义上的物质生产资料的所有者，但是他并不具有实际支配物质生产资料的经济权利，他能够支配的只有自己的劳动力。其实，劳动者之所以能够通过劳动契约形式进入实际生产过程与物质生产资料相结合，就在于他是自己劳动力事实上的所有者，从法律上也就享有对自己劳动力的所有权，因为“契约以当事人双方互认为人和所有人为前提”①。但是，这种劳动契约关系同样也是相应经济关系的法律表现。正如马克思所说：“这种具有契约形式的（不管这种契约是不是用法律固定下来的）法权关系，是一种反映着经济关系的意志关系。这种法权关系或意志关系的内容是由这种经济关系本身决定的”②。因此，劳动力个人所有制正是劳动契约背后的经济关系的重要内容。在社会主义市场经济条件下，社会主义的生产条件所有制正是由物质生产资料公有制与劳动力个人所有制共同组成。

其次，在社会主义市场经济条件下，劳动力个人所有制所包含的经济内容已经发生了诸多新变化，它已经不再限于仅仅作为劳动力商品的劳动力所能够涵盖的经济内容了。这是因为，一方面，劳动者是自己的劳动能力即存在于劳动者活的人体中并在劳动过程中所利用的体力和智力的总和的所有者，另一方面，劳动者还是与自身结合在一起的、通过学习劳动或生产实践活动而逐渐掌握或占有的以科学知识为主要内容的精神生产资料即劳动力资本的所有者。尽管马克思也注意到：“比社会平均劳动较高级较复杂的劳动，是这样一种劳动力的表现，这种劳动力比普通劳动力需要较高的教育费用，它的生产要花费较多的劳动时间，因此它具有较高的价值。既然这种劳动力的价值较高，它也就表现为较高级的劳动，也就在同样长的时间内物化为较多的价值。”③ 但是，这也仅仅说明了劳动力商品作为一种特殊商品在质量上的差别，即再生产同样的劳动力商品所必须花费的社会必要劳动时间的数量差别，它具体表现在劳动者劳动熟练程度的不

① ［德］黑格尔：《法哲学原理》，范扬、张企泰译，商务印书馆 1982 年版，第 80 页。

② 马克思：《资本论》第 1 卷，人民出版社 1975 年版，第 102 页。

③ 马克思：《资本论》第 1 卷，人民出版社 1975 年版，第 223 页。

同等，但这些差别仅仅是一种劳动主体本身的差别（事实上，个人天赋也是劳动力商品质量差别的重要方面），与劳动者所掌握或占有的具有客观内容的科学知识等精神生产资料之间具有本质的不同。所以，劳动力商品质量的差别并不能简单地理解为劳动者所掌握或占有的劳动力资本的多少，而应当在概念上将它们区别开来。可见，作为劳动力商品与劳动力资本的双重所有者分别对应着不同的经济内容，它们共同组成劳动力个人所有制的内部经济结构。

最后，从社会主义再生产的角度来看，劳动力个人所有制是推动劳动者不断提高自己的劳动能力和主动进行自己的劳动力资本积累的激励制度，从而也是实现共同富裕的社会主义本质的重要制度保证。有什么样的激励制度，也就会产生什么样的经济行为。在劳动力个人所有制条件下，无论是劳动者的劳动力商品质量的提高还是劳动者的劳动力资本的增加和积累，最终获得经济利益的首先就是劳动者本身①，从而实现对劳动力商品与劳动力资本的投资与收益之间的激励相容。马克思认为："科学这种既是观念的财富同时又是实际的财富的发展，只不过是人的生产力的发展即财富的发展所表现的一个方面，一种形式。"② 然而，在社会主义市场经济条件下，劳动仍然是劳动者谋生的手段，还没有成为生活的第一需要。因此，劳动者绝不会满足于将科学知识仅仅作为一种"观念的财富"来占有，必然要求通过市场机制将自己通过艰苦的学习、研究等大量活劳动投入与学习、教育、培训等货币投入转变为"实际的财富"即经济利益，从而为劳动者自身劳动力商品质量的提高与劳动力资本的积累创造更有利的物质条件。可见，社会主义市场经济体制下的劳动力个人所有制保证了社会主义劳动者个人能力的发展与社会财富（包括物质财富与精神财富）的

---

① 这里之所以强调劳动者的劳动力商品质量提高和劳动者的劳动力资本积累的最终受益者首先是劳动者本身，是因为劳动者本身并不是唯一的受益者。其中，直接的受益者至少还有物质生产资料所有者，因为物质生产资料所有者可以获得劳动者创造的更多剩余价值；间接的受益者可以视为整个社会，因为一方面劳动力资本具有经济上的正"外部性"或"溢出效应"，另一方面劳动者作为社会成员自身的发展与进步显然也与整个社会的发展与进步相一致，而这些收益往往又是难以通过价值或货币来计量的。

② 《马克思恩格斯全集》第 46 卷下册，人民出版社 1980 年版，第 34-35 页。

发展的一致性，进而为劳动力资本化研究奠定了现实基础，使劳动力资本化研究成为一种现实的需要。

第三节　社会主义市场经济条件下的分配方式变革与劳动力资本研究

马克思主义经典作家对未来社会的分配关系提出了很多的设想并加以论述，但在现实的社会主义社会中，如何进行社会主义的分配仍然是一个值得探讨的问题。对这一问题的探讨应当以本国的具体国情和生产条件的实际分配状况作为分配方式得以具体实现的既定出发点。从共产主义社会“按需分配”的设想，到社会主义社会“按劳分配”的提出，再到社会主义市场经济条件下按劳分配与按要素分配相结合分配方式的确立，形成了社会主义分配问题的一条发展主线。而社会主义市场经济条件下按劳分配与按要素分配相结合分配方式的确立，为劳动力资本化研究提供了现实基础。

一、马克思关于未来社会分配关系的基本理论观点回溯

马克思在实现对资产阶级政治经济学的理论批判之前，曾经基于对现实的资本主义社会中严重而普遍的贫富差距以及由此导致的尖锐的阶级斗争而提出对未来社会分配方式的设想。比如在《德意志意识形态》中，马克思、恩格斯指出，共产主义要消灭私有制、消灭劳动产品的不平等分配，消灭任何阶级的统治以及阶级本身，而代之以公有制并且实现个人的全面发展。关于共产主义社会中的分配与消费，马克思、恩格斯认为：“共产主义的最重要的不同于一切反动的社会主义的原则之一就是下面这个以研究人的本性为基础的实际信念，即人们的头脑和智力的差别，根本不应引起胃和肉体需要的差别；由此可见，‘按能力计报酬’这个以我们目前的制度为基础的不正确的原理应当——因为这个原理是仅就狭义的消费而言——变为‘按需分配’这样一个原理，换句话说：活动上，劳动上的差

别不会引起在占有和消费方面的任何不平等，任何特权。”① 可见，马克思在实现对资产阶级政治经济学的理论批判之前，特别是在科学地继承和发展古典政治经济学的劳动价值论并以唯物史观为方法论指导创立剩余价值理论之前，是不可能提出一种关于分配问题的科学经济理论的。

我们以马克思的《政治经济学批判大纲》（即《1857—1858 年经济学手稿》）的写作完成作为初步创立科学的劳动价值论的基本标志，因为正是在这部著作中，马克思已经明确地区分“劳动”与“劳动力”这两个概念进而创立了剩余价值理论，从而能够正确地将按由于提供的劳动量不同占有消费品的事实上的不平等与凭借对物质生产资料的私有权而无偿占有雇佣劳动者提供的剩余劳动所造成的不平等进行正确区分为依据。正是在这些理论研究成果的基础上，马克思逐渐提出了关于未来社会分配问题的一系列基本理论观点。马克思认为，分配方式取决于生产方式，分配关系取决于生产关系，这是马克思关于分配问题最基本的理论观点。因为“分配关系和分配方式只是表现为生产要素的背面。个人以雇佣劳动的形式参与生产，就以工资的形式参与产品、生产成果的分配。分配的结构完全决定于生产的结构。分配本身是生产的产物，不仅就对象说来如此，而且就形式说也是如此。就对象说，能分配的只是生产的成果，就形式说，参与生产的一定形式决定分配的特定形式，决定参与分配的形式”②。可见，有什么样的生产方式和与其相适应的生产关系，客观上也就必然要求有什么样的分配方式和分配关系与之相适应。同时，分配实际上包含着两方面内容，一方面是生产条件本身的分配，另一方面则是劳动产品的分配，而且生产条件本身的分配决定着劳动产品的分配，这也是生产方式决定分配方

① 《马克思恩格斯全集》第 3 卷，人民出版社 1960 年版，第 637-638 页。当然，关于这段话是否出自于马克思和恩格斯，学术界存在着争议，因为在《马克思恩格斯全集》第 3 卷的“注释 154”中有这样的说明：“‘德意志意识形态’第二卷第五章（“五、‘霍尔施坦的格奥尔格·库尔曼博士’或‘真正的社会主义’的预言”）是魏德迈手抄的，在最后标有‘莫·赫斯’的记号。大概这一章是赫斯起草的，魏德迈抄写的，马克思和恩格斯校订的。”（参见《马克思恩格斯全集》第 3 卷，人民出版社 1960 年版，第 716 页）限于本书的主旨，这里不再展开讨论。关于这个问题的详细讨论，有兴趣的读者可以参见商务印书馆出版的《按劳分配学说史论文集》，1978 年版。

② 《马克思恩格斯全集》第 46 卷上册，人民出版社 1979 年版，第 32-33 页。

式的具体表现形式。如果将分配仅仅理解为产品的分配，理解为一种能够独立于生产的经济范畴，那只不过是一种“最浅薄的理解”，因为“在分配是产品的分配之前，它是（1）生产工具的分配，（2）社会成员在各类生产之间的分配（个人从属于一定的生产关系）——这是上述同一关系的进一步规定。这种分配包含在生产过程本身中并且决定生产的结构，产品的分配显然只是这种分配的结果。如果在考察生产时把包含在其中的这种分配撇开，生产显然是一个空洞的抽象；相反，有了这种本来构成生产的一个要素的分配，产品的分配自然也就确定了”①。

马克思在《政治经济学批判大纲》中关于分配方式与分配关系的思想，在后来的《哥达纲领批判》中得到了进一步的强调和发挥。马克思认为：“消费资料的任何一种分配，都不过是生产条件本身分配的结果；而生产条件的分配，则表现生产方式本身的性质。例如，资本主义生产方式的基础是：生产的物质条件以资本和地产的形式掌握在非劳动者手中，而人民大众所有的只是生产的人身条件，即劳动力。既然生产的要素是这样分配的，那么自然就产生现在这样的消费资料的分配。如果生产的物质条件是劳动者自己的集体财产，那么同样要产生一种和现在不同的消费资料的分配。庸俗的社会主义仿效资产阶级经济学家（一部分民主派又依次庸俗社会主义）把分配看成并解释成一种不依赖于生产方式的东西，从而把社会主义描写为主要是围绕着分配兜圈子。”② 可见，生产方式决定分配方式，是成熟时期马克思政治经济学思想的一个基本理论观点。

“按劳分配”是未来社会分配方式的总体设想。马克思认为，不存在什么永恒不变的分配方式与分配关系，它取决于由社会生产力的发展而导致的生产方式的变化。在资本主义生产方式中，生产条件与劳动者之间的分离是理解资本主义社会分配关系的既定前提和出发点。在未来社会的生产资料公有制条件下，商品生产与交换所存在的条件已经消失，人与人之间在交换其劳动的方式也发生了根本的变化，即人们之间的劳动交换不再

① 《马克思恩格斯全集》第46卷上册，人民出版社1979年版，第33-34页。

② 《马克思恩格斯选集》第3卷，人民出版社1995年版，第306页。

通过物化劳动即价值关系来实现，而是通过个人劳动与社会劳动的直接统一来获得计量。在生产资料公有制的前提下，“不是交换最先先赋予劳动以一般性质，而是劳动预先具有的共同性决定着对产品的分享。生产的共同性一开始就使产品成为共同的、一般的产品。最初在生产中发生的交换，——这不是交换价值的交换，而是由共同需要，共同目的所决定的活动的交换——一开始就包含着单个人分享共同的产品界。在交换价值的基础上，劳动只有通过交换才能成为一般劳动。而在共同生产的基础上，劳动在交换以前就应成为一般劳动；也就是说，产品的交换决不应是促使单个人参与一般生产的媒介。”因此，劳动产品也就不再表现为交换价值，因为生产资料公有制这个“前提本身起媒介作用；也就是说，共同生产，作为生产的基础的共同性是前提。单个人的劳动一开始就成为社会劳动”①。这样，既然以交换价值为基础的生产方式已经消亡，那么作为交换价值的独立化形式的一般等价物即货币也就必然退出历史舞台。蒲鲁东等人所设想的所谓“劳动货币”显然也没有存在的依据。

但是，对消费资料的分配毕竟要具有一定的实现形式。马克思认为：“在社会公有的生产中，货币资本不再存在了。社会把劳动力和生产资料分配给不同的生产部门。生产者也许会得到纸的凭证，以此从社会的消费品储备中，取走一个与他们的劳动时间相当的量。这些凭证不是货币。它们是不流通的。”② 可见，马克思所说的这种劳动时间的凭证，显然是受到空想社会主义者欧文曾经提出的“劳动券”③ 思想的影响，同时，马克思并没有肯定这种具体的分配实现形式，而只是说“也许”。尽管马克思在后来的《哥达纲领批判》中再一次重申了这一设想，即“他从社会领得一张凭证，证明他提供了多少劳动（扣除他为公共基金而进行的劳动），他根

① 《马克思恩格斯全集》第 46 卷上册，人民出版社 1979 年版，第 118-119 页。

② 马克思：《资本论》第 2 卷，人民出版社 1975 年版，第 397 页。

③ 马克思认为：“欧文的‘劳动货币’，同戏票一样，不是‘货币’。欧文以直接社会化劳动为前提，就是说，以一种与商品生产截然相反的生产形式为前提。劳动券只是证明生产者个人参与共同劳动的份额，以及他个人在供消费的那部分共同产品中应得的份额。不过欧文没有想到以商品生产为前提，也没有想到要用货币把戏来回避商品生产的必要条件。”见马克思《资本论》第 1 卷（人民出版社 1975 年版）第 112 页的“脚注（50）”。

据这张凭证从社会储存中领得一份耗费同等劳动量的消费资料”①。这种对未来社会分配方式的设想，后来被列宁概括为“按劳分配”②，斯大林进一步将其发展为“各尽所能，按劳分配”的所谓“社会主义公式”③。然而，马克思的这些观点总体来说只有视为一种对未来社会分配方式的设想，而绝不能加以教条式的理解，更不能不顾本国的具体国情和生产力发展状况而直接加以“实施”。我们时刻都不应当忽视马克思、恩格斯所一贯坚持的重要思想，即“在将来某个特定的时刻应该做些什么，应该马上做些什么，这当然完全取决于人们将不得不在其中活动的那个既定的历史环境”④。“无论如何，共产主义社会中的人们自己会决定，是否应当为此采取某种措施，在什么时候，用什么办法，以及究竟是什么样的措施。我不认为自己有向他们提出这方面的建议和劝导的使命。”⑤

因此，在现实的社会主义社会中，无论是在社会主义建设实践中，还是在对社会主义分配问题的理论探讨中，都应当将以本国的具体国情和生产条件的实际分配状况作为分配方式得以具体实现的既定出发点，这也就为现实的社会主义国家在如何贯彻“按劳分配”的社会主义原则提出了理论上和实践上的挑战。

二、社会主义市场经济的新分配方式为劳动力资本研究提供现实基础

从马克思对共产主义社会“按需分配”的设想，到社会主义社会“按

① 《马克思恩格斯选集》第3卷，人民出版社1995年版，第304页。

② 在1917年4月的《无产阶级在我国革命中的任务》一文中，列宁指出：“人类社会从资本主义只能过渡到社会主义，即过渡到生产资料公有和按劳分配。”参见《列宁选集》第3卷，人民出版社1972年版，第62页。

③ 《斯大林全集》第13卷，人民出版社1955年版，第104页。值得说明的是，在这一版本中“各尽所能，按劳分配”还被译为“各尽所能，按劳取酬”，后来则被我国普遍译为“各尽所能，按劳分配”。参见吴易风：《“各尽所能，按劳分配”思想史辨正》，载于《经济理论与经济管理》1981年第6期。

④ 马克思1881年2月22日致斐·多·纽文胡斯的信，《马克思恩格斯选集》第4卷，人民出版社1995年版，第643页。

⑤ 恩格斯1881年2月1日致卡·考茨基的信，《马克思恩格斯选集》第4卷，人民出版社1995年版，第642页。

劳分配”的提出，再到社会主义市场经济条件下按劳分配与按要素分配相结合分配方式的确立，经历了一个漫长的发展历程。可以说，按劳分配与按要素分配相结合的分配方式是与社会主义市场经济相适应的崭新的分配制度。它的确立以及在新的历史条件下的深化发展，为劳动力资本化研究提供了现实基础，使劳动力资本化研究具有了现实可能性。

传统社会主义政治经济学①认为，按劳分配是社会主义社会分配个人消费品所遵循的原则，其具体内容可以概括为在社会主义经济中，个人消费品是按照劳动者提供给社会的劳动数量和质量来分配的。社会分配给劳动者的消费品或代表一定数量消费品的货币，便是对劳动者的劳动报酬。从劳动的数量来讲，谁的劳动时间长，劳动繁重程度高，他所得到的劳动报酬就多。从劳动的质量来讲，复杂劳动是加倍的简单劳动，谁的劳动复杂程度高，他所得到的劳动报酬就多。总之，多劳多得，少劳少得；有劳动能力而不参加社会劳动的人，没有权利向社会领取劳动报酬。显然，这种对个人消费品实行按劳分配的社会主义原则，从根本上否定了不劳而获和平均主义，因为每个劳动者获得自己的个人消费资料的唯一依据就是自己对社会所提供的劳动，“它不承认任何阶级差别，因为每个人都像其他人一样只是劳动者；但是它默认，劳动者的不同等的个人天赋，从而不同等的工作能力，是天然特权”②。邓小平则对按劳分配的社会主义原则作了一个更加朴素而务实的概括。邓小平在 1978 年 3 月同国务院政治研究室负责同志的谈话中强调：“贯彻按劳分配原则有好多事情要做。有些问题要经过调查研究，逐步解决。有些制度要恢复起来，建立起来。总的是为了一个目的，就是鼓励大家上进。”③ 所谓“鼓励大家上进”，实际上就是推动全部社会成员的普遍勤劳，从而实现劳动、资本、技术、管理等一切创造社会物质财富与精神财富的源泉充分涌流，实现社会主义生产力的不断解放和巨大发展。

---

① 这里所谓“传统社会主义政治经济学”，指的是以苏联政治经济学教科书为依据的政治经济学的社会主义部分。由于复杂的历史与现实原因，使其在我国政治经济学的教学与研究中长期占据主导地位，所以这里姑且将其称为“传统社会主义政治经济学”。

② 《马克思恩格斯选集》第 3 卷，人民出版社 1995 年版，第 305 页。

③ 《邓小平文选》第 2 卷，人民出版社 1994 年版，第 101—102 页。

随着我国社会主义市场经济体制的逐步建立和完善，与社会主义市场经济相适应的分配制度即以按劳分配为主体、多种分配方式并存的分配制度也逐步形成，这种分配制度又通过健全劳动、资本、技术、管理等各种生产要素按贡献参与分配的制度而不断得到完善。这种分配制度也可以概括为按劳分配为主体与按生产要素分配相结合的分配制度。然而，在马克思主义经济学家看来，按生产要素分配的本质在于按生产要素的所有权进行分配，绝不按照劳动之外的生产要素创造的“价值”进行分配。对此，马克思曾作过如下说明：“由每年新追加的劳动新加进的价值，——从而，年产品中体现这个价值并且能够从产品价值中取出和分离出来的部分，——分成三部分，它们采取三种不同的收入形式，这些形式表明，这个价值的一部分属于或归于劳动力的所有者，另一部分属于或归于资本的所有者，第三部分属于或归于土地所有权的占有者。因此，这就是分配的关系或形式，因为它们表示出新生产的总价值在不同生产要素的所有者中间进行分配的关系。”① 同时，根据马克思对劳动力商品理论的有关论述可知，马克思所理解的劳动力商品实际上是被限制在“严格的经济学意义上的雇佣劳动”概念之内，从而是与科学、技术、知识等精神生产资料“绝对分离”条件下的简单劳动力。事实上，这种劳动力商品之所以能够获得相当于自身价值的工资收入即劳动力商品的价格，同样也是从劳动者对自己劳动力商品的所有权为依据的。单单就这一点来说，劳动力所有者获得相当于劳动力商品价值的工资，与资本所有者获得利息、土地所有者获得地租，都是遵循着按生产要素的所有权获得收入的同一个经济规律，这也

① 马克思：《资本论》第3卷，人民出版社1975年版，第992页。值得一提的是，国内许多学者无视马克思的这个明确说明，陷入劳动力之外的其他生产要素创造价值的误区，进而提出各种表现形式的“要素创造价值论”，其中比较有代表性的文献，可参见陆立军：《论社会主义社会的劳动和劳动价值》，载于《经济研究》2002年第2期；胡培兆：《马克思的劳动价值论新解》，载于《经济学动态》2001年第7期；钱津：《论经营者的价值创造作用》，载于《经济学动态》2001年第8期；钱伯海：《劳动价值论与三次产业》，载于《经济学家》1995年第3期，等等。对此，左大培指出，所谓“要素创造价值论”或“要素报酬论”，实际上是“玩弄了一个逻辑上的花招”，将“谁生产的就应当归谁所有”的原则，偷换成“谁的财产生产的就应当归谁所有”的原则，“这是地地道道的偷换概念”。此言可谓一语中的。参见左大培：《劳动价值论的科学地位》，载于《经济学动态》2003年第2期。

是现代市场经济所普遍遵循的经济规律，它既适用于资本主义的市场经济，也适用于社会主义市场经济。

从这个意义上来看，有学者认为按生产要素分配是对按劳分配的一种理论"颠覆"①，显然是一种片面的看法。因为在社会主义市场经济体制下，按劳分配的实现形式与按生产要素分配的实现形式本质上是一致的，它们都是对各自生产要素所有权的经济实现，并不存在根本的逻辑冲突。马克思认为，雇佣工人所获得的工资收入可以理解为雇佣工人对其劳动产品中加入的用于个人消费的价值部分，它是劳动者的劳动力商品再生产的"一般基础"，并不为资本主义社会所独有。但是，资本主义社会的特殊性就在于它试图将雇佣工人的个人消费仅仅限制在这个劳动力商品范围之内，从而使资本主义的整个社会再生产，一方面作为资本商品即包含着剩余价值的商品的再生产，另一方面又作为资本与雇佣工人之间的生产关系的再生产，从而将资本主义生产关系仅仅限制在物质生产资料所有者对劳动力商品所有者的剥削关系之内，而社会主义社会不同于资本主义社会的一个重要内容就是将工人的个人消费部分所包含的内容"从资本主义的限制下解放出来，把它扩大到一方面为社会现有的生产力（也就是工人的劳动作为现实的社会劳动所具有的社会生产力）所许可，另一方面为个性的充分发展所必要的消费的范围；……也就是说，如果我们把工资和剩余价值，必要劳动和剩余劳动的独特的资本主义性质去掉，那末，剩下的就不再是这几种形式，而只是它们的为一切社会生产方式所共有的基础"②。尽管在社会主义市场经济体制下，社会主义劳动者个性的充分发展不可能脱离开商品货币关系即不可能脱离开价值关系而凭空实现，但是马克思的上述思想已经为我们在对劳动力资本化理论进行系统的探究基础上来探讨按劳分配的具体实现形式与所应当包括的经济内容提供了一种理论思路。

进一步讲，在社会主义市场经济条件下，为了进一步探讨按劳分配的具体实现形式与所应当包括的经济内容，在现实性上需要我们系统地研究

---

① 赵磊：《劳动价值论的历史使命》，载于《学术月刊》2005年第4期。

② 马克思：《资本论》第3卷，人民出版社1975年版，第990页。

劳动力资本化理论。这是因为，在社会主义市场经济条件下，在劳动力资本化的理论视域下，人们所面对的劳动力显然已经不再是马克思所设定的“严格的经济学意义上的雇佣劳动”概念下的劳动力商品，而是作为劳动力商品与劳动力资本的双重所有者的社会主义市场经济条件下的“人人有知识，个个有技能”的社会主义劳动者，这就使劳动力不可能再仅仅作为某种单一生产要素，并且随着社会主义劳动者个人能力的发展程度而表现出诸多差别的复合生产要素了。相比而言，马克思所设定的劳动力商品的所有者即雇佣工人与生产资料的分离，不仅包括劳动者与物质生产资料的分离，同时也包括劳动者与以科学知识为主要内容的精神生产资料的分离，这是全面理解劳动力商品概念所包含的经济条件的理论关节点，而对于作为双重所有者的社会主义劳动者来说，以科学知识（包括自然科学知识和社会科学知识）为主要内容的精神形态的生产资料表现为与劳动者结合在一起的劳动力资本，这就使社会主义劳动者与生产条件中的精神生产资料实现了真正的直接结合，而无须通过任何外在于劳动者的社会中介。这样一个简单的经济事实，本质上却是使马克思所探讨的劳动力商品条件下的生产关系发生深刻变革的因素，这就使社会主义市场经济条件下按劳分配的实现更加复杂化了。在这样的情况下，客观上要求对劳动力资本化进行系统的研究。

实践证明，按劳分配与按要素分配相结合的分配方式是适合我国社会主义初级阶级以生产资料公有制为主体、多种所有制共同发展的经济制度的分配方式。这种分配方式若在劳动力资本化的前提下加以推行，那么它必然会使生产力中最重要的因素即人的因素的全部潜能得到充分的发展和释放。在我国社会主义市场经济条件下，若坚持与劳动力资本化趋势相分配的方式，必然会激发全体社会成员努力学习掌握先进的科学文化知识、提高自身劳动技能并以此为广大普通劳动者带来实实在在的物质财富与精神财富，从而为人民群众创造富裕而文明的生活。这样，在科学与劳动相分离即马克思所制定的“严格的经济学意义上的雇佣劳动”条件下，物质生产资料与精神生产资料都作为与劳动者相对立的异己力量由资本家阶级所掌握，“异化劳动”或“对立劳动”不可避免。在精神生产资料与劳动者一体化，或劳动力资本化的新的生产条件下，原来意义上的雇佣劳动在一定程度上已经转化为在现代科技劳动和知识经济条件下的物质生产资料所有者与精神生产资料所有者之间的“联合劳动”，它不仅作为劳动者谋生的需要，更已成为发展劳动者的体力与智力的手段，而建立在劳动力资本化生产条件下的联合劳动关系的建立与发展，必将成为构建社会主义和谐社会的经济基础。

第四节　社会主义市场经济条件下和谐劳动关系建构与劳动力资本研究

在党的十六届六中全会通过的《中共中央关于构建社会主义和谐社会的若干重大问题的决定》中，党中央明确提出：“社会和谐是中国特色社会主义的本质属性，是国家富强、民族振兴、人民幸福的重要保证。”这里我们注意到，将社会和谐确立为中国特色社会主义的“本质属性”，也就为我们对和谐社会的认识和研究提出了新的理论要求。而实现社会和谐是一项系统工程。从唯物史观的视角来看，物质生产活动是一个社会存在与发展的基础，也是实现社会和谐最根本的物质力量。恩格斯曾指出：“一切社会变迁和政治变革的终极原因，不应当在人们的头脑中，在人们对永恒的真理和正义的日益增进的认识中去寻找，而应当在生产方式和交换方式的变更中去寻找；不应当在有关时代的哲学中去寻找，而应当在有关的时代的经济中去寻找。”① 同样，我国目前正处于并将长期处于社会主义初级阶段，以公有制为主体、多种所有制共同发展的基本经济制度与以按劳分配为主体、多种分配方式并存的分配制度已经逐步形成，生产方式和交换方式正在发生并将继续发生深刻的历史变革，市场化进程已成为不可阻挡的历史潮流。在这一历史变革过程中，市场经济的内在要求使一切生产要素（包括劳动）都汇入到市场化的洪流中去，都必须在竞争的市场中取得自己存在的依据，或者放弃自己存在的权利。因此，我国原有的劳动关

① 《马克思恩格斯全集》第20卷，人民出版社1971年版，第292页。

系必然会发生深刻的变革。这种变革也必将对传统意义上社会主义劳动观念提出前所未有的挑战。事实上，既然社会主义初级阶段不可避免地要承担起资本的历史使命，即通过资本关系发展生产力，从而生产出全面发展的社会个人，那么社会主义市场经济条件必然也要将一切生产要素统摄于资本逻辑的威力之下①。

在这样的时代背景下，我们发现，一方面，现代科技（尤其是新技术）革命所创造出来的强大生产力以及由此造成的生产方式与生产关系的深刻变革，构建中国特色社会主义市场经济条件下的和谐的资本—劳动关系是构建和谐社会的经济基础。另一方面，在社会主义市场经济条件下，存在着一个难以消解的影响和谐资本—劳动关系构建的、进而也是影响和谐社会构建的一个“难题”，这个“难题”也就是马克思在劳动力商品理论视域中对资本主义劳动性质考察过程中揭示出来的资本逻辑统治之下“雇佣劳动”的“异化”本质问题。笔者认为，在社会主义市场经济条件下克服和消解这一“难题”的关键是对劳动力资本化进行系统的研究，并建立起相应的理论。因此，劳动力资本化研究是消解和克服这一“难题”进而构建社会主义市场经济条件下和谐劳动关系的需要。

一、马克思揭示的资本逻辑统治之下“雇佣劳动”的异化本质“难题”

马克思关于未来社会劳动方式的设想是在对自己所面对的现实的资本主义生产方式进行深入研究的基础上逐步形成的，而对资本主义社会劳动性质的理解几乎涉及马克思实现政治经济学批判的所有理论范畴和理论领域。在马克思看来，异化劳动是资本主义劳动性质的典型特征。尽管马克思对资本主义劳动性质的理论表述经历了一个从异化劳动到雇佣劳动的术语转换过程，但是他对资本主义劳动性质的理论判断从根本上来说是内在

① 任洲鸿、刘冠军：《从“雇佣劳动”到“劳动力资本”——西方人力资本理论的一种马克思主义解读》，载于《马克思主义研究》2008年第8期。

一致的。在这里，我们从经济哲学①角度，系统考察马克思在劳动力商品理论视域下对劳动性质的有关论述，进而梳理出马克思所揭示的资本逻辑统治之下“雇佣劳动”的异化本质之“难题”。

（一）马克思“异化劳动”范畴的经济学意义

异化劳动是马克思在《1844年经济学哲学手稿》中创立并大量使用的一个范畴，这一范畴包含着非常丰富的思想内容，它既可以从哲学意义上来理解和研究，也可以从经济学意义上来理解和研究，甚至还可以从关于社会主义和共产主义的学说意义上来理解和研究。我们在这里主要探讨异化劳动的经济学意义，当然也不可避免在涉及它的哲学意义和与社会主义和共产主义之间的一些联系。之所以要对异化劳动范畴的经济学意义进行探讨，原因主要在于这一范畴在整个马克思经济学中的重要性往往被人们低估，简单地认为只它不过是青年马克思在唯物史观尚未形成之前所暂时使用的一个带有浓厚的费尔巴哈人本主义色彩的哲学术语，成熟时期的马克思已经放弃使用异化劳动范畴②；有时候又被人误以为异化劳动范畴与成熟时期的马克思在《资本论》中关于资本主义生产方式的经济分析相矛盾，认为异化劳动概念妨碍了青年马克思接受古典政治经济学中的劳动价值论思想，从而将异化劳动作为马克思能够对资本主义经济进行科学分析之前所必须加以克服的“前马克思主义的”概念③。事实上，异化劳动范

---

①　按照俞吾金的解释，“经济哲学”可以大致划分为“广义经济哲学”“狭义经济哲学”和“经济的哲学”三个不同的概念，而马克思的《1844年经济学哲学手稿》《1857—1858年经济学手稿》《资本论》等著作都是“狭义经济哲学”的典范之作，也就是运用现代经济和经济学的理论眼光来重新审视哲学的基本概念（参见俞吾金：《经济哲学的三个概念》，载于《中国社会科学》1999年第2期）。从这个意义上讲，笔者在此运用马克思经济学中的“雇佣劳动”概念重新审视青年马克思所使用过的作为哲学意义上的“异化劳动”范畴，也就应当属于“狭义经济哲学”的研究范围。之所以作这种狭义经济哲学方面的研究工作，旨在探寻作为哲学范畴的“异化劳动”与作为经济学范畴的“雇佣劳动”之间的内在一致性，并由此说明，社会主义市场经济如果仅仅实现了劳动力商品化，是不可能成功构建社会主义和谐社会的，从而突显马克思主义的劳动力资本化理论对于构建社会主义和谐社会经济基础的重大现实意义。

②　参见哈伯马斯（即哈贝马斯——笔者注）的《理论与实践》第318-319页，转引自中央编译局马恩室编译：《〈1844年经济学哲学手稿〉研究（文集）》，湖南人民出版社1983年版，第398页。

③　参见中央编译局马恩室编译：《〈1844年经济学哲学手稿〉研究（文集）》，湖南人民出版社1983年版，第394页。

畴本身也是马克思在批判资产阶级国民经济学（即政治经济学）的过程中创立的，其经济学意义也就自然成为这一范畴的重要内容。无论怎样，关于异化劳动在马克思经济学的形成与发展过程中的理论作用都仍然是一个颇有争议的问题，而且这一范畴对于我们结合当代中国的具体实际来重新理解社会主义和共产主义也具有重要的启示意义，因此我们就应该对马克思的异化劳动范畴进行深入和具体的考察。

“异化”这一概念来源于拉丁文 alination，包含异化、外化、转让、疏远、受异己力量的支配等含义。青年马克思在《1844 年经济学哲学手稿》中使用“Entfremdung”来表示异化，这种用法是从黑格尔开始流行的。马克思使用异化概念的主要目的是要揭示在资本主义私有制条件下，雇佣工人辛勤劳动所创造的社会财富反而成为统治他们的敌对的社会力量，这也正是马克思研究资本主义社会中的异化问题并创立异化劳动范畴的基本出发点。马克思说：“我们是从国民经济学的各个前提出发的。我们采用了它的语言和它的规律。”① 这些前提是什么呢？它的语言和规律又是什么呢？马克思认为，这些前提集中体现为资本主义私有制，它的语言和规律就是“工人降低为商品，而且是最贱的商品；工人的贫困同他的产品的力量和数量成反比”②。马克思进一步指出：“劳动的产品就是固定在某个对象中、物化为对象的劳动，这就是劳动的对象化。劳动的实现就是劳动的对象化。在被国民经济家作为前提的那种状态下，劳动的这种实现表现为工人的失去现实性，对象化表现为对象的丧失和被对象奴役，占有表现为异化、外化。”③ 这就表明，马克思所创立的异化劳动范畴本身就包含着资本主义生产关系，即资产阶级与雇佣工人之间的剥削关系。也可以认为，在尚未创立唯物史观并运用这一方法论对资产阶级政治经济学进行深入的批判性研究之际，马克思正是试图利用异化劳动来研究和分析资产阶级与雇佣劳动之间的这种现实经济关系及其运动规律的，尽管此时的马克思在探讨异化劳动范畴的过程中还时常将其与宗教的异化和哲学的异化等问题的讨论交织

① 《马克思恩格斯全集》第 42 卷，人民出版社 1979 年版，第 89 页。
② 《马克思恩格斯全集》第 42 卷，人民出版社 1979 年版，第 89 页。
③ 《马克思恩格斯全集》第 42 卷，人民出版社 1979 年版，第 98 页。

在一起。从这里也可以看出，青年马克思已经隐约认识到政治经济学的研究对象问题，这些深刻的思想也正是马克思终生进行经济学研究的主题，并且随着他后来对资产阶级政治经济学的理论批判的逐步推进而越来越清晰和明确。总体来说，马克思对异化劳动的研究主要围绕以下四个方面展开。

第一，劳动者同他们的劳动产品相异化，即等同于这样一个规定性："工人同自己的劳动产品的关系就是同一个异己的对象的关系。"马克思认为，在资本主义私有制下，"工人在劳动中耗费的力量越多，他亲手创造出来反对自己的、异己的对象世界的力量就越大，他本身、他的内部世界就越贫乏，归他所有的东西就越少"①。而且尤其重要的是，作为统治自己的劳动者的劳动产品转化为不断占有工人更多劳动的资本，这种与工人相对立并日益统治着工人的异己力量表现为资本的力量，这正是资本主义制度下生产劳动的本质内容。可见，劳动者的劳动产品异化为统治自己的资本，其根源并不在于劳动产品的分配，而是由资本主义生产资料私有制决定的，即"劳动同它的产品的直接关系，是工人同他的生产的对象的关系。有产者同生产对象和生产本身的关系，不过是前一种关系的结果和证实。……因此，当我们问劳动的本质关系是什么的时候，我们问的是工人同生产的关系"②。

第二，劳动者同他的生产活动本身相异化，即生产行为本身即劳动对工人来说是一种外在的东西，不属于工人自己的本质的东西而与自己相对立。这是因为，"如果工人不是在生产行为本身中使自身异化，那么工人怎么会同自己活动的产品像同某种异己的东西那样对立呢？产品不过是活动、生产的总结。因此，如果劳动的产品是外化，那么生产本身就必然是能动的外化，或活动的外化，外化的活动。在劳动对象的异化中不过总结了劳动活动本身的异化、外化"③。马克思认为，劳动与工人之间的异化主要表现在工人在自己的劳动过程中不是肯定自己，而是否定自己，这种劳动对工人来说是一种被迫的强制劳动，而不是能够自由发挥自己的体力与

① 《马克思恩格斯全集》第42卷，人民出版社1979年版，第91页。
② 《马克思恩格斯全集》第42卷，人民出版社1979年版，第93页。
③ 《马克思恩格斯全集》第42卷，人民出版社1979年版，第93页。

智力的自愿的活动，它导致工人既要承受肉体上的折磨和日益衰竭，又要遭受精神和心理上的摧残。这种“劳动的异化性质明显地表现在，只要肉体的强调或其他强制一停止，人们就会像逃避鼠疫那样逃避劳动”①。因为这种劳动不属于工人自己，而是属于他人，是以工人的自我牺牲和自我折磨来为他人创造财富的异己的活动。这样，“工人自己的体力和智力，他个人的生命（因为，如果生命如果不是活动，又是什么呢?），就是不依赖于他、不属于他、转过来反对他自己的活动”。马克思将这种劳动称为劳动者的“自我异化”②。

第三，劳动者同自己作为“类存在物”或自己的“类本质”相异化③。马克思认为：“生产生活本来就是类生活。这是产生生命的生活。一个种的全部特性、种的类特性就在于生命活动的性质，而人的类特性恰恰就是自由的自觉的活动。”④ 人的这种类特性决定了人与动物之间的本质区别，因为动物并不把自己同自己的生命活动区别开来，它与它的生命活动是“直接同一”的，而人的生命活动是一种有意识的活动，并将自己的生命活动作为“自己的意志和意识的对象”，人的生命活动表现为“通过实践创造对象世界，即改造无机界，证明了人是有意识的类存在物”，“正是在改造对象世界中，人才真正地证明自己是类存在物。这种生产是人的能动的类生活”。然而，“异化劳动把这种关系颠倒过来，以至人正因为是有意识的存在物，才把自己的生命活动，自己的本质变成仅仅维持生存的手段”。异化劳动使“人的类本质——无论是自然界，还是人的精神的、类的能力——变成人的异己的本质，变成维持他的个人生存的手段。异化劳动使人自己的身体，以及在他之外的自然界，他的精神本质，他的人的本

---

① 《马克思恩格斯全集》第 42 卷，人民出版社 1979 年版，第 94 页。

② 《马克思恩格斯全集》第 42 卷，人民出版社 1979 年版，第 95 页。

③ 事实上，“类存在物”或“类本质”等术语来自费尔巴哈的人本主义的唯物主义哲学，但是马克思已经赋予这些术语以全新的意义。马克思曾对此专门作过说明：“那里所见到的一些惯用的哲学术语，如‘人的本质’、‘类’，等等，给了德国理论家们以可乘之机去误解真实的论述，并以为这里的一切都不过是他们的穿旧了的理论外衣的翻新。”《马克思恩格斯全集》第 3 卷，人民出版社 1960 年版，第 261-262 页。

④ 《马克思恩格斯全集》第 42 卷，人民出版社 1979 年版，第 96 页。

质同人相异化”①。

第四，由劳动者的异化劳动所必然导致的人与人之间的异化关系，这种人与人之间的异化关系实质上也就是资产阶级与无产阶级之间的阶级对立关系。马克思在对工人同自己的劳动产品、同自己的生命活动和自己的类本质相异化的经济事实考察之后认为，异化劳动的直接结果就是“人同人相异化”，因为“凡是适用于人同自己的劳动、自己的劳动产品和自身的关系的东西，也都适用于人同他人、同他人的劳动和劳动对象的关系”。而“人的异化，一般地说人同自身的任何关系，只有通过人同其他人的关系才得到实现和表现”②。但是，马克思绝不是像费尔巴哈那样仅仅谈论抽象的人的本质的异化，而是深入考察了资本主义生产过程中人与人之间的经济关系以及这种经济关系对当事人造成的深刻影响，从而在资本主义的现实的经济关系中寻找并发现导致异化劳动的根源。马克思明确指出：“通过异化的、外化的劳动，工人生产出一个跟劳动格格不入的、站在劳动之外的人同这个劳动的关系。工人同劳动的关系，生产出资本家（或者不管人们给雇主起个什么别的名字）同这个劳动的关系。”③

通过对马克思的异化劳动范畴的考察，我们认识到异化劳动的经济学意义，就在于包含着资本主义制度中资产阶级与无产阶级之间由资本主义生产资料私有制所决定的剥削关系。尽管此时的马克思还没有形成生产关系概念，但是已经通过异化劳动的探讨认识到异化劳动这一经济事实背后深刻的社会经济根源，即资本主义生产资料的私有制既是导致工人的劳动同自己的劳动产品、同自己的劳动以及同自己的自由自觉的活动的本质相异化的原因，又是工人异化劳动的产物和必然结果。众所周知，马克思在与恩格斯合作《德意志意识形态》的过程中，基本上创立了自己的唯物史观，并以此作为自己对资产阶级政治经济学进行深入批判分析的方法论，而资本主义生产关系作为一个清晰的经济学范畴也逐步确立起来，并成为马克思进行政治经济学研究的主要对象。因此，青年时期的马克思通过异

① 《马克思恩格斯全集》第 42 卷，人民出版社 1979 年版，第 96-97 页。
② 《马克思恩格斯全集》第 42 卷，人民出版社 1979 年版，第 98 页。
③ 《马克思恩格斯全集》第 42 卷，人民出版社 1979 年版，第 100 页。

化劳动范畴来分析研究资本主义社会中资产阶级与无产阶级之间的经济关系所形成的思想，也就不可能在后来的马克思对资产阶级政治经济学的理论批判过程中断然消失，它必然会以某种变化了的形式表现出来。如果我们从成熟马克思的思想中为青年马克思所使用的异化劳动范畴寻找一个理论对应物的话，那么马克思的“严格的经济学意义上的雇佣劳动”概念恐怕应当是一个最为恰当的经济范畴。

（二） 马克思“雇佣劳动” 概念的“异化” 本质

在《从“雇佣劳动”到“劳动力资本”》一文中，我们详细讨论了马克思“严格经济学意义上的雇佣劳动”概念的理论假设性质和历史性质，从而以雇佣劳动作为逻辑起点，运用马克思判断劳动性质的“双重”标准，在劳动价值论的理论框架中，在现代科技劳动价值论的基础上详细论证了劳动力商品向劳动力资本转化的经济合理性与历史必然性①。在这里，我们结合马克思对资本主义劳动性质即异化劳动的理论考察，进一步探讨作为马克思经济学基础范畴的雇佣劳动概念，并以此作为研究社会主义市场经济条件下联合劳动的经济学基础与经济学内涵。事实上，马克思经济学中的雇佣劳动概念是异化劳动概念的政治经济学表达。我们至少可以从以下五个方面对这两个概念进行比较分析。

第一，“雇佣劳动”与“异化劳动”产生的生产条件相同。关于异化劳动产生的生产条件，马克思说：“现在要问，人怎么使他的劳动外化、异化？这种异化又怎么以人类发展的本质为根据？我们把私有财产的起源问题变为异化劳动同人类发展的关系问题，也就为解决这一任务得到了许多东西。因为当人们谈到私有财产时，认为他们谈的是人之外的东西。而当人们谈到劳动时，则认为是直接谈到人本身。问题的这种提法本身就已包含问题的解决。”② 可见，马克思认为，异化劳动产生的前提就是资本主义的生产资料私有制，劳动者除能够提供劳动这一自己的生命表现之外一无

① 任洲鸿、刘冠军：《从“雇佣劳动”到“劳动力资本”——西方人力资本理论的一种马克思主义解读》，载于《马克思主义研究》2008 年第 8 期。

② 《马克思恩格斯全集》第 42 卷，人民出版社 1979 年版，第 102 页。

所有，劳动者仅仅作为劳动的人格化代表而存在。这种劳动者是随着资本对土地所有权的胜利即封建土地所有制为基础的生产关系的解体而大量出现的。马克思在《1844 年经济学哲学手稿》中探讨异化劳动时就明确指出："随着奴隶转化为自由工人即雇佣工人，地主本身便实际上转化为工厂主、资本家，而这种转化最初是通过租地农场主这个中介环节实现的。"①而成熟时期的马克思在探讨雇佣工人的产生时认为："雇佣劳动就其总体来说，起初是由资本对土地所有权发生作用才创造出来的，……典型形式的雇佣劳动，即作为扩展到整个社会范围并取代土地而成为社会立足基地的雇佣劳动，起初是由现代土地所有权创造出来的，就是说，是由作为资本本身创造出来的价值而存在的土地所有权创造出来的。因此，土地所有权反过来导致雇佣劳动。"② 可见，异化劳动的承担者也就是自由工人或雇佣工人，即与资产阶级相对立的无产阶级。

第二，"雇佣劳动"与"异化劳动"表现的阶级关系相同。马克思通过考察异化劳动发现："这一关系的产物或必然结果是非工人同工人和劳动的财产关系。私有财产作为外化劳动的物质的、概括的表现，包含着两种关系：工人同劳动、自己的劳动产品和非工人的关系，以及非工人同工人和工人的劳动产品的关系"；"凡是在工人那里表现为外化、异化的活动的，在非工人那里都表现为外化、异化的状态"③。显然，马克思这里所讲的工人与非工人以及二者之间的财产关系，主要指的是无产阶级与资产阶级之间的生产关系和资本家对雇佣工人的剥削关系。雇佣劳动表现为雇佣工人的异化劳动即异化的活动，而在资本家那里则表现为异化的状态，即表现为已经积累起来的或物化的雇佣工人的异化劳动，也就是资本家通过对生产资料的占有而无偿榨取的雇佣工人的剩余价值，它表现为属于资产阶级的庞大物质财富和大量精神财富。从这个意义上看，异化劳动与雇佣劳动说明了同样的经济事实，即"经济学所研究的不是物，而是人和人之间的关系，归根到底是阶级和阶级之间的关系；可是这些关系总是同物结

---

① 《马克思恩格斯全集》第 42 卷，人民出版社 1979 年版，第 107 页。

② 《马克思恩格斯全集》第 46 卷上册，人民出版社 1979 年版，第 234 页。

③ 《马克思恩格斯全集》第 42 卷，人民出版社 1979 年，第 102-103 页。

合着，并且作为物出现”①。

第三，“雇佣劳动”与“异化劳动”包含的经济内容相同。马克思认为，异化劳动与雇佣劳动都是一种获得工资的劳动，那么这种工资所包含的经济内容都是些什么呢？(1) 对于异化劳动取得的工资，马克思说：“最低的和唯一必要的工资额就是工人在劳动期间的生活费用，再加上使工人能够养家活口并使工人种族不致死绝的费用。”如果按照斯密的说法，“通常的工资就是同‘普通人’即畜类的生活水平相适应的最低工资”②。同时，马克思同意资产阶级经济学的说法，即对于劳动的全部产品，“实际上工人得到的是产品中最小的、没有就不行的部分，也就是说，只得到他不是作为人而是作为工人生存所必要的那一部分以及不是为繁衍人类而是为了繁衍工人这个奴隶阶级所必要的那一部分”③。(2) 对于雇佣劳动所取得的工资，马克思说：“雇佣劳动的平均价格是最低限度的工资，即工人为维持其工人的生活所必需的生活资料的数额。因此，雇佣工人靠自己的劳动所占有的东西，只够勉强维持他的生命的再生产。”④ 当马克思明确区分劳动力与劳动两个概念并认识到雇佣工人得到的工资只不过是其劳动力商品的价值时，马克思说：“劳动力的价值也是由它的再生产所必要的劳动量决定的；而这个劳动量是由工人的必要生活资料的价值决定的，从而等于再生产他的生活条件本身所必要的劳动——这个情况是这种商品（劳动力）的特征，但并不比以下的事实具有更多的特征：役畜的价值是由维持役畜所必要的生活资料的价值决定的，从而是由生产这种生活资料所必要的人类劳动量决定的。”⑤ 可见，马克思的异化劳动与雇佣劳动所包含的经济内容是相同的，即使成熟时期的马克思也谈到劳动力商品的价值会由于教育费用等支出而提高，也无法从概念上改变这一理论事实。承认这一点，或许才可以理解马克思为什么始终坚持只有通过暴力革命才能推翻资

---

① 《马克思恩格斯选集》第 2 卷，人民出版社 1995 年版，第 44 页。
② 《马克思恩格斯全集》第 42 卷，人民出版社 1979 年版，第 49 页。
③ 《马克思恩格斯全集》第 42 卷，人民出版社 1979 年版，第 54 页。
④ 《马克思恩格斯选集》第 1 卷，人民出版社 1972 年版，第 266 页。
⑤ 马克思：《资本论》第 2 卷，人民出版社 1975 年版，第 424 页。

产阶级统治的观点。

第四，“雇佣劳动”与“异化劳动”导致的经济后果相同。（1）关于异化劳动的经济后果，马克思认为：“工人生产的财富越多，他的产品力量和数量越大，他就越贫穷。工人创造的商品越多，他就越变成廉价的商品。物的世界的增值同人的世界的贬值成正比。”对于工人来说，“工人在他的产品中的外化，不仅意味着他的劳动产品成为对象，成为外部的存在，而且意味着他的劳动作为一种异己的东西不依赖于他而在他之外存在，并成为同他对立的独立力量；意味着他给予对象的生命作为敌对的和异己的东西同他相对抗”①。（2）关于雇佣劳动的经济后果，马克思认为：“雇佣劳动是设定资本即生产资本的劳动，也就是说，是这样的活劳动，它不但把它作为活动来实现时所需要的那些物的条件，而且还把它作为劳动能力而存在时所需要的那些客观要素，都作为同它自己相对立的异己的权力生产出来，作为自为存在的、不以它为转移的价值生产出来”②；“在自由工人的概念包含着这样的意思：他是赤贫，潜在的赤贫。按照他的经济条件来说，他不过是活的劳动能力而已，因而也有生活的需要。有一切方面的需要，而没有客观条件来作为劳动能力实现自己”③。可见，异化劳动与雇佣劳动的经济后果是大致相同的，它们都意味着工人在为资产阶级生产出大量财富的同时，自己始终只能够通过取得工资即劳动力商品的价值来获得必要的生活资料并勉强维持生存与繁衍。

第五，“雇佣劳动”与“异化劳动”消亡的经济条件相同。（1）关于异化劳动消亡的经济条件，马克思认为：“私有财产一方面是外化劳动的产物，另一方面又是劳动借以外化的手段，是这一外化的实现。”④ 异化劳动与私有财产是整个资产阶级政治经济学一切范畴的根源，其他一切政治经济学范畴都“不过是这两个基本因素的特定的、展开了的表现而已”⑤。这样，异化劳动与资本主义私有制之间便形成了一个“恶的循环”，而“自

① 《马克思恩格斯全集》第 42 卷，人民出版社 1979 年版，第 90-92 页。
② 《马克思恩格斯全集》第 46 卷上册，人民出版社 1979 年版，第 461 页。
③ 《马克思恩格斯全集》第 46 卷下册，人民出版社 1980 年版，第 104 页。
④ 《马克思恩格斯全集》第 42 卷，人民出版社 1979 年版，第 100 页。
⑤ 《马克思恩格斯全集》第 42 卷，人民出版社 1979 年版，第 101 页。

我异化的扬弃同自我异化走的是一条道路”①。可见，消灭资本主义私有制成为异化劳动消亡的前提条件，因为“社会从私有制等等的解放、从奴役制的解放，是通过工人解放这种政治形式表现出来的，……整个人类奴役制就包含在工人同生产的关系中，而一切奴役关系只不过是这种关系的变形和后果罢了”②。那么，异化劳动消亡之后的社会又应当如何呢？马克思提出，应当“从私有财产同真正人的和社会的财产的关系来说明作为异化劳动的结果的私有财产的普遍本质”③。这里所说的“真正人的和社会的财产”，实际上指的就是消灭资本主义私有制之后的生产资料公有制，只有在这样的社会中，劳动者才能作为真正的人进行生产，劳动作为劳动者的生命表现，才能在其劳动中直接证实和实现劳动者自己的真正本质，“即我的人的本质，我的社会的本质”，因为“我们的生产同样是反映我们本质的镜子”④。（2）关于雇佣劳动消亡的经济条件，马克思认为：“个人以雇佣劳动的形式参与生产，就以工资的形式参与产品、生产成果的分配。分配的结构完全决定于生产的结构。分配本身是生产的产物，不仅就对象说来如此，而且就形式说也是如此。”⑤ 可见，雇佣劳动之所以存在，是由资本主义生产关系私有制与资本主义生产的结构决定的。只要资本主义私有制不发生变革，那么雇佣工人就只能得到相当于自己劳动力商品的价值即必要的生活资料，同时又不断生产和再生产出资本主义生产关系。然而，资本主义生产资料私有制与社会化大生产之间的矛盾必然随着生产资料的集中和劳动的社会化发展而日益加剧，最终达到与它们的资本主义外壳所无法相容的地步，从而导致资本主义私有制的消亡和剥夺者被剥夺，以生产资料公有制为基础的共产主义社会就此产生。按照马克思的设想，在生产资料公有制条件下，劳动者的个人劳动直接就成为社会劳动，无须“价值”插手其间，从而也就无须通过商品货币关系等异化的形式来实现人的

---

① 《马克思恩格斯全集》第 42 卷，人民出版社 1979 年版，第 117 页。

② 《马克思恩格斯全集》第 42 卷，人民出版社 1979 年版，第 101 页。

③ 《马克思恩格斯全集》第 42 卷，人民出版社 1979 年版，第 102 页。

④ 《马克思恩格斯全集》第 42 卷，人民出版社 1979 年版，第 37 页。

⑤ 《马克思恩格斯全集》第 46 卷上册，人民出版社 1979 年版，第 32-33 页。

本质，这也与青年马克思对未来社会的设想相一致，即劳动者在自己的生命活动即劳动中直接证实自己的人的本质和社会的本质。

通过对青年马克思使用的异化劳动范畴的经济学意义的考察，可以认为异化劳动范畴实际上包含着整个资本主义生产关系，资本主义私有制既是异化劳动的产物，又是使工人的劳动发生异化的物质基础，即“私有财产的关系是劳动、资本以及二者的关系”①。通过对异化劳动与雇佣劳动的比较，可以发现这两个范畴之间存在着诸多联系和理论上的一致性，实际上也就是资本与劳动之间辩证运动逻辑的内在一致性。由此我们可以认为，马克思所理解的资本主义制度下的劳动性质的根本特点就是异化，这种本质上异化的劳动是通过劳动力商品化即雇佣劳动来实现的，并由此构成了资本主义社会中资本与劳动之间的“二元对立”关系②。在资本与劳动的“二元对立”关系中，劳动与资本成为一对不可调和的矛盾，劳动作为“非资本”“非价值”，作为非物化时的活动，作为价值的活的源泉，同作为物化劳动的资本，作为现实的财富的资本和作为对象化、现实化的价值的资本相对立。因此，如果在社会主义市场经济条件下将劳动者仅仅停留在作为劳动力商品所有者的发展阶段上，那么劳动的异化趋势也就难以避免，社会主义市场经济中的资本与劳动之间的关系也就不可能和谐共存发展，以此为经济基础的社会主义和谐社会也就难以形成。

二、社会主义市场经济条件下异化难题消解与和谐构建路径：劳动力资本研究

马克思曾设想未来社会中实现劳动者的自由联合劳动。然而，从现实的社会主义社会的生产力发展水平来看，距离马克思所设想的作为共产主义社会第一阶段的社会主义社会还有相当大的历史差距，现实的社会主义市场经济仍然受到追求价值增殖的资本逻辑关系的统治。同时我们注意到，在资本逻辑关系统治的历史范围之内，劳动力商品向劳动力资本的转

① 《马克思恩格斯全集》第42卷，人民出版社1979年版，第100页。

② 任洲鸿：《从“对立”到“和谐”——资本—劳动关系历史演变的劳动价值论阐释》，载于《探索》2008年第4期。

化却是马克思经济学所未曾专门研究的新的经济因素，也正是这种新的经济因素，为在受资本逻辑统治的现实的社会主义市场经济关系中实现劳动者的联合劳动提供了新的现实条件。从这个意义上讲，劳动力资本化研究以及劳动力资本化前提下的社会主义劳动关系的建立，不失为是资本逻辑统治之下“雇佣劳动”异化本质“难题”之消解和社会主义市场经济条件下和谐劳动关系构建的有效路径。也正是在这个意义上，社会主义市场经济条件下劳动力资本化研究成为我们这个时代发展的现实需要。

（一）马克思对未来社会劳动性质的设想：异化难题消解的理想方案

马克思对未来社会劳动性质的设想，是他根据人类社会发展的规律并基于当时的社会现实提出的，也是他给出的资本逻辑统治之下“雇佣劳动”异化本质“难题”之消解的理想方案。马克思对未来社会劳动性质的设想，蕴藏在马克思对未来社会的生产方式之中。马克思曾多次论及资本主义私有制消灭之后的人类社会的状况。早在《德意志意识形态》中，马克思就对未来共产主义社会作了一些初步的设想，即旧式分工即出于自发的从而将劳动者强行束缚于某一个特定的活动范围的分工已经消灭，私人利益与公共利益之间的分裂也已经消失，社会生产所必须的分工仅仅是出于劳动者的自愿，这样，“任何人都没有特定的活动范围，每个人都可以在任何部门发展，社会调节着整个生产，因而使我有可能随我自己的心愿今天干这事，明天干那事，上午打猎，下午捕鱼，傍晚从事畜牧，晚饭后从事批判，但并不因此就使我成为一个猎人、渔夫、牧人或批判者”①。显然，马克思此时对未来社会中人们的劳动性质理解为自由的和自觉的活动，这种认识还明显受到在此之前不久刚刚写作的《1844年经济学哲学手稿》中对人的类本质的理解的影响②。尽管此时马克思已经初步创立了唯物史观的基本原理，但是他还没有形成生产力与生产关系的矛盾运动思

① 《马克思恩格斯全集》第3卷，人民出版社1960年版，第37页。

② 马克思在《1844年经济学哲学手稿》中认为：“一个种的全部特性、种的类特性就在于生命活动的性质，而人的类特性就是自由的自觉的活动。”（《马克思恩格斯全集》第42卷，人民出版社1979年版，第96页）而《德意志意识形态》是由马克思和恩格斯在1845年秋至1846年5月前后共同撰写的。尽管此时马克思已经初步创立了唯物史观的基本原理，但是尚未系统地展开对资产阶级政治经济学的理论批判，也未系统地形成生产力与生产关系矛盾运动的政治经济学理论。

想，也没有实现对资产阶级政治经济学的理论批判和创立科学的劳动价值论以及剩余价值理论，所以这种对未来共产主义社会中的人类生活状况的设想难免带有一些浪漫色彩。

在《1857—1858 年经济学手稿》中，马克思认为，以交换价值的生产为基础是资产阶级社会的一般特征，这就使之成为一种既不同于资本主义前的各种社会形态也不同于未来共产主义社会的特殊社会形态，并由此将整个人类社会划分为三大社会形态，即“人的依赖关系（其实完全是自然发生的），是最初的社会形态，在这种形态下，人的生产能力只是在狭窄的范围内和孤立的地点上发展着。以物的依赖性为基础的人的独立性，是第二大形态，在这种形态下，才形成普遍的社会物质变换，全面的关系，多方面的需求以及全面能力的体系。建立在个人全面发展和他们共同的社会生产能力成为他们的社会财富这一基础上的自由个性，是第三个阶段。第二阶段为第三个阶段创造条件”①。此时的马克思已经初步完成了对资产阶级政治经济学的理论批判工作，也能够充分认识到资本主义生产方式在促进生产力的发展与人的多方面的需求和全面的能力的形成过程中的历史进步作用。这样，马克思所设想的未来共产主义社会就是一个“建立在个人全面发展和他们共同的社会生产能力成为他们的社会财富这一基础上的自由个性”的社会共同体。

在《资本论》中，马克思对未来共产主义社会中的人类生产方式的认识有了进一步深化，他将代替资本主义社会的未来社会设想为一个“自由人联合体”，“他们用公共的生产资料进行劳动，并且自觉地把他们许多个人劳动力当作一个社会劳动力来使用。……这个联合体的总产品是社会的产品。这些产品的一部分重新用作生产资料。这一部分依旧是社会的。而另一部分则作为生活资料由联合体成员消费。因此，这一部分要在他们之间进行分配。这种分配的方式会随着社会生产机体本身的特殊方式和随着生产者的相应的历史发展程度而改变。仅仅为了同商品生产进行对比，我们假定，每个生产者在生活资料中得到的份额是由他的劳动时间决定的。

---

① 《马克思恩格斯全集》第 46 卷上册，人民出版社 1979 年版，第 104 页。

这样，劳动时间就会起双重作用。劳动时间的社会的有计划地分配，调节着各种劳动职能同各种需要的适当的比例。另一方面，劳动时间又是计量生产者个人在共同劳动中所占份额的尺度，因而也是计量生产者个人在共同产品的个人消费部分中所占份额的尺度。在那里，人们同他们的劳动和劳动产品的社会关系，无论在生产上还是在分配上，都是简单明了的”①。马克思此时所设想的自由人联合体，实际上也是一个联合劳动的社会共同体，而劳动时间既是调节社会生产的尺度，也是分配个人消费品的尺度。但是，马克思还没有形成对共产主义社会两个阶段划分的思想，也就没有提出对共产主义第一阶段即社会主义社会劳动性质的设想。

在《哥达纲领批判》中，马克思将未来的共产主义社会划分为两个阶段:“共产主义第一阶段”和“共产主义高级阶段”，恩格斯将马克思所说的“共产主义第一阶段”称为“社会主义社会”②。按照马克思的设想，在共产主义第一阶段即社会主义社会中，每个社会成员除自己的劳动之外，不能为社会提供任何其他的东西，他们在一切生产资料公有制的条件下实行以分工与协作为基础的劳动的联合，任何人不能通过对生产资料的所有权而无偿占有他人的劳动，每个人都像其他社会成员一样只是作为劳动者而存在。马克思认为，由于社会主义社会“是刚刚从资本主义社会中产生出来的，因此它在各方面，在经济、道德和精神方面都还带着它脱胎出来的那个旧社会的痕迹”③。这些旧社会的痕迹除了通常所说的分配方面仍然保留着的“资产阶级权利”即“一种形式的一定量劳动同另一种形式的同量劳动相交换”，会由于默认劳动者的不同个人天赋和劳动能力的差别而造成社会成员之间事实上的不平等，还会保留着使劳动者局限于一个特定活动范围之内的劳动分工，这种劳动分工也并不是完全自愿的，而在一定程度上仍然是一种自发分工，脑力劳动和体力劳动之间的对立也并未完全消失，劳动仍然作为社会成员谋生的手段而具有一定的强制性。这一

① 马克思:《资本论》第1卷，人民出版社1975年版，第95-96页。

② 奚兆永:《论马恩著作中“共产主义”和“社会主义”概念的使用》，载于《当代经济研究》2004年第12期。

③ 《马克思恩格斯选集》第3卷，人民出版社1995年版，第304页。

切社会“弊病”在社会主义社会中都是不可避免的，只有在共产主义高级阶段才能彻底消除。

通过对马克思关于社会主义社会（指的是“刚刚从资本主义社会中产生出来的”社会主义社会）相关科学预见的考察，我们可以认为，马克思所设想的社会主义社会是建立在全体社会成员进行联合劳动的基础上的。因为人类劳动从来都是社会劳动而绝不会是个人的孤立活动，“被斯密和李嘉图当作出发点的单个的孤立的猎人和渔夫，属于18世纪的缺乏想象力的虚构……只是大大小小的鲁滨逊一类故事所造成的美学上的假象”①。然而，在资本主义生产资料私有制条件下，资产阶级凭借对生产资料的占有而无偿地占有雇佣工人的剩余劳动，雇佣工人只能得到相当于自己劳动力商品价值的工资，资本主义生产表现为生产资料对劳动者的利用和资本对劳动的统治，即死劳动对活劳动的统治，过去对现在的统治，物对人的统治，从而从而导致雇佣工人的劳动表现为异化劳动。在社会主义社会中，一切生产资料实行公有制，每个社会成员都仅仅作为劳动者参与到社会劳动的分工与协作之中，社会主义生产表现为劳动者对生产资料的利用和劳动者的创造能力的充分发挥，生产资料成为发展劳动者的自由个性和多方面能力的手段，这一切只能通过劳动者之间的联合劳动来实现。

（二）传统计划经济体制下社会主义劳动性质的反思：异化难题并未有效消解

通过对传统计划经济体制下的社会主义劳动性质的反思发现，劳动异化“难题”并未能得到有效的消解和克服。我国传统计划经济体制是模仿“苏联模式”即“斯大林模式”建立起来的，高度集中和高度集权进而对社会生产与生活的一切方面都实行广泛而严格的控制是其最突出的特点。在经济领域，表现为实行单一的生产资料公有制为基础的高度集权的计划经济，从而对整个国民经济进行无所不包的集中控制，从生产到流通，从分配到消费，统统按照国家最高计划部门（实际上往往就是领袖的指示）

① 《马克思恩格斯全集》第46卷上册，人民出版社1979年版，第18页。

下达的指标执行[1]。列宁认为：“说劳动在俄国按共产主义原则联合起来了，第一，是指废除了生产资料私有制；第二，是指由无产阶级国家政权在全国范围内在国有土地上和国营企业中组织大生产，把劳动力分配给不同的经济部门和企业，把属于国家的大量消费品分配给劳动者。”[2] 然而，斯大林并没有坚持列宁晚年对“战时共产主义政策”的反思与实行“新经济政策”的正确改革思路，反而将列宁这种通过国家政权对全国劳动力进行统一培养、统一支配、统一管理和使用的思想进行了严格的贯彻。事实上，由于生产资料实际上完全掌握在国家或集体手中，单个劳动者除自己的劳动能力以外，不能单独占有任何的生产资料，从而使国家或集体作为一种劳动契约的当事人，拥有凌驾于劳动者个人之上的权力，因此，传统计划经济体制下实行的是劳动力的国家所有制或集体所有制。下面我们从契约经济学的角度来考察传统计划经济体制下的劳动关系的经济特征，进而对劳动的性质作出理论判断。

在传统计划经济体制下，劳动力实际上是由国家统一控制和使用，也就成为一种单边统一规治的社会劳动契约，国家与职工作为当事人处于不同的地位。诺斯认为：“国家可视为在暴力方面具有比较优势的组织，……理解国家的关键在于为实行对资源的控制而尽可能地利用暴力。”[3] 由于劳动资料实际上完全掌握在国家手中，单个劳动者除劳动能力以外，不能单独占有任何的劳动资料；国家作为当事人，拥有凌驾于劳动者个人之上的权力，这也就导致作为契约当事人的国家与个人之间具有不对等的谈判地位和权利空间，国家处于明显的优势地位，劳动者个人则处于服从和被支配的地位。单边统一规治契约中的一切条款都由国家统一制定和统一安排，国家把劳动者的选择空间限定在一个相当狭窄的、计划部门可以容忍的范围内，并以政权为后盾事实上具有对劳动力实施超经济契约的支配力量。因此，单边统一规治契约实质上是一种非市场或反市场的契约关系，

---

① 张光明：《斯大林模式的根本特征》，载于《俄罗斯研究》2003 年第 1 期。

② 《列宁全集》第 37 卷，人民出版社 1986 年版，第 269 页。

③ 道格拉斯·C. 诺思：《经济史中的结构与变迁》，陈郁、罗华生等译，上海三联书店和上海人民出版社 1995 年版，第 21 页。

它与市场契约即当事人之间的一种自由合意的意志关系有着本质的区别①。单边统一规治契约主要有以下几方面的特征②。

第一，单边定价相对刚性。传统工资制度虽有八级工资制等规定，但这有限的工资等级反映的往往是资格、资历的差别，而不是有效劳动量或劳动成果的差别。传统工资制度事实上严重地违反了按劳分配原则，同时又存在着对劳动报酬实行供给制的倾向，是产品经济思想在分配领域的反映。这就造成在相当长的一段时间内干多干少、干好干坏甚至干或不干都一个样的现象。在近乎刚性的工资制度下，劳动者的个人报酬与个人的劳动贡献严重地不一致，闲暇的私人货币成本等于零，而闲暇的私人非货币收益始终大于零，故在整个社会范围内存在着个人对闲暇的强烈追求，它是在货币收入分配严重被扭曲的条件下，劳动者被迫用非货币收益的增加替代货币收益增加的理性选择。可见，在这种体制下个人成本与社会成本高度不一致。传统社会主义政治经济学理论认为，社会主义制度应该保证劳动者全面就业，失业只有在资本主义制度下才会出现，这不仅是经济问题，更是严肃的政治问题。在意识形态斗争非常尖锐的国际、国内环境中，只有这样才有“人民的政权”存在的合理性与合法性。因此，国家在与职工的社会契约中没有退出权，单边定价刚性使职工的个人成本外部化，而收益却相对内部化了。即使计划者愿意实行较准确的按劳计酬，也要面临度量费用过高而难以实行的问题。

第二，单边选择刚性。这是计划体制在劳动力资源配置方面的具体实施形式。不仅劳动力的初次就业，而且就业后的流动都要纳入计划安排，这就很容易导致“削足适履”的现象，即不是职业适应劳动者的偏好和特长，而是劳动者的偏好和特长被职业改造。“干一行，爱一行”和“让干啥就干啥”的口号曾得到大力提倡和普遍认可，就充分说明了这一点。许

---

① 事实上，这种国家或集体与劳动者之间建立起来的劳动契约，是一种典型的“不公平”的契约安排。参见本杰明·克莱因：《“不公平”契约安排的交易费用决定》，载于《企业制度与市场组织——交易费用经济学文选》，上海三联书店和上海人民出版社1996年版。

② 这几个方面的特征可以认为是从契约经济学的角度来对传统计划经济体制下的劳动关系进行的理论概括。关于传统计划经济体制下的劳动体制的讨论，可参见刘世锦：《经济体制效率分析导论——一个理论框架及其对中国国有企业体制改革问题的应用研究》，上海三联书店和上海人民出版社1996年版，第280-284页。

多人因专业不对口而不得不重新学起，而自己原有的专业知识、专业技能等精神生产资料却被迫闲置，任其逐渐荒废和退化，使国家和劳动者本人花费大量人力、物力和财力才使劳动者掌握和占有的科学技术知识或专业技能等无法转化为现实的生产力，与劳动者结合在一起的这部分精神生产资料也就无法表现为劳动者的劳动力资本，往往只能沦为劳动者本人生活中的一些兴趣爱好而已。从整个社会来看，造成大量重复的社会总劳动，阻碍了劳动分工和专业化的发展，经济效率低下。非计划就业和流动不仅被计划者视为非法，而且要受到户籍、粮油关系管制制度的严格限制。此外，劳动者的工作地区、单位以及工作岗位也是由上级领导部门统一规定，劳动者没有根据自身条件进行选择的权利和空间，只有服从于上级安排和行政命令，才能获得政治上的安全和职务上的稳定。

第三，契约期限刚性。政府作为国民经济计划的制定者和宏观经济的管理者，原则上负有向其社会成员提供就业机会和社会保险的责任，形成了以政府劳动人事部门为实施主体，以指令性计划为具体手段，以对劳动力进行“统分统配”为特殊的行政性就业模式，这种就业模式由于“消灭”了资本主义社会始终无法消除的失业现象而一度被认为是社会主义制度优越性的具体体现。因为如果社会上出现失业并由政府加以救济，不仅意味着计划当局的失职，而且意味着对公有制本性的违背。于是，政府采取了永久就业的政策，而就业和保险双重职能则具体由企业来承担。这种“契约期限刚性”实际上就是常说的“铁饭碗”，它是政府与社会成员基于社会主义优越性的信念而达成的一种默认契约。劳动者在这种期限刚性的劳动契约中，并没有合法而安全的“退出”机制，而“在自由劳动的民族里，一切法典都规定了解除契约的条件”①。社会成员只能在这种默认契约的实施及其实现程度中逐步建立起对政府合法性的认同，也就保证了社会主义制度优越性的意识形态获得基本的经验支持。因为“意识形态是减少提供其它制度安排的服务费用的最重要的制度安排。……它具有确认现行

① 马克思:《资本论》第1卷，人民出版社1975年版，第191页的“脚注（40）”。

制度结构合乎义理或凝聚某个团体的功能"①。

第四，劳动收入非货币性。以货币形式支付的工资只是劳动收入的一部分，而相当大比例的收入部分则由企业提供的住房、医疗和养老保险、服务性设施（如食堂、浴池、学校、托儿所等）以及某些消费性实物组成。这种收入方式有其体制上的必然性。就业与保险的结合使社会主义企业对劳动者承担了从生产到生活的无限责任，从而形成了某种形式的封闭性较强、具有一定程度自给自足特征的社区经济（孙冶方称之为"半自然经济"）。另外，大多数实物福利具有单位所有制的特点。对企业职工来说，这种实物福利只有在单位内才有权享受，而一旦离开单位，这些实物福利并不能随他的流动而流动。职工对企业的依赖程度随着实物福利占其收入比例的增加而增强。这使劳动者的自由择业成本进一步增加，并使其配置结果严重扭曲。劳动者处于被传统劳动体制"锁定"的状态，而具有"开锁"权力的人只能是企业主管部门或相应的行政管理机关。

由此可见，如果从契约经济学的理论视角来考察，传统体制下的劳动关系是一种单边统一规治的社会劳动契约关系，社会主义企业作为国家的具体代表，对职工几乎承担了"从摇篮到坟墓"的无限责任，而职工则对企业从而对政府形成了全面的依赖，劳动力不再是劳动者个人的财产，而成为由国家几乎无条件支配和使用的对象。工资本身的劳动报酬性质无从体现，它成为国家发给的"生活费"或领导机关的"恩赐"和"关怀"。这种被扭曲的契约安排使劳动者失去了对自己劳动力支配和使用的经济自主权，他们总是处于服从地位而听命于各级行政机关的命令。社会主义劳动者名义上是国家和企业的"主人翁"，但却没有独立的经济人格，他们实际上并"不能代表自己，一定要别人来代表他们。他们的代表一定要同时是他们的主宰，是高高站在他们上面的权威，是不受限制的政府权力，这种权力保护他们不受其他阶级侵犯，并从上面赐给他们雨水和阳光"②。

按照传统社会主义政治经济学的观点，在传统计划经济体制下，由于

① 林毅夫：《关于制度变迁的经济学理论：诱致性变迁与强制性变迁》，载于《财产权利与制度变迁——产权学派与新制度学派译文集》，［美］R. 科斯、A. 阿尔钦、D. 诺斯等著，上海三联书店和上海人民出版社 2000 年版。

② 《马克思恩格斯选集》第 1 卷，人民出版社 1972 年版，第 693 页。

实行生产资料的单一公有制，每个劳动者都是作为生产资料所有者的身份参与到生产实践中去，劳动者之间也就不会由于对生产资料占有的不平等而无偿占有他人的劳动，资本主义社会中的剥削关系也就消灭了，劳动者之间的经济关系是建立在社会主义联合劳动基础上的同志式的合作关系。然而，传统计划经济体制的社会主义建设实践并不尽如人意。在作为政府机构附属物的公有制企业中，无论是自发地进行组织创新、制度创新，还是技术创新，包括自发地进行技术转移与技术扩散，通常都会导致与已有行政规则的冲突或对这些行政规则的背离。在将是否按照行政规则作为奖惩和筛选标准的制度环境中，只有按规则或文件行事，才不会受处罚或被认为犯“错误”，从而是最保险的和最安全的。在这种负激励机制的作用下，创新的成本极高，它除经济成本之外，还包括政治成本、心理成本等非经济成本，而且完全被创新者内部化，而创新的收益却又完全被外部化。因此，一个理性的劳动者很可能会放弃自发进行创新的机会，最大限度地使自身的行动与已有的行政规则保持一致。这便在整个社会经济系统中形成了一种强烈的阻止自发创新的倾向。创新活动的私人净收益的下降，实际上就是对非创新活动和保守行为的鼓励①。因此，在传统计划经济体制下，虽然已经抛掉了狭隘的资产阶级形式，但是社会财富的生产并没有像马克思所设想的那样成为劳动者对自然力（既包括自然本身的自然力，也包括劳动者自身的自然力）统治的充分发展和劳动者的创造天赋的绝对发挥②。劳动力国有制下普遍盛行的官僚主义和劳动力国有制导致的以集中控制为条件的服从模式、组织僵化和以及由此导致的反创新倾向，严重抑制了劳动者自身经济价值的提高和劳动力资本的投资与积累，导致“长期以来，在我国社会主义国家所有制企业中工作的劳动者个人，他们的积极性和创造性受到压抑”③。因此，国外的一些学者认为，社会主义中实行的国家所有制也会导致社会主义劳动者的劳动即其生命活动产生异化④。

---

① 胡汝银：《低效率经济学》，上海三联书店和上海人民出版社 1995 年版。

② 《马克思恩格斯全集》第 46 卷上册，人民出版社 1979 年版，第 486 页。

③ 于光远：《改革中国家所有制的命运》，载于《经济研究》1988 年第 3 期。

④ 关于社会主义社会中的异化问题，参见［瑞典］J. 伊斯埃尔：《论社会主义社会的异化问题》，载于《哲学译丛》1980 年第 5 期；［英］J. 林赛：《社会主义制度下的异化》，载于《哲学译丛》1965 年第 3 期，等等。

（三）劳动力资本研究以及劳动力资本化前提下新型社会主义劳动关系重塑：异化难题消解的路径尝试

通过对劳动力资本的研究以及在劳动力资本化前提下对新型社会主义劳动关系的重塑，旨在进行社会主义市场经济条件下的劳动和谐关系构建和资本逻辑统治之下劳动异化“难题”之消解的路径尝试。传统社会主义政治经济学理论认为，在社会主义公有制取代了生产资料私有制之后，社会生产关系发生了本质的变化，从而劳动的社会性质也必然发生本质变化。因为从人类社会生产方式的演变来看，生产资料所有制总是决定着社会生产的性质，生产资料的所有者总是能够在社会生产中处于主动和支配地位。在生产资料的资本主义私有制条件下，劳动者除自己的劳动力之外一无所有，只能沦为雇佣劳动者，处于受剥削和受奴役的经济地位。在社会主义公有制条件下，劳动者作为群体成为生产资料的所有者，从根本上改变了劳动者在社会生产中的经济地位，已经从被剥削和被奴役的雇佣劳动者转变成生产资料和社会生产的主人翁。社会主义劳动性质也就成为生产资料的所有者在公有制基础上通过分工与协作进行满足劳动者自己的物质和文化生活需要而进行的联合劳动。在生产资料公有制条件下，人们在社会主义劳动过程中本质上是一种劳动者之间的关系，他们之间的根本利益是一致的，因此，劳动者在社会生产过程中所发生的关系是社会主义的互助合作关系，劳动者的主动性和积极性能够得到充分调动和发挥。

然而，传统计划经济体制下社会主义经济建设的实践已经说明，现实的社会主义中劳动者的积极性和主动性并没有充分实现，社会资源（包括人力资源）浪费严重，经济效率普遍而长期在低水平徘徊不前，而传统社会主义政治经济理论却无法令人信服地解释这一经济事实。正如邓小平同志所说：“中国社会从一九五八年到一九七八年二十年时间，实际上处于停滞和徘徊的状态，国家的经济和人民的生活没有得到多大的发展和提高。”① 现实中的社会主义公有制采取的是国家所有制和集体所有制两种形式。然而，公有制条件下的生产资料的主人翁地位与私有制条件下的生产

① 《邓小平文选》第 3 卷，人民出版社 1993 年版，第 237 页。

资料的所有者之间存在着许多经济区别。在生产资料所有制条件下，生产资料的所有者即私有者，原则上掌握着对生产资料的所有权以及由此派生出来的占有权、支配权和使用权等一系列经济权利，他既可以将这些权利集于一身，也可以将这些权利进行分解，从而以多种经济方式获取经济利益。但是在生产资料公有制条件下，有资格作为生产资料的主人的只能是劳动者群体，劳动者只有作为群体，才能以主人翁的身份去占有、支配和使用生产资料，并以按劳分配的形式获取相应的经济利益，多劳多得，少劳少得。单个的劳动者并不能作为生产资料的所有者，也不能以个人的名义对生产资料提出任何经济权利。但是在实际生产过程中，由于生产的社会化程度不断提高和生产规模的不断扩大，多层次的生产组织与生产管理成为技术上的必要，大多数普通劳动者与生产的组织与管理工作越来越失去经济联系，他们越来越成为“国家的雇员”，他们作为生产资料的所有者也就仅仅成为一种“徒有其名”的所有者。

正如于光远所指出的，尽管做社会主义“国家的雇员”与做资本家的雇员在本质上完全不同，“但是，这种本质上的不同，只有客观地在现象形态上表现出来，使得在社会主义国家所有制企业中工作的劳动者个人从自己的生活实践中能够在感性上认识到这一点，才能使他们在主观的行为上鲜明地、强烈地表现出自己作为一个社会主义国家所有制企业的职员和工人与在资本主义企业里当一个职员和工人在行为上应该是根本不同的。对劳动者个人进行教育使人与人之间在理性上认识到上述那种本质上的不同是必要的，也能影响很多劳动者个人的行为。但是，存在决定意识，只要存在雇佣关系，不可能普遍地彻底地克服雇佣观点。要能充分地使劳动者具有社会主人翁的情感，根本的前提是改变社会主义国家所有制”①。事实上，传统计划经济体制下国家与劳动者之间建立起来的单边统一规治契约，正是这种社会主义国家所有制的经济学本质。马克思曾说：“人们奋斗

① 于光远：《改革中国家所有制的命运》，载于《经济研究》1988 年第 3 期。同时，于光远先生实事求是地指出：“而且还要做到，在取代社会主义国家所有制这种形式的其他社会主义所有制形式中，也不能有任何性质的雇佣关系。但是，这在现阶段和看得清楚的将来社会主义社会里，我认为是做不到的。”

所争取的一切，都同他们的利益有关。"① 而这里的利益本质上就是现实的物质利益，而绝不是抽象的利益。可见，仅仅从名义上作为生产资料的"主人翁"，对于大多数普通劳动者来说是远远不够的，失去现实的物质利益的支持，社会主义优越性是不可能体现出来的，因为"'思想'一旦离开'利益'，就一定会使自己出丑"②。

在社会主义市场经济条件下，劳动力资本是作为生产主体的劳动者对自己的劳动力商品在追求价值增殖的市场化过程中的积极扬弃，是作为市场经济运行中的劳动主体在学习劳动与生产实践过程中不断改变着"自身的自然"③ 的必然结果。因此，作为"人人有知识、个个有技能"的社会主义劳动者，不仅是自己劳动力商品的所有者，而且还是自己劳动力资本的所有者。在这样的经济社会中，社会主义公有制必将由传统意义上的物质生产资料的国家所有制和集体所有制，转变为物质生产资料公有制与精神生产资料的劳动者个人所有制的有机结合，社会主义联合劳动也必将由传统意义上单纯的劳动联合转变为劳动者的劳动联合与劳动者的劳动力资本的联合，马克思所揭示的资本逻辑统治之下"雇佣劳动"的异化本质"难题"也必将得到有效的解决。而要达到这样的一个目标，其中的一个前提条件就是对社会主义市场经济条件下现实地摆在我们面前的"劳动力资本"进行深入系统的研究，因为在马克思主义经典著作主要探讨的是以物质生产资料为主要存在形式的物质资本的理论，而对以精神生产资料为主要存在形式的劳动力资本没有系统地研究。理论和现实的矛盾，客观上要求我们对社会主义市场经济条件下的劳动力资本问题进行深入、系统地研究。

---

① 《马克思恩格斯全集》第1卷，人民出版社1956年版，第82页。

② 《马克思恩格斯全集》第2卷，人民出版社1957年版，第103页。

③ 正如马克思所说的，当劳动者"通过这种运动作用于他身外的自然并改变自然时，也就同时改变他自身的自然"。参见马克思《资本论》第1卷，人民出版社1975年版，第202页。

第三章　前提依据：从马克思劳动价值论到现代科技劳动价值论的理论分析

在《现代科技劳动价值论研究》一书之“结语”① 的最后一个自然段，笔者指出：“当然，现代科技劳动价值论作为一个全新的理论体系，它肯定有许多不足和有待进一步完善之处，希望各位方家批评指正；同时，笔者愿为进一步完善这一全新的理论体系进行不懈的努力。其中一个努力的方向，就是在这一全新理论的指导下对社会主义市场经济条件下的劳动力资本化进行系统的研究，进而建构起‘社会主义市场经济条件下的劳动力资本化理论’。可以说，这一理论是现代科技劳动价值论在社会主义市场经济条件下的深化、丰富和发展。”② 在劳动力资本化理论中，其核心概念是劳动力资本。一般地，劳动力资本是在马克思提出的劳动力商品的基础上进一步发展而来，它在两个层面上意义上加以使用，或者说它有两种含义：一是在劳动者占有和掌握以科学知识、技术、信息等为主要内容的精神生产资料并使之与自身的劳动力相结合和一体化发展的条件下，劳动者的劳动力已经转化为资本化的劳动力，进而成为劳动力资本。二是劳动力资本就是指与劳动者的劳动力相结合着的以科学知识、技术、信息等为主要内容的精神生产资料本身。

在上述“结语”中，包含着这样两层意思：其一，在社会主义市场经济条件下对劳动力资本化问题进行深入探讨是现代科技劳动价值论研究的深化和拓展，社会主义市场经济条件下的劳动力资本化理论是运用现代科

① 该“结语”的标题为“在现代经济社会语环境中建构起马克思劳动价值论的新理论形态——现代科技劳动价值论”，参见刘冠军《现代科技劳动价值论研究》，中国社会科学出版社2009年版，第395页。

② 刘冠军：《现代科技劳动价值论研究》，中国社会科学出版社2009年版，第399页。

技劳动价值论的基本原理和方法加以研究和建构的产物。其二，从整体上讲，现代科技劳动价值论是笔者为了科学合理地解决“马克思劳动价值论与现代经济社会与境之现实的矛盾”，依据马克思劳动价值论的基本原理，汲取马克思科技劳动创造价值的思想，将科技成果的价值源泉归于“科技劳动”这一人类的本质活动来分析，在现代经济社会与境中系统地建构起来的马克思劳动价值论的新理论体系①，这一新理论体系只有对社会主义市场经济条件下的劳动力资本化问题作出科学合理的解释，才能证明自己是一个全面、系统和成熟的理论。正因为如此，现代科技劳动价值论也就成为社会主义市场经济条件下探讨劳动力资本化问题的基础理论。

同时，作为在社会主义市场经济条件下探讨劳动力资本化问题的基础理论——现代科技劳动价值论，是与马克思劳动价值论一脉相承的。只有揭示出二者之间的这种理论渊源关系，才能表明运用现代科技劳动价值论的基本原理和方法探讨社会主义市场经济条件下的劳动力资本化问题，实质上也就是在直接或间接地运用马克思科学的劳动价值论的基本原理和方

---

① 现代科技劳动价值论作为一个系统的理论，是笔者将马克思劳动价值论置于现代经济社会与境中加以考察，经历 10 余年的长期思考、潜心研究和不断探索的结果。如果从 1994 年在《齐鲁学刊》第 3 期上发表的第一篇这方面的文章《从劳动价值论角度看科学技术第一生产力的二重性》算起，到现在也有 20 余载的时间了。它的孕育、形成和建构的整个“心路历程”，请参见笔者的论文集《走进新时代的马克思劳动价值论》（中央文献出版社 2008 年出版）之作者自序“艰辛而愉快的探索历程”。在本章中，为了体系的完整，笔者吸收、借鉴和参考了自己 10 多年之有关研究成果的思想观点和相关的论述，其中主要吸收、借鉴和参考了笔者的博士学位论文《现代科技劳动价值论研究》（山西大学科技哲学研究中心 2005 年 6 月）、在博士学位论文基础上进一步修订而成的专著《现代科技劳动价值论研究——马克思劳动价值论在现代经济社会与境中的发展》（中国社会科学出版社 2009 年出版）、论文集《走进新时代的马克思劳动价值论》以及笔者在《文史哲》2006 年第 6 期发表的《马克思劳动价值论研究过程中的三次转向》、在《自然辩证法研究》1999 年第 7 期发表的《论科学价值库理论创立的客观必然性》，在《学术研究》2000 年第 10 期发表的《现代科技劳动价值论的框架和内涵》，在《哲学研究》2005 年第 4 期发表的与邢润川合作的《运用马克思劳动价值论解读科学价值》、在《洛阳师范学院学报》2006 年第 6 期发表的《马克思劳动价值论的科学内涵及其逻辑展开》、在《学术界》2008 年第 3 期发表的《科技时代马克思劳动价值论的困境与出路》、在《内蒙古社会科学》2002 年第 1 期发表的《论马克思复杂劳动与价值的关系思想》、在《天津师大学报》1998 年第 1 期发表的《全面理解马克思的劳动价值论》、在《山东社会科学》2005 年第 5 期发表的《马克思劳动价值论的现实解读》等相关研究成果。同时，为了论述和行文的方便，在吸收、借鉴和参考上述有关研究成果之思想观点和相关论述时未能一一注明，而只择其要者而注出，在此特别加以说明，不当之处，敬请方家批评指正并谅解！

法来探讨这一问题。由于现代科技劳动价值论是马克思劳动价值论在现代经济社会与境中发展的结果，这一发展的路径是“马克思的劳动价值论→马克思的科技劳动价值论思想→现代科技劳动价值论”，并且从历史的维度来看，每一个历史阶段上孕育产生的这些理论都与它们的“对象域”密不可分，因此为了体系的完整，笔者在本章中将沿着这一发展路径、在已有成果的基础上依次分别考察阐述马克思劳动价值论的科学内涵及其“对象域”、马克思科技劳动价值论思想及其“对象域”、现代科技劳动价值论的“对象域”及其主要内容与劳动力资本化研究的内在关联。通过这一“史与论相结合”的考察和分析，一方面展示现代科技劳动价值论是对马克思劳动价值论的“坚持”及在此基础上的“发展”，并且进一步展示只有在“发展”基础上才能做到真正的坚持；另一方面来回答“现代科技劳动价值论缘何能够作为在社会主义市场经济条件下对劳动力资本化研究的理论依据？其实质是什么？”的问题，进而展示社会主义市场经济条件下的劳动力资本化理论创立的理论必然性。在本章中，笔者将重点考察分析现代科技劳动价值论作为马克思劳动价值论的现代发展形态，它的“对象域”为劳动力资本化研究奠定了坚实的基础，它的基本原理和基本内容为劳动力资本化研究提供了理论上的可能性，进而彰显现代科技价值论能够为社会主义市场经济条件下进行劳动力资本化研究提供直接的理论依据。

第一节　马克思劳动价值论及其“对象域”与劳动力资本研究

马克思科学的劳动价值论是建立在“劳动”这个人类本质活动基础上的价值论研究的结晶，是马克思和恩格斯在批判地继承古典劳动价值论的基础上创立的。它有着丰富而严密的科学内涵——正因为如此，所以马克思科学的劳动价值论为劳动力资本化研究提供深层次的原理依据。同时，它也对应着特定的“对象域”——正是由于这一特定的“对象域”还不具备系统地研究劳动力资本化问题的条件。因此，在马克思科学的劳动价值论中包含着丰富的劳动力资本的思想萌芽，但还不具备系统、直接地建构劳动力资本化理论的基础。

一、马克思科学的劳动价值论为劳动力资本研究提供深层次原理依据

从理论发展的历史进程来看，马克思科学的劳动价值论有着丰富而严密的科学内涵，它为劳动力资本化研究提供深层次的原理依据。

第一，科学的劳动价值理论主要包含在马克思《资本论》三卷中，特别是在第一卷第一篇中更为集中地进行了阐述，另外在《神圣家族》《德意志意识形态》《哲学的贫困》《雇佣劳动和资本》和《政治经济学批判（1857—1858年草稿）》等马克思主义的其他经典著作中也有许多论述。我国理论界的许多专家学者对马克思劳动价值论的科学内涵进行了考察分析，有的将其基本点概括为“三个方面”[①]，有的将其概括为“六个方面”[②]，有的认为马克思在“六个方面”实现了劳动价值论的伟大变革[③]，笔者曾将其概括为“九个方面”：①商品的二因素，即使用价值和价值；②生产商品的劳动的二重性，即具体劳动和抽象劳动；③商品生产的基本矛盾，即生产劳动的私人性和社会性的矛盾及其解决形式；④价值的二重性，即价值的质和价值的量；⑤价值的表现形式，即交换价值；⑥货币之谜的破解：价值形式发展的结果；⑦生产劳动与价值的创造和转移；⑧价值规律的实质、表现形式和在国际上的应用；⑨商品拜物教的来源和实质[④]。按照理论界的传统观点，上述九个方面基本上已经囊括了马克思劳动价值论的科学内涵。但在笔者看来，马克思劳动价值论的科学内涵还应当包括以下两个方面：

（1）劳动与劳动力的区分及劳动力成为商品。劳动力范畴的发现以及

---

① 有林、郑新立、拱桥：《马克思的劳动价值理论》，经济科学出版社1988年版，第45-56页。

② 赵振华：《劳动价值论新论》，上海三联书店2002年版，第17-36页。

③ 何练成：《马克思在劳动价值论上的伟大变革》，载于《深化对劳动和劳动价值论的研究和认识》，经济科学出版社2002年版，第227-237页。

④ 刘冠军《马克思劳动价值论的科学内涵及其逻辑展开》，载于《洛阳师范学院学报》2006年第6期。

劳动与劳动力的区分，是马克思科学的劳动价值论的重要内容。在马克思看来，劳动和劳动力有着本质的差别。劳动力是潜藏在人的身体内的劳动能力，“我们把劳动力或劳动能力，理解为人的身体即活的人体中存在的，每当人生产某种使用价值时就运用的体力和智力的总和”①；而劳动则是“劳动力的使用”② 过程，如果“撇开各种特定的社会形式来加以考察”，那么“劳动首先是人和自然之间的过程，是人以自身的活动来引起、调整和控制人和自然之间的变换过程”③。因此，“谈劳动能力并不就是谈劳动，正像谈消化能力并不就是谈消化一样”④。也就是说，劳动力和劳动的差别，“正如人们的胃的消化能力和消化过程不是一回事一样”⑤。在市场上“货币所有者”即资本家购买的或工人出卖的是一种“特殊商品，这就是劳动能力或劳动力”⑥，而不是劳动。也就是说，在市场上，能够成为商品的只是劳动力，劳动根本不能成为商品。这是因为：首先，如果劳动是商品，那么它就应当同其他商品一样，在出卖之前就独立存在。但在市场上工人和资本家发生交换关系时，工人还没有进行劳动，当然也就不能把尚不存在的劳动拿出去出卖，而此时能够出卖的只能是劳动力所有者即工人“自己的劳动能力”或“只存在于他的活的身体中的劳动力本身”⑦。其次，如果劳动是商品，就等于说工人出卖了不属于自己的商品，因为劳动是劳动力的使用，只有当雇佣工人在资本家的工厂里与生产资料相结合时劳动才能存在，此时雇佣个人的劳动已经归资本家所有并受资本家控制和支配，雇佣个人此时已无权把已经不属于自己的劳动作为商品出卖。再次，如果劳动是商品，它就应当和其他商品一样具有价值，但按照马克思劳动价值论的基本原理，商品的价值是凝结在商品中的人类劳动，这就等

① 马克思：《资本论》第1卷，人民出版社1975年版，第190页。
② 马克思：《资本论》第1卷，人民出版社1975年版，第201页。
③ 马克思：《资本论》第1卷，人民出版社1975年版，第201-202页。
④ 马克思：《资本论》第1卷，人民出版社1975年版，第196页。
⑤ 何炼成：《价值学说史》，陕西人民出版社1984年版，第173-174页。
⑥ 马克思：《资本论》第1卷，人民出版社1975年版，第190页。
⑦ 马克思：《资本论》第1卷，人民出版社1975年版，第191页。

于说劳动的价值是由劳动决定的，这种同义反复不能说明任何问题①。最后，如果劳动是商品，就会导致产生让古典政治经济学陷入了绝境的“资本和劳动相交换与价值规律”矛盾难题。不仅如此，在马克思看来，劳动力要进入市场进而成为商品是有条件的，它必须具备两个条件：一是劳动力的所有者必须有完全的人身自由；二是劳动力所有者除了自身劳动力这一商品一无所有，既没有生产资料，也没有生活资料，只能靠出卖自己的劳动力为生。

（2）劳动力商品取代劳动商品及劳动力商品的价值和使用价值。马克思在将劳动力和劳动区分开来的同时，也将劳动力商品和古典经济学中所谓的“劳动商品”区分开来，并用前者取代了后者，特别是对劳动力商品这一特殊商品的价值和使用价值作了科学的分析，这也是马克思对劳动价值论做出的重要贡献。首先，关于劳动力商品的价值，马克思认为，它“同任何其他商品的价值一样……也是由生产从而再生产这种特殊物品所必需的劳动时间决定的”②。由于劳动力是存在于人的身体之中，它的生产和再生产，就是人的体力和脑力的再生产，这需要一定的生活资料，因此“劳动力的价值，就是维持劳动力所有者所需要的生活资料的价值”③，它包括三部分：一是劳动者本人维持身体所必需的生活资料的价值；二是劳动者养育子女所必需的生活资料的价值；三是劳动者的教育和训练所需费用。同时，马克思还认为，劳动力作为一种特殊商品，它的“价值规定包含着一个历史和道德的要素”④，存在一个“维持身体所必不可少的生活资料的价值”的“最低限度”⑤。其次，劳动力商品作为一种特殊商品，其特殊性在它的使用价值上得到了突出的表现。马克思指出，货币所有者为了赚取利润，就必须在市场上寻找一种能够带来利润的商品，必须“从商

---

① 逄锦聚、洪银兴、林岗、刘伟：《政治经济学》，高等教育出版社 2002 年版，第 175-176 页。

② 马克思：《资本论》第 1 卷，人民出版社 1975 年版，第 193 页。

③ 马克思：《资本论》第 1 卷，人民出版社 1975 年版，第 194 页。

④ 马克思：《资本论》第 1 卷，人民出版社 1975 年版，第 194 页。

⑤ 马克思：《资本论》第 1 卷，人民出版社 1975 年版，第 196 页。

品的使用上取得价值，我们的货币所有者必须幸运地在流通领域内即在市场上发现这样一种商品，它的使用价值本身具有成为价值源泉的特殊属性，因此，它的实际使用本身就是劳动的物化，从而是价值的创造。货币所有者在市场上找到了这种特殊商品，这就是劳动能力或劳动力"①。这样，马克思就从本质上把劳动力商品同其他普通商品区分开来。不仅如此，而且更为重要的是，马克思在此基础上对劳动力商品的独特使用价值进行了分析：商品的使用价值是指商品可以满足人们的某种需要的属性，它的实现是在消费中实现的。一般说来，普通商品被消费时，随着使用价值的消失其价值也消失了，或者说转移到其他商品上去了。而劳动力商品与此不同，主要体现在：劳动力商品使用价值的消费过程同时也是一个价值创造的过程，它不仅能够创造出价值，而且能够创造出大于自身价值的价值，因此马克思指出，"具有决定意义的，是这个商品独特的使用价值，即它是价值的源泉，并且是大于它自身的价值的源泉。这就是资本家希望劳动力提供的独特的服务"②，也是资本家购买劳动力商品最根本的原因所在。

第二，由上述内涵构成的马克思科学的劳动价值论，为劳动力资本化研究提供了深层次的原理依据。这主要体现在以下几个方面：

首先，从整体意义上看，对劳动力资本化问题的研究，是在马克思劳动价值论之科学内涵的基础上进行的，或者说，是在马克思劳动价值论的整体框架中展开的。马克思劳动价值论之科学内涵——商品的二因素即使用价值和价值、生产商品的劳动的二重性即具体劳动和抽象劳动、商品生产的基本矛盾即生产劳动的私人性和社会性的矛盾及其解决形式、价值的二重性即价值的质和价值的量、价值的表现形式即交换价值、货币作为价值形式发展的结果、生产劳动与价值的创造与转移、价值规律的实质及其表现和应用、商品拜物教的来源和实质、劳动与劳动力的区分及劳动力成为商品、劳动力商品取代劳动商品及劳动力商品的价值和使用价值等，共

① 马克思：《资本论》第1卷，人民出版社1975年版，第190页。

② 马克思：《资本论》第1卷，人民出版社1975年版，第219页。

同构成了新时期劳动力资本化研究的深层次的基本原理。没有这些基本原理，也就不会建构起现代科技劳动价值论，进而也就不会在此理论的基础上对劳动力资本化问题进行系统的研究。

其次，从历史维度来看，对任何理论问题和现实问题的研究都不要割断历史，其中“最可靠、最必需、最重要的就是不要忘记基本的历史联系，考察每个问题都要看某种现象在历史上怎样产生，在发展中经历了哪些主要阶段，并根据它的这种发展去考察这一事物现在是怎样的”，至少应该对该问题的“产生和发展情况作一个概括的历史的考察”①。我们对劳动力资本化问题的研究，之所以要考察分析马克思科学的劳动价值论的科学内涵，就是沿着这一思路和本着这一目的来进行的。可以说，从马克思科学的劳动价值论，到现代科技劳动价值论，再到劳动力资本化问题研究，是一脉相承的连续的理论发展过程。只有对马克思科学的劳动价值论的科学内涵进行详尽的考察、梳理和分析，才能找到或展示出劳动力资本化研究的原理根据之源头。进一步讲，对劳动力资本化问题研究的直接理论根据是现代科技劳动价值论，而现代科技劳动价值论的直接理论根据是马克思科学的劳动价值论。因此，马克思科学的劳动价值论为我们在新时期研究劳动力资本化问题提供了最基本的原理。也就是说，在直接运用现代科技劳动价值论对劳动力资本化问题进行研究时，在归根结底的意义上就是坚持了马克思科学的劳动价值论的基本原理。

二、马克思劳动价值论的“对象域”不具备系统研究劳动力资本的条件

从时代发展的历史进程来看，马克思科学的劳动价值论对应着特定的“对象域”，这一特定的“对象域”还不具备系统地研究劳动力资本化问题的现实条件。

第一，通过对马克思经典著作的考证分析发现，马克思劳动价值论之

① 《列宁选集》第4卷，人民出版社1960年版，第43页。

科学内涵的确立有其特定的“对象域”。这一特定的“对象域”主要是工场手工业，进一步讲主要是工场手工业中占主导地位的“手工工具—体力型”劳动系统。这从以下两个方面足以说明之①。

一方面，马克思科学的劳动价值论是对工场手工业中的劳动价值关系的反映。马克思在《资本论》等经典著作中，用了大量的章节来考察工场手工业中的劳动价值关系，科学的劳动价值论主要是在此基础上建构起来的。大家知道，科学的劳动价值论主要是在马克思的代表作《资本论》第一卷中加以全面阐述的，而在本书第一卷第十三章“机器和大工业”之前的各章节，甚至在其以后的各章节，基本上都是以“工场手工业”为蓝本来分析劳动与价值的关系的。同时，由于工场手工业中的劳动主要是以体力支出为主的生产工人的劳动，所以通过对工场手工业中劳动与价值关系的考察所形成的劳动价值论，主要是以体力支出为主的劳动价值论。在我国理论界有一种观点认为，“马克思的劳动价值论是以体力劳动价值关系为基础的，或者说简单劳动是马克思劳动价值理论的出发点和基础”，因此体力劳动价值论是马克思劳动价值论的基础和核心内容②。从一定意义上讲，这一观点是有其道理的，因为在马克思看来，考察工场手工业中的劳动价值关系是“以劳动力为起点”的。这也是马克思基于工场手工业的现实而作出的选择，因为“在工场手工业和手工业中，是工人利用工具……劳动资料的运动从工人出发……工人是一个活机构的肢体”③。正是基于这样的事实和出发点，所以马克思尽管在当时的历史条件下已经洞察到像以脑力支出为主的“科技劳动”不属于简单的体力劳动，而是属于“生产力特别高的劳动”即复杂劳动，并且认为科技产品作为“商品可能是最复杂的劳动产品”，但是马克思在当时的历史条件下以及为了分析问题的方便

---

① 参见刘冠军在《文史哲》2006 年第 6 期发表的《马克思劳动价值论研究进程中的三次转向》、在《学术界》2008 年第 3 期发表的《科技时代马克思劳动价值论的困境与出路》和在《山东社会科学》2005 年第 5 期发表的《马克思劳动价值论的现实解读》以及刘冠军的《走进新时代的马克思劳动价值论》（中央文献出版社 2008 年版）的第 78-95 页、《现代科技劳动价值论研究》（中国社会科学出版社 2009 年版）之第一章第二节。

② 郑怡然：《简单劳动是马克思劳动价值论的一个出发点》，载于《晋阳学刊》1997 年第 2 期。

③ 马克思：《资本论》第 1 卷，人民出版社 1975 年版，第 453 页。

等原因，将这种最复杂的劳动产品的价值加以“简化”，使之“还原”为简单的体力劳动价值关系，并认为这是“在生产者背后由社会过程决定的”①。在上述意义上可以说，马克思的劳动价值论主要以“工场手工业”为蓝本，并且着重以简单的体力支出为主的劳动为考察对象，其内容主要是反映以体力支出为主的劳动与价值的关系，因此体力劳动价值论是马克思劳动价值论的核心和基础。

另一方面，马克思科学的劳动价值论主要是针对工场手工业中占主导地位的“手工工具—体力型”劳动系统加以建构的。从经济学意义上讲，创造价值的劳动是复杂的多层次的劳动系统的运作过程，而工场手工业中占主导地位的是“手工工具—体力型”劳动系统，马克思科学的劳动价值论主要是针对这一劳动系统的特征加以建构的。大家知道，劳动是劳动力的支出和使用，而这种劳动力的支出和使用是劳动者通过使用劳动资料、作用于劳动对象并使之适合自己需要的系统的活动来实现的，进一步讲，在商品经济社会中，现实的创造价值的劳动是由劳动主体和劳动客体构成的复杂系统的运作过程，是劳动主体和劳动客体的有机结合或二者的矛盾运动过程。笔者认为，由劳动主体和劳动客体组成的创造价值的劳动系统，由于其复杂程度的不同而表现出了不同的层次结构。传统的经济理论认为不同质的具体劳动创造使用价值，而同质不同量的抽象劳动创造商品的（交换）价值，这仅是问题的一个方面；另外还有一个方面，即马克思在分析体现在商品生产中的劳动二重性原理的同时，还将人类劳动划分为简单劳动和复杂劳动两种类型，并且认为“比较复杂的劳动只是自乘的或不如说多倍的简单劳动，因此少量的复杂劳动等于多量的简单劳动”②。也就是说，在不同层次的劳动系统中，由于劳动主体所付出的抽象劳动作为“同质劳动”，在量上也存在着简单和复杂的差别，存在着由于复杂程度的不同而导致的劳动量的“部分质变”。根据这种“部分质变”，可以将不同层次的劳动系统，按照由低级到高级的顺序，至少划分为“手工工具—体

① 马克思：《资本论》第1卷，人民出版社1975年版，第58页。

② 马克思：《资本论》第1卷，人民出版社1975年版，第58页。

力型”劳动系统和“机器—脑力型”劳动系统两种类型。在工场手工业中，占主导地位的是“手工工具—体力型”劳动系统，这是一种以劳动者的体力消耗为主，并且以使用手工工具为特征的劳动系统。在该劳动系统中，劳动工具主要是一般的铜器、铁器或铁木复合器物等手工工具，它将劳动主体和劳动客体联结起来。并且在该劳动系统中，劳动过程的主要承担者——劳动主体主要是工场手工业中从事体力劳动的生产工人，因此劳动主体的体力（或自身的自然力）的大小，标志着该劳动系统中动力的大小，它决定着劳动范围的大小和效率的高低，在这种意义上，该系统的运行通常被称为体力劳动。在商品经济的发展史上，这是一种最简单的劳动，它所创造的价值量的大小是与劳动主体的劳动时间的长短成简单的比例关系的，劳动时间的量决定了价值的量，这正如马克思所说的，“商品价值体现的是人类劳动本身，是一般人类劳动的耗费……它是每个没有任何专长的普通人的平均具有的简单劳动力的耗费”①，而“直接劳动时间的量，已耗费的劳动的量是财富生产的决定因素”②。因此笔者认为，在工场手工业的“手工工具—体力型”劳动系统中的劳动价值关系，主要表现为体力劳动与价值的关系，而马克思科学的劳动价值论所反映的主要是这一劳动系统中的劳动价值关系。

由此可见，马克思科学的劳动价值论有其特定的“对象域”——主要是工场手工业或工场手工业中占主导地位的“手工工具—体力型”劳动系统。马克思科学的劳动价值论主要以这一“对象域”为研究的蓝本，其考察对象主要是以简单的体力支出为主的劳动，其内容主要是反映以体力支出为主的劳动与价值的关系。

第二，由上述这一特定的“对象域”所决定，马克思科学的劳动价值论仅为劳动力资本化问题研究提供深层次的基本原理，但在这一特定的“对象域”中由于还不具备系统地研究劳动力资本化问题的条件，因此在马克思科学的劳动价值论中包含着丰富的劳动力资本的思想萌芽，但还不

① 马克思：《资本论》第1卷，人民出版社1975年版，第57-58页。

② 《马克思恩格斯全集》第46卷下册，人民出版社1980年版，第217页。

具备系统直接地建构劳动力资本化理论的基础和条件。展开来看，主要有以下几个方面的原因。

（1）从马克思科学的劳动价值论的“对象域”——资本主义工场手工业社会的现实来看，此时不具备研究劳动力资本化问题的条件，甚至不具备提出探究劳动力资本化问题的条件。这一方面是由当时“资本与劳动对立”的资本主义社会现实决定的，另一方面是因为劳动力是体力和脑力或智力的总和，对劳动力资本化问题的研究或者说将劳动力作为资本来研究，只有在脑力劳动或智力劳动在劳动中占主导地位时才有可能；可以说，只有在这样的情况下，劳动力才能掌握足够多的“精神生产资料”，才能将人类创造的“精神生产资料”作为劳动力所有者的“精神资本”，也只有在此时劳动力所有者才能与拥有“物质生产资料”即“物质资本”的资本家建立起真正“平等”的关系——因为一方是拥有“精神生产资料”的“精神资本”或“劳动力资本”，一方是拥有“物质生产资料”的“物质资本”或传统意义上的资本家。也只有在此时，才能真正做到如马克思所说的“劳动力所有者和货币所有者在市场上相遇，彼此作为身份平等的商品所有者发生关系……双方是在法律上平等的人”①。而在事实上，在马克思科学的劳动价值论的“对象域”即工场手工业社会中，占主导地位的是“手工工具—体力型”劳动系统，这是一种以劳动者的体力消耗为主，并且以使用手工工具为特征的劳动系统。此时的“劳动力所有者没有可能出卖有自己的劳动物化在内的商品，而不得不把只存在于他的活的身体中的劳动力本身当作商品出卖”②，在这样的情况下，所谓“平等”是建立在“不平等”的基础之上的，劳动力所有者是没有能力、没有可能将他的劳动力当作资本与拥有“物质生产资料”即“物质资本”的资本家建立其真正“平等”的关系，不可能“平等”地对话。马克思曾经用颇为形象且犀利的语言来加以描述：“我们的剧中人的面貌已经起了某些变化。原来的货币所有者成了资本家，昂首前行；劳动力所有者成了他的工人，尾

① 马克思：《资本论》第1卷，人民出版社1975年版，第190-191页。

② 马克思：《资本论》第1卷，人民出版社1975年版，第191页。

随其后。一个笑容满面，雄心勃勃；一个战战兢兢，畏缩不前，像在市场上出卖了自己的皮一样，只有一个前途——让人家来鞣。”① 在这样的社会现实面前，无论如何，也难以提出将劳动力当作资本来研究的课题。

（2）从马克思将其科学的劳动价值论的“对象域”确立为资本主义工场手工业社会的社会历史背景和过程来看，马克思将劳动力资本化问题排除在他科学的劳动价值论的研究视野或理论框架之外，这是有社会现实根据的。从总体上讲，马克思所处的社会历史时代，“战争和革命”是世界主题，工业经济是其主要经济形式，科技与经济相分离是其突出特征，“简单性”是其科学认知背景。在这样的历史时代背景下，马克思在创立劳动价值论时，为了科学研究的需要，为了突出重点和抓主要矛盾，将复杂劳动“简化”为简单劳动，主要分析简单劳动与价值创造的关系；为了当时革命的需要，将价值创造的主体主要界定为从事以体力劳动付出为主的工人阶级，而将包括科技人员在内的知识分子放在价值创造的“次要”位置上，主要分析工人阶级的生产劳动与价值创造的关系；为了尊重工业经济社会的现实以及“科技与经济相分离”的社会现实，将价值生产仅仅限定在“物质生产领域”，而“忽略”了“精神生产领域”特别是“科技生产领域”的价值创造，主要考察“物质生产领域”的生产劳动与价值创造的关系等②。在作了这样的“简化”“忽略”以及“对象域”的划定之后，马克思科学的劳动价值论所反映的，主要就是工场手工业社会中的“手工工具—体力型”劳动系统的劳动价值关系，主要表现工场手工业社会中从事体力劳动的生产工人的劳动即体力劳动与价值的关系，因此在我国理论界也就有了这样一个观点：“马克思的劳动价值论是以体力劳动价值关系为基础的，或者说简单劳动是马克思劳动价值理论的出发点和基础”，体力劳动价值论是马克思劳动价值论的基础和核心内容③。毋庸置疑的是，这在理论内容上自然将那些可能将劳动力作为资本的条件和因素——包括科

① 马克思：《资本论》第1卷，人民出版社1975年版，第200页。

② 刘冠军《现代科技劳动价值论研究》，中国社会科学出版社2009年版，第34-35页。

③ 郑怡然：《简单劳动是马克思劳动价值论的一个出发点》，载于《晋阳学刊》1997年第2期。

技人员在内的知识分子所拥有的可能成为资本的“高级劳动力”、能够使劳动力成为资本重要领域即“精神生产领域”特别是“科技生产领域”、劳动力成为资本的重要条件即“精神生产资料”、可能成为资本的劳动力的高级复杂劳动及其价值创造等——排除在外。在这样的情况下，也就只能有科学的劳动力商品理论而不可能系统地形成劳动力资本化理论。

值得注意的是，从科学研究方法论的角度看，马克思在对其劳动价值论科学内涵的规定与论述及对其“对象域”的确立之中，渗透着诸多辩证唯物主义和历史唯物主义的方法论原理。这也就是马克思科学的劳动价值论之研究和建构的方法论原理。这些方法论原理构成了劳动力资本化问题研究的方法论原理之基础，笔者将其简要地概括为“以实际问题为中心研究科学理论的方法论原则”。具体来讲，就是在对新时期劳动力资本化问题研究的过程中要做到：坚持运用历史的观点和方法；坚持实践第一的观点和方法；坚持发展的观点和方法；坚持开放的观点和方法；等等。同时，还要做到：尊重马克思劳动价值论的基本理论和基本观点；联系相关经典论述，全面掌握劳动价值论的精神实质；从整体上系统把握劳动价值论的基本观点和方法；深入领会理解马克思劳动价值论的科学研究方法，特别是要在深入理解的基础上运用马克思劳动价值论“对象域”的确立方法、研究方法、分析方法、叙述方法等①。

第二节　马克思科技劳动价值论思想及其“对象域”与劳动力资本研究

马克思从对工场手工业的考察转向对机器大工业的考察，特别是转向对机器大工业中占主导地位的“机器—脑力型”劳动系统的考察时，萌发了以脑力支出为主的科技劳动价值论的思想②。一方面，马克思的科技劳动价值论思想有着丰富的前瞻性的真知灼见，这在为劳动力资本化研究提

① 刘冠军：《现代科技劳动价值论研究》，中国社会科学出版社 2009 年版，第 36 页。
② 刘冠军：《现代科技劳动价值论研究》，中国社会科学出版社 2009 年版，第 79 页。

供直接思想源泉的同时，也为劳动力资本化研究提供了理论上的可能性和作了思想认识上的准备。但另一方面，马克思的科技劳动价值论思想的孕育和萌发有着特定的“对象域”，由这一特定的“对象域”所决定，在马克思萌发科技劳动价值论思想之时，还不具备系统地研究劳动力资本化问题和直接地建构起劳动力资本化理论的现实条件，因而造成了在马克思经济理论中渗透着劳动力资本的思想萌芽但还没有系统的劳动力资本的理论之现实。

一、马克思科技劳动价值论思想为劳动力资本研究提供直接思想源泉

从理论发展的历史进程来看，马克思在创立科学的劳动价值论的过程中，孕育形成了具有丰富内涵的科技劳动创造价值的思想，它为劳动力资本化问题的研究提供了直接的思想源泉。

第一，根据笔者多年来的考察发现，马克思的科技劳动价值论思想主要集中在他的代表作《资本论》中，特别是其中的第一卷第四篇第十三章“机器和大工业”中，以及他在1861—1863年的经济学手稿中。根据笔者的考证分析和以往的研究成果，曾在以下几个方面对马克思科技劳动价值论思想进行概括和总结：①马克思对“劳动力”“抽象劳动”和“总体工人”等的论述中蕴含着科技劳动创造价值的思想，或者说已经将科技劳动创造价值的思想蕴含在其中。②马克思在对简单劳动和复杂劳动加以划分并对二者的关系进行论述时，也在其中渗透着科技劳动创造价值的思想。③马克思在对科学技术是生产力、科学并入生产过程提高劳动生产率进行论述时，也在其中潜含着科技劳动创造价值的思想。④马克思对机器大工业“机器—脑力型”复杂劳动系统的二重性的分析中，包含着科技劳动创造价值的思想。⑤马克思在对“机器”“机器体系”和“自动的机器体系”的考察分析中，以深邃的历史眼光洞察到了科技劳动创造价值的思想①。

① 刘冠军：《现代科技劳动价值论研究》，中国社会科学出版社2009年版，第84-92页。

第二，从一定意义上讲，甚至在相当高的程度上，马克思的科技劳动价值论思想不仅是现代科技劳动价值论的直接思想源泉，而且更为重要的它也是劳动力资本化问题研究的直接思想源泉，为劳动力资本化问题研究在理论上提供了可能性。譬如，马克思在对“总体工人”范畴进行分析时，把两种生产者——体力劳动者和脑力劳动者——合称为“总体工人”，并且认为他们都是“生产劳动者”，都是生产价值和生产剩余价值的劳动者，这也就把典型的脑力劳动者或以脑力劳动为主的劳动者即科学劳动者看作是生产价值和剩余价值的“总体工人”的一部分，而这部分人拥有高级复杂的劳动力，他们作为雇佣工人在与资本家提供的物质生产资料相结合进行生产的过程中，由于在相当高的程度上掌握着大量的科技知识，这部分科技知识作为“精神生产资料”或“精神资本”构成了他们“高级复杂劳动力”的重要内容，因此只要条件成熟便能够成为劳动力资本。这也正如恩格斯所指出的：“在一个超越于利益分裂的合理制度下，精神要素当然就会列入生产要素中，并且会在政治经济学的生产费用项目中找到自己的地位，到那时我们自然就会满意地看到科学领域中的工作也会在物质上得到报偿。”① 恩格斯在此所讲的“超越于利益分裂的合理制度下”的社会就是扬弃了资本主义社会的社会主义社会，“精神要素当然就会列入生产要素中”进而成为了社会生产的“精神生产资料”，这些精神生产资料“在政治经济学的生产费用项目中找到自己的地位”的具体表现：不仅作为劳动力商品的内容，而且应当作为劳动力资本的内容。这样，“科学领域中的工作也会在物质上得到报偿”，而这种“报偿”不仅仅是掌握精神要素或精神生产资料的高级劳动力作为商品之价值实现的报偿，而且包括其作为资本即劳动力资本的报偿。

二、马克思科技劳动价值论思想的“对象域”不具备系统研究劳动力资本的条件

从时代发展的历史进程看，马克思的科技劳动价值论思想的孕育和萌

---

① 恩格斯：《政治经济学批判大纲》，《马克思恩格斯全集》第 1 卷，人民出版社 1956 年版，第 607 页。

发有着特定的“对象域”，这一特定的“对象域”同样不具备系统地研究劳动力资本化问题的现实条件。

第一，马克思科技劳动价值论思想的孕育和萌发的特定“对象域”，主要是机器大工业，或者说主要是机器大工业中占主导地位的“机器—脑力型”劳动系统①。

一方面，马克思的科技劳动价值论思想主要是在考察分析机器大工业中劳动价值关系时萌发的。马克思在《资本论》第一卷第四篇第十三章中，用了整整一章的篇幅来考察“机器和大工业”问题，并且一开始便引用约翰·斯图亚特·穆勒在他的《政治经济学原理》中的一句话，提出了这样一个问题：“值得怀疑的是，一切已有的机械发明，是否减轻了任何人每天的辛劳？”马克思的回答是：“但是，这也决不是资本主义使用机器的目的，像其它一切发展劳动生产力的方法一样，机器要使商品便宜，是要缩短工人为自己花费的工作日部分，以便延长他无偿地给予资本家的工作日。机器是生产剩余价值的手段。”② 在马克思的这一回答中，明确地肯定了“机器是生产剩余价值的手段”。但在此存在着这样一种情况：如果由于机器的运用而使“工人为自己花费的工作日部分”无限制地缩短③，当缩短到趋近于无穷小或为“零”时，也就意味着工厂企业中工人的人数少到了几乎“无人”的程度。在这样一种情况下，便产生了这样一个问题：由于机器的使用而使工厂企业中的工人少到几乎“无人”的程度，那么工厂企业的剩余价值又来自何处呢？从表面上看，显然是来源于机器。但根据马克思的劳动价值论可知，机器仅仅是生产设备，属于不变资本的范畴，它仅能转移价值而不能创造价值，这显然不能说明工厂企业当其中的工人在少到几乎“无人”的程度时其剩余价值的来源问题。

① 参见刘冠军《现代科技劳动价值论研究》（中国社会科学出版社 2009 年版）之第一章第三节、《走进新时代的马克思劳动价值论》（中央文献出版社 2008 年版）第 163－166 页、载于《文史哲》2006 年第 6 期的《马克思劳动价值论研究进程中的三次转向》、载于《学术界》2008 年第 3 期《科技时代马克思劳动价值论的困境与出路》、载于《山东社会科学》2005 年第 5 期的《马克思劳动价值论的现实解读》等。

② 马克思：《资本论》第 1 卷，人民出版社 1975 年版，第 408 页。

③ 实际上，伴随科技的迅速发展和在生产中的广泛运用，这种“如果”在今天已经成为现实。

根据笔者的理解，马克思已经洞察到这一问题及其产生的原因，并且在一定程度上找到了解答这一问题的途径，这表现在马克思在此对劳动价值论的研究，发生了从对“在工场手工业中以劳动力为起点”的劳动价值关系的考察，到对“在大工业中以生产资料为起点”① 的劳动价值关系的考察的转向。正是因为这一转向，马克思在《资本论》第一卷中专门拿出一章来分析“机器和大工业”；也正是在研究“机器”和“大工业”关系的过程中，萌发了科技劳动创造价值的科技劳动价值论的思想，并且只有在肯定科技劳动创造价值这一思想的前提下，才有可能解答上述问题。不仅如此，马克思在其他的经济学手稿中也从不同的方面来考察分析“机器”和“大工业”的问题，特别是在他的1861—1863年的经济学手稿中，专门对机器作为自然力和科学的应用问题进行了研究②。在这些考察研究过程中，马克思实现了从对工场手工业中的劳动价值关系的考察到对机器大工业中的劳动价值关系的研究的重大转向，表现在：如果说在工场手工业中是“以劳动力为起点”的话，那么在机器大工业中则是“以生产资料为起点”③ 的；如果说“在工场手工业和手工业中，是工人利用工具……劳动资料的运动从工人出发……工人是一个活机构的肢体”，那么在机器大工业的“工厂中，是工人服侍机器……是工人跟随劳动资料的运动……在工厂中，死机构独立于工人而存在，工人被当作活的附属物并入死机构”④。正是基于这样的事实和出发点，马克思认为“首先应该研究，劳动资料如何从工具转变为机器，或者说，机器和手工业工具有什么区别”⑤，这也是马克思在《资本论》中专门拿出一章来分析“机器和大工业”的根本原因之所在。正是在研究“机器”和“大工业”关系的过程中，马克思萌发了科技劳动创造价值的科技劳动价值论的思想。

另一方面，马克思的科技劳动价值论思想主要针对机器大工业中占主

---

① 马克思：《资本论》第1卷，人民出版社1975年版，第408页。

② 参见马克思：《机器、自然力和科学的应用》，人民出版社1978年版。该书的原标题是：《机器、自然力和科学的应用（蒸汽、电、机械的和化学的因素）》。

③ 马克思：《资本论》第1卷，人民出版社1975年版，第408页。

④ 马克思：《资本论》第1卷，人民出版社1975年版，第453页。

⑤ 马克思：《资本论》第1卷，人民出版社1975年版，第408页。

导地位的“机器—脑力型”劳动系统加以提出的。大家知道，劳动系统按照由低级到高级的顺序被划分为“手工工具—体力型”劳动系统和“机器—脑力型”劳动系统，如果在工场手工业中占主导地位的是“手工工具—体力型”劳动系统，那么在机器大工业中占主导地位的就是“机器—脑力型”劳动系统，并且这种劳动系统是以使用和改进机器、以科技的应用和以脑力消耗为主的科技劳动为主要特征的，马克思的科技劳动价值论思想主要是针对这一劳动系统的特征来阐发的。在机器大工业中，其劳动系统是以机器的使用和改进为其突出特征的，并且占主导地位的是“机器—脑力型”劳动系统。对此，马克思指出：“最先使用机器的总是那些原来使用手工业方式或工场手工业方式的部门。因而机器表现为从资本主义生产方式出发的、使一般生产方式发生革命的起点。机械工厂一旦建立，不断地改进机器就成为目的”①，并且“当大工业特有的生产资料即机器本身，还要依靠个人的力量和个人的技巧才能存在时，也就是说，还取决于手工工场内的局部工人和手工工场外的手工业者用来操纵他们的小工具的那种发达的肌肉、敏锐的视力和灵巧的手时，大工业也就得不到充分的发展”；与此相对应，当大工业发展到一定阶段时，它“必须掌握它特有的生产资料，即机器本身，必须用机器来生产机器。这样，大工业才建立起与自己相适应的技术基础，才得以自立”。

这时，“机器生产的最发达的形态”——自动的机器体系便发展起来了，“在这里，代替单个机器的是一个庞大的机械怪物，他的躯体充满了整座整座的厂房，它的魔力先是由它的庞大肢体庄重而有节奏地运动掩盖着，然后在它的无数真正工作器官的疯狂的旋转中迸发出来”②，也正是在这种疯狂的旋转中，“大生产——应用机器的大规模协作——第一次使自然力变成社会劳动的因素”，而且“自然力作为劳动过程的因素，只有借助机器才能占有”③。此时，机器大工业中的劳动系统，其动力来源已经不再是生产工人自身的体力即自身的自然力，而是借助于机器来驱动的大自然

① 马克思：《机器、自然力和科学的应用》，人民出版社 1978 年版，第 200 页。

② 马克思：《资本论》第 1 卷，人民出版社 1975 年版，第 420、421-422、419 页。

③ 马克思：《机器、自然力和科学的应用》，人民出版社 1978 年版，第 205 页。

的力量即单纯的自然力。这种自然力并入机器大工业生产，是在自然科学——这种以脑力支出为主的科技劳动的产物——并入机器大工业生产的前提下实现的，因此在机器大工业中的劳动系统已经成为了“机器—脑力型”的劳动系统。也正是在这个意义上，马克思才认为“大工业把巨大的自然力和自然科学并入生产过程，必然大大提高劳动生产率，这一点是一目了然的”①。同时，在机器大工业中，“机器—脑力型”劳动系统是以科技的发展和应用为前提的。在马克思看来，“机器生产的原则是把生产过程分解为各个组成阶段，并且应用力学、化学等等，总之就是应用自然科学来解决由此产生的问题。这个原则到处都起着决定性的作用”②。在机器大工业中，“机器—脑力型”劳动系统的“自然因素的应用……是同科学作为生产过程的独立因素的发展相一致的。生产过程成了科学的应用，而科学反过来成了生产过程的因素即所谓职能。每一项发现都成了新的发明或生产方法的新的改进的基础。只有资本主义生产方式才第一次使自然科学为直接的生产过程服务，同时，生产的发展反过来又为从理论上征服自然提供了手段。科学获得的使命是：成为生产财富的手段，成为致富的手段”；正是“由于自然科学被资本用作致富手段，从而科学本身也成为那些发展科学的人的致富手段，所以，搞科学的人为了探索科学的实际应用而相互竞争。另一方面，发明成了一种特殊的职业”③。也正因为如此，在机器大工业的“机器—脑力型”劳动系统中，劳动过程具有了复杂性的特征。

这种复杂性主要体现为现象和本质的分离：

（1）在现象层面上，劳动过程的主要承担者从生产工人向劳动手段上转移。因为劳动过程中的动力不再仅仅取决于生产工人自身的自然力即体力，而且更重要的是取决于借助科学在生产中物化的劳动手段即机器所使用的自然力，并且在这样一种情况下，“使用劳动工具的技巧，也同劳动工具一起，从工人身上转移到了机器上面”。马克思在分析机器发展的历史

① 马克思：《资本论》第 1 卷，人民出版社 1975 年版，第 424 页。
② 马克思：《资本论》第 1 卷，人民出版社 1975 年版，第 505 页。
③ 马克思：《机器、自然力和科学的应用》，人民出版社 1978 年版，第 206、208 页。

时还进一步指出，机器大工业中的机器系统是由“三个本质上不同的部分组成的”，即作为动力的发动机、调节改变运动形式的传动机和改造劳动对象的工具机。这种机器系统具有自己的内在结构，是一个能够自己运转、自行转换能量并做功的高效运作系统，在这个系统中“机器使肌肉力成为多余的东西”①，工人的技术和技巧都转移或合并到了机器上，工人在生产中的地位相对降低，甚至被机器这种劳动手段替代。

（2）在本质层面上，劳动过程的主要承担者借助于机器这一劳动资料，从在“生产现场”操作的工人向“生产现场”以外的以脑力消耗为主的科技劳动者转移，这是由当时的科技生产和物质生产的分离现象造成的。在马克思看来，“科学对于劳动来说，表现为异己的、敌对的和统治的力量，而科学的应用一方面表现为传统经验、观察和通过实验方法得到的职业秘方的集中，另一方面表现为把它们发展为科学（用于分析生产过程）；科学的这种应用，即自然科学在物质生产过程中的应用，同样是建立在这一过程的智力同个别工人的知识、经验和技能相分离的基础上，正像生产的［物质］条件的集中和发展以及这些条件转化为资本是建立在使工人丧失这些条件，使工人同这些条件相分离的基础上的一样”②。正是因为科学和生产的这种分离，借助于机器系统这一中介，而使“机器—脑力型”劳动系统中劳动过程的主要承担者，从在“生产现场”操作的工人向“生产现场”以外的以脑力消耗为主科技劳动者转移。因此笔者认为，在机器大工业的“机器—脑力型”劳动系统中的劳动价值关系，已经不再简单地表现为以体力支出为主的体力劳动与价值的关系，而是主要地表现为以脑力支出为主的科技劳动与价值的关系，可以说，马克思的科技劳动价值论思想所反映的主要是这一劳动系统中的劳动价值关系。

第二，通过上述的分析可见，马克思的科技劳动价值论思想是在对机器大工业或机器大工业中占主导地位的“机器—脑力型”劳动系统的考察过程中孕育和萌发的。由这一特定的“对象域”所决定，在马克思萌发科

---

① 《马克思恩格斯全集》第 23 卷，人民出版社 1972 年版，第 460、433 页。

② 马克思：《机器、自然力和科学的应用》，人民出版社 1978 年版，第 207-208 页。

技劳动价值论思想之时，还不具备系统地研究劳动力资本化问题和直接地建构起劳动力资本化理论的现实条件。

这是因为，尽管马克思的科技劳动价值论思想是在考察机器大工业时萌发的，在思想内容上或者说在理论上已经超出了“物质生产领域”而进入了“精神生产领域”——这正是马克思科技劳动价值论思想的前瞻性、先进性或超时代性的体现，但是我们应当看到，不管是机器大工业，还是工场手工业①，从整体上讲都属于“物质生产领域”的范畴。

（1）从马克思阐述其科技劳动价值论思想时的社会背景来看，科技和经济是相互分离的，科技活动和物质生产是“脱节”的，由于各方面的原因，马克思只对或主要对“经济领域”和“物质生产领域”的劳动价值关系进行考察，而没有具体而系统地考察作为精神生产的科技生产及其作为精神产品的科技产品中的科技劳动价值关系。尽管马克思在考察“机器大工业”的过程中萌发了科技劳动价值论的思想，但这一思想还主要是针对“物质生产领域”中因机器、机器体系和自动的机器体系所涉及的科技劳动而言的，从总体上讲基本属于“物质生产”的范畴。

（2）从马克思科技劳动价值论思想的来源看，古典的劳动价值论作为“真正的现代经济学，只是当理论研究从流通过程转向生产过程的时候才开始”②，这里的生产过程就是“物质生产”过程。基于这一认识，马克思在创立劳动价值论和提出科技劳动价值论思想时，批判地继承了古典劳动价值论的这一成果，也将其研究的“对象域”定位在“物质生产领域”。

（3）从马克思科技劳动价值论思想的所属体系——政治经济学的研究对象来看，马克思在《资本论》德文第一版序言中给出了我国理论界认为是最有权威的表述，即“我要在本书研究的，是资本主义生产方式以及和它相适应的生产关系和交换关系”③。尽管我国理论界对其中的“生产方

---

①　为了行文和论述的方便，不妨将马克思科学的劳动价值论的“对象域”工场手工业和马克思科技劳动价值论思想的“对象域”机器大工业，统称为马克思劳动价值论的“整体对象域”——因为马克思科技劳动价值论思想也是马克思劳动价值论重要的有机组成部分和进一步发展的高级形态，为了行文和分析的方便可以分开来考察，但不能人为地加以割裂。

②　马克思：《资本论》第3卷，人民出版社1975年版，第376页。

③　马克思：《资本论》第1卷，人民出版社1975年版，第8页。

式”的含义存在较大的争议，但是马克思所讲的生产方式、生产关系都是针对“物质生产领域”而言的，交换关系也是建立在物质生产基础之上的。

（4）从马克思科技劳动价值论思想的直接出处来看，这一理论是在《资本论》第一卷中提出的，而该卷的标题就是“资本的生产过程”。马克思对此的解释是：“在第一卷中，我们研究的是资本主义生产过程本身作为直接生产过程考察时呈现的各种现象，而撇开了这个过程以外的各种情况引起的一切次要影响。但是，这个直接的生产过程并没有结束资本的生活过程。在现实世界里，它还要由流通过程来补充，而流通过程则是第二卷研究的对象。”① 这就是说，《资本论》第一卷研究“资本的生产过程”，是不以流通为媒介的资本的现实生产过程，即具体的资本主义的“物质生产”过程，马克思科技劳动价值论思想就是在研究这一“物质生产”过程中建立起来的。

（5）马克思将劳动价值论研究的“整体对象域”确立为“物质生产领域”，与马克思科学历史观创立的基础是一致的。马克思和恩格斯在《德意志意识形态》中，第一次把物质生产确立为科学历史观的出发点和逻辑前提，认为物质生产就是“生产物质生活本身”，是人们运用劳动工具，作用于劳动对象，创造物质财富以满足人类社会发展的物质需要的生产活动和过程；从事物质生产必须具备两个基本的条件：劳动者和生产资料（包括劳动手段和劳动对象），即人的要素和物的要素。人是起主导作用的要素，没有劳动者就没有物质生产。物的要素是生产过程的物质基础，没有生产资料，物质生产难以进行。二者的结合形成社会生产力，表示人们在生产过程中对自然界的关系，这是人们“第一个需要确定的具体事实”，是“一切人类生存的第一个前提”，并且“也就是一切历史的第一个前提”。同时，人们在生产过程中还发生一定的关系，即生产关系，它表示人与人的社会关系。“只有在这些社会联系和社会关系的范围内，才会有

① 马克思：《资本论》第3卷，人民出版社1975年版，第29页。

他们对自然界的关系，才会有生产”①，因此物质生产是生产力和生产关系的统一，生产关系一定要适应生产力发展状况的规律，是“不以人的意志为转移的”人类社会发展的基本规律。这样，“历史破天荒第一次被安置在它的真正基础上”②，即被安置在物质生产的基础上，马克思的劳动价值论以及他的科技劳动价值论思想就是建立在这一基础上的劳动价值理论。

（6）马克思将劳动价值论研究的“整体对象域”确立为“物质生产领域”，与唯物史观的基本思想也是一致的。从社会存在和社会意识这对范畴来考察，物质生产是“直接生活的生产和再生产”，是“历史中的决定性因素”③，属于社会存在的范畴，对精神生产具有决定性作用，因此“从直接生活的物质生产出发来考察现实的生产过程，并把与该生产方式相联系的、它所产生的交往方式，即各个不同阶段上的市民社会，理解为整个历史的基础；然后必须在国家生活的范围内描述市民社会的活动，同时从市民社会出发来阐明各种不同的理论产物和意识形式……并在这个基础上追溯它们产生的过程”④。作为社会意识范畴的马克思劳动价值论和科技劳动思想，就是运用唯物史观的这一思路，在对作为社会存在的“物质生产”进行考察研究的基础上创立的。

通过上述几个方面的分析可见，马克思科技劳动价值论思想的“对象域”从整体上讲属于“物质生产领域”，仅在这一领域还不具备劳动力资本化研究的现实条件，因为这一领域的劳动力大部分是以体力劳动为主的，尽管在一定程度上也涉及以脑力或智力劳动为主的劳动力，但不是其主体部分。更多的是以脑力或智力劳动为主的劳动力所有者——科学人员甚至包括相当大部分的技术人员，还是在“物质生产领域”之外的，主要集中在“精神生产领域”——这也是由当时科技与经济、科技生产与物质生产相分离这一社会现实所决定的。因此可以得出如下结论：由马克思科技劳动价值论思想的“对象域”所决定，在马克思萌发科技劳动价值论思

① 《马克思恩格斯选集》第 1 卷，人民出版社 1972 年版，第 24、32、362 页。
② 《马克思恩格斯选集》第 3 卷，人民出版社 1972 年版，第 41 页。
③ 《马克思恩格斯选集》第 4 卷，人民出版社 1972 年版，第 2 页。
④ 《马克思恩格斯选集》第 1 卷，人民出版社 1972 年版，第 43 页。

想之时，还不具备系统地研究劳动力资本化问题和直接地建构起劳动力资本化理论的现实条件。

第三节　现代科技劳动价值论的“对象域”与劳动力资本研究

现代科技劳动价值论作为马克思科技劳动价值论思想在现代经济社会中发展的系统化理论体系，其“对象域”是在“物质生产领域”的基础上加以拓展所形成的“物质生产”和“精神生产”相统一的“科技与经济一体化”社会生产系统①。这一特定的“对象域”，为劳动力资本化问题的研究奠定了坚实的现实基础。

一、现代科技劳动价值论的“对象域”

现代科技劳动价值论将其“对象域”确立为在“物质生产领域”的基础上加以拓展所形成的“物质生产”和“精神生产”相统一的“科技与经济一体化”社会生产系统，主要是为了解决马克思科技劳动价值论思想与马克思劳动价值论的“整体对象域”之间的“不吻合”“不一致”的矛盾。在上两节的考察中我们已经看到，马克思劳动价值论的“整体对象域”，包括工场手工业和机器大工业，基本上是属于“物质生产领域”，这一“整体对象域”与马克思科学的劳动价值论是完全适应的。同时我们还注意到，马克思科技劳动价值论思想尽管是在物质生产领域的“机器大工业”领域中萌发产生的，但它的“对象域”已经超出了“物质生产领域”而进入到了“精神生产领域”，已经在“物质生产领域”的基础上拓展进而形成了“物质生产”和“精神生产”相统一的“科技与经济一体化”社会生产系统。

马克思科技劳动价值论思想与马克思劳动价值论“整体对象域”即

① 刘冠军《现代科技劳动价值论研究》（中国社会科学出版社 2009 年版）之绪论和第一章第四、五节。

“物质生产领域”之间的“不吻合”“不一致”问题，在理论上反映出马克思科技劳动价值论思想有进一步发展的需要。这是因为，既然马克思科技劳动价值论的思想已经超越了马克思劳动价值论的“整体对象域”，它所适应的“对象域”是这种“物质生产”和“精神生产”相统一的“科技与经济一体化”社会生产系统，那么这在客观上就要求将马克思科技劳动价值论思想在现代经济社会中加以发展，使之适应这种新的社会生产系统，进而建构起现代科技劳动价值论的理论体系。而在现实性上，如果说马克思在考察机器大工业中的劳动价值关系时，科技与经济一体化的现象还不明朗，或者说还处在初始阶段的话，那么在现代经济社会中，科技与经济一体化的现象已经成为一种普遍的客观的社会现实，因为科技在此时期不仅是生产力而且已经成为第一生产力，科技在现代经济社会中已经显示出巨大的经济功能，特别是在当今知识经济初见端倪，后工业经济社会已经来临、信息经济社会已经出现、科技经济社会已经形成的情况下尤其如此。

从理论与现实相统一的角度来看，在现代经济社会中，创造价值的生产劳动系统已经不再仅仅是传统意义上的单纯的“物质生产领域”的劳动系统，而是已经成为一种“物质生产”和“精神生产”相统一的“大生产”系统，是科技与经济一体化、科技劳动与物质生产相融合的“大生产”系统。这样的经济社会系统，为我们解决马克思科技劳动价值论的思想与马克思劳动价值论研究的“整体对象域”之间的“不吻合”“不一致”现象，提供了坚实的社会现实基础，并在客观上迫切要求我们必须将马克思劳动价值论研究的“整体对象域”，从传统意义上的“物质生产领域”，拓展到“精神生产领域”，或拓展为在“物质生产”基础上形成的“物质生产”和“精神生产”相统一的“科技与经济一体化”的社会生产系统，进而在此“对象域”基础上建构起马克思科技劳动价值论思想的新理论形态——现代科技劳动价值论。不仅如此，而且只有实现这种拓展，进而建构起新的理论体系，才能真正解决上述的“不吻合”“不一致”的现象。可以说，这种拓展，是解决马克思科技劳动价值论的思想与马克思劳动价值论研究的“整体对象域”之间“不吻合”“不一致”现象的唯一路径。在此加以强调的是：

第一，如果说马克思科学的劳动价值论的“对象域”主要对应的是工场手工业时期的“手工工具—体力型”劳动系统，马克思的科技劳动价值论思想的“对象域”主要对应的是机器大工业时期的“机器—脑力型”劳动系统，那么现代科技劳动价值论作为马克思科技劳动价值论思想在现代经济社会系统中的发展形态，它的“对象域”主要对应的是现代经济社会中的“信息—智力型”劳动系统。大家知道，智力是人在体力和脑力基础上发展起来的认识事物和运用知识创造性地解决问题的能力的总称，它的本质特征是创造性，它的支出和使用就是智力劳动。随着现代科技革命的深入，尤其是电子计算机、人工智能等高新科技的出现和使用，它使机器系统增添了新的控制部分，即除了动力机、传动机和工具机之外增添了控制机。控制机的运用使生产中的结构、能量变换被信息、功能交换代替，机器系统的运作过程第一次有了自己的“中枢”和“大脑”，达到了“自我调节”的新水平。控制机的实体是电子计算机和人工智能机，它对整个机器系统的调控和指挥，实质上是通过对信息的接收、处理、储存和输出来实现的。这样，人的特有功能——智力，随着它的运用即通过智力劳动赋予机器系统，使机器系统具有明显的智力运作的品质。这种新型的装置，通常被称为智能机器系统。而借助于智能机器系统进行物质生产的系统被称为“信息—智力型”劳动系统。

这种新型劳动系统的出现，使现代生产过程中生产工人的活劳动量大大减少或者几乎完全被取代，出现了“无人工厂”“无人车间”的社会现象。在这种条件下，“工人不再是生产过程的主要当事者，而是站在生产过程的旁边”，生产工人的劳动在质的方面“变成一种从属的”劳动，“在量的方面降到微不足道的比例”，此时“现实财富的创造较少地取决于劳动时间和已耗费的劳动量，较多地取决于……科学水平和技术进步”①，归根

① 《马克思恩格斯全集》第46卷下册，人民出版社1980年版，第218、212、217页。

到底来源于“智力劳动特别是自然科学的发展”①。此时，科技劳动创造价值的过程与其借助于机器系统运作实现价值的过程存在着“跨时空”的现象，以及由此造成的“机器—脑力型”劳动系统中价值来源的二重性现象，在这种新型的“信息—智力型”劳动系统凸现出来，科技劳动创造价值的事实也从“生产者背后”“走到”了“生产者面前”。也就是说，在“信息—智力型”劳动系统中，智能机器系统作为科技人员智力劳动的产物，使生产过程“真正”成为科技运用的场所，科技人员借助于这些智能机器系统从传统意义上的“生产者背后”走到了现代科技企业当中，成为商品价值的主要生产者。这样，商品价值的主要源泉已经不再是传统意义上的“生产工人”的活劳动，而是科技人员创造性的智力劳动即科技劳动。从科学认识论的角度讲，反映现代经济社会中的这种科技劳动与价值创造的关系之理论，就是现代科技劳动劳动价值论。

第二，现代科技劳动价值论尽管主要是以现代新型的“信息—智力型”劳动系统中的科技劳动和价值创造的关系为典型进行分析研究并加以建构的，但是应当看到，现代经济社会中的“信息—智力型”劳动系统，仅仅是科技劳动系统的典型形态（如在现代的信息科技产业、电子计算机科技产业等高新科技产业中所体现出的劳动系统），在现代经济社会中仅仅具有一定的代表性，但并不具有全面性，因此仅仅以此为对象来建构现代科技劳动价值论是不全面的。同时，由于在现代经济社会中，“手工工具—体力型”劳动系统和“机器—脑力型”劳动系统在相当普遍的程度上存在着，并且现代经济社会中存在的“手工工具—体力型”劳动系统，已经不同于工场手工业时期存在的该种劳动系统，现代经济社会中存在的“机器—脑力型”劳动系统，也不同于机器大工业时期的该种劳动系统，它们已经在不同程度上被“科技化”了，它们当中的劳动也在不同程度上成为了“科技化”的劳动，变成了“现代科技劳动”的一部分，因此笔者在建构现代科技劳动价值论之理论体系时，也注意使之适应于现代经济社会中

① 马克思：《资本论》第3卷，人民出版社1975年版，第97页。

这些不同类型的劳动系统的科技劳动，尽量使这一全新的理论体系达到全面化、系统化。

二、现代科技劳动价值论“对象域”宏观上为劳动力资本研究奠定现实基础

劳动力成为资本或劳动力资本化的前提条件就是劳动力所有者占有或拥有知识、信息、科学、技术等精神生产资料，劳动力资本的实质就是将劳动者所掌握的精神生产资料作为资本，或者说将劳动者所掌握的精神生产资料视为带来剩余价值的价值。只有如此，劳动力资本才能与传统的物质资本——以物质生产资料为其存在方式的资本相对应。从这个意义上讲，将现代科技劳动价值论的“对象域”确立为在“物质生产领域”基础上加以拓展所形成的“物质生产”和“精神生产”相统一的“科技与经济一体化”社会生产系统，在宏观上为劳动力资本化问题的研究全方位地提供了现实的可能性和具备了成熟的现实条件。对此，我们至少可以从以下几个方面加以论证。

第一，在“物质生产领域”基础上拓展而成的“物质生产”和“精神生产”相统一的“科技与经济一体化”社会生产系统这一“对象域”，客观上比较全面地展示出现代经济社会中创造价值的生产劳动系统，将各种不同层次的生产劳动子系统包含在其中，进而将不同层次的“劳动力”纳入整个生产劳动系统中，为劳动力成为资本奠定了生产劳动方面的现实基础和现实条件。在现代经济社会中，在“物质生产领域”基础上拓展而成的“物质生产”和“精神生产”相统一的“科技与经济一体化”社会生产系统，是在科技生产化和生产科技化的双向互动趋势日益加强的情况下形成的，是在现代经济社会中的生产运行过程与现代科技的研发过程日益趋向一体化的结果，表现为“基础研究↔应用研究↔开发研究↔社会生产（投产与推广）↔经济社会需要的满足”的互动过程。

这一互动过程，若从现代科技的研发过程来考察，或者说，主要从科技研究的视角来考察科技向经济社会的转化，那么它就表现为从“基础研

究→应用研究→开发研究→社会生产（投产与推广）→经济社会需要的满足”的过程；若从社会经济的生产运行过程来考察，或者说，主要从经济社会的需要视角来考察为了满足社会的需要而进行社会生产和科技研发，那么它就表现为科技研发过程的逆过程，即为从“经济社会的需要→社会生产→开发研究→应用研究→基础研究”的过程。从表面上看，这是两个不同的过程；而在实质上，这是同一个过程两种维度展现的两个方面。这也就是科技与生产一体化、科技与经济一体化的社会生产系统之体系结构的实质内涵①。在现实性上，这一社会生产系统的体系结构各环节基本上已经囊括了现代经济社会中创造价值的各种劳动，依次表现为：基础性科技劳动、应用性科技劳动、开发性科技劳动和科技化的生产劳动。换言之，现代经济社会中创造价值的各种劳动，都已经被纳入到了“科技与经济一体化的社会生产劳动系统”的范畴，并且在相同的意义上也都纳入到“科技与经济一体化的现代科技劳动系统”之中，进而集中地呈现出“科技与经济一体化”的“整个社会生产劳动系统”与“整个现代科技劳动系统”逆向叠加的“统一劳动系统”。如图 3-1② 所示。

图 3-1 所展示的“科技—经济一体化”社会生产劳动系统，在相当高的程度上反映了现代经济社会的整个社会生产劳动系统的构成，即基础性科技劳动、应用性科技劳动、开发性科技劳动和科技化的生产劳动。这四个层面的劳动，在概念内涵、基本特征和产品形式等方面是各不相同的，具体表现在：

（1）基础性科技劳动，一般是指以探索“实在”世界的规律并建构知识为目的的科学研究活动，其主要特征包括没有明确的目标和时间的限制、不急于评价、一般无保密性、难度高、见效慢和弱商品性等，其产品形式主要是研究报告、学术论文、学术专著等。

（2）应用性科技劳动，一般是指运用基础性研究成果来进行技术发明

① 刘冠军《现代科技劳动价值论研究》，中国社会科学出版社 2009 年版，第 176 页。

② 刘冠军《现代科技劳动价值论研究》（中国社会科学出版社 2009 年版）第 207 页的“图 2-1”：现代“科技—经济一体化”社会的整个科技劳动过程或整个生产劳动过程的示意图。

的研究活动，其主要特征包括有一定的目标和时间的限制、适当时候作出评价、有一定的保密性、有较强的商品性等，其产品形式主要是专利、原理模型、论证报告等。

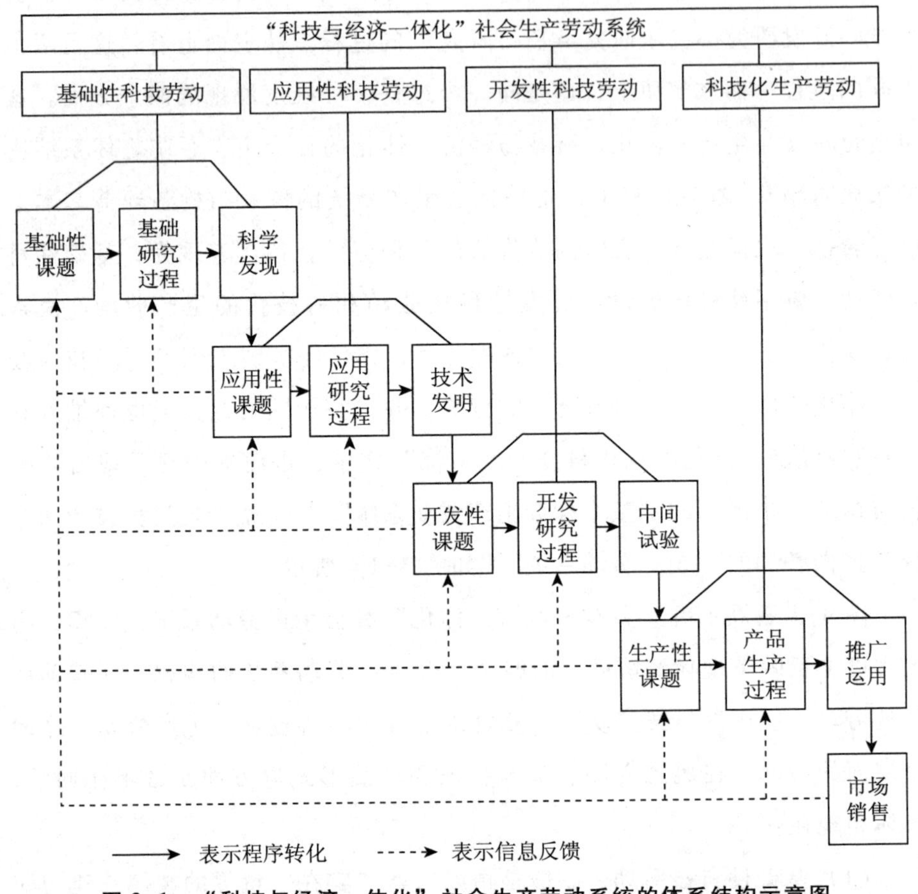

图 3-1 "科技与经济一体化"社会生产劳动系统的体系结构示意图

（3）开发性科技劳动，一般是指对应用性研究成果进行小批量生产的中间试验的工程技术研究活动，其主要特征包括有具体明确的目标和严格时间的控制、完成后很快作出评价、有强保密性、有强商品性等，其产品形式主要是专利设计、图纸设计、试制产品等。

（4）科技化的生产劳动，一般是指将开发性研究的成果进行大批量生产的劳动过程，其主要特征包括生产目标明确、突出强调"四化"即产业化、规模化、效益化和强商品化等，其产品形式主要是满足社会生产、生活需要的各种生产产品①。

同时，上述四个层面的劳动又是相互联系和相互渗透的，它们共同构成了“基础性科技劳动↔应用性科技劳动↔开发性科技劳动↔科技化的生产劳动”的双向互动结构体系②。一方面，图 3-1 所展示的“科技—经济一体化”社会生产劳动系统，是从“科技—经济一体化”社会的一极——经济视角来考察的结果，因此呈现出从科技化生产劳动→开发性科技劳动→应用性科技劳动→基础性科技劳动的“逐步拓展”的层次性，并且人们对它的认识也经历了一个“逐步拓展”的过程，主要表现在：

（1）在传统的理论中，原来意义上的生产劳动，不管科技化程度如何，都是创造价值的劳动，这是理论界的共识。

（2）当工业实验室等研发机构在工业企业中产生时，人们不得不承认这种研发机构中的开发性科技劳动和应用性科技劳动，也是创造价值的“生产劳动”，这是从传统创造价值的生产劳动向科技劳动拓展的第一步，此时人们开始研究“加入技术进步因素后的劳动价值”问题。

（3）当高新科技产业大规模地出现以后，人们看到，不仅仅科技研发劳动——开发性科技劳动和应用性科技劳动是创造价值的“生产劳动”，而且基础性科技劳动也同样是创造价值的“生产劳动”。这样，原来意义上创造价值的“生产劳动”，在现代经济社会中便依次拓展成为包括科技化生产劳动、开发性科技劳动、应用性科技劳动和基础性科技劳动等所有

---

① 在我国理论界有许多专家学者根据传统习惯将这四个层面的劳动概括为三个层面：一是将基础性科技劳动称为科学人员的劳动，即科学劳动；二是将应用性科技劳动和开发性科技劳动统称为技术人员的劳动，即技术劳动；三是为了与传统意义上的“生产劳动”相一致，将科技化的生产劳动简称为生产劳动。事实上，这种划分，与通常意义上的科学、技术、生产的划分相一致，有时候更加便于表述和更加符合社会上大多数人的理解和习惯用法。若按照这种划分体系，那么“科技与经济一体化”社会生产劳动系统就是由科学劳动、技术劳动和（传统意义上的）生产劳动构成的。在此，我们不妨将其称为“科技与经济一体化”社会生产劳动系统构成的“三分法”，而将上述关于“科技与经济一体化”社会生产劳动系统由四个层面的劳动构成的结构体系称为它的“四分法”。事实上，关于“科技与经济一体化”社会生产劳动系统构成的“三分法”和“四分法”在实质上是一致的，差别在于：前者符合传统习惯，后者符合现代科技研究的体系结构。

② 刘冠军：《现代科技劳动价值论研究》，中国社会科学出版社 2009 年版，第 208-209 页。

的劳动。

而另一方面，图 3-1 所展示的“科技与经济一体化”社会生产劳动系统，同时也是“科技—经济一体化”的现代科技劳动系统，这是从“科技—经济一体化”社会的另一极——科技视角来考察的结果，因此展现出从基础性科技劳动→应用性科技劳动→开发性科技劳动→科技化生产劳动的“逐步转化”的层次性，它不仅从直观表面上比较适合于科技融入经济系统的间接方式，展示出从基础性科技劳动通过中间环节向生产劳动的“逐步转化”的过程，而且更加适合于科技融入经济系统的直接方式，因为在这种直接方式中这四个层面的劳动几乎是在同时进行和完成的，在间接方式中表现出来的“转化过程”在这种直接方式中被大大缩短，因而呈现出集四个层面的劳动于一体的现象，这也正是“科技—经济一体化”的实质之所在①。

通过上述两个方面的分析可以看到，上述两个方面相互叠加便形成了“基础性科技劳动↔应用性科技劳动↔开发性科技劳动↔科技化的生产劳动”的双向互动的层次结构体系，即“科技—经济一体化”社会生产劳动系统。其中，基础性科技劳动作为“精神生产劳动”的典型代表，与生产劳动作为“物质生产劳动”的典型代表，借助于既具有“物质生产劳动”特征又具有“精神生产劳动”特征的“应用性科技劳动”和“开发性科技劳动”这两个中介和桥梁，在这一结构系统中“融为一体”，构成了一个集“物质生产劳动”和“精神生产劳动”于一体的完整的生产劳动系统。这一生产劳动系统呈现出如下特征：一是将科学人员的劳动力、技术人员的劳动力和传统的生产人员的劳动力融入其中；二是将“精神生产劳动资料”和“物质生产劳动资料”融入其中；三是将“物质资本”和“精神资本”融入其中，等等，这为劳动力成为资本加以研究奠定了现实的基础，提供了现实的条件。

第二，在“物质生产领域”基础上拓展而成的“物质生产”和“精神生产”相统一的“科技与经济一体化”社会生产系统这一“对象域”，

① 刘冠军：《现代科技劳动价值论研究》，中国社会科学出版社 2009 年版，第 209-211 页。

在客观上赋予传统意义上的科学、技术、企业以新的含义，其中的科学、技术和企业是“科技与经济一体化”社会生产系统中的科学、技术和企业——科学是包括技术和企业之因素在内的科学，技术是包括科学和企业之因素在内的技术，企业也是包括科学和技术之因素在内的企业。从这种意义上讲，它们在不同的维度上全面地诠释着“科技与经济一体化”社会生产系统的科学内涵，全方位地诠释着这一社会生产系统是“物质生产”和“精神生产”的统一，从而全方位地为劳动力成为资本并加以研究做好了现实条件方面的准备。

（1）“科技与经济一体化”社会生产系统中的科学，不妨称之为现代科学，主要是指技术化的科学和经济化或产业化的科学，这是相对于把科学与技术绝对分开以及把科技视为游离于经济之外的传统意义上的科学而言的。传统意义上的科学，是与技术相分离的，更是与企业、产业相分离的。与此相对照，首先，现代科学是技术化的科学，主要表现在现代科学必须以现代技术为基础，脱离现代技术的现代科学研究基本上是不可能的；同时，现代科学的重大发现为现代技术提供基础并且能够转化为现代技术，可以说是现代技术的“前身”，如爱因斯坦的质能关系理论和相关核科学理论的具体应用转化为现代的核能技术等。其次，现代科学还是经济化或产业化的科学，主要表现在现代科学借助于现代技术向现代产业或企业渗透与转化，进而成为现代企业的内在要素；同时，现代科学在成果形态上直接表现为商品形态进而直接具有了经济属性，在劳动形态上直接表现为创造价值的劳动进而成为现代产业的有机构成部分。在内涵上，现代科学在“现代科技的体系结构”和“现代科技研究的体系结构”中，主要是基础性科技成果（即理论科学成果）和基础性科技研究（即理论科学研究）的统称。

（2）“科技与经济一体化”社会生产系统中的技术，不妨称之为现代技术，主要是指科学化的技术和经济化或产业化的技术，这是相对于把技术与科学绝对分开以及把科技视为游离于经济之外的传统意义上的技术而言的。传统意义上的技术，既与科学相分离，又游离于企业之外。与此相对照，首先，现代技术是科学化的技术，主要表现在现代技术必须以现代科学为基础，脱离了现代科学而仅仅依靠经验是难以形成现代技术的；同时现代技术更注重原理的构思、方式方法的设计、方案的评价等，它们的进一步升华可能形成科学理论，进而成为现代科学的组成部分。其次，现代技术还是经济化或产业化的技术，主要表现在现代技术通过在企业中的应用而成为现代企业的内在要素；同时现代企业非常注重技术创新，从而使现代技术的研发成为企业生产的一个关键性环节；更加重要的是，在成果形态上直接作为商品而直接具有了经济属性，在劳动形态上直接表现为创造价值的劳动进而成为现代经济社会的支柱性产业等。在内涵上，现代技术在“现代科技的体系结构”和“现代科技研究的体系结构”中，主要是应用性、开发性科技成果（即技术科学成果）和应用性、开发性科技研究（即技术科学研究）的统称。

（3）“科技与经济一体化”社会生产系统中的企业，不妨称之为现代企业，主要是指科技企业和“科技化”的企业，这是相对于把企业生产与科技研究绝对分开或者仅仅将科技视为提高企业劳动生产率的外在因素而将科技游离于企业之外的传统意义上的企业而言的。从现实性上来审视，现代企业在不同程度上已经将科学和技术的因素纳入到自身之中，不包含科学和技术因素的企业在现代经济社会与境中几乎是不存在的。从这种意义上讲，现代企业都已经成为科技企业或“科技化”的企业。在此需要加以说明的是，科技企业和“科技化”的企业作为现代企业的两种类型，是根据企业的“科技化”程度而相对地划分的：前者主要是指现代科技以“直接方式”融入经济系统所形成的企业形式，或者说是传统意义上的“纯科技”直接作为经济系统中的企业而存在的现代企业形式；而后者主要是指现代科技以“间接方式”融入经济系统所形成的企业形式，或者说是传统意义上的“纯科技”通过转化、物化、渗透等途径应用于原来的生产企业而使其“科技化”而形成的现代企业形式。从一定意义上讲，二者的划分是相对的，这种划分只是表明了两者之间所包含的科学和技术因素的程度差异，或“科技化”程度的高低，前者高一些，而后者低一些。

另外，根据其中所包含的科学和技术因素的程度，事实上也就是“科技化”程度的高低，现代企业还可以相对地划分为以下三种类型：一是在现代科技产业化的世界性潮流中出现的新型现代科技产业。这是现代科技以“直接方式”融入经济系统所形成的最为典型的科技企业形式，其最具代表性的就是现代高新科技产业，如现代的生物工程产业、生物医药产业、光电子信息产业、智能机械产业、软件产业、超导体产业、太阳能产业、空间产业、海洋产业等，其突出特征是将基础性研究、应用开发性研究与商业运作直接融为一体。二是原来的大型生产企业通过设立“工业实验室”等研发机构使其变成了现代的科技企业。这也是现代科技以“直接方式”融入经济系统所形成的比较普遍的科技企业形式，像原来大型的材料产业、能源产业、机械制造产业等就是如此，其突出的特征是应用开发性研究（即现代技术）与企业生产“直接”集于一身，而将基础性研究（即现代科学）以“间接的方式”纳入到企业的应用开发性研究和企业生产之中。三是现代科技以“间接方式”通过转化、物化、渗透等途径应用于原来的生产企业，使原来的生产企业“科技化”而形成的现代企业。这主要是一些比较小型的企业通常所采用的一种较为普遍的方式，这些企业的突出特征是科技研发与企业生产在形式上是分离的，但在实质上用一种“间接的方式”将科技研发纳入到了企业的生产过程中。

不管对现代企业作如何划分，是划分为两种类型，还是划分为三种类型，在现实性上现代企业都已经在不同程度上以不同方式将科学和技术的因素纳入其中，这是“科技与经济一体化”社会生产系统的应有之义①。在上述的意义上，集“物质生产”和“精神生产”于一体的“科技与经济一体化”社会生产系统，其“整个生产劳动过程”在现实性上已经将基础性理论科学成果的研究过程和应用开发性技术成果的研究过程以不同的方式（或者是直接的方式，或者是间接的方式）纳入到自身之中，从而使它的“整个生产劳动过程”，在劳动成果或劳动产品方面依次展现为从“基础性理论科学成果→应用开发性技术成果→企业生产产品”的“物质连续流动”过程；在人类劳动方面展现为从“研究基础性理论科学成果的劳动→研究应用开发性技术成果的劳动→企业产品生产的劳动”的“劳动

① 刘冠军：《现代科技劳动价值论研究》，中国社会科学出版社2009年版，第271-274页。

连续进行”的过程①；在劳动价值方面展现为从“研究基础性理论科学成果的劳动创造的价值→研究应用开发性技术成果的劳动创造的价值→企业产品生产的劳动创造的价值”的“价值连续创造和运动”的过程。上述诸多方面相互联结在一起，共同地构筑了“科技与经济一体化”社会生产系统的科学内涵，全方位地诠释着这一社会生产系统是“物质生产”和“精神生产”的统一，从而全方位地为劳动力成为资本在宏观上提供了现实条件。

三、现代科技劳动价值论“对象域”微观上为劳动力资本研究提供现实可能

现代科技劳动价值论的“对象域”不仅在宏观上为劳动力资本化研究奠定了现实基础，而且在微观上提供了现实的可能性。

第一，在“物质生产领域”基础上拓展而成的“物质生产”和“精神生产”相统一的“科技与经济一体化”社会生产系统这一“对象域”，在客观上为劳动力成为资本提供了“劳动力所有者”的现实条件。从“劳动力所有者”的角度来考察，“科技与经济一体化”社会生产系统主要由以下三个层面（或环节）的劳动力所有者为要素来构成：

（1）从事基础性理论科学成果研究的科学家、一般科学人员及其组织管理者——笔者将其称为现代企业“非在场的”劳动力所有者。这是因为，他们的劳动主要表现为科学事实的发现、科学原理的总结、科学规律的概括和科学理论体系的建构等。在现实中，这一环节的劳动一般不在企业的“现场”中进行（当然，现实中也有例外，主要是现代的高新科技产业，其中包含着为数不多的这方面研究），但这是现代企业“整体生产劳动过程”中不可缺少的环节，是从科技研究到企业内部“现场”生产的起始环节。由于这部分劳动主要是“不在企业现场”中进行的劳动，因此笔者将它称为现代企业“非在场的”劳动。相应地，其劳动者称为现代企业“非在场的”劳动力所有者。

（2）从事应用性和开发性技术成果研究的技术专家和工程师及其组织

① 刘冠军：《现代科技劳动价值论研究》，中国社会科学出版社 2009 年版，第 274 页。

管理者——笔者将其称为现代企业“准在场的”劳动力所有者。这是因为，他们的劳动主要表现为应用性技术原理的发明、工艺流程的设计、制造方法的构思、技术方案的制定等，同时也包括开发性的新技术、新产品的试制、中试阶段的批量生产等。在现实中，对高新科技产业和拥有自己的“工业实验室”之类的“研发中心”的大型企业而言，一般包含着这些方面的研究，而其他的企业也不排除有这些方面的研究，但相对地讲是比较少的。由于这些方面的研究，一般是在与“企业现场”中的生产劳动相分离的“工业实验室”之类的“研发中心”进行的，同时由于这些“研发中心”又是包含在现代企业之内的，是现代企业的一个构成部分，因此从事这些方面研究的科技人员的劳动不妨称为现代企业“准在场的”劳动。相应地，其劳动者称之为现代企业“准在场的”劳动力所有者。

（3）在现代企业“生产现场”中的工程师、技术人员和生产工人及其组织管理者——笔者将其称为现代企业“在场的”劳动力所有者。这是因为，他们的劳动主要表现为现代企业在“生产现场”中进行的大批量生产产品的劳动，这也就是传统理论中认为的创造价值的“生产劳动”，马克思在《资本论》等经典著作中主要探讨的，就是这一环节上的“生产劳动”。由于这部分劳动是在现代企业的“生产现场”中进行的，因此笔者将它称为现代企业“在场的”劳动。相应地，其劳动者称为现代企业“在场的”劳动力所有者。由此可见，在“科技与经济一体化”社会生产系统中，劳动力所有者既包括“非在场的”从事基础性理论科学成果研究的科学家和一般科学人员及其组织管理者，也包括“准在场的”从事应用开发性技术成果研究的技术专家和工程师及其组织管理者，还包括“在场的”工程师、技术人员和生产工人及其组织管理者等等①。

这样，劳动力所有者的范围已经远远地超出了物质生产领域而拓展到了精神生产领域，其范围的扩大，为劳动力成为资本提供了“劳动力所有者”的现实条件。

第二，在“物质生产领域”基础上拓展而成的“物质生产”和“精

① 刘冠军：《现代科技劳动价值论研究》，中国社会科学出版社 2009 年版，第 274-276 页。

神生产”相统一的“科技与经济一体化”社会生产系统这一“对象域”，在客观上为劳动力成为资本提供了“劳动资料”的现实条件。从“劳动力所有者”所使用的“劳动资料”的角度来考察，“科技与经济一体化”社会生产系统中的“劳动资料”主要由两个层面来构成：

（1）以实验技术装备为核心的“硬件劳动资料”，这是“科技与经济一体化”社会生产系统的“物质性劳动资料”，也是现代科技劳动之劳动手段最基本的硬件要素。它一般包括仪器、仪表、材料、诸剂（如试剂、溶剂、催化剂等）、资源、动力和实验室、试验工厂、批量和大批量生产车间等设施，是“科技与经济一体化”社会生产系统的或科技劳动不可缺少的工具，它能够使劳动力所有者——主要是科技劳动者——的感官延长，如望远镜、显微镜、各种探测器、传感器等；它能使其肢体延长，如各种镊钳、传动机、工具机、机械手等；它能够使其思维器官功能放大，如电子计算机、智能机器人等。不仅如此，作为实体工具的实验技术装备，还能够创造出超高温、超高压、超真空、超低温以及强磁场等特殊环境；能够提供各种精密的测量手段和工具（如光学仪器、化学分析仪器等）；能够提供一系列的新实验方法（如计算机模拟方法、射电视察法等），使自然界千载难逢的现象得以重现，把自然界几万年的演化过程在短时间内重演出来，将自然界中极不稳定的物质在实验室中被人工制造出来（如元素周期表中第 95 号元素之后的镅、锔、锎、锿、镄、钔、锘等都是在加速器上人工合成的），等等。科技发展与生产发展的历史表明，如果某个国家或地区不具备先进的实验技术装备，是无论如何也不能赶超世界先进水平的。19 世纪末德国赶超英、法而成为世界科技中心的原因之一，就在于十分重视实验技术装备的研制和利用。在现代科技飞快发展的条件下，如果没有新的实验技术装备，很难设想会有高能物理、空间科学、电子技术、遗传工程等方面的研究成果，因此实验技术装备还是衡量“科技与经济一体化”社会生产系统之劳动方式水平高低程度的指示物、测量器。

值得注意的是，实验技术装备在“科技与经济一体化”社会生产系统中，既是其劳动手段，又表现为劳动对象。由于实验技术装备能够为现代生产劳动——科技劳动①提供原料、材料和能量等，因此成为现代劳动一部分新的对象。例如，激光器产生的激光、低压放电管放射的阴极射线、遗传工程中的各种菌种、原子反应堆产生的原子能等，都可以看作是“一身二任”的，它们既是劳动的手段，又是劳动的对象。同时，由于电子计算机的广泛应用和人工智能研究的新进展，以计算机控制系统为核心的“二次仪器”体系，不仅大大减少了人的体力消耗，补充了人体感官的不足，而且已经可以部分地代替人类的一些智力功能。现在，人们运用计算机可以重新得出万有引力定律、气体定律，证明曾经令人望而生畏的数学难题——“四色定律”，人工智能机正在许多领域表现出众多独特的“超人”功能，变成了替代人类适应许多人类根本无法适应的特殊环境的学习、自适应、自调节的系统等。

（2）以“图书—情报”资料为核心的“软件劳动资料”，这是“科技与经济一体化”社会生产系统的“知识性劳动手段”，也是现代科技劳动之劳动手段不可缺少的软件要素。在一般情况下，图书资料是人类知识的综合和储存，具有综合性、稳定性、历史性和公开性等特征，而情报资料具有专业性、流动性、现实性和保密性等特点，两者相辅相成，构成了完整的“图书—情报”资料系统——之所以说图书情报资料是“科技与经济一体化”社会生产系统必不可少的劳动资料，是由科技劳动“部分地以今人的协作为条件，部分地又以对前人劳动的利用为条件”② 这种特殊性所决定的。这种特殊性在于科技劳动有较强的继承性，离不开科技知识的积累。在科技图书资料中凝结着前人的科技劳动的成果，科技情报又集中地反映了今人科技劳动的成就，因此科技劳动者在从事科技劳动时，既要通过图书资料接受前人的科技成果，又要通过情报资料接收今人的科技成就，并且科技情报资料的获得与交流已成为今人科技劳动协作的一种重要方式。任何一项具体的科研项目所要解决的首要问题就是研究课题与科技

① 在此需要加以说明的是，在“科技与经济一体化”社会生产系统中，科技化的生产劳动与生产化的科技劳动，或生产劳动与科技劳动，基本上是“同义语”，不同的也只是在不同的使用场合是在强调生产劳动还是在强调科技劳动而已。

② 《马克思恩格斯全集》第25卷，人民出版社1974年版，第120页。

图书、情报资料的关系，即以图书、情报资料所提供的与课题有关的成功经验、失败教训和种种线索为基础，寻找解决问题的出发点和具体方法。从历史维度来看，在文字产生以后，图书资料就随之出现。由于近代专业科学、技术教育的出现，专业科学家、工程师队伍的壮大，使收藏于各类图书馆里的专业科技图书资料越来越成为科技研究和科技教育的有力工具。作为专业的科技情报工作出现较晚，大约开始于19世纪，起初比较零散，也没有形成专门的队伍，直到20世纪60年代才形成独立的研究体系，并在世界各国普遍涌现出国家规模的科技情报机构。科技情报资料之所以在世界各国受到普遍重视，是因为科技情报资料已经成为现代劳动方式不可缺少的劳动资料。科技情报资料被人们誉为“解开问题的钥匙”，是生产劳动或科技劳动的关键因素。如“二战”前的德国从英国搞到用煤焦油制造染料的情报后，很快就建成了本国的煤化学工业技术体系；“二战”后的日本通过激烈的科技情报战，发展了新兴的技术和产业——控制机床、氧气吹顶技术、转子发动机等。不仅如此，科技图书情报资料的运用还可以为现代劳动赢得时间，加速劳动进程。由于现代科技生产的综合化趋势使诸多学科相互交叉、渗透，形成了网络状的密切联系方式。即使是专业性科技杂志，也往往包括四五门学科的内容。科技劳动者进行某个课题的调研起码有半数以上的资料要到别的专业杂志上去寻找，这样便占去了他们大量的时间和精力。在这样的情况下，建立“图书—情报”系统已是历史的必然要求。

在现代“科技与经济一体化”社会生产系统中，作为知识形态科技劳动资料的图书情报资料已经成为一个国家、地区科技生产力发展水平的又一衡量标志。如果一个国家、地区没有或缺乏科技图书情报资料，尤其是在现代没有形成高效率的大型的图书情报资料系统，科技劳动者便不能及时迅速地得到所需要的科技图书情报信息，这会直接影响到这个国家、地区的科技劳动效率；而若拥有现代化的图书情报系统，科技劳动者便能及时迅速地得到所需要的科技图书情报信息，将大大提高该国家、地区的科技劳动者的劳动效率①。

由此可见，在“科技与经济一体化”社会生产系统中，“劳动资料”不仅包括作为“物质性劳动资料”即以实验技术装备为核心的“硬件劳动资料”，而且包括作为“知识性劳动手段”即以“图书—情报”资料为核心的“软件劳动资料”。钱学森将实验技术装备和图书情报资料形象地比作现代科技劳动的“两张翅膀”② ——这是从强调“现代科学劳动”的角度作出的说明。若从强调“现代生产劳动”的角度看，这在实际上道出了二者同样是“现代生产劳动”的“两张翅膀”，因为在“科技与经济一体化”社会生产系统中“科技劳动”和“生产劳动”是同义语。从这个意义上讲，在“科技与经济一体化”社会生产系统中，以实验技术装备为核心的“硬件劳动资料”和以“图书—情报”资料为核心的“软件劳动资料”是它必不可少的两类“劳动资料”。——这样，在“科技与经济一体化”社会生产系统中劳动资料的范围也已经远远地超出了“物质劳动资料”的疆域，而拓展到了“精神劳动资料”领域，其范围的扩大，为劳动力成为资本提供了“劳动资料”的现实条件。

第三，在“物质生产领域”基础上拓展而成的“物质生产”和“精神生产”相统一的“科技与经济一体化”社会生产系统这一“对象域”，在客观上为劳动力成为资本提供了“劳动对象”的现实条件。从“劳动力所有者”在使用劳动力即劳动过程中所设计的“劳动对象”角度来考察，“科技与经济一体化”社会生产系统中的“劳动对象”主要由两个层面来构成。

（1）传统意义上为满足生存和发展需要而进行的“物质资料的生产”所涉及的“物”的对象——“即人们在生产过程中把自己的劳动加于其上的一切东西”，主要包括“一类是没有经过人们劳动加工的自然生成物，如采伐中的原始森林里的树木、开采中的地下矿藏等等；另一类是经过人们加工的劳动对象，如棉花、钢铁等等”③。对此，马克思和恩格斯的经典

① 刘冠军：《现代科技劳动价值论研究》，中国社会科学出版社2009年版，第244-250页。

② 钱学森：《作为尖端科学技术的高能物理》，载于《高能物理》1978年第1期。

③ 宋涛：《政治经济学教程》第8版，中国人民大学出版社2008年版，第5页。

著作以及我国诸多的《政治经济学》教科书中都作了详尽的论述，在此不再赘述。而在此加以强调的是，这一层次的劳动对象是“科技与经济一体化”社会生产系统中“劳动对象”的基础。

（2）在第一层次的“劳动对象”基础上进一步发展而来的“自然、社会、人自身所构成的‘实在’世界以及人（类）在其中为满足其物质、精神和自身全面发展等需要基础上所确立的课题”，这是“科技与经济一体化”社会生产系统中“劳动对象”的主体和核心，它构成了现代劳动方式的对象要素。在“科技与经济一体化”社会生产系统中，根据生产劳动者与劳动对象的关联程度，劳动对象可分为直接对象和间接对象，直接对象是指与劳动者直接关联的或直接解答解决的对象，间接对象是以直接对象为中介间接关联的对象。在“科技与经济一体化”社会生产系统中，自然、社会和人自身所构成的“实在”世界已经演变成为劳动的间接对象。这种间接对象，既包括在自然、社会和人自身所构成的“实在”世界中的人们还没有认识到、因而更不可能通过实践改造的“自在之物”，也包括其中已经作为人认识的对象即对象化或人化了的“实在”之物（如类星体、黑洞、夸克等），还包括人们改造加工过的作为人的“智力物化”的人工自然物，甚至包括从人工自然中分化出来的“第四自然”即信息生态圈①。这些“实在”之物在未进入人的劳动领域以前，是不能当作劳动的对象要素的，它们只是作为劳动的“潜在”对象而存在着的。这种“潜在”的对象，只有借助于劳动的直接对象即科研课题，才能转化成劳动的“现实”对象。同时，这些“实在”之物进入研究领域成为劳动的“现实”对象是以科研课题为中介间接地实现的，因此它也就成为了现代劳动的间接对象，而科研课题则成了现代劳动的直接对象②。

从这个意义上讲，科研课题是某个国家、地区现代劳动方式之水平高低的一个重要标志，它的水平的高低不仅“标志着科学的真正进步”③，而且标志着现代劳动方式和科技经济发展水平的真正提高。从一般意义上来

① 刘冠军：《现代科技劳动价值论研究》，中国社会科学出版社 2009 年版，第 251 页。

② 刘冠军、王维先：《科学思维方法论》，山东人民出版社 2000 版，第 61、66 页。

③ ［德］爱因斯坦等：《物理学的进化》，周肇威译，上海科技出版社 1962 年版，第 66 页。

看，科研课题作为现代劳动方式之对象要素，其来源是多方面的，它包括了人们在自然、社会和人（类）自身三个方面所构成的“实在”世界中，为满足其物质、精神和自身全面发展等需要基础上所提出的各种各样问题。在现实性上加以概括，主要有两个来源：①物质生产实践特别是经济建设、国防建设、政治建设等社会实践中提出的各种问题，主要表现为社会在物质、精神和人类自身全面发展的需要同现有的劳动手段、方法、工艺等不能满足这些需要的矛盾中所产生的问题。这些问题经过抽象、转化，可能成为现代劳动领域的课题，如农业增产的需要提出了精选、培育优良品种的农业科技课题，以及在遗传学等理论领域提出的与此相关的基础性研究课题等。②精神生产实践特别是科技发展、文化建设等实践中提出的各种问题，主要表现为现代生产劳动者在能动地探索认识自然、社会和人自身所构成的“实在”世界的需要以及创造性地利用自然资源、社会资源和人自身潜能资源等方面的需要同当下的现代认知水平不能满足这些需要的矛盾中所提出的各种问题①。

由此可见，在“科技与经济一体化”社会生产系统中，“劳动对象”不仅包括传统意义上为满足生存和发展需要而进行的“物质资料的生产”所涉及的“物”的对象，而且包括在此基础上拓展而形成的“自然、社会、人自身所构成的‘实在’世界以及人（类）在其中为满足其物质、精神和自身全面发展等需要基础上所确立的课题”。——这样，“科技与经济一体化”社会生产系统中“劳动对象”的范围也已经远远地超出了“物质生产”的“物质”疆域，而拓展到了“精神生产”的“精神”领域，其范围的扩大，为劳动力成为资本提供了“劳动对象”的现实条件。

第四节　现代科技劳动价值论的体系内容与劳动力资本研究

现代科技劳动价值论的“对象域”在为劳动力资本化研究奠定坚实的

① 刘冠军：《现代科技劳动价值论研究》，中国社会科学出版社2009年版，第250-253页。

现实基础、使劳动力资本化研究在现实性上成为可能的同时，现代科技劳动价值论作为马克思劳动价值论和马克思科技劳动价值论思想在现代经济社会与境中发展的新的理论形态，作为一个“由概念、被认为对这些概念是有效的基本定律，以及用逻辑推理得到的结论这三者所构成的”① 系统的理论体系，它为劳动力资本化研究全方位地提供了系统的理论基础，使劳动力资本化研究在理论上成为可能。

一、现代科技劳动价值论的体系内容述要

在《现代科技劳动价值论研究——马克思劳动价值论在现代经济社会与境中的发展》一书中，笔者立足于现代经济社会与境之现实，依据马克思劳动价值论的基本原理，运用“以实际问题为中心研究马克思劳动价值论的原则”，将科技成果的价值源泉归于“科技劳动”这一人类的本质活动来分析，在宏观上系统地创建了现代科技劳动价值论之理论体系，这是马克思劳动价值论在现代经济社会与境中进一步发展的新形态。在微观上，首先历史地考察了现代科技劳动价值论之源与流的演进历程，展示其在理论发展上创立的历史必然性；其次，现实地考察了建构科技劳动价值论的现代经济社会与境，展示其在时代发展上创立的现实必然性；再次，系统地建构了包括基本原理、现代企业“价值链”模式、“科学价值库”理论、“孵化”机制理论和科学实现价值增殖的实质及规律等在内的现代科技劳动价值论的核心理论；最后，运用其核心理论对现代经济社会与境中的重大问题进行重新解答，展示了这一核心理论的解释能力和预见能力。因此，从体系结构和主要内容上看，全书除“绪论”和“结语”之外，主要分为四章来展开论述和建构②。

第一章是对现代科技劳动价值论之源与流的历史考察。在这一章中，着重考察分析马克思劳动价值论研究进程中的“三次转向”。通过考察发现，现代科技劳动价值论之源头是西方的古典劳动价值论；从古典劳动价

① 《爱因斯坦文集》第 1 卷，许良英、范岱年编译，商务印书馆 1976 年版，第 313 页。
② 刘冠军：《现代科技劳动价值论研究》，中国社会科学出版社 2009 年版，第 46-52 页。

值论到马克思劳动价值论，再到现代科技劳动价值论，展现了劳动价值论发展方向上的理论演变进程。马克思劳动价值论在这一进程中起到了承上启下的作用，现代科技劳动价值论是马克思劳动价值论研究进程中三次转向的产物。其中，第一次转向是马克思从否定古典劳动价值论到肯定并超越古典劳动价值论的转向，其标志性成就是马克思劳动价值论的创立；第二次转向是马克思从对工场手工业中劳动价值关系的考察到对机器大工业中劳动价值关系的探索的转向，其标志性成就是马克思科技劳动价值论思想的萌发；第三次转向是从对“科技与生产相分离”的“物质生产领域”中劳动价值关系的考察分析到对“科技与生产一体化”的现代经济社会与境中科技劳动价值关系的研究的转向，其标志性成就是现代科技劳动价值论的创立。

第二章是对建构科技劳动价值论的现代经济社会与境的考察。在整体论意义上，“现代经济社会与境”包含了现代经济社会各个方面的经济事实和经济现象，它是这些事实和现象相互交织在一起所构成的“具有复杂内在结构性的系统整体”。而从不同的角度进行考察和梳理，则主要包括：第一，从知识特别是科技知识的经济作用来看，现代经济社会是一种知识经济社会，而知识经济的实质就是科技经济。第二，从科技是第一生产力的经济功能来看，现代经济社会是一种“科技与经济一体化”的经济社会，突出表现在经济科技化和科技经济化的双向互动，科技融入经济系统不断地由间接方式向直接方式转化，出现了大量的工业实验室、高新科技产业、高新科技园区和国家创新系统等。第三，从商品构成的角度来看，现代经济社会是一种科技商品经济社会，主要表现在科技产品在现代经济社会中不仅是商品，而且无论在质上还是在量上都已经成为现代商品构成中的主要部分，并且在未来商品构成中所占的比重将越来越大。第四，从创造价值的劳动方式来看，现代经济社会是一种科技劳动经济社会，主要表现在科技劳动在现代经济社会中不仅是创造价值的劳动，而且是创造价值的主要劳动；同时，各种创造价值的劳动都已经科技化，并在不同程度上被纳入到“科技劳动”的范畴，进而成为“科技劳动”。上述四个不同侧面的经济事实有机联系，相互交织在一起，构成了创立科技劳动价值论的“现代经济社会与境”之系统整体。

第三章是对现代经济社会与境中科技劳动价值论之核心理论的建构。这一章是全书的重点和难点，是现代科技劳动价值论的基本原理、主要模式、基本规律等核心思想，其主要内容包括：第一，通过对现代经济社会与境中的科技商品与科技劳动的分析，建构起现代科技劳动价值论的三个基本原理，即科技商品的二因素原理；生产科技商品的科技劳动的二重性原理；科技商品生产的基本矛盾原理。第二，在分析现代企业“整个生产劳动过程”中人类劳动的整体系统性和“跨时空”特征的基础上，建构现代企业在考虑到科学和技术因素时的价值生产和运行的“价值链”结构模式。第三，通过对科学价值“库存”方式、“科学价值库”的表现形式和实质、“科学价值库”中价值的“累加效应”的分析，以及对科学价值的“库存”模型的建立，系统地建构了“科学价值库”理论。第四，通过对“科学价值库”中的价值向技术成果的转移及技术成果之价值构成的二重性、“科学价值库”中的价值借助技术成果向企业产品的转移及企业产品之价值构成的三重性的分析，以及对科学价值库中的价值“孵化”模型的建立，系统地建构了“科学价值库”中的价值“孵化”机制理论。第五，分析科学在现代企业生产过程中实现价值增殖过程的实质，并总结其规律。

第四章是现代科技劳动价值论之核心理论的应用研究。在这一章中，笔者主要是运用其核心理论解答现代经济社会与境中具有代表性的现实问题，并预见“人类彻底的劳动解放”的可能性。其主要结论有：第一，超额剩余价值主要是从事基础性理论研究的科学人员所创造的剩余价值，在首先利用科技的个别企业中实现的结果，不是由“在企业现场的”生产工人创造的；相对剩余价值主要是从事基础性理论研究的科学人员所创造的剩余价值，在企业普遍利用科技的情况下实现的结果，也不是由“在企业现场的”生产工人创造的。第二，“无人工厂”的高额利润主要来源于“科学价值库”的价值，归根到底来源于从事基础性理论研究的科学人员所创造的剩余价值；“无人工厂”已经成为“科学价值库”中潜在价值的“孵化器”；从现代科技劳动价值论的视角来审视，科技并入现代企业导致活劳动相对减少和价值量不断增加的矛盾，只是一种表面现象，在实质上构不成矛盾。第三，科技商品拜物教是现代经济社会与境中所特有的现象，其实质是科技商品作为“物”所掩盖着的生产它的科技劳动的社会性质；当我们揭开科技商品拜物教的面纱，展现在我们面前的，不仅有共时性横向维度上的人与人的关系，而且还有历时性纵向维度上的人与人的关系。第四，在未来的经济社会中，伴随着科技的发展和应用，将有越来越多的企业转变成类似于“无人工厂”的自动化企业，到那时仅靠“极少数人的劳动”就能从“科学价值库”中“自动地孵化出”足以“养活”全人类的巨额利润，这展示了人类实现“彻底的劳动解放”的可能性。

现代科技劳动价值论作为马克思劳动价值论在现代经济社会与境中发展的新的理论体系，其丰富的内容是按照严格的科学理论“外在证实”和“内在完备”逻辑规则来建构的，是由其科学概念、基本原理或科学定律以及科学推论来构成的。

首先，构成现代科技劳动价值论的“细胞”和基础性要素的科学概念主要包括：现代科技经济社会与境、现代企业、科技商品、科技价值、科技使用价值、科技劳动、科技具体劳动、科技抽象劳动、科技私人劳动、科技社会劳动、“科学价值库”、剩余价值、超额剩余价值、相对剩余价值等。

其次，在上述科学概念的基础上，构成现代科技劳动价值论的基本原理和科学定律主要包括：科技商品的二因素原理；生产科技商品的科技劳动的二重性原理；科技商品生产的基本矛盾原理；现代企业考虑科学和技术因素时的价值创造和运行的“价值链”结构模式；科学价值的“库存”原理和“累加效应”规律；科学价值库中价值的“孵化机制”规律；科学在现代企业生产过程中实现价值增殖的规律，等等——这些基本原理和科学定律是现代科技劳动价值论所研究的科技劳动与价值关系的反映。

最后，根据上述的基本原理和科学规律通过逻辑推理而推导出来的结论主要包括：超额剩余价值主要是从事理论创新的科学家所创造的剩余价值，在首先利用科技的个别企业中实现的结果，不是由“在企业现场的”生产工人创造的；相对剩余价值主要是从事理论创新的科学家所创造的，也不是由“在企业现场的”生产工人创造的；“无人工厂”的高额利润主要来源于“科学价值库”的价值，或者说主要来源于从事基础性理论创新的科学家所创造的剩余价值；“无人工厂”在一定意义上是“科学价值库”潜在价值的“显示器”或“孵化器”；科技商品拜物教是现代经济社会与境中所特有的现象，在实质上是科技商品作为“物”所掩盖着的生产它的科技劳动的社会性质，是科技商品的价值所隐含着的人与人的社会关系；当我们揭开科技商品拜物教的面纱时，展现在我们面前的，不仅有共时性横向维度上的人与人之间的相互关系，而且还有历时性纵向维度上的前人与后人之间的秉承关系，等等——这些科学推论是现代科技劳动价值论不可缺少的重要内容。

这样，由科学概念、基本原理和科学定律以及科学推论构筑了一个前后一贯的严密的现代科技劳动价值论体系。这样建构的目的主要在于：在理性层面上，在现代经济社会与境中深化发展马克思劳动价值论，为探讨研究科技经济或知识经济的运行机制和发展规律提供一种价值理论体系；在现实层面上，为寻找科技与经济相互转化的价值实现机制提供一种具有可行性的理论模式。

二、现代科技劳动价值论的体系内容为劳动力资本研究提供系统理论基础

从历史与逻辑、理论与现实相统一的角度看，现代科技劳动价值论将其“对象域”划定为在“物质生产领域”基础上拓展而成的“物质生产”和“精神生产”相统一的“科技与经济一体化”社会生产系统，这在客观上要求把马克思在创立科学的劳动价值论和提出科技劳动创造价值思想时所“简化掉”“忽略掉”或“被放在次要位置上”的因素凸显出来加以研究，建构起全面系统的科学理论体系，从而为劳动力资本化研究全方位地提供了系统的理论基础，使劳动力资本化研究在理论上成为可能。

一方面，从现实的角度看，将价值生产领域或经济领域从“物质生产领域”拓展到“精神生产领域”特别是“科技生产领域”，在客观上要求同时将价值创造的主体从在企业现场进行生产劳动的“狭义的工人阶级”，

扩展到包括不一定在企业现场操作的科技人员在内的“广义的工人阶级”，将创造价值的劳动从以简单的以体力付出为主的传统意义上的生产劳动拓展到以复杂的脑力付出为主的科技劳动，因为上述三方面的“拓展”是一体的，不能人为地将三者割裂开来，这也正是现代科技劳动价值论所做的和已经完成的工作——这为劳动力资本化问题的研究做好了理论上的准备。

另一方面，从理论的角度看，现代科技劳动价值论针对这一“对象域”加以研究，至少在这样的三个方面为劳动力资本化问题的研究作了准备：一是它不仅把拥有一般劳动力的传统意义上的“工人”或“雇佣个人”纳入研究的视野，而且把拥有高级复杂劳动力的科学人员、技术人员、管理人员等纳入研究的视野，这为将劳动力当作资本提供“资本的拥有者”；二是它将生产资料的范围进一步拓展，使之不仅包括“物质生产资料”，而且也包括“精神生产资料”，这为劳动力资本拥有者提供了“资本载体”；三是它使资本运动和价值运动范围进一步拓展，使之不仅包括“物质资本”的运动，而且也包括“精神资本”运动，而这两种资本的运动实质上都是“劳动力资本”的运动——拥有“物质生产资料”的传统意义上的资本家及其经理人的管理劳动和拥有“精神生产资料”的劳动力所有者的劳动共同协作运动的结果，这使劳动力资本全面地纳入到资本运动之中。

下面，我们来作具体的分析。

第一，现代科技劳动价值论的三个基本原理为劳动力资本化研究提供了原理依据。在现代科技劳动价值论的核心理论部分包括三个基本原理，即科技商品的二因素原理；生产科技商品的科技劳动的二重性原理；科技商品生产的基本矛盾原理①。在科技商品的二因素原理中，首先是将集物质产品和精神产品于一体的科技产品当作商品来分析，其中不仅包括对科技商品之价值和使用价值的一般本质属性的分析，而且包括对其特殊属性

① 参见刘冠军《现代科技劳动价值论研究》（中国社会科学出版社 2009 年版）的第三章第一节“现代经济社会与境中科技商品与科技劳动的基本原理”。

的分析，如科技价值与一般物质性产品的价值相比较，不仅是一般的“自乘的”“多倍的”关系，而且是更加复杂的关系，基础性科技成果的科学价值转移所表现出的“虽转移但不减少”的“奇异性”特征。这是由科技工作者的劳动力具有高价值属性和科技劳动具有“最复杂性”所决定的。科技价值的实现在服从价值规律方面具有特殊的复杂性，基础性科技成果的价值转移与一般物质性产品的价值转移不同，具有“虽转移但不减”的“奇异性”特点①。在生产科技商品的科技劳动的二重性原理中，首先将集物质生产劳动和精神生产劳动于一体的科技劳动当作创造价值的生产劳动来分析，不仅分析了生产科技商品之使用价值的科技具体劳动，而且分析了形成科技商品之价值的科技抽象劳动，尤其是对科技具体劳动和科技抽象劳动的特殊性进行了分析②。在科技商品生产的基本矛盾原理中，揭示了科技劳动作为“既创造精神财富又创造物质财富”和作为“科技价值之源泉”的社会实践活动，既具有私人性也具有社会性，既是私人劳动也是社会劳动，是私人劳动和社会劳动的矛盾统一体，并对科技私人劳动向科技社会劳动转化的至关重要性、异常复杂性和繁杂多样性进行了分析③。可以说，在对上述三个基本原理的分析中，将精神产品纳入到商品的范畴，将精神生产劳动纳入生产精神商品的劳动范畴，进而将与劳动力所有者占有或拥有科学、技术、知识、信息等精神生产资料作为与物质生产资料相对应，即精神资本与物质资本相对应，在基本原理的层面加以分析。因此，现代科技劳动价值论的三个基本原理成为劳动力资本化研究的原理依据。

第二，现代科技劳动价值论关于现代企业在考虑科学和技术因素时价值生产和运行的“价值链”网络结构模式④，在理论上将不同层次的“劳

① 刘冠军《现代科技劳动价值论研究》，中国社会科学出版社 2009 年版，第 222-236 页。

② 刘冠军《现代科技劳动价值论研究》，中国社会科学出版社 2009 年版，第 237-260 页。

③ 刘冠军《现代科技劳动价值论研究》，中国社会科学出版社 2009 年版，第 261-269 页。

④ 刘冠军《现代科技劳动价值论研究》（中国社会科学出版社 2009 年版）的第三章第二节“现代企业在考虑科学和技术因素时价值生产和运行的‘价值链’模式”。

动力”在价值创造和价值运动中的作用展示出来，这为劳动力成为资本奠定了价值创造和价值运动方面的现实基础和现实条件。具体来看，在“科技与经济一体化”社会生产系统中，它的“整个生产劳动过程”中的人类劳动，表现为“跨时空”特征的有机整体和动态系统，表现为“跨时空”特征的“人类劳动链条”；同时从现代科技劳动价值论的视角来审视，它在实质上体现的是其“跨时空”的价值生产和价值运行的流程或链条①，在具体展现形式上主要表现为：“在场的”生产工人的劳动（即传统意义上的生产劳动）创造价值的过程、“准在场的”技术人员的劳动（即技术劳动）创造价值的过程和“不在场的”科学人员的劳动（即科学劳动）创造价值的过程以及在这些过程中价值的运行。若将其综合在一起，可用笔者在《现代科技劳动价值论研究》中的一个简图——现代企业“整个生产劳动过程”的“价值总链”结构模式示意图②——来表示，如图 3-2 所示。

图 3-2 全面地展示了“科技与经济一体化”社会生产系统的价值生产和运行的全貌：一方面，从横向维度来审视，“A 线”展示是传统意义上所谓“在场的”生产工人的劳动过程所形成的价值链，“B 线”展示的是“准在场的”技术人员的劳动过程所形成的价值链，“C 线”展示的是“不在场的”科学人员的劳动过程所形成的价值链。这三条价值链将“科技与经济一体化”社会生产系统中的价值生产和运行的“价值源”及“价值流”全面地展示出来，进而清晰地将“科技与经济一体化”社会生产系统所生产的最终产品的全部的“实际价值”展示出来，它既包括“在场的”生产工人通过其劳动所创造和转移的价值，也包括“准在场的”技术人员通过其劳动所创造和转移的价值，还包括“不在场的”科学人员通过其劳动所创造和转移的价值。另一方面，从纵向维度来审视，“科技与经济一体化”社会生产系统的劳动依次展现为“不在场的”科学人员的劳动、“准

① 刘冠军《现代科技劳动价值论研究》，中国社会科学出版社 2009 年版，第 282 页。

② 刘冠军《现代科技劳动价值论研究》，中国社会科学出版社 2009 年版，第 292 页。

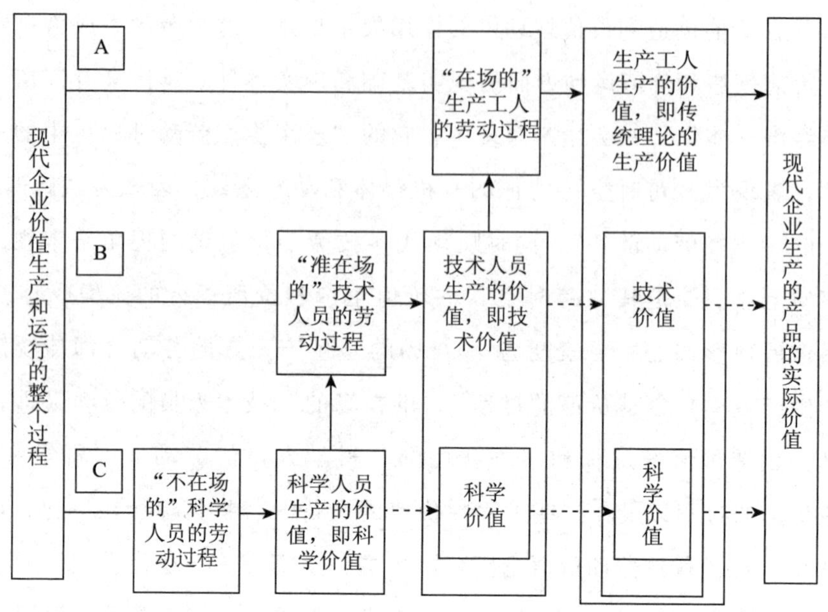

图 3-2 "科技与经济一体化"社会生产系统的价值生产和运行示意

在场的"技术人员的劳动、"在场的"生产工人的劳动，而与其相对应的价值依次展现为"不在场的"科学人员所创造的价值、"准在场的"技术人员所创造的价值、"在场的"生产工人所创造的价值，即科学价值、技术价值、企业产品价值①。由上述两方面的分析可知，在"科技与经济一体化"社会生产系统中，科学价值代表的是最典型的精神生产劳动——科学劳动所创造的价值，企业产品价值代表的是最典型的物质生产劳动——传统的生产劳动所创造的价值，而技术价值则是介于二者之间的集精神生产劳动和物质生产劳动于一体的技术生产劳动所创造的价值。这样，"科技与经济一体化"社会生产系统中的"价值创造和运行"的范围，已经远远地超出了传统意义上"物质生产领域"的价值创造和运行的范围，拓展到了"精神生产领域"，其范围的扩大，在价值创造和运行方面为劳动力资本化研究提供了理论基础。

第三，现代科技劳动价值论关于"科学价值库"及其价值"孵化"理

① 刘冠军《现代科技劳动价值论研究》，中国社会科学出版社 2009 年版，第 293-294 页。

论、科学实现价值增殖的规律①为劳动力资本化研究提供了直接的理论依据。“科学价值库”理论主要是对现代企业“不在场的”科学人员的劳动所创造的“科学价值”进行分析的结果，是在综合基础性理论科学成果的科学价值之一般和特殊的基础上，从马克思劳动价值论的基本原理加以研究的结果，认为基础性理论科学成果的价值主要是以潜在的“库存”方式存在着，在一定意义上为人类提供了一个“取之不尽、用之不竭”的“科学价值库”。从微观层面来看，每一本科学著作、每一篇科学论文和每一张科学电子光盘等，都是“科学价值库”的现实例证。从宏观层面来看，广泛存在和迅速发展的图书馆以及随着现代信息科学技术的发展而产生并迅速完善的以“电脑”为基础的“互联网”，也是“科学价值库”的现实例证。

这种以“库存”方式存在着的科学价值所形成的“科学价值库”，在实质上是历代所有从事基础性理论科学研究的科学人员的科学劳动所创造的价值不断累加和积淀的结果，进一步讲是历代所有从事基础性理论科学研究的科学人员通过高级复杂的科学劳动所创造的剩余价值的总和。一般来讲，基础性理论科学成果作为“科学价值库”，其中的价值是以潜在的形式“隐形地”存在着的，它要在现代经济社会与境中“显形地”表现出来，进而成为现实商品的价值，显化为社会的经济效益，需要一个相当复杂的转化和显化的过程。概括地讲，这一复杂的过程表现为，科学价值库中的价值首先借助于应用开发性研究向其技术成果的转移，然后再通过技术成果并入企业生产向其产品的转移，最终在社会经济系统中表现出来。在“科学价值库”及其价值“孵化”理论的基础上，综合考察自然科学和社会科学分别在现代企业生产过程中实现价值增殖的实质，将会总结出现代企业在依靠科学发展生产进而实现价值增殖的基本规律，即科学在现代

① 参见刘冠军《现代科技劳动价值论研究》（中国社会科学出版社 2009 年版）的第三章第三节“‘科学价值库’理论”、第四节“‘科学价值库’中的价值‘孵化’机制理论”和第五节“科学在现代企业生产过程中实现价值增殖的实质和规律”。

企业生产过程中实现价值增殖的两个规律。科学实现价值增殖的第一定律是：在现代经济社会与境中，在科学并入企业的生产过程提高劳动生产率的形式之下，理论科学成果中的潜在价值是父，自然力是母，双双融入企业的产品中，共同结出“新增价值”之果。科学实现价值增殖的第二定律是：在现代经济社会与境中，在科学并入企业的生产过程提高劳动生产率的前提下，商品的价值量与生产该商品的劳动的量成正比，与生产该商品的劳动生产率的提高量成正比。

透过“科学价值库”理论、“科学价值库”之价值“孵化”理论、科学实现价值增殖的规律等内容将会发现，都是对劳动力所有者占有或拥有的科学、技术、信息、知识等精神产品、精神生产资料之价值的创造、存在方式、实现过程、实现形式的研究和概括，这样也就在理论上为研究作为精神生产资料的劳动力资本奠定了基础，在理论上解决了与劳动者的劳动力融为一体的精神生产资料在价值层面缘何能够成为资本的问题。可以说其实质就是劳动者的劳动力融为一体的精神生产资料，如科学、技术、信息、知识等，都是以潜在形式存在的“价值库”，劳动者掌握的精神生产资料越多，其价值越大；并且其价值伴随劳动力的使用，将会先“孵化”出来，成为经济效益，进而使劳动力所掌握的精神生产资料能够成为生产剩余价值的价值。

第四，现代科技劳动价值论的“四大结论”在理论上为劳动力资本带来的剩余价值找到了根据。在现代科技劳动价值论之核心理论的应用研究部分，就超额剩余价值、相对剩余价值、“无人工厂”的高额利润、科技并入现代企业导致活劳动相对减少和价值量不断增加的矛盾等得出“四大结论”①。

关于第一个结论，超额剩余价值不是由“在企业现场的”生产工人创造的，而主要是从事基础性理论研究的科学人员所创造的剩余价值，在首

① 参见刘冠军《现代科技劳动价值论研究》（中国社会科学出版社 2009 年版）的第四章“现代科技劳动价值论之核心理论的应用研究”。

先利用科技的个别企业中实现的结果。对此，笔者认为，这一结果正是个别企业掌握科学、技术、信息、知识等精神生产资料“劳动者”（除在企业现场的生产工人以外的企业主、管理者、科技人员等）的劳动力资本运行所导致的。也就是说，超额剩余价值主要是劳动力资本带来的剩余价值。

关于第二个结论，相对剩余价值也不是由“在企业现场的”生产工人创造的，而主要是从事基础性理论研究的科学人员所创造的剩余价值，在企业普遍利用科技的情况下实现的结果。对此，笔者同样认为，这一结果也正是整个社会企业掌握科学、技术、信息、知识等精神生产资料“劳动者”（除在企业现场的生产工人以外的企业主、管理者、科技人员等）的劳动力资本运行所导致的。即相对剩余价值主要是劳动力资本带来的剩余价值。

关于第三个结论，“无人工厂”的高额利润主要来源于“科学价值库”的价值，归根到底来源于从事基础性理论研究的科学人员所创造的剩余价值；“无人工厂”已经成为“科学价值库”中潜在价值的“孵化器”。对此，笔者认为，“无人工厂”在“无人”的情况下，即“在工厂的现场无生产工人”的情况下，“无人工厂”的生产已经不再简单地认为是“物质资本”的运行，而且更为重要的是掌握科学、技术、信息、知识等精神生产资料“投资者”（也是“劳动者”）的劳动力资本的运行，从这个意义上讲“无人工厂”的高额利润实质上来源于“科学价值库”的价值，而在现实中则是来源于作为精神资料的劳动力资本运行的产物。“无人工厂”作为“科学价值库”中潜在价值的“孵化器”而带来高额利润之实质，在于劳动力资本带来剩余价值。

关于第四个结论，从现代科技劳动价值论的视角来审视，科技并入现代企业导致活劳动相对减少和价值量不断增加的矛盾，只是一种表面现象，在实质上构不成矛盾。对此，笔者认为，在劳动力资本化的意义上，科技并入现代企业导致活劳动减少的同时，由于科技的并入而使现代企业掌握科学、技术、信息、知识等精神生产资料的“劳动者”（指不同于在企业现场提供“活劳动”的劳动者）的劳动力资本在增加，这同样可以使现代企业的价值量不断增加。这样也能够得出“科技并入现代企业导致活劳动相对减少和价值量不断增加的矛盾只是一种表面现象，在实质上构不成矛盾”的结论。

三、现代科技劳动价值论成为劳动力资本研究之系统理论基础的实质

由于现代科技劳动价值论在“对象域”层面为劳动力资本化研究奠定了坚实的基础，在体系内容层面为劳动力资本化研究提供了理论上的可能性，所以现代科技劳动价值论能够成为劳动力资本化研究的理论基础。而现代科技劳动价值论作为劳动力资本化研究的理论基础，在实质上也就是将马克思劳动价值论作为其理论基础。其原因在于现代科技劳动价值论与马克思劳动价值论是一脉相承的关系。

第一，现代科技劳动价值论是马克思劳动价值论在现代经济社会与境中发展的结果，是马克思劳动价值论研究进程中“三次转向”的结果，对此笔者在《现代科技劳动价值论研究》一书及有关的文章中已经作了系统的论述。也就是说，现代科技劳动价值论与马克思劳动价值论是一脉相承的，马克思劳动价值论的基本原理、基本方法也是现代科技劳动价值论的基本原理和基本方法。这是二者的相同之处，也是现代科技劳动价值论对马克思劳动价值论的坚持。从这个意义上讲，运用现代科技劳动价值论的基本原理和方法探讨社会主义市场经济条件下的劳动力资本化问题，实质上也就是间接地运用马克思科学的劳动价值论的基本原理和方法来探讨这一问题。

第二，现代科技劳动价值论是在现代经济社会与境中发展了的马克思劳动价值论，是与现代经济社会与境之现实相适应的马克思劳动价值论，它不仅包括马克思劳动价值论的基本原理和基本方法，而且包括在此基础

上发展而来的基本原理和基本方法。这是二者的不同之处，也是现代科技劳动价值论对马克思劳动价值论的发展以及在“发展”中的“坚持”。正是这一“坚持”基础上的“发展”和“发展”基础上的“坚持”，使现代科技劳动价值论能够成为社会主义市场经济条件下劳动力资本化研究的理论依据。也正因为如此，尽管在归根结底的意义上对劳动力资本化研究的理论基础是马克思劳动价值论，但我们在表述时还是将其理论基础不直接表述为马克思劳动价值论，而是直接表述为现代科技劳动价值论。

第四章 理论构建：劳动力资本理论之核心内容的系统研究

在社会主义市场经济条件下，我们不仅别无选择地生活在一个商品无处不在的世界里，同时也别无选择地生活在一个一切生产要素都要并入到资本化进程中的世界里。从这个意义上说，市场经济之所以能够通过市场价格机制有效地配置各种社会经济资源即一切生产要素，本质上就在于它内在地具有将一切生产要素资本化的趋势，从而在各种生产要素的所有者对价值增殖的不懈追求中实现一切社会财富（包括物质财富与精神财富）的生产、创造和积累。因此，我们如何从总体上认识这个我们别无选择地面对的资本世界？我们如何揭示在现代科技劳动价值论基础上在社会主义市场经济条件下所研究的劳动力资本、劳动力资本化的内涵和实质？我们所研究的劳动力资本在整个资本世界中处于何种地位？劳动力资本与资本世界中的其他资本之间又是什么关系？劳动力资本又有哪些具体表现形式？劳动力资本有什么样的产权特征和运动规律？劳动力资本化对于我们建设社会主义市场经济有何意义？劳动力资本与古典政治经济学中的固定资本与流动资本之间是什么关系？劳动力资本与马克思经济学中的不变资本与可变资本之间又是什么样的关系？等等。诸如此类的一系列基本问题也就顺其自然地进入到我们的理论研究视野。在本章中，我们借助于对上述诸多问题的解答、分析和论证，构筑起“现代科技劳动价值论和社会主义市场经济条件下的劳动力资本理论”的核心内容。

第一节　劳动力资本化与劳动力资本：内涵界定与概念辨析

为了全面、系统地对劳动力资本化和劳动力资本的内涵作出科学的规定，我们首先对马克思关于劳动力、劳动力商品与科技劳动价值思想的有关论述进行分析。

一、马克思对劳动力、劳动力商品及科技劳动价值思想的论述及理论启示

马克思在其经典著作中关于劳动力、劳动力商品与科技劳动价值思想的有关论述，对我们深刻理解和系统把握劳动力资本化和劳动力资本的科学内涵并对其作出科学规定具有重大的理论启迪。

在马克思主义的经典理论中，马克思关于劳动力与劳动的区分以及劳动力成为商品的理论（笔者将其简称为马克思的劳动力理论）、关于劳动力商品和劳动商品的区分以及劳动力商品的价值和使用价值的理论（笔者将其简称为马克思的劳动力商品理论），对我们在社会主义市场经济条件下探讨劳动力资本和劳动力资本化问题具有重要的理论启示。在笔者看来，从马克思的劳动力理论，到马克思的劳动力商品理论，再到新时期的劳动力资本化理论，是马克思主义关于劳动力问题研究在逻辑演进过程中的三个阶段或“三步曲”。尽管马克思关于劳动力和劳动的区分、劳动力商品和劳动商品的区分，是在研究和论述劳动力买与卖的过程中发生和实现的，但是从理论建构的逻辑延伸的角度讲，马克思首先在理论上第一次科学地发现了“劳动力”范畴，才能将它与劳动区分开来，才能建立其科学的劳动力理论；也正是在科学的劳动力理论的基础上，马克思才能将劳动力商品和劳动商品区分开来，进而探讨劳动力商品的价值和使用价值，才能建立其科学的劳动力商品理论。同样地，也正是在马克思科学的劳动

力理论和劳动力商品理论的基础上，我们才能在理论建构的逻辑延伸方面进一步探讨劳动力资本和劳动力资本化问题。

众所周知，古典经济学家，如亚当·斯密、大卫·李嘉图等，都是将劳动力和劳动混为一谈的，甚至马克思在早期的经典著作中也将二者通用。早在《1844 年经济学—哲学手稿》中，马克思就指出："劳动不仅生产商品，它还生产作为商品的劳动自身和工人。"① 在 1847 年出版的《哲学贫困》中他又说："劳动本身就是商品，它是作为商品由生产劳动这种商品所必需的劳动时间来衡量的。而要生产这种劳动商品需要什么呢?"② 甚至在 1849 年出版的《雇佣劳动与资本》中还说："劳动是工人本身的生命活动，是工人本身的生命的表现。工人正是把这种生命活动出卖给别人，以获得自己所必需的生活资料"③；"工人拿自己的劳动换到生活资料，而资本家拿归他所有的生活资料换到劳动，即工人的生产劳动，亦即创造力量。这种力量不仅能补偿工人所消费的东西，并且还使积累起来的劳动具有比以前更大的价值。"④ 从这些经典著作中的论述可见，马克思在这里没有明确提出"劳动力"的概念，仍然沿用着古典经济学家的"劳动"概念，尽管他早已赋予这一概念以新的含义。马克思明确地提出"劳动力"范畴并将它与劳动区分开来，是在他的《1857—1858 年经济学手稿》中。在这一手稿中，马克思首先明确提出了劳动力范畴并将它与劳动加以区分，使他的劳动价值论从根本上与古典劳动价值划清了界限。然后，马克思对劳动力商品的二因素及其特点作了系统的论述，阐述了劳动力成为商品的条件及重大意义并对工资的本质作了探讨。随着劳动力商品理论体系的成熟，马克思在《1861—1863 年经济学手稿》的基础上，在 1867 年出

---

① 《马克思恩格斯全集》第 42 卷，人民出版社 1979 年版，第 89-90 页。

② 《马克思恩格斯全集》第 4 卷，人民出版社 1958 年版，第 94 页。

③ 《马克思恩格斯全集》第 6 卷，人民出版社 1961 年版，第 477-478 页。

④ 《马克思恩格斯全集》第 6 卷，人民出版社 1961 年版，第 489 页。

版的《资本论》第一卷中对这一学说进行了完善①。

可以说，劳动力范畴的发现以及将劳动力与劳动区分开来，在此基础上将劳动力商品和古典经济学中所谓的“劳动商品”区分开来，并用前者取代了后者，特别是对劳动力商品这一特殊商品的价值和使用价值作了科学的分析，这是马克思科学地解决古典经济学家所无法解决的“资本和劳动相交换与价值规律”矛盾难题的关键所在，也是马克思创立的科学劳动价值论的重要内容，而且是“牵涉到全部政治经济学中一个极重要的问题”②。这是因为，“自从政治经济提出了劳动是一切财富和一切价值的源泉这个原理以后，就不可避免地产生了一个问题：雇佣工人拿到的不是他的劳动所生产的全部价值量，而必须把一部分价值交给资本家，这一情况怎么能和上面的原理相容呢？不论是资产阶级经济学家或是社会主义学者都企图对这个问题做出有科学根据的答复，但都徒劳无功”③。可以说，古典政治经济学由此陷入了绝境。而“从这种绝境中找到出路的那个人就是卡尔·马克思”④。因为马克思在理论上第一次把劳动和劳动力、劳动力商品和劳动商品区分开来，由此解决了古典经济学家所无法解决的难题。对此，恩格斯指出，马克思“以劳动力这一创造价值的属性代替了劳动，因此一下子就解决了李嘉图学派破产的一个难题，也就是解决了资本和劳动的相交换与李嘉图的劳动决定价值这一规律无法相容这个难题”⑤。不仅如此，它还使马克思科学的劳动价值论有了两个与古典政治经济学完全不同的崭新内容——科学的劳动力理论和劳动力商品理论。而且更为重要的是，科学的劳动力理论和劳动力商品理论在理论逻辑的延伸上，提出了对劳动力资本和劳动力资本化问题研究的问题。

---

① 参见苏克莉2008年的曲阜师范大学硕士学位论文《马克思的劳动力商品理论及现实意义》和徐亮2009年的曲阜师范大学硕士学位论文《人力资本理论与劳动力商品理论的比较研究及其现实意义》。

② 《马克思恩格斯全集》第22卷，人民出版社1965年版，第235页。

③ 《马克思恩格斯全集》第19卷，人民出版社1963年版，第124页。

④ 《马克思恩格斯全集》第22卷，人民出版社1965年版，第239页。

⑤ 《马克思恩格斯全集》第24卷，人民出版社1972年版，第22页。

——马克思对劳动力和劳动力商品的内涵的规定，是我们科学地界定劳动力资本和劳动力资本化之内涵的理论前提和基础，并具有重要的启迪作用。在马克思看来，劳动力或劳动能力就是“人的身体即活的人体中存在的，每当人生产某种使用价值时就运用的体力和智力的总和”①。在市场上“货币所有者”即资本家购买的或工人出卖的是一种“特殊商品，这就是劳动能力或劳动力”②。而劳动力要进入市场进而成为商品是有条件的：（1）劳动力的所有者必须有完全的人身自由。马克思指出：“劳动力所有者要把劳动力当作商品出卖，他就必须能够支配它，从而必须是自己的劳动能力、自己人身的自由的所有者。”③ 也就是说，劳动力所有者要有对自身劳动能力的支配权，有权把自己的劳动能力当作商品来买卖。不仅如此，他在出卖劳动力的时候，“必须始终把劳动力只出卖一定的时间，因为他要是把劳动力一下子全部卖光，他就出卖了自己，就从自由人变成奴隶，从商品所有者商品……他必须始终让买者只是在一定的期限内暂时支配他的劳动力，使用他的劳动力，就是说，他在让渡自己的劳动力时不放弃自己对他的所有权”④。（2）劳动力所有者除了自身劳动力这一商品一无所有，既没有生产资料，也没有生活资料，只能靠出卖自己的劳动力为生。这正如马克思所指出的，“劳动力所有者没有可能出卖有自己的劳动物化在内的商品，而不得不把只存在于他的活的身体中的劳动力本身当作商品出卖”⑤。

在我们看来，马克思的这些论述对我们科学地界定劳动力资本和劳动力资本化之内涵具有以下启示：

其一，劳动力的所有者必须有完全的人身自由，这不仅是劳动力商品化的条件，也是劳动力资本化的条件。不能做到这一点，劳动力所有者是

---

① 马克思：《资本论》第1卷，人民出版社1975年版，第190页。
② 马克思：《资本论》第1卷，人民出版社1975年版，第190页。
③ 马克思：《资本论》第1卷，人民出版社1975年版，第190页。
④ 马克思：《资本论》第1卷，人民出版社1975年版，第190-191页。
⑤ 马克思：《资本论》第1卷，人民出版社1975年版，第191页。

不可能将他的劳动力当作资本与拥有庞大物质资本的资本家合作的。

其二，“劳动力所有者除了自身劳动力这一商品一无所有，既没有生产资料，也没有生活资料，只能靠出卖自己的劳动力为生”，这一条件在资本主义社会中是成立的；否则，劳动力所有者是不会出卖自己的劳动力的。但在社会主义市场经济条件下，劳动力所有者不是“一无所有”，在既有“生产资料”又有“生活资料”的情况下，为什么还要“出卖”自己的劳动力，其中的一个原因就在于他把自身的劳动力当作“资本”来对待，“人人有其股”便是这一现象的反映。

其三，劳动力既然是“体力和智力的总和”，在社会主义市场经济条件下，拥有劳动力且受过良好教育的劳动者除拥有“物质生产资料”和生活资料之外，还拥有“精神生产资料”，这样便具备了“精神资本”的条件。实际上，劳动力所有者所掌握的科学、技术、知识等精神生产资料，作为与物质资本相对应的精神资本，既是劳动力资本化的前提，也是劳动力资本的实质内容。

——马克思关于劳动力商品的价值规定、价值构成及价值的特殊性的分析和论述，对我们科学地界定劳动力资本和劳动力资本化之内涵具有重要的理论启示。关于劳动力商品的价值，马克思作了如下分析和论述。首先，由于劳动力是存在于人的身体之中，它的生产和再生产，就是人的体力和脑力的再生产，这需要一定的生活资料，因此“生产劳动力所需要的劳动时间，可化为生产这些生活资料所需要的劳动时间，或者说，劳动力的价值，就是维持劳动力所有者所需要的生活资料的价值”①。这样，劳动力商品的价值“同任何其他商品的价值一样……也是由生产从而再生产这种特殊物品所必需的劳动时间决定的”②。其次，劳动力商品价值的构成主要包括三部分：（1）劳动者本人“维持身体所必不可少的生活资料的价值”③，用于维持他的劳动力的再生产。（2）劳动者养育子女所必需的生

① 马克思：《资本论》第1卷，人民出版社1975年版，第194页。

② 马克思：《资本论》第1卷，人民出版社1975年版，第193页。

③ 马克思：《资本论》第1卷，人民出版社1975年版，第196页。

活资料的价值，用于延续劳动力商品的供给，因为“只有这样，这种特殊商品所有者的种族才能在商品市场上永远延续下去”①。（3）劳动者的教育和训练所需费用。因为“要改变一般人的本性，使它获得一定劳动部门的技能和技巧，成为发达的和专门的劳动力，就要有一定的教育和训练，而这就得花费或多或少的商品等价物。劳动力的教育费随着劳动力性质的复杂程度而不同”②，表现在“比社会平均劳动较高级较复杂的劳动，是这样一种劳动力的表现，这种劳动力比普通劳动力需要较高的教育费用，它的生产要花费较多的劳动时间，因此它具有较高的价值”③。最后，劳动力作为一种特殊商品，其价值也有其特殊性：其一，劳动力商品价值“和其他商品不同，劳动力的价值规定包含着一个历史和道德的要素”，“由于一个国家的气候和其他自然特点不同，食物、衣服、取暖、居住等自然需要也就不同。另一方面，所谓必不可少的需要的范围，和满足这些需要的方式一样，本身是历史的产物，因此多半取决于一个国家的文化水平，其中主要取决于自由工人阶级是在什么条件下形成的，从而他有哪些习惯和生活要求”④。其二，劳动力商品的价值还有一个“最低限度或最小限度”，那就是“劳动力的承担者即人每天得不到就不能更新他的生命过程的那个商品量的价值，也就是维持身体所必不可少的生活资料的价值”⑤。

在我们看来，马克思的这些论述对我们科学地界定劳动力资本和劳动力资本化之内涵具有以下启示：

第一，马克思对劳动力商品的价值规定和对其价值构成的分析，为我们确立劳动力资本的大小提供了一个“最低限额”。也就是说，劳动力资本的价值大小，在“量”上最低应当超出包括劳动力商品之价值构成的三部分。可以说，劳动力商品之价值构成的三部分是劳动力商品在“物质生

① 马克思：《资本论》第1卷，人民出版社1975年版，第195页。
② 马克思：《资本论》第1卷，人民出版社1975年版，第195页。
③ 马克思：《资本论》第1卷，人民出版社1975年版，第223页。
④ 马克思：《资本论》第1卷，人民出版社1975年版，第194页。
⑤ 马克思：《资本论》第1卷，人民出版社1975年版，第196页。

活资料”方面的价值体现。而劳动力要成为资本，那么其价值必须在量上超出或大于劳动力商品的价值，而这部分价值来源于何处？根据笔者的理解，应当来源于劳动力所有者所掌握的科学、技术、知识等精神生产资料的价值。只有如此，劳动力才能够成为资本；否则，劳动力就只能是商品，而不是资本。在这样的情况下，劳动力资本是与劳动力商品相对应的范畴，是资本化的劳动力。

第二，马克思对劳动力商品的价值特殊性的分析和论述，为我们研究劳动力资本提供了重要的方法论指导，这就是：不仅在对劳动力商品的价值进行规定时要考虑“包含其中的历史和道德因素”，而且在对劳动力资本的研究过程中也要充分考虑“包含其中的历史和道德因素”，考虑特定历史条件下的经济社会特征和道德因素。

——马克思关于劳动力商品的使用价值之特殊性的论述和分析，特别是马克思在此提出了劳动力商品的所有权、支配权、使用权等问题，对我们科学地界定劳动力资本和劳动力资本化之内涵、在社会主义市场经济条件下研究劳动力资本化问题具有重要的理论启迪。对劳动力商品之使用价值的特殊性，马克思从多个方面作了分析和论述，归结起来至少包括如下几个方面：

（1）从买卖过程来看，劳动力商品使用价值具有特殊性。在马克思看来，“劳动力所有者要把劳动力当作商品出卖，他就必须能够支配它，从而必须是自己的劳动能力、自己人身的自由的所有者”①，“劳动力所有者没有可能出卖有自己的劳动物化在内的商品，而不得不把只存在于他的活的身体中的劳动力本身当作商品出卖”②，而当“劳动力所有者和货币所有者在市场上相遇，彼此作为身份平等的商品所有者发生关系，所不同的只是一个是买者，一个是卖者，因此双方是在法律上平等的人。这种关系要保持下去，劳动力所有者就必须始终把劳动力只出卖一定的时间，因为他要

① 马克思：《资本论》第1卷，人民出版社1975年版，第190页。

② 马克思：《资本论》第1卷，人民出版社1975年版，第191页。

是把劳动力一下子全部卖光，他就出卖了自己，就从自由人变成奴隶，从商品所有者变成商品。他作为人，必须总是把自己的劳动力当作自己的财产，从而当作自己的商品。而要做到这一点，他必须始终让买者只是在一定的期限内暂时支配他的劳动力，使用他的劳动力，就是说，他在让渡自己的劳动力时不放弃对他的所有权”①。

（2）从转移方式看，劳动力商品使用价值具有特殊性。“劳动力这种特殊商品的特性，使劳动力的使用价值在买者和卖者缔结契约时还没有在实际上转移到买者手中”②。这是因为与其他商品相比，劳动力商品的使用价值就是劳动力的劳动，而劳动能力天然地存在于劳动者身上，它只有在被消费以后才能在实际上从卖者手中转移到买者手中。

（3）从实现方式看，劳动力商品使用价值具有特殊性。一方面，劳动力所有者始终是在“在一定的期限内”出卖自己的劳动力，让劳动力的购买者在“一定的期限内暂时支配他的劳动力，使用他的劳动力”，并且劳动力的使用过程是“在资本家的监督下进行”的。但另一方面，劳动力所有者“在让渡自己的劳动力时不放弃对他的所有权”③，同时劳动力使用价值的实现过程和发挥作用的过程就是劳动的过程，商品的购买者不管是何人，劳动力的劳动过程都是由劳动力所有者本人来操控的，“使这种力的活动受他自己控制”，并且“在整个劳动时间内还需要有作为注意力表现出来的有目的的意志，而且，劳动的内容及其方式和方法越是不能吸引劳动者，劳动者越是不把劳动当作他自己的体力和智力的活动来享受，就越需要这种意志”④。

（4）从消费过程来看，劳动力商品使用价值具有特殊性。其他商品的使用过程单纯就是人们对商品的消费过程，而劳动力商品的使用过程不仅是货币购买者消费劳动力商品的过程，同时也是一个价值创造的过程。劳动力商

① 马克思：《资本论》第1卷，人民出版社1975年版，第190-191页。
② 马克思：《资本论》第1卷，人民出版社1975年版，第197页。
③ 马克思：《资本论》第1卷，人民出版社1975年版，第191页。
④ 马克思：《资本论》第1卷，人民出版社1975年版，第202页。

品在使用过程中能够创造出价值，并且能够创造出大于自身价值的价值。因此，马克思指出："具有决定意义的，是这个商品独特的使用价值，即它是价值的源泉，并且是大于它自身的价值的源泉。这就是资本家希望劳动力提供的独特的服务"①，也是资本家购买劳动力商品最根本的原因所在。

马克思的这些论述对我们科学地界定劳动力资本和劳动力资本化之内涵具有以下启示：

第一，劳动力所有者对自身劳动力有"所有权"和"支配权"，有权把"只存在于他的活的身体中的劳动力本身当作商品出卖"，劳动力对劳动力的所有者即雇佣工人来讲，是劳动力所有者"自己的财产""自己的商品"，劳动力所有者对它拥有"所有权"。这同样也是劳动力成为资本即劳动力资本化的前提。

第二，劳动力所有者将自己的劳动力当作商品来出卖时，只是出卖劳动力商品的"一定的时间"，而不是把他的"劳动力一下子全部卖光"，更不是"出卖自己"，不是把自己"从自由人变成奴隶，从商品所有者变成商品"。同样地，劳动力所有者在将自己的劳动力当作资本时，也是在特定的时期、在"一定的时间"内将与自己劳动力融为一体的劳动者所掌握的精神生产资料作为资本，而不是把劳动者自己当作资本。

第三，劳动力购买者所购买的是"劳动力商品"而不是"劳动力所有者本人"，劳动力购买者也只是在"一定的期限内暂时支配、使用"他购买的劳动力。在这里，劳动力购买者实际上是占有物质生产资料的人，是物质资本大的占有者和所有者，与此相对应，他所购买的劳动力商品若转变为劳动力资本，实际上指的是劳动力所有者所掌握的精神生产资料作为资本。在这样的情况下，劳动力购买者在"一定的期限内暂时支配、使用"他购买的劳动力，实质上已经由劳动力购买者与劳动力所有者之间的"雇佣"关系，转化为物质资本与精神资本、物质生产资料与精神生产资料的"合作"关系。

① 马克思：《资本论》第1卷，人民出版社1975年版，第219页。

第四，劳动力商品在使用的过程即劳动的过程中，尽管受劳动力购买者的“支配”“使用”“监督”，但劳动力商品实现程度、发挥作用的大小在一定程度上“都是由劳动力所有者本人来操控的，是劳动力所有者“自己控制”的，受劳动力所有者的“注意力”“目的”“意志”的影响。因此劳动力使用价值在发挥作用的过程中，也就是说在消费的过程中，具有主体性、目的性和不稳定性。正因为如此，劳动力商品才能够转化为或升华为劳动力资本。

第五，劳动力商品的使用价值在买卖过程中，劳动力所有者即雇佣工人和货币所有者即资本家在市场上是“彼此作为身份平等的商品所有者发生关系”的，买者和卖者“双方是在法律上平等的人”。这种“平等”的关系，在劳动力仅仅作为商品的时候，表现为一种“虚假”的关系，实质上是“不平等”的。而这种“平等”的关系，只有在劳动力成为资本时，才是可能的，因为此时的“买卖”关系，已经在一定意义上转化为不同资本的“合作”关系，转化为物质资本所有者与劳动力资本即精神资本的所有者之间的“合作”关系。

第六，劳动力商品的使用价值，在转移方式上具有滞后性，在实现方式上具有所有权和使用权的分离特性等特点，以及劳动力商品“独特的使用价值，即它是价值的源泉，并且是大于它自身的价值的源泉”，表现出消费过程与价值创造过程的统一。在笔者看来，马克思的这些思想观点，使劳动力所有者在将来的合理制度下将其“劳动力商品”演变为“劳动力资本”成为可能。

——从马克思科技劳动价值论思想萌发产生的“考察起点”来看，马克思对工场手工业的考察是“以劳动力为起点”的，而对机器大工业的考察则是“以生产资料为起点”的。对此，马克思指出，如果说“在工场手工业和手工业中，是工人利用工具……劳动资料的运动从工人出发……工人是一个活机构的肢体”，那么在机器大工业的“工厂中，是工人服侍机器……是工人跟随劳动资料的运动……在工厂中，死机构独立于工人而存在，工人被当作活的附属物并入死机构”[1]。正是基于这样的事实和出发点，马克思认为“首先应该研究，劳动资料如何从工具转变为机器，或者说，机器和手工业工具有什么区别”[2]。正是这一“考察起点”的转变，使马克思萌发了科技劳动创造价值的科技劳动价值论的思想。

马克思的这些论述对我们科学地界定劳动力资本和劳动力资本化之内涵具有以下启示，甚至可以说，马克思科技劳动价值论思想萌发产生的“考察起点”从“在工场手工业中以劳动力为起点”转向“在大工业中以生产资料为起点”，为劳动力资本化研究提供了进一步拓展的“基础”和“研究的起点”。我们完全可以说，马克思对机器大工业生产中劳动价值关系的“考察起点”规定为“生产资料”，这也就为我们对劳动力资本化问题进行研究提供了“研究起点”，我们也就有根据将劳动力资本化问题“研究的起点”规定为“生产资料”。若是如此，那么劳动力资本便被赋予其确切的内涵和本质。

这是因为，从理论上讲，生产资料根据其形态被划分为两类：一类是物质生产资料；另一类是精神生产资料。马克思在此所讲的“生产资料”主要是“物质生产资料”，这主要是针对“机器大工业”这一物质生产领域而言的。在这一物质生产领域，庞大的机器设备等物质生产资料是物质资本的表现形式。而在我们发展社会主义市场经济的今天，我们已经处在科技经济或知识经济或“科技—经济一体化”的经济社会中，此时的社会生产领域已经进入物质生产和精神生产相统一的“科技—经济一体化”生产系统领域。在这样的情况下，我们完全有根据将马克思所讲的“生产资料”，拓展为既包括“物质生产资料”也包括“精神生产资料”于一体的生产资料，前者主要针对物质生产领域，后者主要针对精神生产领域。而在我们所处的科技经济或知识经济时代，这两个生产领域是合而为一的，那么两类生产资料也就合而为一了。这样，劳动力资本的实质和内涵，便

① 马克思：《资本论》第1卷，人民出版社1975年版，第453页。
② 马克思：《资本论》第1卷，人民出版社1975年版，第408页。

是与物质生产资料相对应的精神生产资料，或者说，就是与物质资本相对应的精神资本。

——从马克思科技劳动价值论思想的主要内容来看，在马克思科技劳动价值论思想中将科技劳动视为创造价值的劳动，实际上也就是说至少肯定了技术人员和科学人员都是创造价值的劳动者，甚至肯定了科学管理人员、科学经营人员等也是创造价值的劳动者，他们都被纳入“工人阶级”的范畴。这在相当高的程度上拓展了“劳动力”的范畴，将以体力劳动为主的劳动力拓展为以脑力或智力劳动为主的劳动力，从而为劳动力由商品变为资本提供了可能。从具体内容上看，马克思在对“劳动力”“抽象劳动”和“总体工人”以及对简单劳动和复杂劳动的具体论述中，阐明了创造价值的生产劳动既包括以肌肉和手操作进行的体力劳动，也包括以脑和神经运动的脑力劳动，生产过程中运用的脑力、智力同运用的体力共同参与了价值的创造，肯定了以智力劳动或脑力劳动为主的科技劳动也是价值的源泉。以此为基础，马克思提出了“总体工人”的概念，把两种生产者即体力劳动者和脑力劳动者合称为“总体工人”，并且认为他们都是“生产劳动者”，都是生产价值和生产剩余价值的劳动者，这也就把典型的脑力劳动者或以脑力劳动为主的劳动者即科学劳动者看作是生产价值和剩余价值的“总体工人”的一部分——这部分人所拥有的高级复杂的劳动力，由于在不同程度上掌握着“精神生产资料”或“精神资本”，因此只要社会历史条件成熟便能够成为劳动力资本。不仅如此，从科技生产力和科技并入生产实现劳动生产率提高的论述看，马克思在肯定科学技术是生产力的基础上，认为科学并入生产过程提高劳动生产率，在实质上是“靠在另一个地方增加劳动消耗”即不在企业现场的科技人员的劳动消耗——科技劳动成果转化的结果。这一结果，在不合理的社会制度下“科学不费资本家‘分文’，但这丝毫不妨碍他们去利用科学。资本家吞并别人的劳动一样，吞并‘别人’的科学”。但在合理的社会制度下，科学就必然成为其创造者的资本——科学劳动力资本。

——从马克思科技劳动价值论思想在理论上设定的“对象域”来看，尽管这一思想在现实性上是在机器大工业的“物质生产领域”孕育产生的，但是在理论上已经超出了这一领域而进入到了“精神生产领域”，已经在理论上拓展到在“物质生产领域”的基础上所形成的“物质生产”和“精神生产”相统一的社会生产系统。这是因为，在一般意义上，科技劳动——这种以科学观察和科学实验等科技实践活动为基础的研究活动，自近代从生产实践活动中分化独立出来之后，便已经超出了传统意义上的“物质生产领域”而进入到了“精神生产”领域。

（1）从精神生产的角度来审视，精神生产是“指通过精神劳动创造精神产品、精神财富的生产。科学家、教育家、思想家等所从事的科学实验、理论著述、智力开发、文学艺术创作等精神劳动，都属于精神生产活动”①，因此精神生产活动包括科技生产劳动，而精神产品包括科技产品特别是基础性理论科学产品。

（2）从科技劳动自身的角度来审视，科技特别是科学，一方面作为“以范畴、定理、定律形式反映现实世界各种现象的本质和运动规律的知识体系。是社会意识形式之一”；另一方面作为一种实践活动，“是知识的生产，它同物质生产有相似的结构”，但是它作为“知识的生产不同于物质生产，突出的特点是它的创造性。科学劳动的特点是自由劳动。科学的任务是正确说明和解释现实世界的过程和现象，探究其运动规律，揭示客观真理，进而对事物的发展作出正确预见，指导人们的实践活动”②，因此科技产品作为知识产品是一种精神产品，而科技作为生产知识的活动是一种精神生产活动。

（3）更为重要的是，由人的需要所拉动的人类生产，不仅仅是物质生产，而且也包括精神生产。物质生产“即物质资料生产不是人的生产的全部，与它同时还有更高级的生产，即精神（领域的）生产”，而科技生产

① 舒炜光、李秉平主编：《自然辩证法辞典》，天津人民出版社 1995 年版，第 918 页。

② 冯契主编：《哲学大辞典》马克思主义哲学卷，上海辞书出版社 1990 年版，第 712－714 页。

便是“物质生产和精神生产”的典型代表，并且在现代“物质生产系统和科技生产系统”将呈现“完全融合”的态势①。在这样的情况下，马克思科技劳动价值论思想在理论上所设定的“对象域”为科学规定劳动力资本和劳动力资本化的实质内涵作了准备和提供了可能。

——从马克思对机器大工业“机器—脑力型”复杂劳动系统的二重性的论述来看，马克思一方面揭示出生产过程中生产工人的活劳动所创造的价值，将伴随着科技的发展和应用，伴随着生产工人的机能被机器的替代趋势，将在整个产品的价值构成中所占的份额越来越少；另一方面揭示出游离于生产过程之外的或“生产者背后”的科技劳动所创造的价值，伴随着科技的发展和应用，伴随着生产工人的机能被机器的替代趋势，以及伴随着由此而导致的从“在现场的”生产工人，向“准在现场”和“不在现场”的科技劳动者的转移趋势，它在整个产品价值构成中所占的份额将会越来越大，并且科技人员进行复杂劳动的过程与其借助于机器系统运作实现价值的过程，在时间和空间上存在着“时空位差”或“跨时空”的现象，进而造成了实质上是科技人员的以脑力劳动为主的科技劳动所创造的价值，却在表面上显现为机器系统创造价值的假象。这种二重性矛盾的解决和这一假象的克服之有效路径就是将高级复杂的科技人员所拥有的劳动力视为资本加以研究，或者使之作为个体资本通过市场机制得到汇报，或者使之作为社会资本通过政府的调控机制获得补偿。

——从马克思对“机器”“机器体系”和“自动的机器体系”的考察分析看，马克思以深邃的历史眼光洞察到了企业中创造价值的活劳动越来越被劳动资料的运作代替，并且反复地强调“生产过程的智力同体力劳动相分离，智力变成资本支配劳动的权力……变得空虚了的单个机器工人的局部技巧，在科学面前，在巨大的自然力面前，在社会的群众性劳动面前，作为微不足道的附属品而消失了；科学、巨大的自然力、社会的群众性劳动都体现在机器体系中”②，“工人不再是生产过程的主要当事者，而

① 魏屹东等:《当代科技革命与马克思主义》，山西科学技术出版社 2003 年版，第 111、116 页。

② 马克思:《资本论》第 1 卷，人民出版社 1975 年版，第 464 页。

是站在生产过程的旁边”①。机器、机器体系、自动的机器体系既是脑力劳动和智力劳动的产物，也是脑力劳动和智力劳动创造并实现其价值的“工具”和“中介”，它们的产生、发展和运用使生产过程真正成为科技运用的场所，使价值创造源泉不再仅仅是在“生产现场”的生产工人的活劳动，而且更为重要的是“生产者背后”的科技人员的脑力劳动和创造性的智力劳动，即“生产者背后”的科技人员的活劳动。在这样的情况下，科技人员所拥有高级复杂的劳动力不再仅仅作为商品，而是具备了作为“资本”的现实条件——因为在这样的情况下没有它，仅有现场的雇佣工人，价值的创造是不可能的了。

二、劳动力资本化与劳动力资本的科学内涵规定及二者的关系

在现代科技劳动价值论的视域中，在社会主义市场经济和“科技—经济一体化”的社会条件下，传统意义上的生产劳动者与传统意义上的科技劳动者呈现出一体化的发展态势。与此同时，传统意义上的生产劳动与传统意义上的科技劳动相互渗透，共同纳入资本逻辑统治之下的价值创造和价值增殖的范畴。在这样的科技经济或知识经济的社会中，劳动者通过学习劳动和生产实践等方式掌握和占有科学知识、技术和信息等诸多精神生产资料，从而使这部分精神生产资料获得了与劳动者的劳动力一体化的客观存在形式。这样，在实际生产劳动过程中，劳动者的劳动过程已经不再是仅仅运用自己的如脑、肌肉、神经、手等生理学意义上的劳动能力即“自然力”的过程，而且同时也是利用科学知识、技术和信息等精神生产资料的过程，现实的生产劳动过程也就转化为一种劳动者的生理学意义上的劳动能力与精神生产资料所蕴藏着的精神生产力相结合并生产出现实的物质产品或精神产品的过程。

显然，劳动者占有和掌握精神生产资料的基础上所进行的生产劳动，与马克思所探讨仅仅作为商品的“严格经济学意义上的雇佣劳动”理论假设基础上所进行的生产劳动相比而言，生产条件已经发生了质的变化，这就必将导致以生产资料为基础和核心的生产关系乃至分配关系发生了一系

① 《马克思恩格斯全集》第46卷下册，人民出版社1980年版，第218页。

列深刻的变革。正如马克思所指出的，如果把分配仅仅理解为对生产过程的结果即产品的分配，则那只是一种“最浅薄的理解”，而真正的分配问题却是“在分配是产品的分配之前，它是①生产工具的分配，②社会成员在各类生产之间的分配（个人从属于一定的生产关系）——这是上述同一关系的进一步规定。这种分配包含在生产过程本身中并且决定生产的结构，产品的分配显然只是这种分配的结果。如果在考察生产时把包含在其中的这种分配撇开，生产显然是一个空洞的抽象；相反，有了这种本来构成生产的一个要素的分配，产品的分配自然也就确定了”①。

在劳动者的劳动力与科学知识、技术、信息等精神生产资料相分离的条件下，即劳动者的劳动力仅仅作为商品与资本相交换并进入实际生产过程时，按照价值规律与商品交换规律，劳动者就必然只能获得相当于自己的劳动力商品价值的生活资料的价值量，即只能以工资的形式参与到生产结果的分配中来。当劳动者不仅拥有自己的劳动力，而且还占有和掌握了以科学知识、技术、信息等形式的精神生产资料与货币所有者相交换并进入实际生产过程时，劳动者一方面是在劳动即对自己的脑、肌肉、神经和手等生理学意义上的劳动力进行耗费，另一方面也是运用科学知识、技术、信息等精神生产资料的过程。既然“分配的结构完全决定于生产的结构。分配本身是生产的产物，不仅就对象说来如此，而且就形式说也是如此。就对象说，能分配的只是生产的成果，就形式说，参与生产的一定形式决定分配的特定形式，决定参与分配的形式”②。那么，这种变化了的生产条件已经决定了劳动者的劳动力不再仅仅作为商品与货币所有者相交换了，而是作为一种不仅能够为劳动者带来相当于自己劳动力商品价值量的工资，而且能够带来自己凭借拥有这部分精神生产资料的所有权在经济上实现而获得的一部分自己创造的剩余价值，从而使劳动者的劳动力资本化。劳动者的劳动力也就不再是马克思所设定的“严格经济学意义上的”劳动力商品，而是已经在事实上转化劳动者的资本，因为它能够为劳动者带来超越自身劳动力商品价值的价值，也可称为劳动力资本。这就是劳动

① 《马克思恩格斯全集》第 46 卷上册，人民出版社 1979 年版，第 33-34 页。

② 《马克思恩格斯全集》第 46 卷上册，人民出版社 1979 年版，第 32-33 页。

力资本化的政治经济学内涵。劳动力资本化之所以可能，根本的客观依据就在于，作为生产要素的科学知识、技术、信息等精神生产资料与劳动力的结合和一体化发展。

根据上述考察分析，我们将从以下两个层面对劳动力资本作出规定，这也就是劳动力资本的两种含义：

第一种含义，是指在劳动者占有和掌握以科学知识、技术、信息等为主要内容的精神生产资料并使之与自身的劳动力相结合和一体化发展的条件下，劳动者的劳动力已经不仅仅能够作为商品（而只能使劳动者获得劳动力商品的价值即工资），而且已经转化为资本化的劳动力，也可以称为劳动力资本（在这样的情况下，可以使劳动者获得其劳动力资本所带来的剩余价值）。

第二种含义，是指与劳动者的劳动力相结合并一体化发展的，以科学知识、技术、信息等为主要内容的精神生产资料，由于这部分精神生产资料只有在劳动者对自己的劳动力进行运用即劳动的条件下，才能在实际上并入生产过程并表现为现实的生产力，所以将其称为劳动力资本，即与劳动者的劳动力相结合着的精神生产资料本身。这是因为，精神生产资料除能够与劳动者的劳动力相结合而存在之外，还有其他许多独立于劳动者之外的存在方式，如书籍、软件、图纸等获得物质存在形式的精神生产资料。

为了在论述过程中区分开这两种含义的劳动力资本，我们将第一种含义的劳动力资本，一般表达为资本化的劳动力；而将劳动力资本这一概念专门指第二种含义的劳动力资本，即作为与劳动者的劳动力相结合并一体化发展（实际上也就是劳动力资本的积累）的精神生产资料[①]。简言之，第一种含义的劳动力资本，是与劳动力商品相对应的，实质上是资本化的

---

① 我们这里事先通过对劳动力资本所包含的两种含义作出明确说明，并不会导致关于劳动力资本概念在理解上的混乱，反而会使我们对这个概念的理解更清晰和全面。正如马克思所使用的“必要劳动时间”概念具有不同的含义一样：一方面，“必要劳动时间”用来“泛指生产一般的商品的社会必要劳动时间”；另一方面，“必要劳动时间”也用来“指生产特殊的商品即劳动力的必要劳动时间”。并且马克思认为：“用同一术语表示不同的意思是容易发生误会的，但这种现象在任何科学中都不能完全避免。”参见马克思《资本论》第1卷，人民出版社1975年版，第243页的“脚注（29）”。

劳动力；第二种含义的劳动力资本，是与作为物质资本的物质生产资料相对应的，实质上是资本化的与劳动力一体的精神生产资料。

在此还要指出的是，就劳动力资本与劳动力资本化之间的关系而言，可以认为：劳动力资本是劳动力资本化的必要前提，劳动者如果不占有和掌握劳动力资本即精神生产资料，其劳动力也就不可能实现资本化，而只能作为马克思“严格经济学意义上的”劳动力商品；劳动力资本化是劳动力资本即精神生产资料并入实际生产过程而导致的必然结果，正是由于劳动者占有和掌握了这部分劳动力资本即精神生产资料，才使劳动者处于一种不同于马克思所设定的“严格经济学意义上的雇佣劳动”的生产条件之中，从而使劳动者自己的劳动力表现为资本商品，即资本化的劳动力。

三、劳动力资本与可变资本辨析

大家知道，在马克思经典的劳动力商品理论中，马克思将传统意义上的资本划分为不变资本和可变资本，并且将资本家用于购买劳动力的那部分资本称为可变资本（它所对应的物质存在形式也就是工人的必要生活资料），因为它是能够给资本家带来剩余价值的资本。从这个意义上说，劳动者的劳动力也是作为一种“资本”进入到实际生产过程的，但是它表现为资本家的资本，而且仅仅作为资本家的资本，因为劳动者不占有任何生产资料（物质生产资料和精神生产资料），劳动者只能获得相当于自己劳动力商品的价值量即工资，而劳动者所创造的剩余价值也就全部被资本家占有，这也就是马克思所说的劳动所有权规律向资本所有权规律的转化，即“所有权对于资本家来说，表现为占有别人无酬劳动或产品的权利，而对于工人来说，则表现为不能占有自己的产品”①。

因此，我们在这里必须强调，在科学知识、技术、信息等精神生产资料与劳动力相结合的生产条件下，在社会主义市场经济的资本逻辑统摄之

① 马克思：《资本论》第1卷，人民出版社1975年版，第640页。

下，劳动力已经转化为劳动者自己的劳动力资本①。概括地讲，劳动力资本不同于马克思所讲的可变资本，主要表现在以下几个方面：

第一，从主体归属的角度看，劳动力资本属于劳动力的所有者，即属于传统意义上的（雇佣）劳动者，是劳动者通过学习和培训等获得的且与自身的劳动能力结合在一起的科学知识、技术技巧、劳动技能等；而可变资本属于劳动力商品的购买者，即属于传统意义上的资本家，一方面表现为资本家支付的购买劳动力商品的预付资本，另一方面表现为购买到的在资本主义生产中所使用的劳动力。

第二，从存在形式的角度看，劳动力资本是通过劳动者的学习和培训而获得的与自身的劳动力结合为一体的资本形式，表现为与劳动力相结合的科学知识、技术技巧、信息储备等精神生产资料；而可变资本是劳动力商品之价值的价格表现形式，表现为劳动力所有者出卖自身的劳动力而换取的养活自身和家庭成员以及必要教育费用的必要生活资料，简言之，是劳动力生产和再生产的必要生活资料。

第三，从作为资本带来的剩余价值占有角度看，从理论上讲，劳动力资本带来的剩余价值归劳动力所有者即个人占有，表现为劳动力所有者除获得劳动力商品之价值的工资收入之外，所获得的超出工资收入的剩余价值或利润；而可变资本带来的剩余价值归劳动力购买者即资本家占有，表现为劳动者出卖自身劳动力为资本家创造的超出自身劳动力价值的剩余价值。

四、劳动力资本与劳动资本及劳动力资本化与劳动资本化辨析

在我国理论界对劳动力资本问题进行探讨的过程中，有学者提出并使用“劳动资本化”和“劳动资本”这样的术语，并认为“劳动参与企业

---

① 当然，劳动力由劳动者的劳动力商品向劳动力资本的转化，与资本所有者占有劳动者所创造的剩余价值这一经济规定并不矛盾，只是丰富了资本所有权规律的具体内容。事实上，在这种生产条件下，劳动者所创造的剩余价值必然是在劳动力资本所有者与物质资本所有者之间分享的，这也就可以为现代经济社会中广泛存在的利润分享制、职工持股制度等经济现象找到政治经济学依据。

净剩余的分割意味着劳动转化为人力资本，即劳动的资本化”①。还有的学者具体指出，在人类社会的实践中，劳动（包括创新劳动和重复劳动）者根据自己的生理和心理需求，存在要求将自己的劳动努力与本企业的发展和效益相联系获得企业产权并且参与企业剩余价值分配的倾向。“劳动者自己目前的劳动与相关的远期劳动效益结合的紧密程度决定了劳动者劳动时的努力程度。这就是劳动努力资本化现象，又由于劳动努力与劳动不可分割，所以又称为劳动资本化。”② 在这些学者看来，劳动者通过提供劳动这种生产要素不仅获得劳动力商品的价值即工资，而且也获得了一部分由自己创造的剩余价值即参与到企业净剩余的分割，就是“劳动”资本化。这种想法看上去似乎很有道理，但是却经不起马克思主义经济学分析逻辑的推敲。

马克思经济学的分析逻辑，劳动、商品、货币、资本，能够成为资本的东西，必然首先能够作为商品，资本不过是商品在追求价值增殖的运动过程中所表现出来的商品的进一步发展。在马克思主义经济学的理论框架内，对“劳动”与“劳动力”两个概念是进行了严格区分的。马克思认为：“我们把劳动力或劳动能力，理解为人的身体即活的人体中存在的、每当人生产某种使用价值时就运用的体力和智力的总和。”③，劳动是对劳动力的使用过程或消费过程，是人们通过自身的活动来引起、调整和控制人和自然以及人化的自然之间的物质和信息交换的过程。科学地区分劳动与劳动力是马克思主义经济学的重要理论特征与理论优势。事实上，劳动是对劳动力的使用或消费过程，它是劳动力的经济职能，是一种活动或者说是处于流动状态的劳动力。马克思强调：“实际上，在商品市场上同货币所有者直接对立的不是劳动，而是工人。工人出卖的是他的劳动力。当工人的劳动实际上开始了的时候，它就不再属于工人了，因而也就不再能被工

① 史正富：《劳动、价值和企业所有权——马克思劳动价值论的现代拓展》，载于《经济研究》2002 年第 2 期。

② 朱敏：《劳动资本化及其激励效应》，载于《经济学家》2001 年第 2 期。

③ 马克思：《资本论》第 1 卷，人民出版社 1975 年版，第 190 页。

人出卖了。"① 可见，在劳动力市场上，劳动者与雇主之间发生买卖关系时，劳动还是并不存在的东西，也就不能当作商品来买卖②。劳动过程实际上是货币所有者对其在劳动力市场上买来的劳动力商品进行消费的过程，劳动力商品的使用价值即劳动已经属于货币所有者并由其支配了。同时，劳动作为一种处于流动状态的人类劳动力，它只能是价值的实体和价值的内在尺度，但是它本身并没有价值。劳动只有在物化的形式上才形成价值。因此，商品的价值必须表现为一种对象化，即一种客观现实性或客观存在的东西，才能表现为一般的人类劳动的凝结。

相比之下，劳动力则能够作为商品进行市场交易，尽管它是一种不同于其他任何商品的特殊商品。劳动力有自己的价值，和其他商品的价值决定一样，劳动力的价值也是生产从而再生产这种特殊商品所必需的社会必要劳动时间决定的。但是，劳动力只有以活的人的肌体为载体，只有在劳动过程中才能发挥出来，否则它只能是可能性上的而不是现实的劳动能力。从理论上讲，生产劳动力商品所需要的劳动时间可以换算成为生产维持工人正常生活所需要的生活资料的劳动时间，或者说，劳动力商品的价值相当于维持劳动力所有者所需要的生活资料的价值，它主要包括在正常状态下维持劳动者本人生活所必需的生活资料的价值的总和、维持劳动者家属及子女生活所必需的生活资料的价值以及劳动者的教育和培训费用。除此之外，劳动力价值的高低还要受到历史和道德因素的影响。由此可见，劳动只不过是劳动力的使用，是一种活动过程。劳动本身既没有价值，也不是商品，当然更不可能成为资本。因此，在我们看来，"劳动资本

---

① 马克思：《资本论》第1卷，人民出版社1975年版，第587页。

② 这里需要指出的是，随着商品经济的日趋发达，作为商品进行买卖的东西也越来越复杂化和多样化了。有些东西并不存在，但是确实已经作为商品进行市场交换了，比如说期货交易。基于这种经济事实，有些学者提出，以劳动在市场交易时并不存在，作为劳动不是商品的理由不能成立，并由此质疑马克思对劳动不能作为商品的理论判断。显然，这种将期货与劳动进行简单地类比是不恰当的。因为期货本身是商品经济发展到高级阶段条件下，人们交易商品货物的一种社会方式，这种交易的对象与劳动和劳动力具有完全不同的性质。马克思曾经对整个商品世界进行了二元划分即商品与劳动力，其中的内在逻辑就充分说明了这一点。参见任洲鸿：《马克思商品"二分法"的理论探析——新技术革命时代劳动价值论认识的一个可能视角》，载于《洛阳师范学院学报》2008年第4期。

化”或“劳动资本”的提法尽管可以使用，但是不应当将其作为马克思主义经济学的理论范畴；同样，也不同于我们在现代科技劳动价值论的基础上在社会主义市场经济条件下所提出和研究的“劳动力资本化”和“劳动力资本”。

第二节　资本世界中的劳动力资本及其经济学特征

面对我们所别无选择地生活于其中的纷繁复杂的资本世界，我们所研究的劳动力资本在整个资本世界中处于何种地位？劳动力资本与资本世界中的其他资本之间又是什么关系？劳动力资本又有哪些具体表现形式？劳动力资本与古典政治经济学中的固定资本与流动资本之间是什么关系？劳动力资本与马克思经济学中的不变资本与可变资本之间又是什么样的关系？等等。在本节中，我们将通过对这些问题的分析来展示资本世界中的劳动力资本及其经济学特征。

一、马克思对整个资本世界的科学划分

马克思进行经济学研究的理论目的就是探索资本主义社会的发展规律和整个人类社会在不同经济社会形态中的历史演进规律，而实现这一理论目的的首要理论任务就是要实现对整个资产阶级政治经济学的理论批判。马克思运用自己创立的唯物辩证法对资产阶级政治经济学批判的过程是经过劳动、商品、货币等中介，直至其批判的最高形式即对资本的批判。从一定意义上讲，马克思的资本批判理论是整个马克思主义经济学的最高理论成就。因此，马克思的资本理论内容相当丰富，我们在这里不可能展开全面深入的探讨，而只是对马克思关于资本的基本形式与资本类型的划分等方面进行简要的考察，试图发现马克思关于资本划分问题所运用的一般分析方法，从而找到理解社会主义市场经济条件下对整个资本世界划分问题的理论钥匙。

值得说明的是，在马克思的资本理论中，关于资本的基本形式和划分方法依其所选择的理论视角不同而有不同的理论判断。譬如，从资本的历

史发展来看，马克思将资本划分为商业资本、生息资本和产业资本等基本形式，并且以产业资本作为自己分析考察的主要研究对象。因为在马克思看来，“产业资本是唯一的这样一种资本存在方式，在这种存在方式中，资本的职能不仅是占有剩余价值或剩余产品，而且同时是创造剩余价值或剩余产品。因此，产业资本决定了生产的资本主义性质；产业资本的存在，包含着资本家和雇佣工人之间的阶级对立的存在。随着产业资本支配社会的生产，技术和劳动过程的社会组织就会发生变革，从而社会的经济历史类型也会发生变革”①。而资本的“其他一切都不过是从这个基本形式派生的，或者与它相比是次要的”。尽管其他资本形式如商业资本和生息资本等要比产业资本形式更为古老，但是“产业资本在它的产生过程中还必须使这些形式从属于自己，并把它们转化为它自己的派生的或特殊的职能”②。

再如，在研究产业资本的循环运动时，马克思又将资本划分为生产资本与流通资本两种类型，而后者又包括货币资本与商品资本两种形式。在研究资本的周期时间与周期次数等问题时，马克思又将资本划分为流动资本和固定资本两种类型。前者包括以原料、燃料、辅助材料等形式存在的和转化为工人劳动力的那部分资本；后者包括厂房、机器设备、生产工具等形式存在的那部分资本。在研究资本的增殖问题时，马克思又将资本划分为可变资本与不变资本两种类型，这两种类型的资本在实现资本的价值增殖过程中，或者说在为资本家带来剩余价值的过程中所起的作用不同。前者是指转变为劳动力的那部分垫付的资本，这种资本不仅能够再生产出自己价值的等价物，而且除自己价值的这个等价物之外，还能够为资本家生产出额外的价值即剩余价值，从而使自己原有的价值量使预付资本的价值量发生变动（增殖）；后者指服务于购买生产资料那部分垫付的资本，这部分资本只有借助于工人的具体劳动，才能将其原有的价值转移到新的劳动产品中并保存下来，虽然它在生产过程中不会改变自身价值量，但是

① 马克思：《资本论》第2卷，人民出版社1975年版，第66页。

② 《马克思恩格斯全集》第26卷第3分册，人民出版社1974年版，第518-519页。

它却不断吮吸着工人的活劳动，从而成为生产剩余价值的必要条件。

此外，在马克思对“资本主义生产方式以及和它相适应的生产关系和交换关系”的研究过程中，还使用了关于资本的许多其他概念，如个人资本与社会资本、单个（或私人资本）资本与（社会）总资本、银行资本与信用资本、现实资本与虚拟资本等一系列概念。面对如此众多种类的“资本”，我们不禁要问：什么是马克思关于资本划分的理论精髓？如何才能根据马克思实现对资产阶级政治经济学批判的理论精神来认识整个资本世界？这些问题似乎让人感到无所适从。

事实上，我们所理解的马克思关于资本划分的理论精髓和实现对资产阶级政治经济学批判的理论精神，必然蕴含在马克思最独具特色的资本理论当中。我们认为，这就是马克思从价值增殖过程的角度来对资本进行划分的方法，即将全部资本划分为可变资本和不变资本的方法，而这种划分方法又是建立在马克思经济学中独具特色的劳动二重性与商品二重性理论基础之上的。马克思将全部资本划分为可变资本和不变资本的学说，是理解马克思主义经济学理论视域下的资本主义生产方式的关键。

马克思正是利用将资本划分为可变资本与不变资本的划分方法，令人信服地批判了资产阶级经济学家（包括资产阶级古典经济学的杰出代表斯密和资产阶级经济学家中最优秀的代表李嘉图）对资本的理论分析，即将资本划分为“固定的”资本和“流动的”资本。这些划分方法的理论视角在于对这样一些经济现象的描述，即根据资本在某一时期内全部消耗掉还是在同一时期内部分消耗掉，如果属于前者，那么这部分资本就被称为“流动资本”；如果属于后者，那么这部分资本就被称为“固定资本”。马克思对这种资本划分方法提出了深刻而严厉的批评：“现在的区别只是在于，价值转移，从而价值补偿，是一部分一部分地逐渐地进行，还是一次进行。这样一来，可变资本和不变资本之间的决定性的区别就被抹杀了，剩余价值形成和资本主义生产的全部秘密，即一定的价值和体现这些价值的物品借以转化为资本的条件也被抹杀了。资本的一切组成部分，就只有流通方式的区别（而商品流通当然只和已有的、既定的价值有关）；……于是我们就可以理解，为什么资产阶级政治经济学本能地坚持亚当·斯密的这种做法，即把‘不变资本和可变资本’的范畴混同于‘固定资本和流动资本’的范畴，并且不加批判地在一个世纪中一代一代沿用这种做法。在资产阶级政治经济学那里，投在工资上的那部分资本，和投在原料上的那部分资本根本不加区别，而仅仅在形式上——看它是一部分一部分地，还是全部一次地通过产品而流通——和不变资本区别开来。因此，理解资本主义生产的现实运动的基础，从而理解资本主义剥削的现实运动的基础，一下子就被破坏了。问题就只是预付价值的再现了。”①

可见，资产阶级经济学家们被资本运动过程所表现出来的经济现象蒙蔽了，使他们将资本主义社会的生产过程仅仅理解为物的生产和再生产，从而使他们理论视野中的资本主义社会生产具有了与这些物的物质属性相同的自然性质和永恒性质，“它把资本的基本形式，即以占有别人劳动为目的的生产，不是解释为社会生产的历史形式，而是解释为社会生产的自然形式，不过它自己已通过它的分析开辟了一条消除这种解释的道路”②。马克思通过将资本划分为可变资本与不变资本的分析方法，深刻揭示了资产阶级经济学家的资本理论的拜物教本质，从而真正实现了对资产阶级政治经济学的理论批判。从一定意义上说，如果没有关于可变资本与不变资本的划分，马克思就不可能最终完成对资产阶级政治经济学的批判，这不仅会削弱马克思创立的劳动二重性和商品二重性学说的理论价值，而且也不可能使马克思的资本批判理论达到其他任何经济学家都无法企及的理论高度。

那么，我们不禁要进一步追问，马克思将全部资本划分为可变资本和不变资本的方法是什么？这种理论划分的背后遵循着什么样的内在逻辑？对于这个问题，我们认为，应该在马克思对整个商品世界的“二分法”中去寻找答案。

二、马克思科学划分整个资本世界的内在逻辑

在我们看来，马克思科学划分整个资本世界的内在逻辑，实际上遵循

① 马克思：《资本论》第2卷，人民出版社1975年版，第244-245页。

② 《马克思恩格斯全集》第26卷第3分册，人民出版社1974年版，第556页。

了他对整个商品世界的“二分法”，这对我们的研究具有重要的理论启示。大家知道，整个资本世界包括并入到资本化进程中的一切生产要素，无论它具体表现为精神要素还是物质要素，而这些生产要素又首先是作为商品被社会地生产出来并出现在有形的或无形的市场上的。因此，一般来说，能够作为资本的生产要素，必须首先作为商品生产出来，或者说，生产要素商品化是生产要素的资本化的前提和基础，这也是马克思主义经济学的一个基本原理。根据这一基本原理，我们就可以探寻到在马克思主义经济学的理论框架内认识整个资本世界的理论钥匙。

众所周知，马克思的经济学说是以唯物辩证法为指导、以商品为经济分析的逻辑起点，按照商品、货币直至资本的逻辑路径逐步展开，从而成功实现了对资产阶级古典政治经济学的理论批判。马克思在《资本论》开篇即认为：“资本主义生产方式占统治地位的社会的财富，表现为‘庞大的商品堆积’，单个的商品表现为这种财富的元素形式。因此，我们的研究就从分析商品开始。”① 马克思之所以将商品作为自己全部政治经济学批判的逻辑起点，原因在于“对资产阶级社会说来，劳动产品的商品形式，或者商品的价值形式，就是经济的细胞形式”②，商品包含着资本主义生产关系一切矛盾或矛盾的萌芽。同时我们在这里也可以看出，马克思所理解的商品仅限于物质形态的实体性商品，否则就谈不上商品的“堆积”。这样，在马克思的商品概念中也就难以找到诸如科学技术、知识、信息等没有物质实体形态的精神产品或作为服务或劳务的活劳动商品的理论位置。对此，马克思在《剩余价值理论》中也作过明确说明，他认为：“商品的概念本身包含着劳动体现、物化和实现在自己的产品中的意思。劳动本身，在它的直接存在上，在它的活生生的存在上，不能直接看作商品，只有劳动能力才能看作商品，劳动本身是劳动能力的暂时表现。……这样，商品世界就分为两大类：一方面是劳动能力。另一方面是商品本身。”③ 对于马克思对整个商品世界的这种二元划分，我们姑且将其称为商品“二分

① 马克思：《资本论》第1卷，人民出版社1975年版，第47页。

② 马克思：《资本论》第1卷，人民出版社1975年版，第8页。

③ 《马克思恩格斯全集》第26卷第1分册，人民出版社1972年版，第163页。

法”。

同时，我们通过仔细研读马克思的《资本论》及其各期手稿也发现，马克思对作为科学技术的精神产品并入生产过程所表现出的巨大商业价值与作为活劳动过程的服务商品有大量精辟的论述。这就不免让我们感到疑惑，既然马克思已经注意到劳动力商品与物质实体性商品之外的其他商品存在形式，他为什么还要对整个商品世界进行这样简单的二元划分呢？商品“二分法”的理论依据是什么？它的理论目的和内在逻辑又是什么？

按照马克思劳动价值论的基本原理，商品的价值源泉只有一个，那就是生产商品的人类活劳动，即人类的活劳动是创造商品价值的唯一源泉，而这也恰恰是劳动力商品所具有的、不同于其他任何商品的特殊使用价值。劳动本身没有价值，但它是衡量商品价值的尺度。作为物化劳动即死劳动的其他任何生产资料（无论生产工具、机器、设备等物质生产资料，还是科学、技术、设计方案等精神生产资料）都不创造价值，它们仅仅是在生产过程中将自身价值一次性或逐步地转移到劳动产品中去。由于资本主义生产的本质是剩余价值的生产，而这就只能通过无偿占有劳动者的剩余劳动来实现。这个基本原理一般被学术界称为“一元价值论”，马克思也正是由此揭示了资本家剥削雇佣工人的秘密。事实上，一元价值论作为马克思劳动价值论的理论内核，也正是马克思商品“二分法”的理论依据。

劳动者的劳动能力成为属于劳动者的商品，这种商品与表现为资本形式并脱离劳动者而独立存在的生产资料相对立，这是资本主义生产发展的基础。马克思强调，劳动力商品独特的使用价值在于，它是价值的源泉，而且是大于它自身的价值的源泉，这一点具有决定性的意义。因此，“劳动力的价值和劳动力在劳动过程中的价值增殖，是两个不同的量。资本家购买劳动力时，正是看中了这个价值差额”①。而“任何别的商品都没有这个差额，因为任何别的商品的使用价值，从而它的使用，都不能提高它的交

① 马克思：《资本论》第1卷，人民出版社1975年版，第219页。

换价值或提高从它得到的交换价值”①。可见，马克思对整个商品世界进行二元划分是在抛开了所有商品的具体的有用性，而是从一般的、无差别的人类劳动即抽象劳动的角度加以考察，以该商品的使用价值是否能够创造新价值作为划分标准，而符合这个标准的只有劳动力商品。

马克思认为，由于商品的使用价值是商品的物质特性，是财富的物质内容，它与商品在经济上的形式规定性无关，一般不属于政治经济学研究的范围。但是，马克思同时又强调指出：“使用价值一旦由于现代生产关系而发生形态变化，或者它本身影响现代生产关系并使之发生形态变化，它就属于政治经济学的范围了。”② 劳动力商品的使用价值恰恰是改变生产关系并使之发生形态变化的使用价值，这样，劳动力的特殊使用价值也就应当成为马克思政治经济学的重要研究内容，因为劳动力商品的使用价值若要得到实现，必须作为与资本的对立物才能进入生产过程，而这就引发了不同于简单商品交换的新的生产关系。正是由于劳动力商品的特殊使用价值，才使它与商品世界中的所有其他商品区别开来。因此，马克思对商品世界的“二分法”的背后所遵循的是资本追求剩余价值的逻辑。这个内在逻辑实际上是资本与劳动平等交换假象背后的不平等交换，是资本与劳动的分离与对立以及资本所有者对雇佣工人的剥削关系。

正是根据商品“二分法”，马克思将进入生产过程的所有生产要素也相应地进行了二元划分，即将这些表现为生产资本形式的生产要素划分为可变资本与不变资本。相对于古典政治经济学家所作的流动资本与固定资本的划分来说，马克思对生产资本的这种二元划分无疑是一个重大的理论变革，而如果没有劳动二重性理论与商品二重性理论，这种理论变革是不可能实现的，只有马克思出色地完成了这一革命性的理论批判工作。可见，马克思对整个商品世界的“二分法”，是与马克思主义经济学的基本原理在理论上密切联系的，在内在逻辑上是根本一致的。这样，如果运用马克思的商品“二分法”的内在逻辑来分析我们所面对的这个由商品转化

① 《马克思恩格斯全集》第 26 卷第 1 分册，人民出版社 1972 年版，第 16 页。
② 《马克思恩格斯全集》第 46 卷下册，人民出版社 1980 年版，第 411 页。

而来的资本世界，也就应当得到与马克思主义经济学的基本原理逻辑一致的理论判断。

三、马克思主义经济学视域下资本世界中的劳动力资本

通过上述的考察分析可见，马克思科学划分整个资本世界的内在逻辑，实际上也就是马克思对整个商品世界划分的“二分法”逻辑的进一步延伸和发展。在此，我们运用马克思科学划分整个资本世界的内在逻辑即“二元划分”的逻辑，对我们在社会主义市场经济条件下所面对的整个资本世界进行划分，以此来显示马克思主义经济学视域下资本世界中包括劳动力资本在内的各种资本类型，如图 4-1 所示。

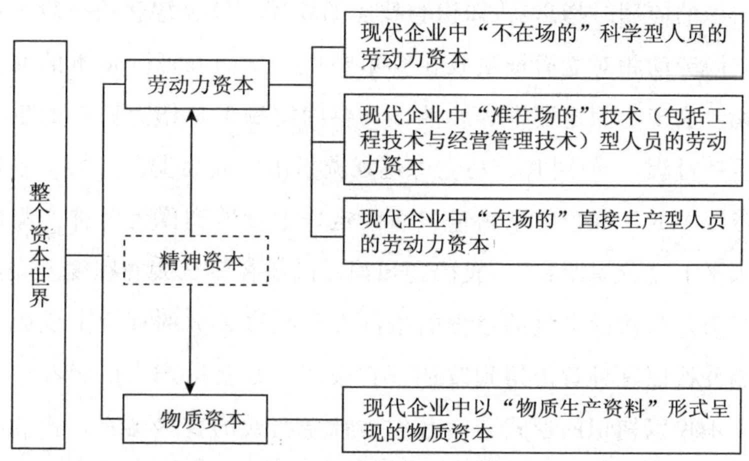

图 4-1　马克思主义经济学视域中的资本世界与劳动力资本类型的划分

说明：在此用虚线方框标示的“精神资本”，表现为一种“耦合型资本”，在现实的生产过程中它没有自己独立的存在形式，只能以与劳动力或者物质生产资料相结合的方式而存在。对此，我们在下面还要作具体的分析。

下面我们对图 4-1 所示的资本世界中的各种资本类型分别进行具体的理论分析。

精神资本主要包括科学知识、技术、信息等精神形态的生产要素，它并入生产过程之中能够极大地提高劳动生产率，尽管它自身并不具有实物形态，而只是表现为精神劳动的结果，表现为精神产品，但它也是一种加

入到生产过程中的“真正的生产资料”①。实际上，作为生产要素的科学知识、技术和信息等精神要素，本身就是人类认为世界和改造世界的过程中世世代代积累起来和通过社会协作或合作获得的反映客观自然规律、社会运动规律和人自身规律等的系统理论与技术知识，它们本质上主要是人类脑力劳动或智力劳动的产物。在“科技—经济一体化”的现代市场经济条件下，这部分精神形态的生产要素也就自然取得了商品形态并且具有价值属性②。以科学知识、技术和信息等为主要内容的精神资本，正像马克思所说的固定资本一样，它在并入生产过程时并不是将其价值一次性地全部转移到产品中去，而是逐渐地、一部分一部分地转移的③。因此，马克思也将科学知识、技术等生产要素称为固定资本，他在研究科学知识在资本主义生产中的应用时指出：“知识和技能的积累，社会智慧的一般生产力的积累，就同劳动相对立而被吸收在资本当中，从而表现为资本的属性，更明确些说，表现为固定资本的属性，只要固定资本是作为真正的生产资料而加入生产过程。”④ 同时，马克思还强调指出，社会生产力的水平往往可以用固定资本的发展程度来衡量，而固定资本发展到作为精神产品的科学知识的水平上充分说明：“一般社会知识，已经在多么大的程度上变成了直接的生产力，从而社会生活过程的条件本身在多么大的程度上受到一般智力的控制并按照这种智力得到改造。它表明，社会生产力已经在多么大的程度上，不仅以知识的形式，而且作为社会实践的直接器官，作为实际生活过程的直接器官被生产出来。”⑤

事实上，根据马克思对科学知识的固定资本性质的判断，在现代科技

---

① 《马克思恩格斯全集》第46卷下册，人民出版社1980年版，第210页。

② 刘冠军、刑润川：《运用马克思劳动价值论解读科学价值》，载于《哲学研究》2005年第4期。

③ 在我们看来，这仅是科学知识、技术和信息等为主要内容的精神资本在价值转移方面所表现出来的与物质资本价值转移的相同之处，即共性特征。事实上，在现代市场经济社会中，精神资本，如科学，“它的价值转移具有虽转移而不减的‘奇异性’特点等”，这是作为精神资本的“科学价值的特殊之处，即科学价值之特殊”（参见刘冠军：《现代科技劳动价值论研究》，中国社会科学出版社2009年版，第295页），这也是科学等精神资本比物质资本更为复杂的地方。

④ 《马克思恩格斯全集》第46卷下册，人民出版社1980年版，第210页。

⑤ 《马克思恩格斯全集》第46卷下册，人民出版社1980年版，第219-220页。

革命尤其是当代信息技术革命推动下的经济全球化时代和“科技—经济一体化”的经济社会中，科学知识、技术和信息等精神产品已经越来越表现出精神生产资料的特征，并且成为现代企业特别是现代科技企业“跨时空”社会生产不可缺少的精神生产资料，相对于传统的物质生产资料这些硬件生产资料而言，表现为“软件生产资料”或“软件资料”①。更为重要的是，“科学和技术使执行职能的资本具有一种不以它的一定量为转移的扩张能力”②。这也是作为精神生产资料的精神资本所具有的独特的使用价值。然而，精神资本作为一种人类脑力劳动的结晶，是一种精神形态的生产资料，本身无法取得独立存在的形式。从精神资本与其他类型的资本之间的存在关系来看，精神资本或者与劳动者的劳动力相结合，表现为劳动力资本，或者是与物质生产资料相结合而物化于其中，使物质生产资料表现为一种“物化的知识力量”③。进一步讲，(1) 在以与劳动力相结合的方式存在时，主要表现为劳动力所有者通过学习和训练等劳动从人类创造的“知识海洋”或“科学价值库”中汲取的知识量或价值量④。(2) 而在以与物质生产资料相结合的方式存在时，主要表现为知识特别是科技知识物化为劳动工具、渗透于劳动对象中的价值。因此，精神资本表现为一种“耦合型”⑤资本，它不可能在整个资本世界中获得独立存在的地位，更不会独立地转化为现实的社会生产力⑥。从这个意义上来说，马克思对整个资本世界进行“二分”的内在逻辑依然成立，完全可以用来对整个资本世界进行“二分”。我们遵循这一逻辑思路，对社会主义市场经济条件下的资本世界作一个简要的划分（见图 4-1）。

---

① 刘冠军：《现代科技劳动价值论研究》，中国社会科学出版社 2009 年版，第 290 页。

② 马克思：《资本论》第 1 卷，人民出版社 1975 年版，第 464 页。

③ 《马克思恩格斯全集》第 46 卷下册，人民出版社 1980 年版，第 219 页。

④ 刘冠军：《现代科技劳动价值论研究》（中国社会科学出版社 2009 年版）第 269 页第三章第三节“‘科学价值库’理论”。

⑤ “耦合”本身是一个物理学名词，它是指两个实体相互依赖于对方的一个量度。事实上，经济学理论中的许多术语都是由其他学科借用而来的。如“循环”“均衡”等，就来自生物学和物理学的概念。

⑥ 关于这个问题的详细解释，请参见任洲鸿、刘冠军：《“精神劳动”和“精神产品”的马克思主义经济学解读》，载于《东岳论丛》2008 年第 5 期。

马克思主义经济学认为，任何现实的社会生产都是以物的因素和人的因素相结合为前提，而这种结合方式则是由一定的社会条件决定的，并且由此使生产中的物的因素和人的因素获得了某种形式的社会经济规定性，从而形成一定社会条件下的生产方式。在“科技—经济一体化”的现代市场经济社会中的企业是整个社会的微观生产组织。从最一般的意义上说，企业也就是社会生产所必需的物的因素和人的因素相结合的社会组织形式①。在社会主义市场经济条件下，由于生产所必需的物的因素和人的因素同样都是以表现为商品的生产要素形式出现在市场上，通过市场价格机制来有效配置从而在企业中相结合的。因此，现代企业已经成为整个资本世界的一个缩影。我们通过考察分析一个现代市场经济中的典型企业就可以大致了解关于整个资本世界的划分问题。

值得说明的是，物质资本也就是作为生产要素进入到社会生产过程中的物质形态的生产资料，如厂房、机器、设备、生产工具和原材料等，这些物质资本一方面作为实物商品通过生产要素市场进入到企业生产过程，另一方面则在生产过程中与劳动力相结合生产出作为资本的商品，即作为包含着剩余价值的商品。同时，在以现代科技革命为基础的“科技—经济一体化”的社会化大生产条件下，以科学技术知识为主要内容的精神资本越来越与各种物质形态的生产资料相耦合，从而使物质资本越来越表现为“物化的知识力量”②。然而，由于这部分物质资本在客观上独立于劳动者及其劳动力而存在，也就与对劳动力资本化问题的探讨没有直接关系。因此，尽管物质资本表现出越来越高的科技知识含量，越来越成为科学技术知识的物化形式，但由我们的论题所决定，物质资本并不是我们在此要分

---

① 在以新制度经济学、产权经济学和人力资本理论为基础逐步发展形成的现代企业理论认为，市场中的企业是一个由人力资本与非人力资本或物质资本相结合的契约组织，从而对企业内部的人力资本所有者与物质资本所有者之间的交易关系进行了深入细致的考察（参见周其仁：《市场里的企业：一个人力资本和非人力资本的特别合约》，载于《经济研究》1996 年第 6 期；聂辉华：《企业：一种人力资本使用权交易的粘性组织》2003 年第 8 期）。当然，我们所使用的劳动力资本概念与西方经济学中的人力资本概念存在着诸多重大区别，对于这两个重要概念以及以它们为核心构建起来的马克思主义的劳动力资本化理论与西方人力资本理论的比较分析，我们将在第五章详细讨论。

② 《马克思恩格斯全集》第 46 卷下册，人民出版社 1980 年版，第 219 页。

析的重点。同时，对于现代科技革命时代背景下“科技—经济一体化”经济社会中的现代企业来说，一般都已经将科学和技术以直接或间接的方式纳入到企业组织的经营管理与生产过程之中①。从这个意义上来说，社会主义市场经济条件下的所有企业都或多或少地表现出“科学—技术—生产”一体化的发展趋势，这也是我们在从整个资本世界中划分出劳动力资本的现实依据。

总之，马克思从价值增殖过程的角度来对资本进行划分的方法，即将全部资本划分为可变资本和不变资本的方法，而这种划分方法又是建立在马克思经济学中独具特色的劳动二重性与商品二重性理论基础之上的。可以说，正是根据商品“二分法”，马克思将进入生产过程的所有生产要素也相应地进行了二元划分，即将这些表现为生产资本形式的生产要素划分为可变资本与不变资本。相对于古典政治经济学家所作的流动资本与固定资本的划分来说，马克思对生产资本的这种二元划分无疑是一个重大的理论变革，而如果没有劳动二重性理论与商品二重性理论，这种理论变革是不可能实现的，只有马克思出色地完成了这一革命性的理论批判工作。可见，马克思对整个商品世界的“二分法”，是与马克思主义经济学的基本原理在理论上密切联系的，在内在逻辑上是根本一致的。这样，运用马克思商品“二分法”的内在逻辑来分析我们所面对的这个由商品转化而来的资本世界，也就应当得到与马克思主义经济学的基本原理逻辑一致的理论判断。在此，我们运用马克思科学划分整个资本世界的内在逻辑即“二元划分”的逻辑，对我们在社会主义市场经济条件下所面对的整个资本世界进行划分，以此来显示马克思主义经济学视域下资本世界中资本的基本类型：物质资本和劳动力资本。因此，在马克思主义经济学视域下，劳动力资本在资本世界中是与物质资本相对应的一大类型。由此也就确定了劳动力资本在资本世界中的重要地位，并进而确定了劳动力资本在马克思主义经济学中的重要位置。

① 刘冠军、邢润川：《科技融入经济系统的主要方式及其发展走向》，载于《自然辩证法研究》2005 年第 6 期。

第三节 劳动力资本的基本类型

由于现代科技劳动价值论是马克思劳动价值论在现代经济社会与境中发展的结果，因此在现代科技劳动价值论基础上对劳动力资本的类型划分，也是在马克思主义经济理论的框架中展开的。在现代科技劳动价值论的视域中，“科技—经济一体化”的现代市场经济中的企业就是“现代经济社会与境中的企业，简称为现代科技企业或现代企业，主要是指科技企业和‘科技化’的企业，这是相对于把企业生产与科技研究绝对分开、或者仅仅将科技视为提高企业劳动生产率的外在因素而将科技游离于企业之外的传统意义上的企业而言的。从现实性上来审视，现代企业在不同的程度上已经将科学和技术的因素纳入到自身之中，不包含科学和技术因素的企业在现代经济社会与境中几乎是不存在的。从这种意义上讲，现代企业都已经成为科技企业或‘科技化’的企业。

如果根据现代企业所包含的科学和技术因素的程度或“科技化”程度的高低进行深入考察，现代企业还可以相对性地划分为以下三种类型”，即在现代科技产业化的世界性潮流中出现的新型现代科技产业；原来的大型生产企业通过设立“工业实验室”等研发机构使其变成了现代的科技企业；现代科技以“间接方式”通过转化、物化、渗透等途径应用于原来的生产企业，使原来的生产企业“科技化”而形成现代企业。这样，现代企业的整个生产劳动过程在不同程度上依次展现为“不在场的”科学人员研究科学成果的劳动、“准在场的”技术人员研究技术成果（包括工程技术与经营管理技术）的劳动和“在场的”生产工人生产出企业最终产品的直接劳动，这是由社会分工和专业化发展所决定的现代社会劳动总过程中不同环节构成的具有“跨时空”特征的“人类劳动链条”①。

与此相对应，我们在现代科技劳动价值论的基础上将劳动力资本划分

① 刘冠军《现代科技企业价值生产和运行的网络模式——一种现代科技劳动价值论视域中的考察》（载于《科学学研究》2008 年第 1 期）和《现代科技劳动价值论研究》（中国社会科学出版社 2009 年版）第 269-294 页。

为三种基本类型："不在场的"科学人员的劳动力资本、"准在场的"技术（包括工程技术与经营管理技术）人员的劳动力资本和"在场的"生产工人的劳动力资本（见图 3-1）。尽管这三种不同类型的劳动力资本在整个社会生产过程中处于不同的"时空"位置，但是这些劳动力资本的主体即科学家、技术专家、企业经理、生产工人等"总体工人"所创造的价值和剩余价值，最终都将通过多种形式和多种渠道的"价值链"传导或转移到社会生产和生活所需要的商品中去①，这也是以现代科技革命为基础的"科技—经济一体化"的现代社会化大生产的典型特征。在此，我们对劳动力资本的三种基本类型进行具体分析。

一、科学型劳动力资本："不在场的"科学人员的劳动力资本

科学型劳动力资本是"不在场的"科学人员的劳动力资本的简称。这里所说的"不在场的"科学人员，主要是指"不在企业现场的"从事基础性科学研究的科研人员，在宏观上至少应当包括从事基础性自然科学研究的科学人员，也包括从事基础性社会科学研究的科学人员；在微观上至少应当包括科学事实的发现者、科学原理的总结者、科学规律的概括者和科学理论体系的建构者等科学家。他们通过极端复杂的高级劳动进行价值的创造和价值的生产，这部分价值，一方面凝结在以基础科学理论或成果为主要形式的科学劳动产品中，具体表现为研究报告、专题论文、学术著作等客观存在形式②；另一方面则凝结在科研人员自身的劳动能力之中，获得了与其劳动力一体化的客观存在形式，从而表现为科研人员自身的劳动力资本的增加与积累③。

众所周知，马克思始终关注着科学特别是自然科学领域的每一次发现

---

① 参见刘冠军《现代科技劳动价值论研究》（中国社会科学出版社 2009 年版）第 294 页第三章第四节"'科学价值库'中价值'孵化'机制理论"。

② 刘冠军：《现代科技劳动价值论研究》，中国社会科学出版社 2009 年版，第 283-284 页

③ 美国学者丹尼尔·贝尔对 1968 年美国博士学位获得者的工作状况的研究表明："受过教育的科学精萃人士的就业场所同一般人相比是非常不同的。他们就业于企业界的不到四分之一，就业于大学的占一半以上；他们中有 24%在基础研究领域，其中半数从事某种形式的研究与发展工作。"［美］丹尼尔·贝尔：《后工业社会的来临——对社会预测的一项探索》，高铭等译，商务印书馆 1986 年版，第 260 页。

并为之欢欣鼓舞，他对科学技术进步及其对人类生产与生活所产生的深远影响所表现出来的高度关注和深刻洞察力也是举世公认的。正如恩格斯所说："在马克思看来，科学是一种在历史上起推动作用的、革命的力量。任何一门理论科学中的每一个新发现——它的实际应用也许还根本无法预见——都使马克思感到衷心喜悦。"①。事实上，青年恩格斯在其《政治经济学批判大纲》这部被马克思称赞为"批判经济学范畴的天才大纲"② 的早期著作中，也曾对科学表示出极其乐观的态度，他认为："在最普通的情况下，科学也是按几何级数发展的。而对科学来说，又有什么做不到的呢?"③ 尽管如此，马克思却认为自然科学在资本主义生产过程中表现为一种不费资本"分文"的生产力，它只是对自然力的一种无偿使用，而这种自然力也就是科学在资本主义生产中所表现出来的现实生产力。马克思接受了李嘉图关于自然力在资本主义生产中的作用即"自然因素没有给商品价值增加什么，相反，它使商品价值减少"的观点，并且进一步认为："机器具有价值。自然因素本身没有什么价值。因此，它不可能给产品增加任何价值，而且相反，只要它能代替资本或劳动，不论是直接劳动还是积累劳动，它就会使产品的价值减少。"④ 也正是由于科学在转化为现实生产力的过程中能够无偿地使用如风力、水力、蒸汽力等各种自然力，所以马克思认为"科学的力量"是一种"不费资本分文的生产力"⑤。

同时，在《资本论》中，马克思认为："用于生产过程的自然力，如蒸汽、水等等，也不费分文。……利用自然力是如此，利用科学也是如此。电流作用范围内的磁针偏离规律，或电流绕铁通过而使铁磁化的规律一经发现，就不费分文了。"⑥ 但是，马克思并没有对电磁规律这种科学理论本身的生产情况进行进一步理论考察，或者说，没有对生产这些科学成果的科学劳动进行系统考察，这不能不说是马克思《资本论》的一个重要

① 《马克思恩格斯选集》第 3 卷，人民出版社 1995 年版，第 777 页。

② 《马克思恩格斯全集》第 13 卷，人民出版社 1962 年版，第 9 页。

③ 《马克思恩格斯全集》第 1 卷，人民出版社 1965 年版，第 621 页。

④ 《马克思恩格斯全集》第 26 卷第 2 分册，人民出版社 1973 年版，第 630 页。

⑤ 《马克思恩格斯全集》第 46 卷下册，人民出版社 1980 年版，第 287 页。

⑥ 马克思:《资本论》第 1 卷，人民出版社 1975 年版，第 424 页。

理论缺憾①。因此，从总体上我们可以认为，把自然科学或科学的力量看作是“不费分文”的生产力是马克思的一个基本观点②。

但是，在“科学技术是第一生产力”的当代中国和社会主义市场经济条件下，“科学—技术—生产”越来越趋于一体化发展，先进的科学技术和那些掌握这些先进科学技术的科学劳动人员不仅日益成为极其稀缺的经济资源和“现代科技企业”③ 的核心资源，而且越来越成为反映一个国家综合实力的重要标志。在这样一种“现代经济社会与境”④ 之中，显然不能对马克思所提出的科学是一种“不费分文”的生产力思想进行简单地理解，而应该结合马克思所处的时代特征及其关于科学的多角度论述加以全面认识。对此，我们至少可以从以下三个方面加以考察：

第一，马克思认为，尽管科学不费资本家“分文”，但却并不妨碍资

---

① 这里之所以强调忽视科学生产劳动（或科技生产劳动）是《资本论》（这里指的是第一卷，因为这是马克思生前亲自修订并公开出版的《资本论》的唯一一卷）这部著作本身的理论缺憾，只是说明马克思在《资本论》（第一卷）中，一方面，是出于其阶级立场和理论目的的考虑而将科学生产劳动舍弃掉了，另一方面，是出于将政治经济学作为“真正意义上的科学研究”，就像物理学、化学和生物学等自然科学一样为其划定一个“研究对象”一样，也将政治经济学的研究划定为对“资本主义生产方式以及和它相适应的生产关系和交换关系”，这在马克思《资本论》第一卷的第一版序言中作了明确的说明，而马克思在此所讲的“生产方式”主要是物质生产方式，科学生产劳动已经超出了物质生产方式的边界，因此马克思也就没有对科学生产劳动的价值创造和价值生产作进一步的考察分析。在此意义上，马克思“忽视了”科学生产劳动，这是科学研究的“科学抽象”和“科学简化”之必要，事实上，这并不能涵盖马克思关于科学问题的所有思想，当然也就不能说马克思对科学生产劳动没有过任何理论考察和探讨。马克思在生前尚未公开发表的作为《资本论》的第一草稿和第二草稿即《1857—1858 年经济学手稿》和《1861—1863 年经济学手稿》中对科学生产劳动曾有过一些零散的讨论并阐发了许多精辟而深刻的见解。这些虽零散但却精辟、深刻的见解，综合在一起构成了马克思颇为重要的科学生产劳动（或科技生产劳动）的思想，这也是马克思科学劳动价值论思想或科技劳动价值论思想。对此，笔者曾进行过系统的考察，参见刘冠军《马克思劳动价值论研究进程中的三次转向》（载于《文史哲》2006 年第 6 期）和《现代科技劳动价值论研究》（中国社会科学出版社 2009 年版）的第一章“现代科技劳动价值论之源与流的历史考察”。

② 刘冠军：《论马克思“不费分文”的生产力思想》，载于《自然辩证法研究》1996 年第 8 期。

③ 这里所说的“现代科技企业”是一种非常宽泛的说法，实际上也就是指“现代企业”，详细参见刘冠军：《现代科技企业价值生产和运行的网络模式——一种现代科技劳动价值论视域中的考察》，载于《科学学研究》2008 年第 1 期。

④ 关于“现代经济社会与境”概念的详细阐释，参见刘冠军《马克思劳动价值论研究进程中的三次转向》（载于《文史哲》2006 年第 6 期）和《现代科技劳动价值论研究》（中国社会科学出版社 2009 年版）第二章“建构科技劳动价值论的现代经济社会与境分析”。

本家将科学作为一种资本来使用，并且成为吸收活劳动并创造剩余价值的手段，这已经在事实上认可了科学在资本主义生产中执行了精神形态的生产资料的功能。马克思认为："科学不费资本家'分文'，但这丝毫不妨碍他们去利用科学。资本像吞并别人的劳动一样，吞并'别人的'科学。但是，对科学或物质财富的'资本主义的'占有和'个人的'占有，是截然不同的两件事。"① 马克思之所以认为对科学或物质财富的"资本主义的"占有和"个人的"占有，是"截然不同的两件事"，就是因为个人占有的科学并不是资本，或者至多认为它是一种潜在的资本，因为它仅仅存在于个人的头脑中，仅仅作为一种科学知识由科学人员所掌握，并没有并入到资本主义生产过程中来，也就无法转化为现实的生产力。尽管科学人员为获得这些科学知识付出了艰辛的科学研究劳动，但是当它被排斥在追求价值增殖的资本主义生产过程之外时，它只能是作为一种生理学意义上的抽象劳动的结晶，而尚未获得经济学意义上的抽象劳动的社会规定性②，从而也就尚未获得价值属性，更不可能获得资本属性。显然，在现代经济社会与境中，既然科学知识本身已经作为一种科技商品被纳入到商品生产和流通过程，并且在社会生产过程中表现为起着重要作用的精神生产资料，那么科学知识也就必然获得了资本的经济规定性，而生产科学知识的科学人员的劳动，显然也是一种生产资本的生产性劳动。

第二，尽管马克思认为科学不费资本家"分文"，但是马克思并不认为科学知识本身是无偿地赐予人类的，它无疑是人类脑力劳动的结晶。马克思认为："不言而喻，资本总要为僧侣、教师、学者纳一定的税，不管他们发挥出来的科学力量是大还是小。"③ 可见，尽管作为生产当事人的资本家可以在对科学知识本身"一窍不通"或"惊人地无知"④ 的情况下"不费分文"地使用科学知识，但是科学知识作为人类脑力劳动的产物，毕竟

① 马克思：《资本论》第1卷，人民出版社1975年版，第424页的"脚注（108）"。

② 关于生理学意义上的抽象劳动与经济学意义上的抽象劳动的区分与说明，参见任洲鸿《马克思"抽象劳动"概念探析》，载于《当代经济研究》2009年第8期。本书中所使用的抽象劳动概念，如不作特殊说明，指的都是经济学意义上的抽象劳动，也就是马克思所使用的抽象劳动。

③ 《马克思恩格斯全集》第46卷下册，人民出版社1980年版，第287页。

④ 马克思：《资本论》第1卷，人民出版社1975年版，第424页的"脚注（108）"。

是需要“僧侣、教师、学者”等科学研究人员付出艰辛的科学劳动生产出来，而在资本逻辑统治尚未渗透到科学知识等精神生产领域的历史条件下，只能依靠作为“总资本家”的资产阶级国家的力量来组织实施，以国家税收的形式来支付这部分科学研究人员的劳动报酬，并且将他们的科学劳动产品作为一种“公共产品”使整个资产阶级受益。当然，其中那些对科学知识的商业价值最具有洞察力和预见力的资本家（事实上，这种意义上的资本家执行着企业家的职能）很可能会成为最初的受益者，尽管他们还要承担着不同程度的市场风险。在现代科技商品经济社会与境中，科学知识等精神产品既然已经表现为科技商品，那么科学知识的生产显然也就已经被纳入到资本逻辑统治之下，许多科学研究劳动已经不再是由国家通过税收形式来组织实施，而是越来越多地由具有相应经济实力的企业或企业集团通过建立不同规模和不同层次的工业实验室、研发中心、高科技企业等形式来组织实施，这就使得科学研究劳动越来越直接地与追求价值增殖的资本生产过程相结合，从而使科学知识本身越来越直接地表现为精神资本的属性。

第三，马克思在面对资本主义机器大生产对科学知识的广泛应用，并使得原有的物质生产资料的生产力实现惊人的扩张进而极大地提高劳动生产率时曾明确指出：“应该把科学称为生产的另一个可变要素，而且不仅指科学不断变化、完善、发展等方面而言。科学的这种过程或科学的这种运动本身，可以看作积累过程的因素之一。”① 可见，在马克思看来，科学知识的发展本身就是资本积累的一种形式。尤其值得注意的是，科学知识的积累不同于物质生产资料积累的最重要的特征，就是科学知识是一种精神产品，它并不像物质生产资料那样本身具有独立于劳动者之外的客观存在形式，科学知识完全可以作为一种“观念的财富”存在于个人的头脑中成为劳动者的劳动能力即劳动力，并且通过学习和研究等形式的劳动在个人的头脑中不断地增加和积累进而使劳动者的劳动力不断增强和提升。同时，科学知识并不占有劳动主体之外的物理空间，它仅仅作为劳动主体所

① 《马克思恩格斯全集》第49卷，人民出版社1982年版，第495页。

付出的劳动时间的凝结而内化于劳动主体本身，从而使具有客观内容的科学知识获得了一种主体化的存在形式，因为这部分科学知识如何使用或使用到什么程度，归根结底是要受到劳动主体主观意志的影响。可见，这种具有资本属性的科学知识在个人头脑中的积累过程，也就必然表现为与劳动力结合在一起的精神生产资料即劳动力资本的积累过程。

基于以上分析，我们完全可以得出如下理论判断：在社会主义市场经济条件下，科学研究人员的科学生产劳动是一种创造价值的极其复杂的高级劳动，科学研究人员所掌握的科学知识本质上是作为精神生产资料并入到科学生产劳动过程中从而表现科学生产劳动者的劳动力资本。

二、技术型劳动力资本："准在场的"技术人员的劳动力资本

技术型劳动力资本是"准在场的"技术人员的劳动力资本的简称。这里所说的"准在场的"技术人员，主要是指"准在企业现场的"从事自然科学技术与社会科学技术即经营管理技术的开发与应用的劳动者，至少应当"包括技术原理的发明者、制造方法的构思者、技术产品的制造者、工艺流程的设计者、技术方案的制订者和中试实验的操作者等技术专家、工程师和一般技术人员及其他们的组织管理者等"①。他们在学习和掌握了"不在场的"科学人员的劳动产品即相关领域的科学理论和知识等精神生产资料的基础上，通过技术研发劳动或经营管理劳动将其进一步转化为社会生产过程中应用性技术的劳动者，同时，技术人员本身作为劳动主体在其劳动实践中，也必将使自身所掌握的自然科学技术知识或社会科学技术知识得到进一步强化、巩固和提升，从而使自身的劳动力资本获得进一步增加和积累。下面我们对这两类不同劳动者所拥有的劳动力资本分别进行分析。

（一） 自然科学技术型劳动力资本

如果说，马克思早在《1857—1858年经济学手稿》中就已经明确指出

① 刘冠军：《现代科技劳动价值论研究》，中国社会科学出版社2009年版，第284页。

"生产力中也包括科学"① 的论断还是一个极具天才意义的科学预见的话，那么邓小平在当代明确提出"科学技术是第一生产力"② 的科学论断则已经是一个对当代世界科技革命日新月异和"科技—经济一体化"发展的生动描述了，因为这一科学论断是邓小平认真考察当今世界发达资本主义国家中科技革命对社会生产方式和生活方式带来的深刻变化所做出的历史性总结，也是对建设中国特色社会主义道路的一种新时代探索。科学技术作为推动社会经济发展的主导力量，已经得到当代发达资本主义国家经济发展的有力证明，中国特色社会主义市场经济建设必须充分吸收和借鉴西方发达资本主义国家创造的优秀文明成果与先进的科学技术来加快自身的发展。

马克思认为："随着大工业的发展，现实财富的创造较少地取决于劳动时间和已耗费的劳动量，较多地取决于在劳动时间内所运用的动因的力量，而这种动因自身——它们的巨大效率——又和生产它们所花费的直接劳动时间不成比例，相反地却取决于一般的科学水平和技术进步，或者说取决于科学在生产上应用。"③ 历史的发展已经充分地证明了马克思的科学预见，无论是在资本主义国家，还是在现实的社会主义国家，现实社会财富的生产越来越取决于科学技术在社会生产中的推广和应用程度，对科学技术的研究与开发能力不仅越来越成为一个现代市场中的企业的核心竞争力的重要体现，也日益成为衡量一个国家的综合国力水平的重要内容。然而，一个显而易见的事实是，不论科学技术水平如何发展，也不论社会生产过程中的自动化程度有多高，科学技术始终都是人类科学研究劳动的结晶，科技研究与开发人员始终是一切科学技术进步与发展的创造主体，科学技术的发展在任何情况下都不可能一般地脱离人类劳动而单独实现。从历史上看，直至19世纪中期，生产技术的进步还主要依靠直接生产劳动者的双手和经验在探索中实现，并没有任何系统的科学理论加以指导。例如，瓦特发明的蒸汽机就是在事前没有经过科学论证而在逐步探索和试验

---

① 《马克思恩格斯全集》第46卷下册，人民出版社1980年版，第211页。

② 《邓小平文选》第3卷，人民出版社1993年版，第274页。

③ 《马克思恩格斯全集》第46卷下册，人民出版社1980年版，第217页。

过程中制造出来的。但是，随着工场手工业的技术水平与生产规模的不断发展，对相关领域系统的科学理论知识客观上提出日益紧迫的要求，正是从这个意义上，马克思认为："大工业最初的科学要素和技术要素就是这样在工场手工业时期发展起来的。"①

在现代市场经济社会中，许多有发展远见与经济实力的企业或企业集团，都非常注重企业内科学技术的研究与开发工作。企业内的自然科学技术劳动主要包括探索自然界和人类社会在某一领域的客观发展规律，以此追求新的发现或发明，增加和积累科学知识的总量，甚至创立新的科学理论，或是追求认识世界和改造世界的新理论与新方法，并且运用已有的基础型研究成果和相关科学知识，为创造新产品、新方法、新技术、新材料的技术基础进行科学技术研究活动，最终将这些应用型研究成果通过设计、中间试验等技术环节，具体应用到研制新产品、改进旧产品或生产工艺中去②。可见，无论是基础型科技劳动，还是应用与开发型科技劳动，都要求自然科学技术活动的承担者即劳动主体必须掌握和占有相关科学技术领域的专业化知识和技能，或者说，只有那些拥有大量自然科学技术型劳动力资本的劳动者，才有能力从事企业内的自然科学技术劳动。

此外，自然科学技术型劳动力资本的形成需要自然科学技术劳动者经过长期的学习、研究与专业培训，而劳动者所掌握和占有的这部分精神生产资料作为一种非物质产品的价值量难以确定。正如马克思所说："在一定条件下，人们能准确地知道，做一张桌子，需要多少工人，制成某种产品，需要某种劳动量应多大。许多'非物质产品'的情况却不是这样。这里，达到某种结果所需要的某种劳动量多大，和结果本身一样，要靠猜测。"③ 从这个角度来看，既然自然科学技术型劳动者参与实际生产的过程，即劳动者运用自己所掌握的劳动力资本进行劳动的过程，既是生产商品的使用价值过程，也是创造新价值和将劳动力资本的价值转移到商品中

① 马克思：《资本论》第1卷，人民出版社1975年版，第414页。

② 程恩富等：《劳动创造价值的规范与实证研究——新的活劳动价值一元论》，上海财经大学出版社2005年版，第209-210页。

③ 《马克思恩格斯全集》第26卷第1分册，人民出版社1972年版，第276页。

去的过程，那么，劳动产品的价值中来自自然科学技术型劳动者的劳动力资本的价值转移部分的价值量也就具有不确定性，这一点往往被人们忽略。学术界关于科技劳动产品的价值量的不确定性问题的研究，一般主要围绕科技产品的创新性或独创性，其价值无法通过社会必要劳动时间来确定，而一般由个别劳动时间来决定①；或是科技劳动产品所需要的劳动时间难以确定，这种劳动“很难说有上下班的时间界限，在很多情况下，这是一种超时性劳动，有时一个思想火花会使人如醉如痴，昼夜连续思考、探索，直至作出一个重大的科学发现”②。甚至认为科技劳动产品并没有价值，而只不过在商品经济社会中获得了一种价格表现形式。这种价格形式并不是以价值实体为基础，所以科技劳动产品的生产与交换也不是由商品生产和价值规律来调节③。当然，我们不能同意科技劳动产品没有价值而只有价格的观点，因为科技劳动产品本身就是科学技术人员抽象劳动的凝结和物化；同样，我们也不同意科技劳动产品的生产与交换也不是由商品生产和价值规律来调节的观点，因为科技劳动产品作为商品出现在市场上，必须遵循商品生产的规律和价值规律，只是它与物质性商品相比较时有其特殊性而已④。事实上，在现代市场经济社会中，科技劳动产品的商品化、市场化甚至资本化，已经是一个不争的经济事实⑤。

（二）社会科学技术型劳动力资本即经营管理型劳动力资本

社会科学技术是社会科学理论在社会生产实践中应用所形成的方式、方法、手段、路径和规章制度等的总和，具体到现代企业中就表现为运用管理学、经济学、心理学、法学等社会科学理论来进行经营管理的方式、方法、手段、路径和规章制度等，因此社会科学技术型劳动力资本具体表

---

① 宗寒：《智力产品的价值和价格是怎样决定的?》，载于《红旗》1986 年第 7 期。

② 王克忠：《论商品型按劳分配》，复旦大学出版社 1992 年版，第 176 页。

③ 胡钧、樊建新主编：《深化认识劳动价值论过程中的一些问题》，经济科学出版社 2002 年版，第 53 页。

④ 关于科技劳动产品作为商品与其他物质性产品作为商品相比较，其价值方面的共性和特殊性，其使用价值方面的共性和特殊性、其遵循价值规律和价值实现等方面的共性和特殊性，参见刘冠军《现代科技劳动价值论研究》，中国社会科学出版社 2009 年版，第 222-269 页。

⑤ 刘冠军等：《现代科技商品经济社会之与境论——从商品视域看现代经济社会之与境》，载于《齐鲁学刊》2004 年第 6 期。

现为经营管理型劳动力资本。

经营管理劳动是随着企业制度的不断发展和演变而逐渐独立出来的一种劳动分工形式，它实际上包含着经营与管理两层含义。长期以来，许多中外学者从不同的研究角度出发，对管理作出了不同的解释，并且出现了各种不同的管理学派。然而，关于什么是“管理”至今还没有一个统一的定义。比较有代表性的解释，如“科学管理之父”泰罗认为，管理就是“确切知道要别人去干什么，并注意他们用最好最经济的方法去干”①。另一位著名管理学家法约尔认为，管理是所有的人类组织（不论是家庭、企业或政府）都有的一种活动，这种活动由五项要素组成：计划、组织、指挥、协调和控制。管理就是实行计划、组织、指挥、协调和控制②。而经营是商品经济所特有的范畴，是商品生产者尤其是现代企业制度下的企业家的经济职能。企业经营是指在企业活动过程中，为实现企业目标的一系列筹划营谋活动，因为企业作为一个独立参与市场竞争的的经济主体，必须在调查研究并掌握企业内部和外部的实际情况的前提下，对企业的发展方向、奋斗目标以及应该采取的策略进行研究思考，并且要把研究思考的结果变成科学的决策和实际行动，尽量使企业获得更大的经济效益，它包括直接生产过程如何使用最有效率的生产方法进行生产、流通中如何运用最有利的条件将商品销售出去、如何确定企业积累以及扩大再生产等等。可见，管理劳动是一切人类社会组织所必需的一种劳动形式，它并不仅仅限于企业组织，而经营劳动则为市场中的企业所特有的劳动形式。但由于企业已经成为市场经济中最典型的社会组织形式，因此一般将企业中的管理劳动与经营劳动统称为经营管理劳动。

从历史上来看，企业中的经营管理劳动最初是由企业的物质生产资料的所有者即传统意义上的资本家来承担，这种类型的企业也正是马克思所研究和考察的主要对象。尽管资产阶级的利益与马克思所支持的无产阶级的利益是根本对立的，但在马克思看来，作为个人的资本家“只是经济范

---

① ［美］F. 泰勒：《科学管理原理》，团结出版社 1999 年版，第 104 页。

② ［法］法约尔：《工业管理和一般管理》，团结出版社 1999 年，第 7 页。

畴的人格化，是一定的阶级关系和利益的承担者。……同其他任何观点比起来，我的观点是更不能要个人对这些关系负责的"①。因此，马克思在《资本论》中是以科学的理论态度分析了资本家劳动的双重性质。

马克思认为，经营管理劳动是资本主义企业内劳动分工的必然结果，是资本主义生产和剩余价值创造顺利进行的必要保证。在分析资本主义的工场手工业企业时，马克思说："一切规模较大的直接社会劳动或共同劳动，都或多或少地需要指挥，以协调个人的活动，并执行生产总体的运动——不同于这一总体的独立器官的运动——所产生的各种一般职能。一个单独的提琴手是自己指挥自己，一个乐队就需要一个乐队指挥。一旦从属于资本的劳动成为协作劳动，这种管理、监督和调节的职能就成为资本的职能。这种管理的职能作为资本的特殊职能取得了特殊的性质。"② 事实上，资本家所从事的经营管理劳动之所以表现出双重性质，本质上是由于资本家既作为企业所有者又作为经营管理劳动者的双重身份所必然承担的双重经济关系决定的。一方面，资本家作为企业所有者，他必然要通过对物质生产资料的所有权而无偿占有雇佣工人所创造的剩余价值，这是资本家作为剥削者的一面；另一方面，资本家承担着企业的经营管理劳动，他又具有劳动者的一面，"他创造剩余价值，不是因为他作为资本家进行劳动，而是因为除了他作为资本家的性质之外，他也进行劳动。因此，剩余价值的这一部分也就不再是剩余价值，而是一种和剩余价值相反的东西，是所完成的劳动的等价物"③。可见，作为经营管理劳动者的资本家，与雇佣工人一样，本身不仅创造价值，而且还创造剩余价值，这一点也是马克思所承认的。

但是，在马克思看来，这种经营管理劳动之所以是必要，不仅是由于"规模较大的直接社会劳动或共同劳动"的需要，而且主要是由资本主义企业中剥削劳动的对抗性质决定的，这种对抗性质也正是资本与劳动之间本质上是不平等的社会经济规定性的必然反映。因为对于雇佣工人来说，

① 马克思：《资本论》第1卷，人民出版社1975年版，第12页。

② 马克思：《资本论》第1卷，人民出版社1975年版，第367-368页。

③ 马克思：《资本论》第3卷，人民出版社1975年版，第430页。

“他们的劳动的联系，在观念上作为资本家的计划，在实践中作为资本家的权威，作为他人意志——他们的活动必须服从这个意志的目的——的权力，而和他们相对立”①。也正是从这个意义上，马克思才认为：“资本家所以是资本家，并不是因为他是工业的领导人，相反，他所以成为工业的司令官，因为他是资本家。”② 这正是对企业所有者与经营管理者集于资本家一身的资本主义企业制度模式的生动写照。

随着科学技术在社会生产中的应用日益广泛和机器大工业的迅猛发展，客观上要求资本主义企业的生产规模日益庞大，原来单纯依靠私人资本的积累与扩大再生产已经远远无法满足，通过信用方式来实现资本主义企业规模的扩张是使资本集聚逐步替代私人资本积累的主要途径，资本主义的股份公司则是实现了社会资本对私人资本在资本主义生产方式下的积极扬弃。马克思不仅密切关注着资本主义企业制度的演变，而且不断对这种企业制度的演变作出及时而深刻的理论剖析。马克思认为，在资本主义股份公司中，商业经理与产业经理作为领取管理工资的特殊劳动者阶层，与作为企业所有者的资本家收入已经完全分开，“与信用事业一起发展的股份企业，一般地说也有一种趋势，就是使这种管理劳动作为一种职能越来越同自有资本或借入资本的所有权相分离，这完全像司法职能和行政职能随着资产阶级社会的发展，同土地所有权相分离一样，而在封建时代，这些职能却是土地所有权的属性”③。可见，在资本主义股份制企业刚刚出现之际，马克思就已经深刻洞察到企业所有权与经营管理权之间日趋分离的发展趋势④，并将其作为资本主义股份制企业的一个新特征加以考察，这要比西方经济学家从理论上研究企业所有权与经营管理权的分离并将其称为“经理革命”早半个多世纪。

① 马克思：《资本论》第 1 卷，人民出版社 1975 年版，第 368 页。

② 马克思：《资本论》第 1 卷，人民出版社 1975 年版，第 369 页。

③ 马克思：《资本论》第 3 卷，人民出版社 1975 年版，第 436 页。

④ 值得说明的是，我们在这里所说的企业所有权，指的是对企业的物质生产资料的所有权；企业的所有者，也是指企业的物质生产资料的所有者。这种理解与现代企业理论中的企业所有权存在着明显的区别。参见张维迎：《所有制、治理结构与委托—代理关系》，载于《经济研究》1996 年第 9 期。

美国经济学家伯利和米恩斯在1932年出版的《现代公司与私有财产》中对资本主义股份制企业中的所有权与经营管理权之间的分离现象做了早期实证研究与理论考察。伯利和米恩斯通过对美国200多家大型股份制企业进行调查分析认为，资本主义大型股份制企业的发展使企业的股份高度分散化，股份公司的股东作为企业所有者，享有企业的所有权，但对企业并没有实际的支配权，而经营管理者则几乎没有企业股份，但却在实际上取得了对企业的控制权。伯利和米恩斯由此认为，资本主义股份公司的所有权与经营管理权已经完全分离，并且将这种经营管理者取得资本主义企业实际控制权的现象称为"经理革命"。尽管伯利和米恩斯存在着过分夸大经营管理权重要性的嫌疑①，但是他们毕竟从实证研究方面指出了现代资本主义股份制企业的一个重要经济特征。从一定意义上讲，伯利和米恩斯的研究成果，客观上为马克思早已洞察到的资本主义股份制企业的所有权与经营管理权日益分离趋势的科学理论判断提供了一种有效实证说明，这恐怕也是这两位资产阶级经济学家所始料未及的。

然而，由于马克思的理论立场和理论目的的历史局限性，对这种所有权与经营管理权之间的分离所做的判断是："留下来的只有管理人员，资本家则作为多余的人从生产过程中消失了。"② 在马克思看来，资本家已经越来越脱离社会生产过程而日益成为一个单纯依靠"剪息票"生活的寄生阶级，从而导致资本主义社会的极端腐朽与资产阶级的日益没落，资本主义生产方式已经越来越不能容纳人类社会已经创造出来的社会生产力了，资本主义社会的外壳即将炸毁，资本主义社会的丧钟也即将敲响。同时，马克思还认为，工人合作工厂的出现是对资本主义制度的旧形式"打开的第一个缺口"，"这种工厂表明，在物质生产力和与之相适应的社会生产形式的一定的发展阶段上，一种新的生产方式怎样会自然而然地从一种生产方式中发展并形成起来"③。可见，马克思在工人的"合作工厂"中似乎已经看到了未来社会中扬弃了资本与劳动之间的对抗性质的联合生产方式的

① 吴易风：《怎样认识西方企业理论》，载于《高校理论战线》1995年第1期。

② 马克思：《资本论》第3卷，人民出版社1975年版，第436页。

③ 马克思：《资本论》第3卷，人民出版社1975年版，第498页。

曙光，并且乐观地认为："资本主义的股份企业，也和合作工厂一样，应当被看作是由资本主义生产方式转化为联合的生产方式的过渡形式。"① 但资本主义社会发展的历史事实已经表明，资本主义股份制企业在马克思时代还仅仅是一个简陋的开始，其自身的发展和演变还远远没有充分展开，资本主义生产方式所能够容纳的社会生产力也远远没有达到自身的极限。

事实上，随着科学技术在社会生产中的广泛应用和企业规模的不断扩张，企业内生产所使用的机器设备越来越复杂，技术更新与技术改造要求越来越快，同时每一个企业都不可避免地面对着激烈的市场竞争和诸多的风险。企业经营管理劳动的内容和范围也在不断扩大，包括生产过程的组织调节、劳动力的编组与协调、生产活动和劳动活动的监督和控制、财务活动的管理、市场营销、银行信贷、资本运作等等。在这种日益复杂的市场条件下，单纯依靠作为企业的物质生产资料的所有者的资本家通过经验积累获得的经营管理知识和技能来承担企业的经营管理已经越来越不可能。这样，企业的所有者与经营管理者的分离也就成为企业发展的一种必然，这也为以股份制企业为代表的现代企业制度的建立与发展提供了一个新的历史契机。现代资本主义股份制企业的经营管理劳动主要依靠企业家、职业经理、专业财经人员等组成的经营管理劳动者来承担，而这部分经营管理劳动者之所以能够胜任这部分专业化和知识化的复杂劳动，就是因为他们拥有经营管理型劳动力资本②。

三、直接生产型劳动力资本："在场的"直接生产人员的劳动力资本

直接生产型劳动力资本是"在场的"直接生产型人员的劳动力资本的简称。邓小平曾强调指出："科学技术同生产资料和劳动力是什么关系呢？

① 马克思：《资本论》第3卷，人民出版社1975年版，第498页。

② 有学者提出"经营力假说"，认为："经营力是企业配置'力'要素中的提升力，是企业综合素质、核心竞争力的反映，是经营者群体对企业结构优化和决策优化产生的生产力。"（唐丰义、房汉廷：《经营力：一个新的理论假说》，载于《经济研究》1999年第2期）我们认为，从某种意义上讲，"经营力"正是经营管理者对其自身的经营管理型劳动力资本的运用与发挥过程中表现出来的生产力。

历史上的生产资料，都是同一定的科学技术相结合的；同样，历史上的劳动力，也都是掌握了一定的科学技术知识的劳动力。我们常说，人是生产力中最活跃的因素。这里讲的人，是指有一定的科学知识、生产经验和劳动技能来使用生产工具、实现物质资料生产的人。”① 社会经济实践的发展越来越验证了邓小平的科学论断。所谓“在场的”直接生产型人员，主要是指直接“在企业现场的”处在生产一线的直接操作人员，一般称之为“生产工人”，在“科技—经济一体化”的现代企业中的这些“在场的”直接生产型人员也是运用现代科技进行生产的劳动者，它包括现代企业“在场的”工程师、技术人员和一般工作人员，其中的工程师、技术人员等通常被称为“白领工人”，而一般工作人员通常被称为“蓝领工人”②。在现代企业特别是现代科技企业中，他们掌握一定的生产劳动经验、技巧和相关领域的基本理论知识等精神形态的生产资料，这部分精神生产资料在生产实践过程中不断得到强化，并随着劳动主体的熟练程度和生产经验的不断丰富而逐步积累，从而表现为直接生产型人员劳动力资本的增加和积累。

从现代经济社会的实践层面来看，直接生产型人员最初的劳动力资本主要是通过学校教育与职业培训获得的，而从人类社会发展的不同历史阶段来看，一定社会中的生产组织对直接生产型劳动力资本的要求也具有很大的差别③。在前工业化时期，文盲或半文盲就能够基本胜任农耕劳动和手工业生产的需要，他们一般是在劳动实践过程中学习和积累必要的生产知识和劳动技能，并不需要专门的教育和培训。因此，社会上存在的学校教育主要以初等学校为主，而且并不普及。至于少数高等教育则几乎仅仅作为贵族阶层所有的奢侈品，普遍劳动者一般无法享受到高等教育的机会，而且高等教育的内容也与社会生产实践没有什么直接关系。在这样的情况下，他们的劳动力只能作为商品，并且难以资本化而成为劳动力资本。

① 《邓小平文选》第2卷，人民出版社1994年版，第88页。

② 刘冠军：《现代科技劳动价值论研究》，中国社会科学出版社2009年版，第285页。

③ 张凤林：《人力资本理论及其应用研究》，商务印书馆2006年版，第166页。

到了工业化时期，随着机器的广泛应用，对劳动者素质的要求有了进一步提高，社会生产中大多数工作岗位的生产者只有具备中等文化知识水平或至少具有初等教育水平才能胜任其职。因此，中学教育和各种职业教育越来越居于主导地位。例如，在马克思时代，“工艺学校和农业学校是这种变革过程在大工业基础上自然发展起来的一个要素；职业学校是另一个要素，在这种学校里，工人的子女受到一些有关工艺和各种生产工具的实际操作的教育”①。在这样的情况下，他们的劳动力主要作为商品而进入生产过程，但由于劳动者掌握了一定的精神生产资料，因此他们的劳动力具备了转化为劳动力资本的可能性，同时由于受教育的程度较低，劳动者掌握的精神生产资料较少，因而他们的劳动力也难以转化为现实性上的劳动力资本。

当工业化完成之后，人类社会进入后工业社会，随着现代科技革命特别是信息技术革命的发展与知识经济时代的来临，具有高等教育水平的劳动者日益成为从事直接生产型劳动的主体，这在客观上也要求更加普及高等教育。现代社会生产不仅要求直接劳动者掌握必要的专业化科学知识，而且还要具备较高的学习能力、信息处理能力和判断预测能力，而这些能力的形成与长期的学校教育和系统的科学理论知识的学习往往密不可分。这时，直接生产型劳动者的劳动力已经不仅仅是商品，而且具备了劳动力资本化的现实条件，因而产生了直接生产型劳动力资本。

从总体发展趋势来看，随着现代科技革命特别是人类新技术革命所带来的生产方式的深刻变革，科学技术和知识日益渗入到一切生产要素之中。因此，现代社会化大生产的顺利进行，越来越离不开劳动者素质的提高，掌握和占有一定量的科学技术知识已经成为现代企业中的直接生产者所必须具备的基本条件，劳动力资本化已经不再是可能而且已经成为现实。从这个意义上讲，直接生产型劳动力资本已经成为现代经济社会中劳动力资本的一个重要类型。

值得注意的是，我国是一个社会生产力发展水平很不平衡的国家，这

① 马克思：《资本论》第1卷，人民出版社1975年版，第535页。

就要求具有不同层次的学校教育，从而培养不同层次的直接劳动型劳动力资本以满足不同社会生产力发展水平的需求。新中国成立以来，尽管在社会主义建设实践过程中有过这样或那样的挫折和失误，但我国对国民的义务教育普及率和教育水平总体来说呈现逐步提高的态势，特别是改革开放以来，随着对党中央提出的“科教兴国”战略和“以人为本”为核心的科学发展观的贯彻和落实，为培养大量有知识、有技能的社会主义劳动者提供了稳固的政策保障；同时，各类高等教育、职业教育、在职教育得到了迅猛发展，大量的大学毕业生进入企业一线，企业原有生产工人的科技知识水平得到了迅速提高，这为社会主义市场经济条件下直接生产型劳动力资本的增加和积累提供了政策保障和现实条件。

第四节 劳动力资本的价值与使用价值的特殊性

在现代科技劳动价值论基础上对不同类型的劳动力资本的划分，其依据是社会分工与专业化的发展。正是由于社会分工与专业化的发展，使从事不同职业的劳动者占有和掌握着具有不同使用价值的精神生产资料，而这些从事不同职业的劳动者恰恰正是作为这些精神生产资料的活的载体而存在，从而承担着不同类型的经济职能。从这个意义上来说，劳动者对这部分精神生产资料的使用与在生产过程对物质生产资料的使用并没有什么不同，它们都是作为经济学意义上的固定资本被并入实际生产过程的，当然，这只是从使用价值角度来讲的。而从价值的转移角度来看，作为劳动力资本的精神生产资料在劳动过程中被使用的同时，和物质生产资料一样，也必然伴随着价值的转移。但是，由于精神生产资料与物质生产资料相比，其价值与使用价值都表现出某些特殊性，从而使作为劳动力资本的精神生产资料在向劳动产品转移价值的过程中也具有某些特殊性。可以说，劳动力资本之价值和使用价值的特殊性是劳动力资本的重要经济学特征。

一、劳动力资本之价值的特殊性

对于劳动力资本即精神生产资料的价值的考察，可以从质与量两个方面来进行。

从劳动力资本之价值的质的方面来说，它与任何其他资本并没有什么不同，它们在本质上都是一般的、无差别的人类劳动的凝结，即抽象劳动是劳动力资本的价值实体。具体来看，劳动力资本的价值是由劳动力资本所有者即劳动者为掌握和占有一定的科学技术知识等精神生产资料，以学习、研究、教育、培训等不同形式的具体学习劳动过程中而付出的抽象劳动的凝结。应该说明的是，并不是在任何时代条件下人类学习科学技术知识的劳动都具有凝结为价值的抽象劳动的经济规定性，正是由于劳动者掌握和占有这部分科学技术知识是为了从事商品生产活动，所以也就使为获得这部分科学技术知识而付出的不同形式的学习劳动获得了凝结为价值的抽象劳动的经济学性质①。因此，科学技术知识等精神产品之所以能够获得劳动力资本的经济规定性，是以发达的商品生产关系与发育较为成熟的生产要素（既包括物质生产要素，也包括精神生产要素）市场机制为前提的。否则，即使劳动者掌握和占有再多的、再先进的科学技术知识，也无法转化为自己的劳动力资本。这一点可以从传统计划经济条件下的广大科学技术工作者一般只能在全国统一的工资制度下取得微薄的工资收入并且往往长期不变就可以很好地说明。

从劳动力资本价值的量的方面来说，则呈现出复杂性和不确定性的特点。因为科学技术知识作为人类智慧的结晶，其价值量本身就是难以确定的。马克思曾指出：“对脑力劳动的产物—科学—的估价，总是比它的价值低得多，因为再生产科学所必要的劳动时间，同最初生产科学所需要的劳动时间是无法相比的，例如学生在一小时内就能学会二项式定理。”② 马克

① 本书中所使用的抽象劳动概念，如不作特殊说明，指的都是经济学意义上的抽象劳动，也就是马克思所使用的抽象劳动。关于应该从何种意义上理解马克思的凝结为价值的抽象劳动概念的探讨，请参见任洲鸿：《马克思“抽象劳动”概念探析》，载于《当代经济研究》2009 年第 8 期。

② 《马克思恩格斯全集》第 26 卷第 1 分册，人民出版社 1972 年版，第 377 页。

思在这里所强调的就是取得某些创新性成果的科学劳动所需要的劳动时间，与再生产这种科学成果其所耗费的必要劳动时间是不成比例的，从而使科学知识本身的价值难以确定。学习科学知识的过程固然要付出艰辛的劳动，但是这种学习劳动与生产这些科学知识的原创性研究劳动本身相比，显然是微不足道的。然而，劳动者如果通过自己的学习劳动掌握和占有了某些科学技术知识，那么对与劳动者结合在一起的这部分科学技术知识如何使用、运用到何种程度等，都取决于劳动者本人了。例如，是简单地常规性使用还是进一步思考、研究和创新性的使用，这两种使用方式下不但劳动者创造的价值存在差别，作为劳动力资本的精神生产资料的价值转移程度也必然存在差别。这些情况在具体的生产过程中又会随着外部环境的不同，如企业生产的技术条件如何、企业薪酬制度的激励相容程度如何等诸多因素表现出无数的差别。

二、劳动力资本之使用价值的特殊性

劳动力资本作为精神形态的生产资料，其使用价值也表现出与物质生产资料不同的特征，主要表现在以下两个方面：

一方面，如果将科学技术知识等精神生产资料放在人类经济社会形态的发展和演变的历史视角下来看，科学技术知识等精神生产资料显然具有公共产品的特性。从经济现象上来看，在“科学技术是第一生产力”的社会主义市场经济条件下，科学技术知识等精神生产资料一般是由私人（自然人或法人）以商品的形式生产出来的，并通过市场机制形成一定的价格和达到社会需要的产量，其动机在于实现其交换价值并获得利润。可见，科学技术知识的商品化和市场化，是建立和完善社会主义市场经济的客观要求，而不断完善的社会主义市场经济与发育日益成熟的生产要素（包括科学技术产品）市场则进一步推动着科学技术知识的生产与再生产，并且使其越来越迅速地被并入到实际社会生产过程之中从而转化为现实的生产力。马克思在研究科学技术在资本主义市场经济条件下的普遍发展时曾感言道：“自然科学本身｛自然科学是一切知识的基础｝的发展，也像与生产过程有着的一切知识的发展一样，它本身仍然是在资本主义生产的基础上进行的，这种资本主义生产第一次在相当大的程度上为自然科学创造了进行研究、观察、实验的物质手段。……随着资本主义生产的扩展，科学因素第一次被有意识地和广泛地加以发展、应用并体现在生活中，其规模是以往的时代根本想象不到的。”①

马克思和恩格斯在《共产党宣言》中谈到资本主义必将以自己的面貌和生产方式改变整个世界时曾指出：“物质的生产是如此，精神的生产也是如此。各民族的精神产品成了公共的财产。民族的片面性和局限性日益成为不可能，于是由许多种民族和地方的文学形成了一种世界的文学。”② 这里的文学实际上就是泛指科学、艺术、哲学等方面的以书面著作的形式表现出来的精神产品，即从整个社会历史发展角度来看，人类文明的进步成果必将为整个人类社会所共享，这也就决定了科学技术知识为主要内容的精神生产资料的公共产品性质。事实上，在社会主义市场经济条件下，许多精神生产资料也像公共产品一样，在消费过程中具有非排他性和非竞用性。随着科学技术的发展，以科技成果、商业秘密和商业信息以及各种形式的极具市场价值的科学技术产品越来越易于复制、携带、传播和扩散，而这些复制、携带、传播和扩散所需的成本与精神产品本身的生产成本或创作成本相比较而言却是微不足道的。可见，在社会主义市场经济条件下，科学技术知识等精神生产资料本身所固有的公共产品性质实际上对科学技术知识本身的生产与创新有着不可忽视的消极作用。

另一方面，对同一劳动者来说，他所掌握和占有的劳动力资本即精神生产资料可以反复使用，从而可以多次获得自己劳动力资本的使用价值，如劳动者将科学技术知识反复运用于某些生产活动或生产过程。马克思在考察科学在生产过程中的应用时，明确指出科学具有类似于固定资本的性质。马克思认为，固定资本是指某些生产资料的价值在直接生产过程中并不是一次转移到产品中去，而是逐渐地、一部分一部分地转移的，而以科学技术知识为主要内容的精神生产资料恰恰具有这种特征。既然“知识和

① 《马克思恩格斯全集》第 47 卷，人民出版社 1979 年版，第 572 页。

② 《马克思恩格斯选集》第 1 卷，人民出版社 1995 年版，第 276 页。

技能的积累，社会智慧的一般生产力的积累，就同劳动相对立而被吸收在资本当中，从而表现为资本的属性，更明确些说，表现为固定资本的属性”①。那么，由于劳动者所掌握和占有的劳动力资本即精神生产资料可以在多次生产过程中将其价值反复地转移到劳动产品中去，从而也就在实际生产过程中取得了固定资本的属性。也正是在这个意义上，作为劳动力资本的精神生产资料，其价值的转移表现出“虽转移但不减”的“奇异性”特征②。也就是说，劳动力资本即精神生产资料并不像物质生产资料那样，随着生产过程的每次进行在将其自身价值转移到劳动产品中的同时，其自身也在不断地磨损和消耗，直至最后折旧与报废。

从现象层面来看，伴随着物质生产资料的使用，物质生产资料的磨损表现为物质磨损与精神磨损两个方面，而伴随着精神生产资料的使用，精神生产资料虽不存在“物质磨损”但似乎也存在着一个“精神磨损”的问题。从实质层面来看，作为劳动力资本的精神生产资料不仅不会出现随着其使用而磨损和消耗的问题，反而会随着其使用出现创新的结果③，这样也就导致劳动力资本即精神生产资料的使用价值增大的现象，进而使其价值也会出现增加的现象。

当然，当更先进的科学技术知识产生并普遍地应用于社会生产中之后，劳动者就必须在原来所掌握和占有的劳动力资本基础上，汲取新的科技知识，使自身的劳动力资本得以累进。否则，就会在激烈的市场竞争中面临淘汰的命运。也正是这一点，促使劳动者不断加强自身劳动力资本的学习和积累，不断更新自己所掌握的科学技术知识，这是使劳动者自身的劳动力资本始终具有转化为现实生产力的潜在力量的重要保证。

---

① 《马克思恩格斯全集》第 46 卷下册，人民出版社 1980 年版，第 210 页。

② 刘冠军：《现代科技劳动价值论研究》，中国社会科学出版社 2009 年版，第 296 页。

③ 譬如，科技人员在运用、整合其掌握的知识过程中，也就是在使用其精神生产资料的过程中，不仅不会导致其掌握的知识的减少，反而会产生新的观点、新的思路和新的想法，这就是科技创新。而科技创新的结果，会使科技人员自身的知识增加，即会使自身所掌握的精神生产资料增加。

第五节　劳动力资本的产权问题

在分析了劳动力资本之价值和使用价值的特殊性这一重要经济学特征之后，我们从马克思经济理论视域提出劳动力资本的产权问题，这也是其重要的经济学内容。

一、产权与所有权：一个马克思主义经济学的解释

产权，即财产权利，又称为财产权。这三种说法实际上对应着同一个英文概念即 property rights。由于 property 在英语中是个多义词，含有所有权、所有、资产、财产，房地产、不动产，所有、所有权等多种意思①；再与 rights（即权利）相结合，从而在汉语中获得了不同的翻译名称而已，它都是指人们即一定的财产主体围绕或通过财产客体而形成的经济权利关系。

自西方新制度经济学特别是其中的产权学派被引入我国之后，产权理论对中国经济学界的影响力日益增强，对我国的经济体制改革特别是国有企业改革也日益发挥着重大指导作用。在此特殊时代背景下，学术界再一次回到马克思的著作中寻找相关的理论依据。目前学术界普遍认为，马克思的德语著作中大量使用的“Eigentum”一词，实际上是可以理解为新制度经济学中的产权概念的。然而，由于“Eigentum”一词本身也是个多义词，最初表示所有物或财产，是指具有法律含义的实物概念，一般指具体的、实质性的所有物或财产。但是随着资本主义生产方式的不断发展与演变，“Eigentum”一词除具有具体的、实质性的所有物之外，也可以表示事物的状况和关系等抽象性的含义，也就具有“所有”“所有制”“所有权”的含义②。同时，与“Eigentum”一词在英语中相对应“Property”一词，

① 《牛津高阶英汉双解词典》第四版增补本，商务印书馆 2002 年版，第 1187 页。

② 《马克思主义研究论丛》第 4 辑，中央编译出版社 2006 年版，第 173 页。另外，关于如何理解 Eigentum 和 Property，也可参见吴宣恭等：《产权理论比较——马克思主义与西方现代产权学派》，经济科学出版社 2000 年版。

也包含所有物、财产、财产权、所有权甚至所有制等多种意思，中文有时将其翻译为财产，有时将其翻译为所有权，而将 Privateigentum 和 Private Property，翻译为私有财产或私有制。同样，德语中的 Privates Eigentum，也可以翻译为私有财产或私有制。

然而，由于汉语中的财产、所有权和所有制等的含义并不尽相同。财产指的是某物，是所有权和所有制施加作用的对象或客体，它本身并不包含财产主体之间的权利关系，也不包含财产主体的行为。同时，汉语中的所有权与所有制的含义也并不相同。所有制是指财产主体之间在财产客体上或通过财产客体形成和建立起来的经济关系。这种经济关系起初只是一种不必解释的事实，但是这种经济关系一旦得到社会的承认和国家和法律的认可和保护之后，也就获得了所有权形式，即所有权是所有制的法律形态。实际上，只要仔细研究一下马克思是在何种意义上使用 Eigentum 和 Property，就可以看出它不仅仅指财产客体本身，而且也包含着围绕财产客体而产生的财产主体之间的经济权利关系。例如，在《1857—1858 年经济学手稿》中，马克思说："既然财产仅仅是有意识地把生产条件看作是自己所有这样一种关系（对于单个的人来说，这种关系是由共同体造成、在共同体中被宣布为法律并由共同体保证的），……那么，财产就只是通过生产本身而实现的。"① 在这里，所谓的财产即 Eigentum，本质上指的就是人们之间围绕财产而产生的经济关系，而并不就单纯指作为某物的财产本身。同时，马克思还强调，只有在一定的经济关系中，某物才能成为政治经济学意义上的财产。马克思认为："孤立的个人是完全不可能有土地财产的，就像他不可能会说话一样。……把土地当作财产，这种关系总是要以处在或多或少自然形成的，或历史地发展了的形式中的部落或公社占领土地（和平地或暴力地）为媒介的。"② 尽管马克思在这里分析的只是土地财产权问题，但是却表达了关于财产与财产权问题的一般原理。

可见，也正是由于 Eigentum 与 property 具有不同的翻译方法，使马克

---

① 《马克思恩格斯全集》第 46 卷上册，人民出版社 1979 年版，第 493 页。

② 《马克思恩格斯全集》第 46 卷上册，人民出版社 1979 年版，第 483 页。

思经济学中的产权理论长期受到国内学术界不应有的忽视，而将以科斯为主要代表的西方新制度经济学中的产权学派作为产权理论的来源，而将马克思经济学中的所有制、所有权理论视为与之完全不同的经济理论，并且误以为马克思经济学中没有产权理论。因此，在澄清了关于德语中的 Eigentum、英语中的 Property 和汉语中的财产与财产权之间的翻译造成的理解上的误解之后，我们完全可以认为，马克思的所有权理论也就是马克思的产权理论。早在 1962 年，国内学者苏绍智就曾在马克思的生产资料所有制理论的基础上，提出了关于生产资料的所有权、占有权、支配权和使用权之间及其与所有制之间的关系问题，这实际上已经基本阐发了马克思主义经济学中内在包含着的产权思想，尽管当时苏绍智并没有明确提出“产权”的概念①。

事实上，一些治学严谨的西方新制度经济学家也承认这一点。其中，S. 佩乔维奇在比较研究马克思的产权理论和西方产权学派的产权理论时认为：“马克思是第一位有产权理论的社会科学家。”② 另外，在 S. 佩乔维奇与 E. G. 菲吕博腾合作的《产权与经济理论：近期文献的一个综述》一文中再次指出：“产权不是指人与物之间的关系，而是指由物的存在及关于它们的使用所引起的人们之间相互认可的行为关系。……对共同体中通行的产权制度可以描述的，它是一系列用来确定每个人相对于稀缺资源使用时的地位的经济和社会关系。罗马法、普通法、马克思和恩格斯以及现行的法律和经济研究基本上同意这一产权定义。”③

二、劳动力资本之产权问题的提出

我们提出“劳动力资本的产权”这样一个理论问题，不是仅仅就劳动

---

① 苏绍智：《试论生产资料的所有权、占有权、支配权和使用权——对社会主义生产资料所有制的具体分析》，载于《学术月刊》1962 年第 6 期。

② 吴易风：《马克思的产权理论与国有企业产权改革》，载于《中国社会科学》1995 年第 1 期。

③ E. G. 菲吕博腾、S. 佩乔维奇：《产权与经济理论：近期文献的一个综述》，载于《财产权利与制度变迁——产权学派与新制度学派译文集》，上海三联书店和上海人民出版社 1994 年版，第 204、232 页。

力资本的所有权问题进行探讨，而是就劳动力资本产权所分解开来的一系列问题进行研究。之所以提出这一理论问题，主要是因为现代市场经济社会中的产权分解已经成为一个普遍的经济事实。这一普遍的经济事实，使得与劳动者的劳动力结合在一起的劳动力资本所发生的一系列市场交易与企业内交易关系异常复杂，从而使得所有权越来越表现为“一束”权利，即主要由所有权、占有权、使用权和收益权等组成的一系列权利的总和。因此，在这种复杂的权利组合中，单单使用所有权概念已经无法准确、充分地说明相关经济权利以及由此建立起来的经济关系，正如西方产权学派的著名代表人物阿尔钦安认为，产权已经表现为一个权利“系统”，它是“分配权利的方法，该方法涉及如何向特定个体分配从特定物品种种合法用途中进行任意选择的权利”①。

在马克思的唯物史观的理论视野中，劳动力产权是一个历史范畴，在不同的人类社会形态中处于一个不断演变的发展过程中，因为“在每个历史时代中所有权以各种不同的方式，在完全不同的社会关系正面发展着”②。在原始社会中，单个劳动者以自己属于原始共同体为前提而与外界自然发生关系，“个人把劳动条件看作是自己的东西（这不是劳动即生产的结果，而是其前提），这是以个人作为某一部落体或共同体的成员的一定的存在为前提的（他本身在某种程度上就是共同体的财产）”③。这样，劳动者的劳动力也就获得了原始公有产权的社会形式。在奴隶制社会与农奴制社会中，劳动力的原始公有产权形式由于生产资料的私有制而瓦解。在奴隶社会中，“奴隶就不是把他自己的劳动力出卖给奴隶主，正如耕牛不是向农民卖工一样。奴隶连同自己的劳动力一次而永远地卖给奴隶的所有者了。奴隶是商品，可以从一个所有者手里转到另一个所有者手里。奴隶本身是商品，但劳动力却不是他的商品”；而在封建农奴制度下，“农奴只

① Alchain, Armen A. Some Economics of Property Rights. Il Politico 30 (No. 4): pp. 816-829.
② 《马克思恩格斯全集》第 4 卷，人民出版社 1958 年版，第 180 页。
③ 《马克思恩格斯全集》第 46 卷上册，人民出版社 1979 年版，第 496 页。

出卖自己的一部分劳动力。……农奴是土地的附属品，替土地所有者生产果实”①。可见，在奴隶社会与封建社会中，劳动者仅仅表现为一种活的生产资料，作为劳动主体的劳动者降格为客观的生产条件而听命于作为生产资料所有者奴隶主或封建地主，他们“都是作为生产的无机条件与其他自然物同属一类的，是与牲畜并列的，或者是土地的附属物”②。因此，在奴隶社会和封建社会中，劳动者的劳动力产权表现为奴隶主所有权和封建地主的部分所有权。

马克思认为，只有在资本主义制度下，劳动力才表现为属于劳动者个人的劳动力商品，劳动者才获得了自己劳动力的所有权。在资本主义生产方式中，一方面，雇佣劳动者作为“一无所有”的自由劳动者出卖自己的劳动力，他必须是自己的劳动力商品的所有者，从而对自己的劳动力商品拥有所有权，这是一个毋庸置疑的经济事实，因为“劳动力所有者和货币所有者在市场上相遇，彼此作为身份平等的商品所有者发生关系，所不同的只是一个是买者，一个是卖者，因此双方是在法律上平等的人”③。另一方面，雇佣劳动者若要将劳动力商品的市场交换关系始终保持下去，始终作为自由劳动者来不断出卖自己的劳动力商品从而获取自己的必要生活资料，他“必须总是把自己的劳动力当作自己的财产，从而当作自己的商品。而要做到这一点，他必须始终让买者只是在一定期限内暂时支配他的劳动力，使用他的劳动力，就是说，他在让渡自己的劳动力时不放弃自己对它的所有权”④。

马克思从对资产阶级政治经济学批判的理解目的出发，对资本与劳动之间交换的整个经济过程作了深入而详尽地分析。马克思认为，劳动者进入资本主义企业的生产过程之后，资本与劳动之间所发生的交换关系和资

① 《马克思恩格斯选集》第1卷，人民出版社1995年版，第336-337页。在此需要加以说明的是，这段论述中的“劳动力”在最初发表时用的是“劳动”，当时的马克思尚未将“劳动力”和“劳动”这两个概念区分开来，还使用了资产阶级古典政治经济学的说法。在1891年《雇佣劳动与资本》再版时，恩格斯将其中的“劳动”改为“劳动力”。

② 《马克思恩格斯全集》第46卷上册，人民出版社1979年版，第488页。

③ 马克思:《资本论》第1卷，人民出版社1975年版，第190页。

④ 马克思:《资本论》第1卷，人民出版社1975年版，第190-191页。

本与劳动在市场上所发生的交换关系是应该进行明确区别的“两个互相制约但本质上不同的环节”①。在市场交换过程中，“劳动同资本的最初交换是一个形式上的过程，其中资本作为货币出现，劳动能力作为商品出现”。这个交换是等价交换，劳动能力的出卖是一种法律契约关系，至于这个契约在何时能够实现，并不会改变它的等价交换的性质。“这里拿来交换的，在一方，是一般社会形式的，即作为货币的物化劳动，另一方，是还只作为能力存在着的劳动；在这里，虽然被出卖的商品的价值不是劳动的价值（一个不合理的用语），而是劳动能力的价值，但是，被买卖的对象却是这个劳动能力的使用，即劳动本身。因此，这里发生的是物化劳动同实际上化为活劳动的劳动能力的直接交换，也就是物化劳动同活劳动的交换。因此，工资——劳动能力的价值——如前所说，就表现为劳动的直接的购买价格，表现为劳动的价格。”②

马克思认为，对于资本与劳动交换的第二个环节，即在资本主义企业内部的生产过程中，“实际上同第一个一切毫无关系，严格地说，这个环节根本不是交换”③，因为“通过前一个交易，劳动本身变成了物质财富的一部分。工人完成这个劳动，但是他的这个劳动是属于资本的，从此以后，只是资本的一个职能而已。因此，这个劳动是在资本的直接监督之下完成的；而这个劳动借以物化的产品，是资本借以表现的新形式，或者更确切地说，是资本实际上借以实现为资本的新形式。因此，劳动通过第一个交易已经在形式上被并入资本之后，在这个过程中，就直接物化为资本，直接转化为资本。在这里，转化为资本的劳动量，比以前用于购买劳动能力的资本量大”④。可见，马克思明确说明了在资本主义生产方式中劳动力的所有权与使用权之间发生的分离，这种分离正是在资本主义生产方式中实现物的因素与人的因素相结合所产生的经济关系的必然结果，是资本主义生产关系通过劳动契约形式而获得的一种法律表现。事实上，马克思关于

① 《马克思恩格斯全集》第48卷，人民出版社1985年版，第48页。
② 《马克思恩格斯全集》第48卷，人民出版社1985年版，第48-49页。
③ 《马克思恩格斯全集》第48卷，人民出版社1985年版，第49页。
④ 《马克思恩格斯全集》第48卷，人民出版社1985年版，第50页。

劳动力商品在市场交换过程中的产权分解的理论说明仍然在现代市场经济条件下不断重演，这一理论不仅适用于资本主义市场经济，也同样适用于社会主义市场经济。然而，由于历史局限性、阶级立场和理论目的的限制，马克思对于劳动力商品进入企业内生产过程的考察就相对简单化了，因为在马克思看来，资本主义企业内部“劳动直接转化为资本，变成资本的物质组成部分，这个转化是在生产过程中完成的”①，在这个劳动直接转化为资本的过程中，劳动者必须服从于资本家的权威和资本家的意志，这也会激起雇佣工人的反抗，而资本家的管理劳动即监督与指挥恰恰是化解雇佣工人的反抗、保证资本主义生产顺利进行所必要的“剥削劳动”②。

值得注意的是，马克思对资本与劳动之间交换的两个相互制约而又本质不同的环节的理论分析，是建立在严格经济学意义上的“雇佣劳动”概念基础之上的③。因此，马克思的上述理论判断基本反映了马克思时代资本主义生产方式中科学知识与劳动绝对分离的生产条件下资本与劳动之间交换的经济事实。但是，雇佣劳动概念本质上是一个历史范畴，科技特别是科学与劳动之间的日益结合已经从根本上改变了雇佣劳动概念得以成立的社会经济基础。在社会主义市场经济条件下，通过学校正规教育和在职培训等方式以及生产实践活动，使科学知识、技术与信息（既包括自然科学、工程技术、经济学与管理科学等人文社会科学）等精神生产资料越来越为广大普通劳动者所掌握和占有，成为与广大普通劳动者的劳动力密切结合并一体化发展的劳动力资本。可见，即使我们暂时对物质生产资料的所有制形式不作分析，单单从精神生产资料与劳动力相结合并转化为劳动

① 《马克思恩格斯全集》第48卷，人民出版社1985年版，第50页。

② 在我国理论界有些专家学者在不同的与境中使用“剥削劳动”这个概念，参见费利群、谢春玲：《对马克思劳动价值论的再认识》，载于《山东师范大学学报》2002年第5期；杨圣明、高文书：《财富、价值、资本——关于资本及其二重性问题》，载于《中国社会科学院研究生院学报》2004年第4期。在我们看来，“剥削劳动”是一个值得商榷的概念。在这里，我们在使用这个概念时是打了引号的，主要是针对资本家、企业主所进行的“管理劳动”而言，使之与“雇佣劳动”相对应。

③ 关于马克思的“雇佣劳动”概念的历史性质与理论建构性质的详细分析，请参见任洲鸿：《从“对立”到“和谐”——资本—劳动关系历史演变的劳动价值论阐释》，载于《探索》2008年第4期。

者的劳动力资本，从而使劳动者的劳动力表现为资本化了的劳动力来看，这时劳动者所面对的生产条件与马克思所严格规定的经济学意义上的雇佣劳动所面对的生产条件已经根本上不同了。在劳动力资本化的生产条件下，我们必须对劳动力资本的产权问题进行经济学考察。

由于劳动力资本本身是一种对与劳动者的劳动力结合在一起的精神生产资料的总称，所以，劳动力资本的形成、积累、使用、支配等一系列经济过程片刻也无法离开劳动者劳动力而独立完成。因此，劳动力资本的产权问题直接表现为劳动者的劳动力的产权特征，并且不再是单纯作为“雇佣劳动”的劳动力商品的产权特征，而是已经资本化了的劳动力的产权特征。

第六节　劳动力资本的产权结构与特征分析

在现代市场经济社会中，劳动力资本的产权主要是由其所有权、占有权、使用权和收益权等组成的。劳动力资本的这些不同产权结构要素，表现出不同的经济学特征。

一、劳动力资本的所有权

在社会主义市场经济条件下，探讨劳动力资本的所有权问题与研究其他任何一种生产要素的所有权关系一样，都应该遵循“谁投资，谁所有”的经济原则。这是因为，任何劳动力资本的形成过程，都不可能只是作为劳动力资本载体的劳动者个人投资的结果。从一般意义上讲，劳动力资本的投资主体是相当复杂的，至少包括家庭、学校、社会、政府、企业等等。因此，既然每个人“在其现实性上，它是一切社会关系的总和”①，那么，如何利用和支配存在于劳动者体内的劳动力资本也就往往不能完全取决于劳动者个人，任何一个劳动力资本的投资主体都有权利对作为投资结果的劳动力资本提出相应的产权要求，这一点在高度集中的传统计划经济

① 《马克思恩格斯选集》第1卷，人民出版社1995年版，第56页。

体制下表现得尤为突出。

在传统计划经济体制下，劳动者连同自己的劳动力事实上依附于全民所有制或集体所有制的经济组织。在城市的国营企业中，国营企业作为国家这一抽象概念的具体代表，对企业职工几乎承担了“从摇篮到坟墓”的无限责任，其中包括劳动者所接受的一切教育和培训费用几乎都是由国家来承担的，除劳动者个人所付出的学习劳动与生产实践劳动之外，国家成为劳动者劳动力形成的最重要的投资者，而职工则对企业从而对国家形成了全面的依赖，劳动力不再是劳动者个人的财产，而成了国家所有权的客体，抽象的国家事实上成了劳动力的产权主体。尽管劳动者完全有可能获得渊博的科学知识与高超的生产技术，但这部分精神生产资料并不能成为劳动者的劳动力资本，其中最根本的原因就在于，在传统计划经济体制下一切生产资料都归国家或集体所有，不存在生产资料的商品化和市场化的可能性。而全国统一的工资分配制度以及严格的工资调整规则使劳动者的劳动报酬几乎与其所掌握和占有的精神生产资料失去了相关关系。同时，对于如何利用和支配自己所掌握的科学知识也往往并不取决于劳动者本人，正如张五常所说：“在共产主义国家中，大部分宝贵资源，包括劳动力产权关系都不为私人拥有。……在中国，未经政府允许，工人甚至不能变换工作。”① 可见，在高度集中的传统计划经济体制下，劳动者对自己劳动力的所有权已经在很大程度上被行政权力、行政手段和行政机制等超经济力量所侵占了。由于劳动者对自己劳动力的所有权已经相当有限，劳动者通过大量的学习劳动与实践劳动所掌握的科学技术知识也就只能单纯地依附于劳动者，却无法转化为现实的生产力并由此给劳动者带来相应的经济利益。

在现代市场经济条件下，特别是在社会主义市场经济条件下，劳动力资本的所有权规定应当遵循“谁投资，谁所有”的经济原则：

（1）如果劳动力资本的投资主体主要是政府和社会，那么其所有权就应当归政府和社会。这种情况在我国转型期阶段是普遍存在的。如现阶段

---

① 张五常：《经济解释——张五常经济论文选》，商务印书馆 2000 年版，第 384 页。

仍在不同岗位上从事各种工作的年龄在40岁以上的人员当中，由很多人的小学、中学、大学乃至研究生、博士生接受的教育，都是由政府和国家作为投资主体来完成的，甚至他们的在职教育也是如此。在这样的情况下，他们的劳动力资本应当主要归国家和政府。

（2）如果劳动力资本的投资主体主要是个人和家庭，那么其所有权就应当归个人和家庭。在改革开放以后毕业的大学生、研究生、博士生等主要属于这种情况，在这种情况下他们的劳动力资本的所有权就应当主要归个人和家庭。当然，在我国转型期内那些自学成才的劳动者，他们的劳动力资本的所有权也应当归个人和家庭。

（3）如果劳动力资本的投资主体主要是某个企业，那么他们的劳动力资本所有权应当归企业。如企业投资委托培养的大学生、研究生乃至博士生等便属于这种情况。伴随着改革开放的深入和社会主义市场经济的不断完善，劳动力资本的投资主体主要朝着家庭和个人的方向发展，因此越来越多劳动者的劳动力资本之所有权应当给予客观、公正的认定。这是发展和完善社会主义市场经济的必要条件。

二、劳动力资本的占有权

在此首先需要加以说明的是，这里所说的“占有”，是指客观存在意义上的静态的占有，不是指经济效果意义上的动态的占有或“攫取”。对后一种“占有”的理解，可以归结到使用与收益中去。因此，后一种意义上的“占有权”也就可以在下面提到的“使用权”与“收益权”中得到说明。大家知道，以科学知识为主要内容的精神生产资料本身就是劳动者脑力劳动的结晶，它在产生之初就自然地与作为劳动主体的劳动者结合在一起。因此，作为劳动力资本的生理载体的劳动者对劳动力资本享有天然的占有权。这里所谓的“天然”，是从劳动力资本与劳动者相结合的生理学角度来讲的，而绝不是说以科学知识为主要内容的精神产品本身“天然”就是劳动力资本。

事实上，正如马克思曾指出的：“资本不是物，而是一定的、社会的、属于一定历史社会形态的生产关系，它体现在一个物上，并赋予这个物以特有的社会性质。资本不是物质的和生产出来的生产资料的总和。资本是已经转化为资本的生产资料，这种生产资料本身不是资本，就像金和银本身不是货币一样。”① 可以说，科学知识本身也不是资本，即使它与劳动者相结合，因为如果这部分科学知识不作为一种精神生产资料并入生产过程，也就不是作为一种劳动力资本的精神生产资料，正如“就像金和银本身不是货币一样”。因此，以科学知识为主要内容的精神产品获得劳动力资本的社会经济规定性，必须是进入到一定的生产关系之中，即必须在以追求价值增殖为目的、一切生产要素的生产力都表现为资本的生产力的发达市场经济社会中才会实现，而社会主义市场经济作为一般市场经济的特殊存在形式，为科学知识获得劳动力资本的社会经济规定性提供了制度基础。

也就是说，在社会主义市场经济条件下，劳动力资本与劳动者的天然结合，决定了劳动者对劳动力资本享有唯一的占有权。正如西方人力资本理论的重要代表人物舒尔茨所说的：“一个人是不能出卖自己的教育资本的，也不能将自己拥有的教育存量作为礼品转赠他人。他的人力资本存在，在有生之年被使用和保持。”② 张五常也认为，劳动和知识都是个人的资产，每个人都有头脑，会自行选择，自作决定。笔者要指出的重要特征，是会作选择的人与这些资产即人力资本不能出卖、不能转赠，而是由“同一的神经中枢控制”，不能与其载体分离③。这些思想，对于我们理解社会主义市场经济条件下劳动力资本的占有权具有重要的参考和借鉴意义。

三、劳动力资本的使用权

尽管劳动者作为劳动力资本的天然载体唯一地享有对其劳动力资本的

---

① 马克思：《资本论》第3卷，人民出版社1975年版，第920页。

② 参见舒尔茨：《人力资本——人口质量经济学》，华夏出版社1990年。转引自王建民：《论人力资本产权的特殊性》，载于《财经科学》2001年第6期。值得说明的是，西方经济学家所使用的“人力资本”概念与本文所使用的“劳动力资本”概念存在着诸多理论差别。关于西方人力资本与马克思主义的劳动力资本概念的详细比较，请参见本书第五章。

③ 参见张五常：《卖橘者言》，四川人民出版社1988年版。转引自王建民：《论人力资本产权的特殊性》，载于《财经科学》2001年第6期。

占有权，但是在社会主义市场经济条件下，劳动力资本的使用权却成为市场交易的对象，这一点与马克思所说的自由劳动者在一定时间内出卖自己劳动力商品的使用权而同时保留其对劳动力商品的所有权是相同的。在社会主义市场经济中，劳动者与企业之间通过"劳动契约"建立起一定的经济关系，即企业购买到对劳动者的劳动力资本的使用权，而劳动者则有权获得劳动契约所规定的报酬。"这种具有契约形式的（不管这种契约是不是用法律固定下来的）法权关系，是一种反映着经济关系的意志关系。这种法权关系或意志关系的内容是由这种经济关系本身决定的"①。而这种经济关系又是取决于社会生产中人的因素与物的因素相结合的生产方式，因为在社会主义市场经济条件下，劳动者在相当高的程度上并不拥有进行直接社会生产所需要的所有生产资料，他必须通过市场交易才能实现与其他生产资料相结合从而实现社会生产和最终获得个人消费资料的目的。

根据现代企业理论，必须注意到在企业内部仍然存在着劳动力资本的交易关系。虽然劳动契约决定了劳动力资本的使用权归属于企业，但是由于具有主观意志和主观能动性的劳动者是劳动力资本的天然载体，在具体的、现实的社会生产过程中对劳动力资本的使用程度如何必然产生重要影响，即劳动者在一定程度上仍然控制着对劳动力资本的供给和使用。正是从这个意义上来说，企业若要充分获得已经购买到的劳动力资本的使用权，就必须建立一套比较完善的激励机制来最大可能地使劳动者有效运用其劳动力资本，以便获得尽可能多的剩余价值。正如周其仁所说的："激励的对象是人，更准确地说，是个人，因为个人都是人力资本的具有技术不可分性的所有者和控制者。……人力资本的运用只可'激励'而无法'挤榨'。"②

然而，由于历史条件和理论目的的限制，这一点在马克思的企业理论中并没有引起理论分析上的重视。在马克思看来，劳动者通过劳动力市场进入企业之后，劳动者之间的分工与协作完全服从于资本主义商品生产机

① 马克思：《资本论》第1卷，人民出版社1975年版，第102页。

② 周其仁：《市场里的企业：一个人力资本与非人力资本的特别合约》，载于《经济研究》1996年第6期。

构和程序的需要，“他们的劳动的联系，在观念上作为资本家的计划，在实践中作为资本家的权威，作为他人意志——他们的活动必须服从这个意志的目的——的权力，而和他们相对立”①。这样，企业内部客观上存在着的资本与劳动之间的交换关系也就在劳动者服从于资本家的权威和意志的表象之下被忽视了，似乎对劳动力的使用权完全属于资本家。

四、劳动力资本的收益权

在社会主义市场经济条件下，既然劳动者作为劳动力资本的天然载体和主要投资者，享有对劳动力资本的所有权和占有权，那么当劳动力资本作为精神生产资料进入社会生产过程并生产出劳动产品之后，劳动者就必然享有对劳动产品（无论是从价值角度还是从使用价值角度来看）的收益权，这是由社会主义市场经济条件下的生产要素所有权规律决定的。

马克思曾经专门研究了在资本主义生产方式下，利用属于自己的物质生产资料进行生产并获得剩余价值的独立农民、手工业者和工业资本家。马克思认为，在经济过程中独立农民和手工业者事实上被分裂为两重身分，他们一方面作为生产资料所有者从而作为资本家，另一方面又作为劳动者从而作为雇佣工人，“他……剥削他自己这个雇佣工人，他以剩余价值的形式向自己支付那应由劳动向资本交付的贡物”。之所以如此，“仅仅由于他是生产资料所有者，他自己的剩余劳动才归他所有，从这个意义上说，他作为他自己的资本家同他自己这个雇佣工人发生关系”②。可见，作为生产资料所有者的劳动者必然要求自己对生产资料所有权的经济实现。

从这个意义上讲，劳动力资本所有者也就不仅要获得自己劳动力商品的价值，而且还要获得一部分自己创造的剩余价值，这部分剩余价值是劳动者凭借属于自己的生产资料即劳动力资本取得的。因此，在劳动力资本化条件下，传统政治经济学所认为的资本与劳动之间的对立实现了在价值增殖的资本内在逻辑的同一追求下的历史性和解和“扬弃”，与马克思所

① 马克思：《资本论》第1卷，人民出版社1975年版，第368页。

② 《马克思恩格斯全集》第26卷第1分册，人民出版社1972年版，第440-441页。

说的“合作工厂”相类似，“虽然它在自己的实际组织中，当然到处都再生产出并且必然会再生产出现存制度的一切缺点。但是，资本和劳动之间的对立在这种工厂内已经被扬弃，虽然起初只是在下述形式上被扬弃，即工人作为联合体是他们自己的资本家，也就是说，他们利用生产资料来使他们自己的劳动增殖”①。在社会主义市场经济条件下，占有和掌握精神生产资料的社会主义劳动者事实上表现为联合劳动者，他们利用自己的精神生产资料和公有的或他人的物质生产资料进行生产，并且享有对劳动力资本的收益权从而不断地为自己创造和积累财富。

可见，在社会主义市场经济条件下，劳动者对其劳动力资本享有由劳动力资本产权组成的一系列基本经济权利。在具体的市场经济运行、企业生产组织与管理的制度安排过程中，劳动者的劳动力资本产权又表现为职工持股、利润分享等多种实现形式，而劳动者的劳动力资本产权的这些具体实现形式又会反作用于劳动者，促使其进一步发挥自己的劳动积极性与创造性，从而不断增加自己劳动力资本的积累，为逐步实现社会主义劳动者的共同富裕创造出坚实的物质条件与精神条件。

① 马克思：《资本论》第3卷，人民出版社1975年版，第498页。

第五章　学术对话：劳动力资本理论与人力资本理论的比较分析

有比较才有鉴别。不同的理论只有在比较和对话中，才能彰显其学术价值和理论意义。自 20 世纪中叶以来，作为反映人类现代科技（尤其是新技术）革命条件下社会化大生产新特征的西方人力资本理论的兴起与发展，对马克思主义经济学尤其是马克思劳动价值论和剩余价值理论形成了严峻的挑战。在经济全球化与社会主义市场经济条件下，如何对待西方人力资本理论，已经成为中国化的马克思主义经济学必须科学回答的重大理论课题。

与此同时，我国理论界对待西方人力资本理论的态度是非常复杂和微妙的，既不得不承认这一理论对我国实施“科教兴国”伟大战略的现实指导意义，又不能接受这一理论对马克思劳动价值论和剩余价值理论的侵蚀，同时又尚未在马克思主义经济学的理论框架内产生一种能与西方人力资本理论相竞争的马克思主义的理论学说。在这样的学术背景下，我们在现代科技劳动价值论的基础上建构起来的社会主义市场经济条件下的劳动力资本化理论，就是在马克思主义经济学理论框架内建构起来的一种能与西方人力资本理论相抗衡的马克思主义的理论学说。从这个意义上讲，我们将马克思主义的劳动力资本化理论与西方人力资本理论进行一种理论上的比较研究也就成为一项必然且必要的工作。

事实上，在马克思创立科学的劳动价值论之初，将人的各方面能力作为资本的思想就在已经古典政治经济学家那里孕育着了，并对马克思的劳动力理论和劳动价值理论产生了一定的影响。因此，在对马克思主义的劳动力资本化理论与西方人力资本理论进行比较之前，我们首先从西方人力资本理论的孕育、产生与发展谈起，对西方人力资本理论有一个较为全面系统的了解和把握。

第一节 西方人力资本理论：从古典到现代

从经济思想史的角度来看，任何一种经济理论或经济学说，我们都可以找到其理论渊源，当今学术界比较流行的西方人力资本理论当然也不例外。为了进行理论比较研究的方便，我们对于西方人力资本理论的孕育、形成与发展暂以 20 世纪 50 年代为界，将西方人力资本理论从时间上简单划分为古典人力资本理论与现代人力资本理论两个发展阶段。同时需要说明的是，西方人力资本理论在从古典到现代发展的过程中有一个承上启下的重要过渡期。

一、古典政治经济学中的人力资本思想概观

自威廉·配第以来，许多古典政治经济学家和一些资产阶级政治经济学家①都曾经从不同的角度提出过将人的各方面的能力视为一种资本的观点或思想。但是严格来讲，古典时期的政治经济学家们并没有提出系统、完整的人力资本理论，只能说是他们提出了人力资本思想，这种思想正是在新生的资本主义生产方式下应运而生的。但是为了分析的方便，我们将古典时期的政治经济学家们提出的人力资本思想姑且称为古典人力资本理论。

关于古典人力资本理论，我们在第一章考察劳动力资本理论的思想渊源时已经作了考察。如英国古典政治经济学家威廉·配第在其代表作《政治算术》中不仅提出了“土地是财富之母，劳动是财富之父”的劳动价值论思想，而且充分肯定了人的经济价值，并在极力主张“用数字、重量和尺度”等数据来分析和说明经济问题的同时，对包括人口本身在内的社会资源进行经济价值的估算，因此他将人的经济价值纳入政治经济学的研究

① 在这里，我们所说的“古典政治经济学家”，主要是指在法国从布阿吉尔培尔到西斯蒙第为止的政治经济学家，在英国则从配第到李嘉图为止的政治经济学家，因为他们“与庸俗经济学相反，研究了资产阶级生产关系的内部联系”（马克思：《资本论》第 1 卷，人民出版社 2004 年版，第 99 页）；而我们所说的“一些资产阶级政治经济学家”，主要指马克思所说的 19 世纪 30 年代之后的庸俗经济学家。

框架之内，可谓是古典人力资本思想的先驱。又如，作为古典政治经济学理论体系的创始人亚当·斯密，应当说是最早明确提出人力资本概念的古典政治经济学家，它将人们通过教育而获得的生产性技能归入固定资本的范围，提出了“社会上一切人民学到的有用才能”是不同于机器工具、厂房和改良土地等物质生产资料的第四种固定资本，“学习一种才能，须受教育，须进学校，须做学徒，所费不少。这样费去的资本，好像已经实现并且固定在学习者身上。这些才能，对于他个人自然是财产的一部分，对于他所属的社会，也是财产的一部分。工人增进和熟练程度，可和便利劳动、节省劳动的机器和工具同样看作是社会上的固定资本”①，并且斯密注意到由于对不同业务学习的难易程度和学习费用的不同，直接导致不同职业的工资收入水平的差别，将人的特殊劳动能力的学习劳动和培训等同于一种资本投资，这种人力资本的投资不仅要收回成本，还要取得一定利润。对此，斯密指出：“一种费去许多工夫和时间才学会的需要特殊技巧和熟练的职业，可以说等于一台高价机器。学会这种职业的人，在从事工作的时候，必然期望，除获得普通劳动工资外，还收回全部学费，并至少取得普通利润。”②

古典政治经济学家之后的资产阶级庸俗经济学家们，深受斯密的人力资本思想的影响，提出了一系列人力资本思想。如法国庸俗经济学家萨伊就将人的技艺和能力视为资本，在《政治经济学概论》中多次提出人们经过学习获得的能力或由此而支出的费用应该被视为资本，认为人的能力或技能的获得需要进行投资，这种投资是“由每年用以教养他的款项累积形成”③，任何一种能力和技能的获得，“总须先作一番钻研，而从事钻研就非预付资本不可。在医生会诊病或病人会请他诊病之前，他自己或他的亲戚必须负担许多年的教育费。当他在做学生的时候，他得付衣食住费用，教授须得到酬劳，书籍需要购买，他也许还要外出学习，这些都意味着支

① ［英］亚当·斯密：《国民财富的性质和原因的研究》上卷，郭大力、王亚南译，商务印书馆1996年版，第257-258页。

② ［英］亚当·斯密：《国民财富的性质和原因的研究》上卷，郭大力、王亚南译，商务印书馆1996年版，第93页。

③ J.B.萨伊：《政治经济学概论》，商务印书馆1982年版，第375页。

付一笔过去累积的资本"[1]。在这里，萨伊比较全面和清晰地表述了人力资本的概念与人力资本投资的思想。又如，麦克库洛赫在将人作为一种资本来理解的同时，极力推崇培根"知识就是力量"的格言，认为"知识不独使每一个人获得一种优势越过其教养不足的邻居，而且使他们的生产能力作不可估量的增长"，因此"在估计一个国家的资本和生产能力时，对这个国家的居民群众的技艺、才能和智慧，应该特别加以注意"[2]。此外，英国经济学家J. S. 穆勒、W. S. 西尼尔、德国的经济学家 F. 李斯特等一大批经济学家都曾从各自的角度提出过人力资本思想，这为现代西方人力资本理论的诞生提供了思想渊源。

二、从古典到现代之过渡期的西方人力资本思想考察

事实上，西方人力资本理论在从古典到现代的发展过程中，西方经济学中的"边际革命"与新古典经济学的形成是一个重要的过渡时期，其间以研究如何实现稀缺资源的最优配置问题为核心的微观经济分析和市场价格理论逐步形成了一整套形式化的理论分析方法，由此也将资本理论的研究推向一个崭新的发展阶段。西方人力资本理论，特别是关于人的经济价值的核算问题和人力资本投资问题的研究也随之有了进一步的发展。

边际革命的代表人物之一瓦尔拉认为："产生收入是资本的本质，而直接或间接地源于资本则是收入的本质。"正是基于这种将资本与收入的二分法，使瓦尔拉认为："劳动是人类能力的服务或人力的服务，因此，不可将劳动同土地与资本并列。"而应当把三类属于资本的因素相并列，即第一类，土地资本，它提供土地服务或产生地租收入；第二类，人力资本，它提供劳动服务或产生工资收入；第三类，狭义资本，它提供资本服务或产生利润[3]。

新古典经济学的集大成者马歇尔对人力资本具有诸多精辟见解。马歇尔认为："一切资本中最有价值的莫过于投在人身上的资本。……不论谁用

① J. B. 萨伊：《政治经济学概论》，商务印书馆 1982 年版，第 129 页。

② 麦克库洛赫：《政治经济学原理》，商务印书馆 1980 年版，第 68-69 页。

③ 瓦尔拉：《纯粹经济学要义》，商务印书馆 1989 年版，第 212-217 页。

自己的资本来提高工人的本领，而这种本领终归是工人自己的财产。”① 同时，马歇尔特别强调了教育对于人力资本形成的重要性，他认为，通过教育投资的方式，“使大多数人有比他们自己通常能利用的多得多的机会”，“许多原来会默默无闻而死的人就能获得发挥他们的潜在能力所需要的开端。而且，一个伟大的工业天才的经济价值，足以抵偿整个城市的教育费用”②。然而，马歇尔在阐述人力资本思想的同时，又表现出将人视为资本的忧虑，他认识到：“工人所出卖的是他的劳动，但他本身并没有价格”；“作为生产要素的人是和机器及其他物质生产资料的买卖不同的。工人所出卖的只是他的劳动，但他本身仍归他自己所有。”③

费希尔是另一位对人力资本理论产生重要影响的新古典经济学家。费希尔在区分“时期”与“时点”两个概念的基础上区分了资本与收入。费希尔认为，资本是某一时点上的财富的存量，收入则是存在于某一时期内的财富提供的服务的流量，因此，一切存量财富或生产要素都可称为资本，人的劳动能力当然也不例外。费希尔说：“如果土地与人也包括在内的话，这一收入全部是来自资本财富，……这一收入可以全部资本化，因而一切收入可看作是这样得出的资本价值的利息……依据上述的观点，利息就不是收入的一部分而是它的全部了。它包括所谓地租、利润，甚至工资，因为工人的收入也可以资本化，恰如土地和机器的收入一样。”费希尔进一步提出通过将工资收入资本化的方法来计算人力资本价值的可能性，他认为：“任何收入或一切收入都可以资本化，包括人本身所产生出来的收入，从而求得一个人基于资本化的经济价值。……一切都可以资本化，从而变成利息。”④ 可见，费希尔的资本与利息理论已经完全超越了古典政治经济学关于资本与利息的观念，也达到了新古典经济学关于资本与利息所能容纳的极限。尽管费希尔并没有专门对人力资本投资问题进行细致分析，但他实际上已经将人力资本及其价值计量问题纳入资本与利息的

① 马歇尔：《经济学原理》下卷，陈良璧译，商务印书馆 1997 年版，第 232-234 页。
② 马歇尔：《经济学原理》上卷，朱志泰译，商务印书馆 1997 年版，第 233 页。
③ 马歇尔：《经济学原理》下卷，陈良璧译，商务印书馆 1997 年版，第 229 页。
④ 费希尔：《利息理论》，上海人民出版社 1999 年版，第 263-264 页。

统一理论框架之内，从而为现代人力资本理论的迅速发展奠定了理论基础。

三、现代西方人力资本理论的形成和发展

20世纪50年代之后，现代人力资本理论作为现代经济学的研究，一方面源于经济学家们对美国收入的巨大增长中除物质资本与劳动的增加之外还存在着某些剩余因素所产生的理论困惑，另一方面源于某些经济学家关于教育对促进经济增长的重要性的特别强调。随着“二战”结束与新技术革命带来经济的高速增长，一批优秀经济学家如舒尔茨（Schultz, Theodore W.）、明塞尔（Mincer, Jacob）、贝克尔（Becker, Gray S.）等将现代主流经济学的实证分析方法成功运用于人力资本理论并令人信服地解释了长期困扰经济学家的诸多“经济之迷”，使古典人力资本理论发展到现代人力资本理论的新阶段并已成为主流经济学的重要组成部分。

T. W. 舒尔茨最初是研究农业经济问题的经济学家，他也是以农业经济的发展为理论视角展开对人力资本理论的研究的。针对美国现实中农业相对落后的事实，舒尔茨认为，政府应该从改善农业人口质量方面着手，加大对农业人口的人力资本投资，因为“土地本身不是成为贫困的一个关键因素，而人是一个关键因素：改善人口质量的投资，能显著提高穷人的经济前途和福利。儿童保育、家庭和工作经验，通过上学得到信息和技能，以及用主要包括投资于健康和上学的其他方式能够改善人口质量。……低收入各国的这类投资，只要在它们未被政治不稳定破坏的任何地方，对改善经济前途一起是成功的”①。舒尔茨在1960年就任美国经济学会会长的就职演说中，发表了题为“论人力资本投资”的著名演讲，从而正式宣告了现代人力资本理论作为一个独立的理论分支的诞生。舒尔茨指出，在各种生产要素投入品的质量改进方面，人的素质的提高比物质资本的改进更为重要。人的劳动能力并不是均匀的，通过人力资本投资能够

① 王宏昌、林少宫编译：《诺贝尔经济学奖获得者演讲集》中册，中国社会科学出版社1997年版，第69页。

使人的生产能力产生重大变化，人力资本在现实经济生活中的作用是绝不应该忽视的。因此，应该摒弃那种过分强调物质资本而忽视人力资本的错误认识，而应该确立一种包括物质资本与人力资本的完整的资本概念。

在此之后，舒尔茨进一步研究了人力资本形成方式与途径，他认为，现实中的人力资本包括医疗保健、职业培训或非正规教育、正规学校教育投资、企业之外进行的种种技术培训活动以及个人或家庭为变换就业机会而进行迁徙的活动等诸多方面。同时，舒尔茨还对职业培训和正规学校教育投资的成本与收益率以及教育对经济增长的贡献等做了定量分析与研究，从而基本上为现代人力资本理论的进一步发展在研究方法、研究范围与研究内容等方面都奠定了理论基础。总体来看，舒尔茨对于人力资本理论的重要贡献在于，他第一次系统和彻底地提出了人力资本理论，他明确认为，人力资本之所以是资本，就在于“它是资本的形态，因为它是未来的薪金或未来的偿付的泉源。它之所以是人的资本形态，是因为它是人的一个组成部分”①。这就抛开了以往资产阶级经济学家（如马歇尔）在将人视为一种资本问题上的犹豫，并使其发展成为可以纳入西方主流经济学的新的理论分支。正是基于这些理论贡献，舒尔茨获得了 1979 年诺贝尔经济学奖。

明塞尔是现代人力资本理论的另一重要代表人物，他是从个人收入分配问题进入到人力资本理论研究领域的。在 1957 年完成的题为《人力资本投资与个人收入分配》的博士论文中，明塞尔首先运用现代经济学的实证研究与成本—收益分析的理论研究方法，从人力资本投资的角度研究了个人收入分配问题。明塞尔认为，在自由选择的条件下，每个人基于追求个人收入最大化而进行的不同人力资本投资决策，决定了他们的个人收入分配格局，这样就把教育或人力资本投资差别与个人收入分配差别之间建立起内在联系，从而将人力资本的概念和人力资本投资的研究方法引入到对个人收入分配问题的研究中来。尤其值得强调的是，明塞尔在借鉴斯密

① ［美］舒尔茨：《人力资本：政策问题和机会的探索》，载于《人力资源：第五届年会第六次讨论会》，纽约，1972 年，第 5 页。

的“补偿原理”的基础上，建立了人力资本投资的收益率模型。该模型表明，在均衡的条件下，它要求具有不同人力资本投资量的个人，其终生取得的收入流的贴现值大致相等。这就说明，人力资本投资量越多的人其年收入也就越高，这种收入分配上的差异性正是对人力资本投资的补偿。同时，明塞尔还提出了人力资本的工资收入函数，它将人力资本投资区分为学校教育投资和学校教育后投资（如在职培训等）两个方面，该函数可以分别对教育投资收益率、职业培训收益率等进行估计，使之成为全面考察人力资本投资与收入分配之间的内在联系而普遍认可和适用的研究方法。而在考察在职培训对终生收入的影响时，他提出了“赶超”（overtaking）模型，它对于具有相同的正规学校教育水平但在职培训量不同的个人之间收入分配的差异显示了良好的预测效果。该模型说明，单个人之间的工资收入方差在达到“赶超点”之间将递减，随后转而上升，从而扩展了工资收入函数的解释力①。

贝克尔也是现代人力资本理论的重要代表人物之一，也是1992年诺贝尔经济学奖获得者。瑞典皇家科学院认为：“贝克尔的研究贡献主要在于将经济理论的领域扩大到以前属于其他社会科学如社会学、人口学和犯罪研究的人类行为方面”，“他把人力资本观点发展成为确定劳动收入分配的一般理论”；并认为，贝克尔的理论与经验研究促进了人力资本理论的实际应用，“说人力资本观点是今日经济学中经验应用最多的理论之一绝不过分”②。贝克尔对人力资本理论的贡献主要集中在其代表著作《人力资本》中。

贝克尔的人力资本理论建立在追求效用最大化行为、市场均衡和稳定的偏好这三个理论假设基础之上，它们贯穿整个理论分析过程的始终。贝克尔根据新古典经济学的效用最大化原理建立了一个人力资本投资均衡模

① Mincer, Jacob, 1958, Investment in Human Capital and Personal Income Distribution [J]. *Journal of Political Economy*, 84 (August), pp. 281-302; Mincer, Jacob, 1970, The Distribution of Labor Income: A Survey with Special Reference to the Human Capital Approach [J]. *Journal of Economic Literature* 8 (*March*), pp. 1-26.

② 王宏昌、林少宫编译：《诺贝尔经济学奖获得者演讲集》下册，中国社会科学出版社1997年版，第182-184页。

型，主要强调了正规学校教育和职业培训的支出在人力资本形成过程中的作用。贝克尔认为，所谓人力资本投资，它“包括正规学校教育、在职培训、医疗保健、迁移，以及收集价格与收入的信息等多种形式。这些形式在它们对收入与消费的影响，在一般的投资量，在收益的大小，以及在投资与收益间联系的紧密程度方面的差别是显而易见的。但是，所有这些投资都提高了技术、知识或健康水平，从而都增加了货币或心理收入”①。人们为自己或为孩子所支出的各种费用，如学校教育、医疗保健等，不仅是为了得到现期的效用与满足，而且也是为了未来的效用与满足，这种未来收益可能是货币的，也可能是非货币的。根据均衡分析方法，只有当预期收益的现值至少等于支出的现值时，人们才愿意进行现在的支出，因此，现在的支出实际上是为了获得未来效用和满足而进行的一种投资行为。其中，预期收益的现值是按照这种投资的机会成本以一定的利息率进行贴现之后的现值。这样，进行教育投资的纯收益就是潜在收入即未来收入与总成本（包括学费、书籍费、交通费、食宿费等直接成本和在学校教育期间放弃的收入即机会成本）之间的差额，这个差额与教育投资的收益率成正比。

在职培训是人力资本形成的另一种重要方式。贝克尔认为，工人通过生产中或工作中学习新技术，可以增加工人所拥有的人力资本存量，而通过在职培训，则可以进一步增加工人的人力资本存量。然而，为工人提供在职培训的机会对企业来说毕竟是一种额外的成本，企业应该如何选择呢？贝克尔指出：“培训会降低现期收益，并提高现期支出，但是，如果它可以大幅度提高未来的收益，或者大幅度降低未来的支出，企业将乐于提供这种培训。”② 可见，从人力资本投资的角度来看，企业为其员工提供更多的在职培训机会，能够增加员工的人力资本存量，提高企业生产效率，从而为企业带来更大的收益。贝克尔进一步将在职培训划分为一般培训与特殊培训。前者能够使本企业的员工获得一般性的或通用性的知识和技

① ［美］加里·S·贝克尔：《人力资本》，北京大学出版社 1987 年版，第 1 页。
② ［美］加里·S·贝克尔：《人力资本》，北京大学出版社 1987 年版，第 8 页。

能；后者为员工提供的知识和技能等人力资本增量，仅限于能够提高本企业的生产效率，对其他企业的生产效率几乎没有影响，因此又称为专门培训。因此，贝克尔认为，一般培训的费用应该由员工自己承担，而特殊培训的费用则应该由企业与员工共同承担。总体而言，无论是对于企业还是对于个人，是否进行人力资本投资以及投资量为多少，最终要取决于这种投资的收益率，即"唯一决定人力资本投资量的最重要因素可能是这种投资的有利性或收益率"①。

此外，现代人力资本理论的另一位代表人物卢卡斯在其"马歇尔讲座"——"关于经济发展机制"中集中讨论了物质资本与人力资本积累的互动关系。卢卡斯认为："人类知识"是人类所共有的，它既不是日本人的，也不是中国人或韩国人的。国家之间的"技术"差异不是一般的"知识"的差异，而是特定人员的知识差异。知识是一种人力资本，而人力资本是经济增长的发动机。卢卡斯对人力资本的"外部效应"赋予了核心作用，这种外部效应从一个人那里能够"外溢"到另一个人那里。各个不同技能层次的人们在较高人力资本的环境中，生产力会更高，因为人力资本增强了劳动者和物质资本的生产力②。

现代人力资本理论至少为我们提供了一个完整的理论研究框架，成功地将被西方主流经济学排除在研究视野之外的经济现象纳入到西方主流经济学的分析框架之中。"人力资本或人力资本研究框架的'硬核'是这样一种思想：人们以不同的方式在他们自己身上的花费，不仅是为了当前的享受，而且也是为了将来取得金钱和非金钱的报酬。……所有这些现象——医疗保健、教育、工作寻找、信息猎取、移居和在职培训——不管是个人自己的行为，还是社会为其成员所作的努力，都可以看作是投资而不是消费"③。可见，现代人力资本理论是伴随着西方发达国家的现代科技革命特别是新技术革命与现代化进程的不断加速而形成和发展的，它深深地扎根于西方发达国家的经济增长与现代化历程之中。正如舒尔茨在荣获

① ［美］加里·S·贝克尔：《人力资本》，北京大学出版社1987年版，第42页。
② ［美］舒尔茨：《报酬递增的源泉》，北京大学出版社2001年版，第25页。
③ 马克·布劳格：《经济学方法论》，北京大学出版社1990年版，第242页。

1979年诺贝尔经济学奖时曾感言："经济学家们一直面临着的一个'谜'，就是产出增长率大大高于资源投入的增长率。现在清楚了，这个谜主要是由我们自己造成的。因为我们所使用的衡量资本和劳动的方法太狭窄了，没有把这些资源质量提高的因素考虑在内……包括人在内的投资理论是必要的。"① 因此，人力资本理论是对现代科技革命特别是新技术革命带来的科技劳动、知识劳动日益普遍化的理论反映和对诸多"经济之迷"的理性回答。

第二节 劳动力资本理论与人力资本理论的一致性考察

在当代中国，中国化的马克思主义经济学的理论任务和历史使命就是服务于解放和发展生产力的社会主义本质要求，而"劳动是生产的真正灵魂"②。因此，解放生产力，首先要解放劳动者，使他们从各种不适合生产力发展和时代要求的体制束缚和观念束缚中解放出来；发展生产力，首先要发展劳动者，使他们通过学习与实践成长为"人人有知识、个个有技能"从而能够占有科学技术知识这种一般社会生产力的社会主义建设者。坚持科学发展观的核心就是"以人为本"，最终目的就是实现人的全面发展。在现实的社会主义市场经济条件下，劳动仍然是人的一种谋生活动，并非是人生活的"第一需要"。因此，人的全面发展，首先就应该包括人的劳动能力的发展，这也就表现在人的知识、技能等方面的能力如何，这直接决定着人的收入水平，从而也就决定着人的生活质量、发展机会和发展空间。从这个角度来看，尽管马克思主义的劳动力资本化理论与西方人力资本理论之间在社会背景、理论基础、研究方法和理论立场等方面存在着根本差异，但也不可避免地存在着某些一致性。

---

① "Reflections on Investment in Man." Journal of Political Economy 70 (October 1962, supplement): 1-18.

② 马克思：《1844年经济学—哲学手稿》，刘丕坤译，人民出版社1979年版，第54页。

一、时代背景的一致性

自人类社会进入近代以来，伴随着第一次科学革命和技术革命的诞生，科学革命和技术革命便交织在一起有力地推动着人类现代化的快速发展进程。科学革命是指人们对客观世界发展规律认识的质的飞跃，它具体表现为自然科学基础理论的重大突破和对自然界客观规律的重要发现。技术革命则是指人们服务于改造客观世界的技术发生了根本性的变革，它具体表现为人类改造自然界的手段和方法的重大发明和突破①。但是，科学的发展与技术的发展并不是同步的，自然科学作为一个独立的知识部门远远晚于技术的产生和发展。在许多科学理论尚未形成的时候，技术革新或新发明往往是依靠人们的实践经验与个人的技能获得的。例如，瓦特在没有系统的热力学理论知道的情况下发明了蒸汽机，马可尼在不懂得电磁理论的情况下发明了无线电，等等。然而，在人类社会进入 20 世纪以来，科学与技术之间紧密联系，相互影响和相互促进。新技术革命表现为科学理论研究的产物，而新技术的产生与应用又为科学（包括自然科学与社会科学）理论的发展与创新提出了客观要求。第二次世界大战之后，从科学理论研究到新技术的产生再到社会生产中的实际应用和推广之间的周期性不断加快，表现出“科学—技术—生产”三者日益紧密结合为一个有机整体的崭新特征，科学技术知识通过与各种生产要素的结合与渗透使社会生产力达到了前所未有的扩张能力。

在现实生产力的诸要素之中，劳动者是最活跃和唯一具有主观能动性的生产要素。在“科学—技术—生产”一体化的现代社会化大生产条件下，实际参与到社会生产中的劳动者不可能再是简单体力劳动者，而是掌握相当一部分科学技术知识的知识工人和技术人员，并且随着科学技术的不断进步，劳动者所掌握的科学技术知识往往还要不断更新，才能满足现代化大生产的实际需要。同时，“科学—技术—生产”一体化的社会生产所表现出来的复杂化，客观上要求对生产力诸要素之间的有关系进行有效

① 参见于东林：《新技术革命与经济科学》，辽宁人民出版社 1986 年版。

协调、监督和控制，促使对生产过程的管理劳动不能再依靠个人经验或技巧，而越来越需要以掌握科学的经济理论、管理理论和经济管理方法为前提，否则往往导致生产要素的闲置与浪费，从而造成生产效率低下。现代市场经济运行过程中所固有的不确定性等因素，也加剧了现代企业生产所面临的市场风险，客观上要求对企业的经营管理也日益成为一种复杂劳动，经营者往往不仅需要具备财政、金融、法律、会计核算甚至心理学等方面的专业知识，还要具备运用和处理大量信息资源并进行缜密谋划与果断决策的能力，否则就难以在激烈的市场竞争中生存与发展。可见，“科学—技术—生产”一体化条件下的社会化大生产对劳动者的知识与技能的要求普遍提高的同时，许多劳动形式诸如科学研究劳动、生产管理劳动、经营管理劳动等越来越表现出专业化特征。经济发展的事实表明，无论对资本主义社会来说，还是对现实的社会主义社会来说，科学技术知识与社会生产中的劳动者的普遍结合，都是现代社会化大生产的客观要求。

邓小平曾深刻指出：“同样数量的劳动力，在同样的劳动时间里，可以生产出比过去多几十倍几百倍的产品。社会生产力有这样巨大的发展，劳动生产率有这样大幅度的提高，靠的是什么？最主要的是靠科学的力量、技术的力量。”① 并且进一步明确提出“科学技术是第一生产力”的科学论断。然而，任何科学技术都需要由掌握科学技术知识的劳动者来研究、开发和运用，离开现代劳动者的科学技术既不可能产生，也不可能被应用到实际生产中去，这同样是一个无可争议的事实。科学技术的发展与革命，在前所未有的广度和深度上改变着整个人类社会的生产方式、生活方式和思维方式，而“在现代科学技术革命的条件下，人的问题已被提到首位，它具有十分重要的实践意义。”② 总体来看，市场经济条件下的现代科技革命、人类新技术革命以及由此带来的科学技术与生产的一体化发展趋势，构成了马克思主义的劳动力资本化理论与西方人力资本理论共同的时代背景。

① 《邓小平文选》第3卷，人民出版社1993年版，第87页。

② 于东林：《新技术革命与经济科学》，辽宁人民出版社1986年版，第122页。

二、研究对象的一致性

事实上，西方人力资本理论所说的人力资本，正是指在“科学—技术—生产”一体化条件下的现代社会生产中，劳动者所具备的知识、技能等各种要素，这些要素一方面能够使经济增长过程中扣除物质资本与一般劳动力的投入所产生的经济剩余得到合理解释。另一方面，构成人力资本的这些要素并不是一般劳动力所自然具备的，而是通过教育、培训等各种投资才能够形成的。舒尔茨曾深刻地认识到：“专业化、人力资本和经济现代化是相伴相随的。的确，我们的经济系统的最突出特点就是人力资本的增长。没有它，除了那些从财产中获得收入的人，就只有艰苦的体力劳动和贫穷。”① 可见，尽管舒尔茨并不见得赞成马克思的劳动价值论，但是他实际上已经认识到拥有人力资本的劳动者与一般体力劳动者即相当于马克思严格经济学意义上的“雇佣劳动”之间存在着重大经济差别，而一个国家中一般劳动者的人力资本的形成与专业化水平的高低，又与这个国家的经济现代化程度密切相关。

马克思主义的劳动力资本化理论正是紧密结合现代科技革命、人类新技术革命条件下的经济全球化与社会主义市场经济建设的具体实际，以及科技劳动与知识经济条件下社会化大生产新的时代特征，以唯物辩证法为基本方法论指导，在马克思主义经济学的理论框架内、在现代科技劳动价值论的基础上、批判吸收西方人力资本理论中蕴含的劳动价值论思想，充分认识到劳动力商品向劳动力资本转化的经济合理性与历史必然性，从而在积极应对西方人力资本理论对马克思主义经济学（尤其是马克思的劳动价值论和剩余价值理论）形成的严峻挑战的同时，彰显马克思主义所固有的与时俱进的理论品质和时代价值。因为从唯物史观角度来看，社会主义市场经济本质上仍然处于马克思所讲的资本的历史使命尚未完成并必然服从于资本逻辑统治的历史时期②。这样，劳动力资本化理论突破了马克思

① ［美］舒尔茨：《报酬递增的源泉》，北京大学出版社 2001 年版，第 10 页。

② 任洲鸿、刘冠军：《从“雇佣劳动”到“劳动力资本”——西方人力资本理论的一种马克思主义经济学解读》，载于《马克思主义研究》2008 年第 8 期。

所设定的严格经济学意义上的“雇佣劳动”概念和生产资料仅仅包括物质形态的生产资料的理论假设，在现代科技劳动价值论的基础上将劳动者通过学习劳动与生产实践劳动所获得的科学技术知识等精神产品理解为精神生产资料，它们与劳动者的劳动力天然结合在一起而不可分割，在实际的生产过程中表现出固定资本的属性，既是生产使用价值的必要手段，又向劳动产品中转移自身的价值，从而使这部分属于劳动者自己的精神生产资料获得了劳动力资本的经济形式规定性。

值得说明的是，这里所讲的劳动力资本理论与西方人力资本理论在研究对象方面的一致性，仅仅是从劳动力资本化这一经济事实角度来讲的。然而，劳动力资本理论的研究对象绝不仅仅限于研究劳动力资本化这一经济事实。从理论传统来看，劳动力资本理论作为在当代中国对马克思劳动价值论以及在此基础上的现代科技劳动价值论、劳动力商品理论的深化与发展，其主要的研究对象仍然是探究劳动力商品向劳动力资本辩证转化的经济过程中所导致的生产方式的新变化，以及为了与这种变化了的生产方式相适应所导致的生产关系与分配关系的一系列深刻变革。劳动力资本理论既有助于深化人们对社会主义市场经济的认识，也有助于深化人们对社会主义社会发展规律与人类社会发展规律的认识，这也正是马克思主义经济学的理论优势所在。显然，这些研究内容对于将资本主义生产方式作为人类社会永恒制度的西方人力资本理论来说，既不会产生研究的兴趣，也不具备研究的能力。

三、形成机制的一致性

劳动力资本化理论与西方人力资本理论都认为，学习、教育和培训等是形成劳动者的劳动力资本或人力资本的重要途径。马克思曾指出：“人的全部发展都取决于教育和外部环境。”① 这当然是从最一般意义上来讲教育对于人的重大意义。在具体到资本主义生产方式中时，针对作为商品的劳动力，马克思也指出学习、教育和培训对于劳动力商品价值量大小的重要

① 《马克思恩格斯全集》第 2 卷，人民出版社 1957 年，第 165 页。

意义。马克思指出："要改变一般的人的本性，使它获得一定劳动部门的技能和技巧，成为发达的和专门的劳动力，就要有一定的教育或训练，而这就得花费或多或少的商品等价物。劳动力的教育费随着劳动力性质的复杂程度而不同。因此，这种教育费——对于普通劳动力来说是微乎其微的——包括在生产劳动力所耗费的价值总和中"①；"比社会平均劳动较高级较复杂的劳动，是这样一种劳动力的表现，这种劳动力比普通劳动力需要较高的教育费用，它的生产要花费较多的劳动时间，因此它具有较高的价值"②。正是基于这种科学客观的理论分析，马克思批评了那种要求工人获得"平等"工资的要求，马克思认为："各种不同质量的劳动力的生产费用既然各不相同，所以不同行业所用的劳动力的价值也就一定各不相同。因此，要求工资平等是根本错误的，这是一种决不能实现的妄想。"③劳动力资本化理论继承了马克思关于劳动力商品形成过程中教育、培训等的重要作用，同时将学习劳动在改善和提高劳动力商品质量过程中的重要作用作了进一步发挥④。

同样，西方经济学家也对教育和培训对于人力资本形成的重要作用。例如，明塞尔强调说："关于作为决定经济增长的因素的人力资本与作为决定（劳动）收分配或工资结构的因素的人力资本两者之间的区别，早在20世纪50年代后期现代人力资本理论发展的一开始就表现出来。……有关个人收入不均等的主要因素，是劳动收入的变化，而不是劳动收入与资本收入之间'职能分配'的差别。在这里，人力资本分析能够说明工资结构的一些主要方面，诸如由教育和年龄所决定的显著的工资差别，因为这二者都代表积累的技能或'劳动的质量'"⑤。尤其值得注意的是，许多致力于人力资本理论研究的西方经济学家，都认识到在人力资本形成过程中劳

① 马克思：《资本论》第1卷，人民出版社1975年版，第195页。

② 马克思：《资本论》第1卷，人民出版社1975年版，第223页。

③ 《马克思恩格斯选集》第2卷，人民出版社1995年版，第76页。

④ 任洲鸿：《西方人力资本概念的劳动价值论阐释》，载于《当代经济研究》2007年第8期。

⑤ J. Mincer. Study in Human Capital, 1993, pp. ix-x. 转引自张凤林：《人力资本理论及其应用研究》，商务印书馆2006年版，第34-35页。

动者本人的学习劳动的极端重要性。例如，阿罗首先提出了“干中学”的人力资本积累模型，强调劳动者的时间全部服务于商品生产，从而其所有的人力资本都能够在“干中学”形成，劳动者的专业化人力资本存量可以提高和积累①。卢卡斯继承并发展了阿罗的“干中学”思想，并认为“干中学”本身就是人力资本形成的一种重要途径。在卢卡斯看来，“干中学”者主要是通过自己艰苦的体力劳动与脑力劳动等学习过程而获得的工作能力、经验与技能，而这种通过学习机制来获得和积累人力资本的过程，一般只需要很少甚至根本不需要货币投资②。另一位美国经济学家贝尔则更直接而明确地指出，如果没有学生自己投入“精力与时间资源”，而仅仅凭借书籍、计算机、实验室和熟练教师等，是不可能形成人力资本的。例如，“尽管父母和国家可能一致认为，一个 12 岁的儿童应该上学，并且尽管国家可能提供学习的条件，父母在家里也创造学习的条件，但是，要强迫他聚精会神地听讲却是无能为力的（人力——笔者注）。资本形成将不会发生”③。可见，阿罗和卢卡斯的“干中学”理论以及贝尔的“精力与时间资源”是人力资本形成的必要条件等观点实际上都蕴含着丰富的劳动价值论和科技劳动价值论思想，这一点可以说是与马克思主义的劳动力资本化理论是高度一致的。

综上所述，马克思主义的劳动力资本化理论与西方人力资本理论在时代背景、研究对象和形成机制等方面具有某种程度上的一致性，这就为这两种分属于不同理论范式的经济理论之间实现沟通与比较提供了某种程度上的可能性。实际上，既然西方人力资本理论与马克思主义的劳动力资本化理论都产生于现代科技革命、新技术革命时代条件下的以追求价值增殖为核心的现代市场经济的深厚社会背景之中，那么也就为实现这两种理论之间的“对话”甚至互补奠定了坚实的经济基础，它们也都必然无法绕过

① Arrow, K. J. 1962, The Economics Implication of Learning by Doing [J]. *Review of Economic Studies*, Vol. 29, pp. 155-173.

② Lucas Robert E, Jr. 1988, On the Mechanics of Economic Development [J]. *Journal of Monetary Economics*, Vol. 22, pp. 3-42.

③ [美] 卡洛林·肖·贝尔：《人力资本形成和决策者》，载于《经济学译从》1985 年第 7 期。

“价值”问题。如果否认这一点，那就背离了马克思进行资本批判的基本观点即历史唯物主义。西方经济学家虽然提出了人力资本概念，但是他们大多采用数量分析和建立数学模型的研究方法，他们眼中的人力资本的形成和积累同物质资本的形成和积累一样，总是将其纳入成本—收益核算的分析框架中加以研究。由于人力资本是存在于在劳动者身体内的价值，它本身是学习劳动的凝结和物化，但是却无法直观、无法还原，也难以量化。西方经济学家就忽略了劳动本身在人力资本形成过程中的关键作用，人力资本似乎成了教育、培训等投资的“自然结果”。以上分析表明，人力资本的形成过程中，教育、培训等这些可以量化的费用仅仅为人力资本的形成提供了外部条件，人力资本本质上是劳动者付出的大量学习形式的劳动的凝结，是学习劳动所创造的价值，并且是实际生产过程中的精神生产资料。可见，曾经被我国理论和学术界视为研究“禁区”的人力资本，恰恰蕴藏着引人入胜的理论宝藏，人力资本理论实际上是西方经济学与马克思主义经济学的一个重要结合部。

然而，有学者认为，马克思曾对人力资本思想进行过“理论批判”，因此不能将西方人力资本理论引入马克思主义经济学体系①。这位学者提出此观点的理论依据是马克思的这样一段话：“资本主义思想方法的错乱在这里达到了顶点，资本的增殖不是用劳动力的被剥削来说明，相反，劳动力的生产性质却用劳动力本身是这样一种神秘的东西即生息资本来说明。……不幸的是有两件事情不愉快地和这种轻率的观念交错着：第一，工人必须劳动，才能获得这种利息；第二，他不能通过转让的办法把他的劳动力的资本价值转化为货币。其实，他的劳动力的年价值只等于他的年平均工资，而他必须通过劳动补偿给劳动力的买者的，却是这个价值本身加上剩余价值，也就是加上这个价值的增殖额。”② 然而，马克思这段话所批评的真正对象是这样一种错误观点，即“工资被看成是利息，因而劳动力被看成是提供这种利息的资本”③。可见，马克思在这里所批判的是资产

① 谢富胜等：《人力资本理论与劳动力价值》，载于《马克思主义研究》2008 年第 8 期。

② 马克思：《资本论》第 3 卷，人民出版社 1975 年版，第 528 页。

③ 马克思：《资本论》第 3 卷，人民出版社 1975 年版，第 528 页。

阶级经济学家对资本概念的狭隘理解，并指出以这种狭隘的资本概念来理解劳动力并将其视为一种资本（资产阶级经济学意义上的）是一种“轻率的观念”，既不是对西方人力资本理论中所说的“人力资本”的批判，也不是对我们所理解的作为与劳动力结合在一起的、以科学技术知识等精神生产资料为主要内容的劳动力资本概念的批判。因此，将马克思对资产阶级经济学家关于资本概念的狭隘理解以及在些基础上把雇佣工人的劳动力①理解成资本的批判，作为不能将西方人力资本理论引入马克思主义经济学体系的理论依据，实际上是出于某种理论上的误解。

第三节　劳动力资本理论与人力资本理论的差异性比较

尽管对于人在经济发展中的特殊作用是马克思主义的劳动力资本化理论与西方人力资本理论共同关注的研究对象，但它们本质上却是产生于不同的社会背景，并且基于不同的理论基础和理论立场上的两种完全不同的理论范式。马克思主义的劳动力资本化理论本质上是运用唯物辩证法和在现代科技劳动价值论基础上并马克思主义经济理论框架内研究中国特色社会主义市场经济的必然结果，而西方人力资本理论则本质上是西方学者将西方主流经济学运用于物质资本的研究方法，在成本—收益的理论分析框架内，直接运用于对“人力”研究的理论产物。这两种不同的理论范式至少存在着以下几个方面的差异。

一、社会背景的差异性

我国的传统计划经济体制基本上是以苏联的“斯大林模式”为蓝本的中国复制品，高度集中和计划控制是这一经济体制的本质特征。而所谓“斯大林模式”又是由斯大林将列宁在探索社会主义建设经验的过程中取

① 马克思在这里所说的“劳动力”，实际上是雇佣工人的劳动力，是“科技与经济相分离”社会条件下的劳动力（参见刘冠军《现代科技劳动价值论研究》，中国社会科学出版社 2009 年版），也就是与科学技术知识等精神生产资料相分离的简单劳动力（参见任洲鸿《西方人力资本概念的劳动价值论阐释》，载于《当代经济研究》2007 年第 8 期）。

得的一些暂时的认识奉为教条并加以公式化的产物。例如，列宁曾经将社会主义社会中的社会资源的配置方式理解为："说劳动在俄国按共产主义原则联合起来了，第一，是指废除了生产资料私有制；第二，是指由无产阶级国家政权在全国范围内在国有土地上和国营企业中组织大生产，把劳动力分配给不同的经济部门和企业，把属于国家的大量消费品分配给劳动者。"① 列宁的这种通过国家政权对全国的劳动力进行统一培养、统一支配、统一管理和使用的思想，在斯大林时期得到了严格的贯彻。斯大林并没有进一步坚持贯彻列宁晚年所倡导的新经济政策，而是停止了工业领域的租让制和租赁制，将几乎所有的工业企业收归国有，在工业领域实行单一的全民所有制，由国家直接经营，将一切劳动力和生产资料一样，都纳入到了国家工业化运动的体系之中而完全由行政手段所控制，以服务于国家制定的优先发展重工业和保持高速经济增长的指标。同时，与工业化运动相配合实行了农业集体化运动，在短短几年内完成了农村生产关系的巨大而深刻的变革，建立起一种直接为实现国家的工业化而服务的农业经济体制，它由国营农场等国家所有制和集体农庄等集体所有制组成，从而使广大农村劳动力也被统一纳入到国家经营或集体经济活动中去，使得农业生产过度集权，农民的经济自主权几乎丧失殆尽。在我国新中国成立之初，我们采取的"一边倒"即倒向苏联的发展策略，从而使我国的社会主义建设基本上是照搬的"斯大林模式"，事实上实行的是劳动力的国家所有制或集体所有制。由于生产资料实际上完全掌握在国家或集体手中，单个劳动者除了劳动能力，不能单独占有任何的生产资料，从而使国家或集体虽然作为一方劳动契约（法律的或默认的）的当事人，实际上却拥有凌驾于劳动者个人之上的权力。

经过曲折的社会主义建设道路，我们已经清楚地认识到，我国正在处于并且会长期处于社会主义初级阶段，建设中国特色社会主义经济，就是要充分利用市场经济对社会资本的优化配置作用来不断解放和发展社会主义的生产力。这就在客观上要求坚持和完善社会主义公有制为主体、多种

① 《列宁全集》第37卷，人民出版社1986年版，第269页。

所有制经济共同发展的基本经济制度，坚持和完善以按劳分配为主体、多种分配方式并存的分配制度，逐步健全劳动力、资本、技术、管理等各种生产要素按其贡献参与分配的制度。这种通过市场机制来配置社会资源的经济体制，与传统计划经济体制相比已经发生了根本性的变革，它要求一切生产要素若要转变成现实的生产力，都必须通过市场机制来实现，包括劳动力在内的各种生产要素商品化、市场化趋势也就成为历史发展的必然要求。

马克思主义经济学认为，商品具有二重性，即使用价值与价值。这样，通过市场机制配置各种作为商品的生产要素进而转变成现实的生产力的过程，也就不可避免地具有双重特征：一方面，劳动力与物质资本通过市场机制进入企业内的生产过程之中，通过具体劳动过程来发挥其使用价值的职能并生产出物质产品或精神产品的使用价值；另一方面，劳动力与物质资本通过市场机制进入到企业内的生产过程，也就同时是一个价值创造与价值转移的过程，而创造价值的抽象劳动不仅将物化或凝结于劳动产品中，也必然物化或凝结于劳动力本身之中，这是由劳动者的主体性与能动性决定的。因为从唯物辩证法角度来看，在科技劳动和知识经济时代条件下，劳动过程不仅是一个通过各种生产要素的结合生产劳动产品的过程，也必然是一个科学与劳动不断结合从而发展劳动者的劳动能力并使之不断获得新的作为主体力量的生成过程。在劳动者的学习劳动与生产实践活动过程中，劳动者的劳动力再生产也就表现为一个不断增加其价值的再生产过程，从而也就是一个内涵式的扩大再生产的过程。可见，社会主义市场经济中的劳动力不再仅仅是作为商品的生产要素，而且是一种作为主体力量不断生成的资本的力量。只有社会主义市场经济，才能够使各种生产要素，包括资本、土地、劳动力、管理和技术等都以商品的形式通过市场交换进入到生产过程之中，并在追求价值增殖的资本逻辑统治下全部从属于资本运动并表现为资本。在这一历史过程中，劳动力只有扬弃自身的商品性质，实现劳动力由商品向资本的转化，才能在建设中国特色社会主义的历史进程中实现社会主义的本质。也正是在这种意义上，我们才有充分的理由认为，劳动力资本化理论是马克思主义的。

前面我们已经指出，按照西方人力资本理论的形成与发展可以将其从时间上简单划分为古典人力资本理论与现代人力资本理论两个发展阶段。古典政治经济学家并没有提出系统、完整的人力资本理论，确切地说，他们只是具有了人力资本思想，这种思想正是在新生的资本主义生产方式下应运而生的。早在1776年，古典政治经济学的创始人之一亚当·斯密在划分固定资本时就将“社会上一切人民学到的有用才能”作为不同于机器工具、厂房和改良土地等物质生产资料的第四种固定资本，并认为：“这些才能，对于他个人自然是财产的一部分，对于他所属的社会，也是财产的一部分。工人增进和熟练程度，可和便利劳动、节省劳动的机器和工具同样看作是社会上的固定资本。”① 斯密的人力资本思想影响深远，后来被许多古典经济学以各种不同的名称提出来②；甚至马克思在《1857—1858年经济学手稿》中也曾认为，增加个人的自由时间并使之得到充分发展就相当于生产固定资本，而“这种固定资本就是人本身”③。直到1916年，由博格提出人力资本（human capital）以来，人力资本作为描述人的知识、技能及健康等质量因素的经济学概念获得普遍认可④。尽管如此，由于研究对象的特殊性、研究方法的局限性，使古典人力资本理论尚未被纳入西方主流经济学。

随着“二战”结束与新技术革命带来经济的高速增长，在西方占主流地位的新古典经济学尽管刚刚经过了凯恩斯主义的革命而产生了现代宏观经济学，从而使西方主流经济学的经济工具箱里的分析工具达到前所未有完备，但是也正是这个主流经济学又遇到了许多新的困难和挑战，其中最主要的原因就在于新古典经济学始终坚持经济增长理论和资本理论中的资本同质性和劳动力同质性假设，使得以这两个基本理论假设为基础构建起

① 亚当·斯密：《国民财富的性质和原因的研究》上卷，商务印书馆1996年版，第257-258页。

② 如西尼尔称之为智力资本（intellectual capital），法尔称之为内在财产（inherent property），李斯特称之为精神资本（mental capital），罗雪尔称之为准资本（quasi-capital），尼科尔森称之为活资本（living capital）。参见李健民：《人力资本通论》，上海三联书店1999年版，第7页。

③ 《马克思恩格斯全集》第46卷下册，人民出版社1980年版，第225页。

④ 李健民：《人力资本通论》，上海三联书店1999年版，第7页。

来的经济理论无法解释西方国家经济增长过程中的许多经济事实，甚至出现了许多无法解决的矛盾，被称之为“经济之迷”①。其中主要有：

——“现代经济增长之谜”：战后美国经济出现了持续稳定的增长，经济学家在对国家增长核算的结果进行分析时发现了一个令人不解的现象，即美国的产出增长率远远超过了生产要素的投入增长率，正如舒尔茨所言：“大量的估计表明，国民收入的增长比国民资源的增长要快……与用于生产收入的土地、实际劳动量和再生产性资本的数量三者结合起来的数量相比，美国国民收入持续增长的速度要高得多。而且最近几十年间，从一个商业周期到另一个商业周期，两个增长速度之差变得越来越大。”② 但是，如果根据传统的增长理论，产出的增长取决于资本和劳动力投入的增加，核算结果应该两者相等。是什么原因导致了产出增长率超过投入增长率，从而产生了一部分“余值（residual）”③？同时，经济学家在对美国农业进行考察时发现，尽管投入并没有实质性地增加，但产出却出现了较大幅度的增长。面对这种现象，传统的增长理论不能够对此做出合理的解释。

——“里昂惕夫之谜”：一般认为，美国是一个资本充足的国家，根据西方主流经济学中的比较利益贸易原理，对于像美国这样的一个科技发达而劳动力相对不足的国家来说，应该以生产和出口资本密集型产品具有比较利益。但是，经济学家里昂惕夫 1956 年对美国 1947 年进出口商品的要素构成和结构比例的研究所得到的结论，恰恰与主流经济学的比较利益贸易原理相反，美国出口的大部分产品是劳动密集型的产品，而并不是资本密集型的产品④。理论与实际再一次相背离，引起经济学家的深层思考。

——“工人收人增长之谜”：第二次世界大战以来，由于新技术革命

---

① 李建民：《人力资本通论》，上海三联书店 1999 年版，第 23-25 页。

② Theodore W. Schultz, 1961, Investment in Human Capital [J]. *American Economic Review* *Vol.* 51 (March), pp. 1-17.

③ Solow, Robert M. “A Contribution to the Theory of Economic Growth.” Quarterly Journal of E-conomy 70 (February 1956): pp. 65-94.

④ Leontief Wassily. “Factor Proportions and Structure of American Trade”. The Review of Economics and Statistics, Vol. XXXIII, no. 4 (November 1956): pp. 386-407.

特别是信息技术革命，使西方国家的社会生产力得到了迅猛发展，社会财富的生产能力极大的提高。在这种新的生产条件下，尽管西方发达资本主义国家的剩余价值率持续上升①，但是这些国家的工人阶级的劳动时间在普遍大幅度缩短的同时，他们的实际工资收入却普遍得到了较大幅度的提高。显然，这也是当时西方主流经济学理论难以回答的问题。

如何解释这些“经济之迷”成为西方经济学家所无法回避的理论挑战，也就为人力资本理论的产生提供了迫切要求。一批优秀经济学家如舒尔茨（Schultz, Theodore W.）、明塞尔（Mincer, Jacob）、贝克尔（Becker, Gray S.）、丹尼森（Denison Edward）等将现代主流经济学的实证分析方法成功运用于人力资本理论，从而令人信服地解释了长期困扰经济学家诸多“经济之迷”，使古典人力资本理论发展到现代人力资本理论的新阶段并已成为主流经济学的重要组成部分。因人力资本理论的贡献而获得1979年诺贝尔经济学奖的舒尔茨曾感言：“经济学家们一直面临着的一个‘谜’，就是产出增长率大大高于资源投入的增长率。现在清楚了，这个谜主要是由我们自己造成的。因为我们所使用的衡量资本和劳动的方法太狭窄了，没有把这些资源质量提高的因素考虑在内……包括人在内的投资理论是必要的。”② 贝克尔也认为：“解释这两个迷（‘经济增长之迷’和‘里昂惕夫之迷’）的最大进步是认识到劳动并不能用人时（man-hour）来衡量，因为与其他人相比，经过训练的人具有更高的生产力。因此，美国出口产品是使用相对更大量的有技术的劳动力生产的。在美国，实际的劳动投入增长要比人时增长迅速得多，因为在教育和其他培训上的投资增长迅速。”③可见，人力资本理论是对现代科技革命、新技术革命带来的科技劳动、知识劳动日益普遍化的理论反映和对诸多“经济之迷”的理性回答，而由此产生的以教育、培训等形式的人力资本投资也成为资本主义生产方式充分利用现代科技革命及新技术革命所产生的科学技术成果的一种重要方式。

---

① 蒋学模：《关于无产阶级贫困化理论的几点看法》，载于《复旦学报（社会科学版）》1982年第4期。

② Theodore W. Schultz, “Reflections on Investment in Man.” Journal of Political Economy 70 (October 1962, supplement): 1-18.

③ 李健民：《人力资本通论》，上海三联书店1999年版，第26页。

二、理论基础的差异性

劳动力资本理论的理论基础是马克思的劳动价值论及其在此基础上的现代科技劳动价值论和马克思的劳动力商品理论。马克思的劳动价值论是对古典政治经济学中的劳动价值论的继承与发展，特别是在古典政治经济学对商品、价值研究成果的基础上，克服了斯密、李嘉图等人只是简单地把价值归结为劳动，把价值量归结为劳动量，而没有研究价值“实体”本身或价值的“质”的方面的缺陷，第一次批判地证明了生产商品的劳动具有具体劳动和抽象劳动的二重性质，以此揭示了商品的使用价值与价值的二重性，进而创立了剩余价值学说，科学论证了资本主义生产方式的历史性和暂时性，从而实现了整个政治经济学的理论革命。生产商品的劳动具有具体劳动与抽象劳动的二重性质以及由此决定的商品具有使用价值和价值的二重性质，是马克思劳动价值论的核心内容。马克思曾说，劳动二重性学说是理解整个政治经济学的“枢纽”，“这是对事实的全部理解的基础”，是“我的书最好的地方”①。

马克思之所以能够科学地区分劳动和劳动力两个范畴，从而在古典政治经济学陷入绝境的地方找到理论出路，就在于将劳动力的价值和使用价值区分开来，也就将作为劳动力的使用价值即劳动与劳动力本身区别开来，从而科学论证了雇佣工人在市场上出卖的商品只能是劳动力而不是劳动。马克思认为：“同一切其他商品一样，劳动力也具有价值。这个价值是怎样决定的呢？同任何其他商品的价值一样，劳动力的价值也是由生产从而再生产这种特殊物品所必需的劳动时间决定的。就劳动力代表价值来说，它本身只代表在它身上物化的一定量的社会平均劳动。”② 同时，马克

① 《马克思恩格斯全集》第 31 卷，人民出版社 1972 年版，第 331 页。

② 马克思：《资本论》第 1 卷，人民出版社 1975 年版，第 193 页。西方学者认为：“关于劳动力这种特殊商品的价值是如何决定的这个表面上平淡的、无疑又是一致的说法，隐藏着大量的难题，其中有些马克思已认识到了，有些只是在目前才引起了争论。”（参见［英］汤姆·博托莫尔主编：《马克思主义思想辞典》，河南人民出版社 1994 年版，第 619 页）我们认为，马克思的劳动力商品概念本质上是限定在他所讲的“严格经济学意义上的雇佣劳动”之内的，从而具有历史性质和理论假设性质。参见任洲鸿：《从“对立”到“和谐”——资本—劳动关系历史演变的劳动价值论阐释》，载于《探索》2008 年第 4 期。

思指出，劳动力并不从来就是商品，而是在一定社会历史条件下才转化为商品的。一方面，劳动者必须能够支配自己的劳动力，从而必须获得人身自由。只有这样，劳动者与货币所有者才能够作为彼此身份平等的商品所有者建立起劳动契约关系。同时，劳动者又必须只能在一段时间内出卖自己的劳动力，否则他就会从自由劳动者转化为奴隶。这样，劳动者必须始终不放弃对自己劳动力的所有权，而是将劳动力的使用权按照劳动契约关系的规定出卖给资本家。另一方面，雇佣工人除了自己的劳动力，没有任何别的商品可以出卖，也没有任何现实自己的劳动力从而使之转化为现实的生产力的物质生产条件，即自由的“一无所有”。马克思认为，这是劳动力转化为商品的必须具备的两个基本条件，而它们正是在封建社会解体和资本主义生产关系逐渐产生的。从历史上来看，大批自由劳动者的形成是通过各种形式的暴力与强制等诸多因素而出现的，生产资料被越来越集中在资产阶级手中的过程，也就是大批小生产者失去生产资料而转化为只能出卖劳动力的自由工人的过程。因此，马克思的劳动力商品理论是在劳动价值论基础上，对资本主义生产方式从确立到发展初期的科学的理论概括，它实现了历史的和逻辑的统一。

但是，如果认真研究马克思的劳动力商品理论，就会发现其中至少包含着两个具有理论假设性质的理论前提，一个是由马克思所确立的严格的经济学意义上的“雇佣劳动”概念，一个是生产资料全部表现为物质形态的生产资料。尽管马克思在阐述自己的理论观点过程中，如在研究劳动力商品的价值问题和科学技术在社会生产过程中的应用问题时等也曾有意或无意地突破过这两个理论范畴所包含着的经济内容。但是从总体来看，马克思始终都没有从概念上走出这两个理论范畴的束缚，这就使马克思的劳动力商品理论不可避免地具有历史局限性。从一定意义上说，既然马克思不可能超越自己所生活的时代，当然也就不可能超越自己所生活的时代的相关社会经济条件。正如马克思自己所说：“人们按照自己的物质生产率建立相应的社会关系，正是这些人又按照自己的社会关系创造了相应的原理、观念和范畴。所以，这些观念、范畴也同它们所表现的关系一样，不是永恒的。它们是历史的、暂时的产物。”①

现代科技劳动价值论作为马克思劳动价值论在现代经济社会与境中发展的新理论形态，它将集物质生产劳动和精神生产劳动于一体的劳动产品——科技成果的价值源泉归于“科技劳动”这一人类的本质活动来分析进而建构起来的现代经济社会与境中的新劳动价值理论。这一理论是“在历史地考察其演变过程和现实地考察其现代经济社会与境的基础上，从对科技商品这种现代经济社会与境中社会财富的元素形式的分析开始，通过分析科技商品、科技价值、科技使用价值、科技劳动等基本概念，形成了包括科技商品的二因素原理、科技劳动的二重性原理、科学价值的‘库存’原理、科学价值的‘累加效应’规律等在内的基本原理或科学定律等，然后根据这些基本原理或科学规律通过逻辑推理而推导出包括‘无人工厂’的利润主要来源于从事理论创新的科学家所创造的剩余价值、超额剩余价值主要是从事理论创新的科学家所创造的剩余价值在首先利用科技的个别企业中实现的结果等一系列的结论”②。这一理论的特点在于：在“科技-经济”一体化的现代科技经济时代背景下，将马克思在当时具有理论假设性质的理论前提纳入其研究的“对象域”之中，即将马克思在当时“简化掉”的、“忽略掉”的、“被放在次要位置上”的因素凸显出来，考察它们与价值创造的关系。进一步讲，就是“将价值的生产从‘物质生产领域’，拓展到‘精神生产领域’特别是‘科技生产领域’，考察该领域的价值创造、价值转移和价值实现的情况；将价值创造的主体从在企业现场进行生产劳动的‘狭义的工人阶级’，扩展到包括不一定在企业现场操作的科技人员在内的‘广义的工人阶级’，考察他们在价值创造、价值转移和价值实现过程中的地位和作用；将以复杂的脑力付出为主的科技劳动凸显出来，考察它与价值创造、价值转移及价值实现的复杂关系等”③。

而劳动力资本理论正是在马克思劳动价值论、劳动力理论、劳动力商品理论以及现代科技劳动价值论的基础上建构起来的新理论体系。进一步

① 《马克思恩格斯选集》第1卷，人民出版社1995年版，第142页。值得注意的是，其中的“物质生产率”在1885年德文版中改为了“生产方式”。

② 刘冠军《现代科技劳动价值论研究》，中国社会科学出版社2009年版，第48页。

③ 刘冠军《现代科技劳动价值论研究》，中国社会科学出版社2009年版，第397-398页。

讲，这一理论是其作者立足“科技—经济一体化”的现代经济社会之现实，结合现代科技革命和新技术革命（尤其是信息技术革命）条件下人类劳动所表现出来的日益科技化、知识化的新的时代特征，在阐明马克思的“雇佣劳动”概念和生产资料概念的历史性质和理论假设性质的同时，从概念上提出精神生产资料和劳动力资本概念，将传统理论中的生产资料仅为“物质生产资料”理论前提拓展到“精神生产资料”——将精神生产资料纳入生产资料的范畴，将马克思在当时社会历史条件下提出的“劳动力商品”拓展到社会主义市场经济条件下的“劳动力资本”——在社会主义市场经济条件下将劳动力不仅纳入“商品”的范畴而且纳入“资本”的范畴，并围绕这两个核心概念——精神生产资料和劳动力资本——在马克思主义经济学的理论框架中构建起社会主义市场经济条件下的劳动力资本理论。从这个意义上来看，劳动力资本理论既是马克思劳动力理论和劳动力商品理论的逻辑延续，又是马克思劳动力理论和劳动力商品理论在科技劳动与知识经济时代的必然发展，还是马克思劳动价值论和在此基础上建立起来的现代科技劳动价值论的进一步完善。

西方人力资本理论可以说是古典经济学中的人力资本思想与现代西方主流经济学的实证主义研究方法和成本收益理论分析框架相结合的理论产物。然而，新古典经济学在研究经济增长问题时却始终坚持资本同质性的理论前提，这无疑是资本理论研究中的一个重要缺陷，也使得一向倡导实证研究的新古典经济学在解释许多经济事实时陷入了无法自圆其说的理论尴尬。以舒尔茨为代表的西方人力资本理论经济学家，正是在逐渐摒弃新古典经济学中关于资本同质性和劳动力同质性假设的基础上，从研究劳动力的质量变化入手成功地解决了导致新古典经济学陷入理论困境的一系列“经济之迷”的。但是，人力资本理论并没有放弃新古典经济学的研究方法，恰恰相反，人力资本理论正是将新古典经济学曾经成功分析物质资本问题的实证研究方法与成本收益的理论分析框架直接运用到对人的投资研究中的结果，这在人力资本理论所赖以建立的大量经济统计数据方面表现得尤其明显。一方面，没有大量的经济统计数据，新古典经济学也就不会发现让自己难以自圆其说的理论矛盾，另一方面，没有大量的经济统计数据，人力资本埋论的研究和实证分析也不可能展开，更不可能得出人的能力实际上是一种极具投资价值的资本的理论判断。由此可见，经济统计数据资料对于人力资本理论的重要性怎么估计都不过分。从这个意义上说，人力资本理论并不是对新古典经济学的理论“革命”①，而是对新古典经济学的一个重要的理论补充，因为人力资本理论是新古典经济学所倡导的经济研究方法在一个全新的研究领域中的又一次理论胜利。

尤其重要的是，西方人力资本理论所坚持的价值理论仍然是新古典经济学的主观效用价值论，而对于研究商品经济社会中的经济规律来说，“价值问题是个根本问题。关于这样组织的社会经济利益的一切考虑，几乎都意味着某种价值学说：在这个问题上的极小错误，将对我们所有的其他结论产生相应的影响；我们的价值概念的任何模糊不清，也将在其他一切方面造成混乱和不定”②。这样，人力资本理论也就不会区分价值与价格，而是将两者混为一谈。例如，对于如何估计人力资本的价值这个重要问题，西方人力资本理论认为，人力资本的价值等于人力资本所有者获得货币收入能力的现值，或者说等于用一个假定的贴现率计算出来的人力资本所有者未来净收入的现值③。按照西方人力资本理论，同样年龄和具有相同知识水平和劳动技能的人应该拥有相同存量的人力资本，也就是说其市场价值或价格应该大致是一样的，但这样两个具有相同人力资本存量的劳动者在不同的国家或不同的地区，计算出的人力资本价值却会出现很大的差别。而如果某个人力资本所有者从一个国家或地区迁徙到另外的国家或地区，他的人力资本价值也可能会大幅度增加或减少④。显然，这种计算方法实际上仅仅是人力资本的市场价格的一种反映，使人力资本的价值面临着理论研究上很大的偶然性和不确定性。

正是由于西方人力资本理论以主观效用价值论作为自己的价值论基

---

① Bowman, May Jean. “The Human Investment Revolution in Economic Thought.” Sociology of Education 39 (Spring 1966): pp. 111-137.

② ［英］J. S. 穆勒：《经济学原理》（中文版），第 264-265 页。转引自米克：《劳动价值学说的研究》，，商务印书馆 1979 年版，第 275 页的“脚注 4”。

③ Becker, Gary S. 1962, Investment in Human Capital: A Theoretical Analysis [J]. *Journal of Political Economy*, Supplement Vol. 70 (Oct.), pp. 9-49.

④ ［苏联］叶·布赫伐里特：《资产阶级“人力资本”理论批判》，载于《经济学译从》，1981 年第 1 期。

础，使得人力资本概念在很大程度上已经成为个人主观意愿，似乎凡是有用之物都可算作人力资本，这就使其所包括的内容极为广泛。它不仅包括劳动者的知识、技巧和能力，而且还包括劳动者的身体健康状况、营养状况、住址的迁移和劳动者对有关价格和收入信息的掌握程度，这就不免使人力资本概念本身变得抽象和模糊起来。显然，人力资本无法脱离劳动力而获得独立的存在，没有劳动者的劳动这种实践活动，也不可能产生所谓的人力资本。人力资本实质上就是物化在劳动者体内的，但必须以劳动能力表现出来的知识、技巧和能力，它只有在自己承载者的劳动实践中才能实现。否则，它就成了“无源之水，无本之木”，即使它在人体内能够先验性地存在也毫无意义。人力资本是通过多方面的劳动过程培养和积累起来的，它也只有在劳动实践中不断得到巩固、强化和提高；否则，它必将逐步退化和消失。而对于这些经济事实，西方人力资本理论经济学家却很少注意到①。人力资本和任何物质资本都存在着共性，即它本身就是人类劳动的物化与结晶，它本质上属于价值范畴。而与物质资本所不同的是，它只能存在于活着的人体内而无法分离，从而获得了“人力”资本的外观。

三、理论立场的差异性

恩格斯在1859年为马克思的《政治经济学批判》第一分册所写的书评中曾指出：“经济学所研究的不是物，而是人和人之间的关系，归根到底是阶级和阶级之间的关系；可是这些关系总是同物结合着，并且作为物出现。”② 而且这个事实贯穿着整个经济学并在资产阶级经济学家头脑中引起过“可怕混乱”。因此，马克思主义政治经济学的理论立场，也就是马克

---

① 当然，有个别西方经济学家注意到人力资本所有者本人的劳动在其人力资本形成过程中的重要作用，而不是简单地进行外部投资的结果。如美国经济学家 Arrow 和 Lucas 的“干中学”理论以及贝尔的“精力与时间资源”是人力资本形成的必要条件等观点都蕴含着丰富的劳动价值论思想。参见 Arrow, K. J. 1962, The Economics Implication of Learning by Doing [J]. *Review of Economic Studies*, Vol. 29, pp. 155-173. Lucas Robert E, Jr. 1988, On the Mechanics of Economic Development [J]. Journal of Monetary Economics, Vol. 22, pp. 3-42. 以及［美］卡洛林·肖·贝尔：《人力资本形成和决策者》，载于《经济学译丛》1985年第7期。

② 《马克思恩格斯选集》第2卷，人民出版社1995年版，第44页。

思主义政治经济学的阶级性或党性。劳动力资本理论与马克思主义政治经济学的的理论立场是完全一致的。之所以强调理论立场问题，是因为这是由政治经济学的研究对象的性质所决定的。马克思认为："在政治经济学领域内，自由的科学研究遇到的敌人，不只是它在一切其他领域内遇到的敌人。政治经济学所研究的材料的特殊性，把人们心中最激烈、最卑鄙、最恶劣的感情，把代表私人利益的复仇女神召唤到战场上来反对自由的科学研究。"① 可见，马克思主义政治经济学的阶级立场在其形成之初就鲜明地站在无产阶级和广大劳动群众一边，目的在于科学地阐明资本主义社会的产生、发展和必然灭亡的历史规律，从而最终实现整个人类的解放。

自改革开放以来，随着党的工作重心由过去的以"阶级斗争为纲"的极左路线历史性地转移到以经济建设为中心上来，尤其是伴随着从社会主义商品经济到社会主义市场经济的演进，以及社会主义市场经济的深化发展，在理论界似乎已经很少提及政治经济学的阶级性或党性了，或者将这两个说法割裂开来，甚至对立起来。例如，有的学者认为："过去，苏联政治经济学教科书讲'政治经济学的阶级性与党性'，我们也长期照讲不误。政治经济学的'党性'是什么？它具有哪个党的党性？我是长期有疑问的。"但是，这位学者又紧接着说："但如果认为政治经济学没有和不应有阶级性，特别是认为西方经济学不存在意识形态和阶级性问题，对社会主义国家具有普遍意义，那就违反事实了。"② 显然，这种认识难免存在自相矛盾的嫌疑，至少是令人费解的。其实，承认政治经济学的阶级性，就应该承认政治经济学的党性，这并不是源于苏联政治经济学教科书，列宁在《唯物主义和经验批判主义》一文中就已经提出来了。列宁在批评一些自然科学家由于坚持唯心主义立场而使自己在谈到哲学问题时陷于荒谬时说："其原因正如政治经济学教授虽然在实际材料的专门研究方面能够写作极有价值的作品，可是一旦说到政治经济学的一般理论时，他们中间任何一个人所说的任何一句话都不可信一样。因为在现代社会中，政治经济学

① 马克思：《资本论》第1卷，人民出版社1975年版，第12页。

② 卫兴华：《关于"政治经济学"的理论思考》，载于《经济评论》1999年第2期。

正像认识论一样，是一门有党性的科学。”①

那么，在社会主义市场经济条件下，我们在深化和发展马克思主义政治经济学的理论研究中，是否还有必要坚持马克思主义政治经济学的阶级性或党性呢？它应该具有哪个党的党性呢？这显然是一个理论立场问题。在改革开放之初，邓小平就旗帜鲜明地提出，一定要坚持“四项基本原则”。在改革开放的过程中，邓小平又多次反复强调。例如，邓小平在《搞资产阶级自由化就是走资本主义道路》中说：“我们大陆坚持社会主义，不走资本主义的邪路。社会主义与资本主义不同的特点就是共同富裕，不搞两极分化。创造的财富，第一归国家，第二归人民，不会产生新的资产阶级。”② 在《旗帜鲜明地反对资产阶级自由化》中，邓小平说：“中国没有共产党的领导、不搞社会主义是没有前途的。……我们要理直气壮地坚持社会主义道路，坚持四项基本原则。”③ 在《中国只能走社会主义道路》中，邓小平指出：“所谓资产阶级自由化，就是要中国全盘西化，走资本主义道路。中国根据自己的经验，不可能走资本主义道路”④；“在实现四个现代化的整个过程中，至少在本世纪剩下的十几年，再加上下个世纪的五十年，都存在着反对资产阶级自由化的问题”⑤。

因此，在社会主义初级阶段、建立和完善社会主义市场经济体制的历史进程中，作为社会主义经济建设的指导理论只能是马克思主义政治经济学，而且必须是发展的和与中国具体实际相结合的马克思主义政治经济学，即中国化的马克思主义政治经济学。正如刘国光先生所指出的，如果说中国是一个马克思主义指导下的社会主义市场经济国家，那么马克思主义经济学就应该是指导、是主流，西方经济学应该是参考和借鉴。如果西方经济学真的在中国成为主流并占据主导地位，从而取代马克思主义政治经济学，那么不管你在主观上怎么想，不管你愿不愿意，最终都要导致改

① 《列宁全集》第 14 卷，人民出版社 1957 年版，第 362 页。

② 《邓小平文选》第 3 卷，人民出版社 1993 年版，第 123 页。

③ 《邓小平文选》第 3 卷，人民出版社 1993 年版，第 195-196 页。

④ 《邓小平文选》第 3 卷，人民出版社 1993 年版，第 207 页。

⑤ 《邓小平年谱》下卷，中央文献出版社 2004 年版，第 1172-1173 页。

变社会主义的发展方向，取消共产党的领导或使她变色。刘国光先生同时强调，必须用“与时俱进的、发展的马克思主义政治经济学作为经济学教学的主体、经济研究的指导思想和经济政策的导向。”① 而在现代科技劳动价值论基础上的社会主义市场经济条件下的劳动力资本理论正是在坚持马克思主义政治经济学的理论立场与唯物辩证法的基础上，将马克思主义政治经济学的基本原理与中国特色社会主义市场经济的具体实际相结合，在阐明马克思经济学中相关经济范畴的历史性质和理论假设性质的前提下，对马克思的劳动价值论和劳动力商品理论的深化和发展，它服务于解放和发展社会主义生产力并最终实现共同富裕的社会主义本质要求。

而西方人力资本理论，正如我们在前面所分析的，并不是对西方主流经济学的理论革命，而只不过是对西方主流经济学尚未侵入的理论领域进行的一次成功的理论进攻，并同时使西方主流经济学从诸多难以解释的理论困惑中走了出来。从这个意义上说，西方人力资本理论的理论立场与西方主流经济学的理论立场是完全一致的，甚至可以说表现得更加彻底，因为西方人力资本理论将人的“劳动能力”与“人力”不加区分地混为一谈，并且将两者等同起来，从而使其意识形态本质暴露无遗得更加明显了。

第四节　现代人力资本理论是西方资产阶级主流经济学发展的理论产物

自从20世纪50年代西方人力资本理论主要由舒尔茨和贝克尔完成了其创建工作以来，西方人力资本理论的研究伴随着科学技术日新月异地发展所创造出来的强大社会生产力和资本主义经济表现出来的强劲增长态势而不断得到深化和完善，而且在人力资本投资形成与途径、人力资本投资与收益的研究及其微观模型的构建、人力资本与经济增长之间的关系、人力资本与技术进步和劳动生产率之间的关系等领域进行了大量的研究。同时，西方人力资本理论已经不仅仅是一种经济理论，而且在西方经济学家

① 刘国光:《经济学教学和研究中的一些问题》，载于《经济研究》2005年第10期。

手中成为一种几乎万能的分析工具，用来分析诸如人力资本与个人收入分配之间的关系、人力资本与就业和职业流动问题、人力资本与储蓄和消费问题、人力资本与人口增长和生育率之间的关系、人力资本与人口迁移和流动问题，乃至人力资本与婚姻家庭问题等人类社会生活的各个方面。西方经济学家在这样做的同时，无疑也将西方主流经济学的价值判断、思维方式、行为取向、决策方法等一系列资产阶级经济学观念侵入到人类的整个社会生活中来，从而为在客观上为实现资产阶级的意识形态统治创造了有利条件，为资本主义生产关系的合法性与合理性提供了“理论基础”。从总体来看，西方人力资本理论的意识形态特征主要表现在以下几个方面：

一、西方人力资本理论“是和资产阶级眼界相符合的”经济理论

西方人力资本理论将“人力”等同于“劳动能力”或“劳动力”，并将“人力”作为一种“资本”，是用资产阶级的狭隘眼光来看待人和人的再生产，“这是和资产阶级眼界相符合的，在资产阶级眼界内，满脑袋都是生意经”①。事实上，把作为人的劳动者仅仅理解为一种劳动要素，从而仅仅理解为一种获取一定货币收入的手段，这种观点并不始于西方人力资本理论，而是资产阶级经济学的固有理论传统。众所周知，劳动价值论是古典政治经济学中的科学理论成分，但是由于古典政治经济学家并没有区分劳动力与劳动即作为人的生命表现的活动，从而也没有区分劳动力与人力。青年马克思对此曾经深刻地批评说：“国民经济学（即资产阶级政治经济学——笔者注）把无产者，即既无资本又无地租，只靠劳动而且是片面的、抽象的以劳动为生的人，仅仅当作工人来考察，……国民经济学不考察不劳动的工人，不把工人作为人来考察；它把这种考察交给刑事司法、医生、宗教、统计表、政治和乞丐管理人去做。”国民经济学“把私有财产在现实中所经历的物质过程，放进一般的、抽象的公式，然后又把

① 马克思：《资本论》第2卷，人民出版社1975年版，第134页。

这些公式当作规律"[①]。

从一定意义上说，西方人力资本理论正是资产阶级经济学的古典传统在现代经济社会的延续。西方人力资本理论把人的健康、人的体能、生产知识、生产技能和生产技巧仅仅看作是一种资本存量，即作为现在的未来产出和收入的源泉。这样，人力资本与物质资本就取得了相似的形成过程。西方人力资本理论认为，人力资本投资是"关于通过增加人的资源影响未来货币与心理收入的活动"[②]。人力资本之所以是资本，就在于"它是资本的形态，因为它是未来的薪金或未来的偿付的泉源。它之所以是人的资本形态，是因为它是人的一个组成部分"[③]。这样，西方人力资本理论的创建者也就和他的资产阶级经济学的前辈们一样，他们"把无产者不是看作人，而是看作创造财富的力量。资产者还可以把这种力量同其他的生产力——牲畜、机器——进行比较"[④]。

事实上，即使在西方国家，由于人力资本理论研究对象的特殊性，也遇到了许多批评，认为人力资本理论把人视为一种资本，显然是贬低了人的价值和尊严，并有可能导致不良的社会后果。例如，联合国开发计划署（UNDP）在其1994年的《人类发展报告》中指出："把一个人生命的价值只取悦于生产利润——人力资本方法——具有明显的危险。在其极端的形式中，人力资本方法可以很容易导致奴隶劳动营、被迫的童工和剥削工人——就像工业革命时期的情况那样。"[⑤] 当然，西方国家所提出的批评是从资产阶级所谓抽象的和普遍的人性为出发点的，这和马克思主义经济学从无产阶级的理论立场出发来揭露其资产阶级意识形态本质存在着根本的区别。

---

① 《马克思恩格斯全集》第42卷，人民出版社1979年版，第56、89页。

② ［美］加里·S·贝克尔：《人力资本》，北京大学出版社1987年版，第1页。

③ ［美］舒尔茨：《人力资本：政策问题和机会的探索》，载《人力资源。第五届年会第六次讨论会》，纽约，1972年，第5页。

④ 《马克思恩格斯全集》第42卷，人民出版社1979年版，第262页。

⑤ 李健民：《人力资本通论》，上海三联书店1999年版，第38页。

二、西方人力资本理论旨在调和资本主义生产方式的固有矛盾

西方人力资本理论试图调和资本主义生产方式以及和它相适应的生产关系的固有矛盾，这也是资产阶级经济学意识形态特征的又一重要表现。如果说古典政治经济学家如李嘉图还能够坚持“科学上的诚实”，对资本主义生产方式与生产关系的内在矛盾进行本能的理论分析，从而成为“古典政治经济学的最完备的和最后的表现”① 的话，那么这种真正意义上的政治经济学即马克思所说的“现代政治经济学”的历史也就在李嘉图之后就结束了。在李嘉图之后的资产阶级经济学家看来，古典政治经济学“历史地取得的理论表现，必须当作谬误来加以抨击，并且必须在古典经济学家朴素地描绘生产关系的对抗的地方，证明生产关系是和谐的”②。西方人力资本理论的代表人物舒尔茨认为：“人们已经获得了具有经济价值的大量的知识和多种技能，从这个意义上来说，他们已经变成了资本家。”③ 从这个意义上说，资本主义生产方式固有的资产阶级和无产阶级的矛盾也就消失了，资产阶级成为掌握着物质资本的资本家，工人阶级成为掌握人力资本的“资本家”，这两个资本家集团共同在市场经济活动中各自追逐自己的效用最大化过程中实现了整个社会资源的有效配置，资本主义生产关系也就成为一种资产阶级与无产阶级利益和谐一致基础上的社会关系。

在西方人力资本理论看来，工人阶级的失业与贫困并不是由于资本主义生产方式造成的，而在于工人阶级所拥有的人力资本存量不足。因此，改变工人阶级失业和贫困的正确选择是争取更多和更好的教育机会来增加自己的人力资本存量，而随着工人阶级所拥有的人力资本存量的不断增加，工人的劳动技能和劳动生产率也就会相应提高，也就必然会改变工人阶级的生活状况。这样，资本主义社会中的阶级地位进而经济地位的差异，也就被西方人力资本理论转化为人们之间所享有的教育机会和教育水平等人力资本存量的差异。显然，这种差异绝不需要由无产阶级革命和进

---

① 《马克思恩格斯全集》第46卷上册，人民出版社1979年版，第4页。
② 《马克思恩格斯全集》第46卷上册，人民出版社1979年版，第4页。
③ 舒尔茨：《教育的经济价值》，吉林人民出版社982年版，第8页。

行生产资料公有制变革来实现，它只需要改善资本主义国家的国民教育状况，给予无产阶级更加平等的教育机会就可以解决。然而，“资本主义生产方式越是使教学方法等面向实践，随着科学和国民教育的进步，预备教育、商业知识和语言知识等就会越来越迅速地、容易地获得，越来越普及、越来越便宜地再生产出来。由于国民教育的普及，就可以从那些以前没有可能干这一行并且习惯于较差的生活方式的阶级中招收这种工人。这种普及增加了这种工人的供给，因而加强了竞争。因此，除了少数例外，随着资本主义生产的进展，这种人的劳动力会贬值。他们的劳动能力提高了，但是他们的工资下降了”①。与此同时，现代资本主义国家中的教育制度和基础研究与学术的组织对政府存在着高度的依赖性。以美国为例，教育在传统上一直是一项公共活动，国家对初等教育承担首要责任，越来越多的学生就读于公共资助的高等教育机构，而整个教育系统（包括私立大学），尤其是高等教育则越来越依靠联邦政府的资助，使得教育机构从属于政体②。这也就决定了，现代资本主义国家的国民教育也绝不是纯粹的技术教育，它还是执行着使资产阶级意识形态合法化的社会功能，它使得“在个人中培养一种普遍性的意识，这种意识将防止可能导致改变现存社会条件的社会结合力和批判意识的形成”③。

综上所述，尽管马克思主义的劳动力资本化理论与西方人力资本理论之间在社会背景、理论基础和理论立场等方面存在着差异甚至根本冲突，但我们不应当对西方人力资本理论采取简单拒斥的理论态度。实际上，西方人力资本理论中蕴含着的诸多劳动价值论思想与马克思主义经济学之间能够而且应当实现理论上的沟通。在建立与完善社会主义市场经济的历史进程中，马克思主义经济学绝不应该无视作为反映人类现代科技革命和新技术革命，尤其是信息技术革命条件下社会化大生产新特征的日益成熟的现代人力资本理论，而应该重视它、研究它，批判地吸收其中的合理成

---

① 马克思：《资本论》第3卷，人民出版社1975年版，第336页。

② ［美］丹尼尔·贝尔：《后工业社会的来临——对社会预测的一项探索》，商务印书馆1984年版，第272-273页。

③ 鲍尔斯、金蒂斯：《美国：经济生活与教育改革》，上海教育出版社1990年版，第157页。

分，在劳动价值论的理论框架内、在现代科技劳动价值论的基础上构建马克思主义的劳动力资本化理论，使其成为建设中国特色社会主义市场经济的理论武器。

第五节　劳动力资本理论是中国特色社会主义政治经济学研究的理论产物

随着中国特色社会主义市场经济的建立和不断完善，构建一种与中国具体实际相结合和相适应的中国化的马克思主义经济学，不仅已经日益成为学术界的基本共识，而且已经正式纳入我党关于中国特色社会主义理论建设的议事日程——中国特色社会主义政治经济学的建设。而劳动力资本理论就是马克思主义劳动力商品理论与中国特色社会主义经济实践相结合的产物，也就是中国特色社会主义政治经济学研究的理论产物。

一、劳动力资本理论适应中国特色社会主义政治经济学建设需求

近几年来，习近平总书记反复强调中国特色社会主义政治经济学建设的重要性，他在 2014 年 7 月邀请经济学界专家座谈时指出："各级党委和政府都要学好用好政治经济学"①；在 2015 年 11 月党的中央政治局第 28 次集体学习的讲话中，他明确地指出："要立足我国国情和我国发展实践，揭示新特点新规律，提炼和总结我国经济发展实践的规律性成果，把实践经验上升为系统化的经济学说，不断开拓当代中国马克思主义政治经济学新境界"②；在 2015 年 12 月中央经济工作会议上，又强调指出："要坚持中国特色社会主义政治经济学的重大原则，坚持解放和发展生产力，坚持社会主义市场经济改革方向，使市场在资源配置中起决定作用，是深化经济体制改革的主线。"③ 从"学好用好政治经济学"到"把实践经验上升

① 《习近平主持召开经济形势专家座谈会》，《人民日报》2014 年 7 月 9 日。

② 习近平：《立足我国国情和我国发展实践，发展当代中国马克思主义政治经济学》，《人民日报》2015 年 11 月 25 日。

③ 《中央经济工作会议在北京举行》，《人民日报》2015 年 12 月 22 日。

为系统化的经济学说”，再到“坚持中国特色社会主义政治经济学的重大原则”，体现了以习近平总书记为核心的党中央为马克思主义政治经济学创新发展贡献中国智慧的决心和不断开拓中国特色社会主义政治经济学新境界的重要思想①。

我们认为，中国特色社会主义政治经济学作为当代中国化的马克思主义经济学，其理论任务和历史使命，就是服务于解放和发展生产力的科学社会主义本质要求，而“劳动是生产的真正灵魂”②。因此，解放生产力，首先要解放劳动者，使他们从各种不适合生产力发展和时代要求的体制束缚和观念束缚中解放出来；发展生产力，首先要发展劳动者，使他们通过学习与实践成长为“人人有知识、个个有技能”从而能够占有科学技术知识这种一般社会生产力的社会主义建设者。坚持科学发展观的核心就是“以人为本”，最终目的就是实现社会个人的全面发展，这也正是中国特色社会主义社会的本质要求③。无庸置疑，在现实的社会主义市场经济条件下，劳动仍然是人的一种谋生活动，并非是人生活的“第一需要”。因此，实现社会个人的全面发展，首先就应该包括社会个人的劳动能力的发展，这也就表现在人的知识、技能等方面的能力如何，这直接决定着人的收入水平，从而也就决定着人的生活质量、发展机会和发展空间。

自20世纪中叶以来，作为反映人类现代科技（尤其是新技术）革命条件下社会化大生产新特征的西方人力资本理论的兴起与发展，对马克思主义经济学尤其是马克思劳动价值论和剩余价值理论形成了严峻的挑战。在经济全球化与社会主义市场经济条件下，如何对待西方人力资本理论，已经成为中国化的马克思主义经济学必须科学回答的重大理论课题。然而，在西方经济学的地位不断上升和马克思主义经济学日益被边缘化的学

① 王立胜、郭冠清：《论中国特色社会主义政治经济学理论来源》，载于《经济学动态》2016年第5期。

② 马克思：《1844年经济学—哲学手稿》，刘丕坤译，人民出版社1979年版，第54页。

③ “我们建设有中国特色社会主义的各项事业，我们进行的一切工作，既要着眼于人民现实的物质文化生活需要，同时又要着眼于促进人民素质的提高，也就是要努力促进人的全面发展。这是马克思主义关于建设社会主义新社会的本质要求。”江泽民：《论“三个代表”》，中央文献出版社2001年版，第179页。

术氛围下，我国理论界对待西方人力资本理论的态度是非常复杂和微妙的，既不得不承认这一理论对我国实施科技强国和“创新驱动发展”伟大战略的现实指导意义，又不能接受这一理论对马克思劳动价值论和剩余价值论等政治经济学理论的侵蚀，同时又尚未在马克思主义经济学的理论框架内产生一种能与西方人力资本理论相竞争的马克思主义的理论学说。在这样的学术背景下，我们在现代科技劳动价值论的基础上建构起来的社会主义市场经济条件下的劳动力资本理论，就是在马克思主义经济学理论框架内建构起来的一种能与西方人力资本理论相抗衡的马克思主义的理论学说。

二、劳动力资本理论与中国特色社会主义市场经济建设相适应

我国的传统计划经济体制基本上是以苏联的“斯大林模式”为蓝本的中国复制品，高度集中和计划控制是这一经济体制的本质特征。而所谓“斯大林模式”又是由斯大林将列宁在探索社会主义建设经验的过程中取得的一些暂时的认识奉为教条并加以公式化的产物。例如，列宁曾经将社会主义社会中的社会资源的配置方式理解为：“说劳动在俄国按共产主义原则联合起来了，第一，是指废除了生产资料私有制；第二，是指由无产阶级国家政权在全国范围内在国有土地上和国营企业中组织大生产，把劳动力分配给不同的经济部门和企业，把属于国家的大量消费品分配给劳动者。”① 列宁的这种通过国家政权对全国的劳动力进行统一培养、统一支配、统一管理和使用的思想，在斯大林时期得到了严格的贯彻。

斯大林并没有进一步坚持贯彻列宁晚年所倡导的新经济政策，而是停止了工业领域的租让制和租赁制，将几乎所有的工业企业收归国有，在工业领域实行单一的全民所有制，由国家直接经营，将一切劳动力和生产资料一样，都纳入到了国家工业化运动的体系之中而完全由行政手段所控制，以服务于国家制定的优先发展重工业和保持高速经济增长的指标。同时，与工业化运动相配合实行了农业集体化运动，在短短几年内完成了农

① 《列宁全集》第37卷，人民出版社1986年版，第269页。

村生产关系的巨大而深刻的变革，建立起一种直接为实现国家的工业化而服务的农业经济体制，它由国营农场等国家所有制和集体农庄等集体所有制组成，从而使广大农村劳动力也被统一纳入到国家经营或集体经济活动中去，使得农业生产过度集权，农民的经济自主权几乎丧失怠尽。

在我国建国之初，我们采取的“一边倒”即倒向苏联的发展策略，从而使我国的社会主义建设基本上是照搬的“斯大林模式”，事实上实行的是劳动力的国家所有制或集体所有制。由于生产资料实际上完全掌握在国家或集体手中，单个劳动者除的劳动能力以外，不能单独占有任何的生产资料，从而使国家或集体虽然作为一方劳动契约（法律的或默认的）的当事人，实际上却拥有凌驾于劳动者个人之上的权力。经过曲折的社会主义建设道路，我们已经清楚地认识到，我国正处于并且会长期处于社会主义初级阶段，建设中国特色社会主义经济，就是要充分利用市场经济对社会资本的优化配置作用来不断解放和发展社会主义的生产力。这就在客观上要求坚持和完善以社会主义公有制为主体、多种所有制经济共同发展的基本经济制度，坚持和完善以按劳分配为主体、多种分配方式并存的分配制度，逐步健全劳动力、资本、技术、管理等各种生产要素按其贡献参与分配的制度。这种通过市场机制来配置社会资源的经济体制，与传统计划经济体制相比已经发生了根本性的变革，它要求一切生产要素若要转变成现实的生产力，都必须通过市场机制来实现，包括劳动力在内的各种生产要素商品化、市场化趋势也就成为历史发展的必然要求。

马克思主义经济学认为，商品具有二重性，即使用价值与价值。这样，通过市场机制配置各种作为商品的生产要素进而转变成现实的生产力的过程，也就不可避免地具有双重特征：一方面，劳动力与物质资本通过市场机制进入到企业内的生产过程之中，通过具体劳动过程来发挥其使用价值的职能并生产出物质产品或精神产品的使用价值；另一方面，劳动力与物质资本通过市场机制进入到企业内的生产过程，也就同时是一个价值创造与价值转移的过程，而创造价值的抽象劳动不仅将物化或凝结于劳动产品中，也必然物化或凝结于劳动力本身之中，这是由劳动者的主体性与能动性决定的。

事实上，从唯物辩证法角度来看，在科技劳动和知识经济时代条件下，劳动过程不仅是一个通过各种生产要素的结合生产劳动产品的过程，也必然是一个科学与劳动不断结合从而发展劳动者的劳动能力并使之不断获得新的作为主体力量的生成过程。在劳动者的学习劳动与生产实践活动过程中，劳动者的劳动力再生产也就表现为一个不断增加其价值的再生产过程，从而也就是一个内涵式的扩大再生产的过程。可见，社会主义市场经济中的劳动力不再仅仅是作为商品的生产要素，而且是一种作为主体力量不断生成的资本的力量。只有社会主义市场经济，才能够使各种生产要素，包括资本、土地、劳动力、管理和技术等都以商品的形式通过市场交换进入到生产过程之中，并在追求价值增殖的资本逻辑统治下全部从属于资本运动并表现为资本。在这一历史过程中，劳动力只有扬弃自身的商品性质，实现劳动力由商品向资本的转化，才能在建设中国特色社会主义的历史进程中实现社会主义的本质。也正是在这种意义上，我们才有充分的理由认为，劳动力资本理论是马克思主义的，是与中国特色社会主义市场经济建设相适应的，是马克思主义劳动力理论和劳动力商品理论在中国特色社会主义市场经济条件下发展的资本理论。

三、劳动力资本理论实现了马克思劳动力商品理论与当代中国实际相结合

劳动力资本理论的理论基础是马克思的劳动价值论及其在此基础上的现代科技劳动价值论和马克思的劳动力商品理论。马克思的劳动价值论是对古典政治经济学中的劳动价值论的继承与发展，特别是在古典政治经济学对商品、价值研究成果的基础上，克服了斯密、李嘉图等人只是简单地把价值归结为劳动，把价值量归结为劳动量，而没有研究价值“实体”本身或价值的“质”的方面的缺陷，第一次批判地证明了生产商品的劳动具有具体劳动和抽象劳动的二重性质，以此揭示了商品的使用价值与价值的二重性，进而创立了剩余价值学说，科学论证了资本主义生产方式的历史性和暂时性，从而实现了整个政治经济学的理论革命。生产商品的劳动具有具体劳动与抽象劳动的二重性质以及由此决定的商品具有使用价值和价

值的二重性质，是马克思劳动价值论的核心内容。马克思曾说，劳动二重性学说是理解整个政治经济学的“枢纽”，“这是对事实的全部理解的基础”，是“我的书最好的地方”①。

马克思之所以能够科学地区分劳动和劳动力两个范畴，从而在古典政治经济学陷入绝境的地方找到理论出路，就在于将劳动力的价值和使用价值区分开来，也就将作为劳动力的使用价值即劳动与劳动力本身区别开来，从而科学论证了雇佣工人在市场上出卖的商品只能是劳动力而不是劳动。马克思认为：“同一切其他商品一样，劳动力也具有价值。这个价值是怎样决定的呢？同任何其他商品的价值一样，劳动力的价值也是由生产从而再生产这种特殊物品所必需的劳动时间决定的。就劳动力代表价值来说，它本身只代表在它身上物化的一定量的社会平均劳动。”② 同时，马克思指出，劳动力并不从来就是商品，而是在一定社会历史条件下才转化为商品的。一方面，劳动者必须能够支配自己的劳动力，从而必须获得人身自由。只有这样，劳动者与货币所有者才能够作为彼此身份平等的商品所有者建立起劳动契约关系。同时，劳动者又必须只能在一段时间内出卖自己的劳动力，否则他就会从自由劳动者转化为奴隶。这样，劳动者必须始终不放弃对自己劳动力的所有权，而是将劳动力的使用权按照劳动契约关系的规定出卖给资本家。另一方面，雇佣工人除了自己的劳动力，没有任何可以别的商品可以出卖，也没有任何现实自己的劳动力从而使之转化为现实的生产力的物质生产条件，即自由的“一无所有”。马克思认为，这是劳动力转化为商品的必须具备的两个基本条件，而它们正是在封建社会解体和资本主义生产关系逐渐产生的。从历史上来看，大批自由劳动者的形成是通过各种形式的暴力与强制等诸多因素而出现的，生产资料被越来

① 《马克思恩格斯全集》第 31 卷，人民出版社 1972 年版，第 331 页。

② 马克思：《资本论》第 1 卷，人民出版社 1975 年版，第 193 页。西方学者认为：“关于劳动力这种特殊商品的价值是如何决定的这个表面上平淡的、无疑又是一致的说法，隐藏着大量的难题，其中有些马克思已认识到了，有些只是在目前才引起了争论。”（参见［英］汤姆·博托莫尔主编：《马克思主义思想辞典》，河南人民出版社 1994 年版，第 619 页）我们认为，马克思的劳动力商品概念本质上是限定在他所讲的“严格经济学意义上的雇佣劳动”之内的，从而具有历史性质和理论假设性质。参见任洲鸿：《从“对立”到“和谐”——资本—劳动关系历史演变的劳动价值论阐释》，载于《探索》2008 年第 4 期。

越集中在资产阶级手中的过程，也就是大批小生产者失去生产资料而转化为只能出卖劳动力的自由工人的过程。因此，马克思的劳动力商品理论是在劳动价值论基础上，对资本主义生产方式从确立到发展初期的科学的理论概括，它实现了历史的和逻辑的统一。

但是，如果认真研究马克思的劳动力商品理论，就会发现其中至少包含着两个具有理论假设性质的理论前提，一个是由马克思所确立的严格的经济学意义上的“雇佣劳动”概念，另一个是生产资料全部表现为物质形态的生产资料。尽管马克思在阐述自己的理论观点过程中，如在研究劳动力商品的价值问题和科学技术在社会生产过程中的应用问题时等也曾有意或无意地突破过这两个理论范畴所包含着的经济内容。但是从总体来看，马克思始终都没有从概念上走出这两个理论范畴的束缚，这就使马克思的劳动力商品理论不可避免地具有历史局限性。从一定意义上说，既然马克思不可能超越自己所生活的时代，当然也就不可能超越自己所生活的时代的相关社会经济条件。正如马克思自己所说：“人们按照自己的物质生产率建立相应的社会关系，正是这些人又按照自己的社会关系创造了相应的原理、观念和范畴。所以，这些观念、范畴也同它们所表现的关系一样，不是永恒的。它们是历史的、暂时的产物。”①

现代科技劳动价值论作为马克思劳动价值论在现代经济社会与境中发展的新理论形态，它将集物质生产劳动和精神生产劳动于一体的劳动产品——科技成果的价值源泉归于“科技劳动”这一人类的本质活动来分析进而建构起来的现代经济社会与境中的新劳动价值理论。这一理论是“在历史地考察其演变过程和现实地考察其现代经济社会与境的基础上，从对科技商品这种现代经济社会与境中社会财富的元素形式的分析开始，通过分析科技商品、科技价值、科技使用价值、科技劳动等基本概念，形成了包括科技商品的二因素原理、科技劳动的二重性原理、科学价值的‘库存’原理、科学价值的‘累加效应’规律等在内的基本原理或科学定律

① 《马克思恩格斯选集》第1卷，人民出版社1995年版，第142页。值得注意的是，其中的“物质生产率”在1885年德文版中改为了“生产方式”。

等，然后根据这些基本原理或科学规律通过逻辑推理而推导出包括‘无人工厂’的利润主要来源于从事理论创新的科学家所创造的剩余价值、超额剩余价值主要是从事理论创新的科学家所创造的剩余价值在首先利用科技的个别企业中实现的结果等一系列的结论”①。这一理论的特点在于：在“科技-经济”一体化的现代科技经济时代背景下，将马克思在当时具有理论假设性质的理论前提纳入其研究的“对象域”之中，即将马克思在当时“简化掉”的、“忽略掉”的、“被放在次要位置上”的因素凸显出来，考察它们与价值创造的关系。进一步讲，就是“将价值的生产从‘物质生产领域’，拓展到‘精神生产领域’特别是‘科技生产领域’，考察该领域的价值创造、价值转移和价值实现的情况；将价值创造的主体从在企业现场进行生产劳动的‘狭义的工人阶级’，扩展到包括不一定在企业现场操作的科技人员在内的‘广义的工人阶级’，考察他们在价值创造、价值转移和价值实现过程中的地位和作用；将以复杂的脑力付出为主的科技劳动凸显出来，考察它与价值创造、价值转移及价值实现的复杂关系等”②。

而劳动力资本理论正是在马克思劳动价值论、劳动力理论、劳动力商品理论以及现代科技劳动价值论的基础上建构起来的新理论体系。进一步讲，这一理论是其作者立足“科技—经济一体化”的现代经济社会之现实，结合现代科技革命和新技术革命（尤其是信息技术革命）条件下人类劳动所表现出来的日益科技化、知识化的新的时代特征，在阐明马克思的“雇佣劳动”概念和生产资料概念的历史性质和理论假设性质的同时，从概念上提出精神生产资料和劳动力资本概念，将传统理论中的生产资料仅为“物质生产资料”理论前提拓展到“精神生产资料”——将精神生产资料纳入生产资料的范畴，将马克思在当时社会历史条件下提出的“劳动力商品”拓展到社会主义市场经济条件下的“劳动力资本”——在社会主义市场经济条件下将劳动力不仅纳入“商品”的范畴而且纳入“资本”的范畴，并围绕这两个核心概念——精神生产资料和劳动力资本——在马克思

① 刘冠军《现代科技劳动价值论研究》，中国社会科学出版社 2009 年版，第 48 页。
② 刘冠军《现代科技劳动价值论研究》，中国社会科学出版社 2009 年版，第 397-398 页。

主义经济学的理论框架中构建起社会主义市场经济条件下的劳动力资本理论。从这个意义上来看，劳动力资本理论既是马克思劳动力理论和劳动力商品理论的逻辑延续，又是马克思劳动力理论和劳动力商品理论在科技劳动与知识经济时代的必然发展，还是马克思劳动价值论和在此基础上建立起来的现代科技劳动价值论的进一步完善。

四、劳动力资本理论体现了中国特色社会主义的本质要求

劳动力资本理论认为，在社会主义市场经济条件下，科学与劳动相结合所形成的新的生产条件，必然导致科学技术知识等精神生产资料的价值属性与追求价值增殖的资本逻辑日益侵入劳动力商品本身，它必将表现为劳动者将自己所掌握的科学技术知识等“观念的财富”，日益转化为其“实际的财富”① 的过程。从这个意义上看，有知识、有技能的社会主义劳动者所掌握和占有的精神生产资料也就是劳动者的劳动力资本。可见，劳动者的劳动力由商品向资本的转化过程与劳动者通过劳动致富的过程走的是同一条道路，这也是最终实现共同富裕的社会主义本质的历史必由之路。

恩格斯在1859年为马克思的《政治经济学批判》第一分册所写的书评中曾指出：“经济学所研究的不是物，而是人和人之间的关系，归根到底是阶级和阶级之间的关系；可是这些关系总是同物结合着，并且作为物出现。”② 而且这个事实贯穿着整个经济学并在资产阶级经济学家头脑中引起过“可怕混乱”。因此，马克思主义政治经济学的理论立场，也就是马克思主义政治经济学的阶级性或党性。劳动力资本理论与马克思主义政治经济学的的理论立场是完全一致的。之所以强调理论立场问题，这是由政治经济学的研究对象的性质所决定的。马克思认为：“在政治经济学领域内，自由的科学研究遇到的敌人，不只是它在一切其他领域内遇到的敌人。政治经济学所研究的材料的特殊性，把人们心中最激烈、最卑鄙、最恶劣的

---

① 《马克思恩格斯全集》第46卷（下册），人民出版社1980年版，第34页。

② 《马克思恩格斯选集》第2卷，人民出版社1995年版，第44页。

感情，把代表私人利益的复仇女神召唤到战场上来反对自由的科学研究。”① 可见，马克思主义政治经济学的阶级立场在其形成之初就鲜明地站在无产阶级和广大劳动群众一边，目的在于科学地阐明资本主义社会的产生、发展和必然灭亡的历史规律，从而最终实现整个人类的解放。

自改革开放以来，随着党的工作重心由过去的以“阶级斗争为纲”的极左路线历史性地转移到以经济建设为中心上来，开始按照“解放生产力，发展生产力，消灭剥削，消除两极分化，最终达到共同富裕”② 的中国特色社会主义的本质要求，推动社会主义商品经济和市场经济改革。此时在理论界似乎已经很少提及政治经济学的阶级性或党性了，或者将这两个说法割裂开来，甚至对立起来。例如，有的学者认为：“过去，苏联政治经济学教科书讲‘政治经济学的阶级性与党性’，我们也长期照讲不误。政治经济学的‘党性’是什么？它具有哪个党的党性？我是长期有疑问的。”但是，这位学者又紧接着说：“但如果认为政治经济学没有和不应有阶级性，特别是认为西方经济学不存在意识形态和阶级性问题，对社会主义国家具有普遍意义，那就违反事实了。”③ 显然，这种认识难免存在自相矛盾的嫌疑，至少是令人费解的。其实，承认政治经济学的阶级性，就应该承认政治经济学的党性，这并不是源于苏联政治经济学教科书，列宁在《唯物主义和经验批判主义》一文中就已经提出来了。列宁在批评一些自然科学家由于坚持唯心主义立场而使自己在谈到哲学问题时陷于荒谬时说：“其原因正如政治经济学教授虽然在实际材料的专门研究方面能够写作极有价值的作品，可是一旦说到政治经济学的一般理论时，他们中间任何一个人所说的任何一句话都不可信一样。因为在现代社会中，政治经济学正像认识论一样，是一门有党性的科学。”④

那么，在社会主义市场经济条件下，我们在深化和发展马克思主义政治经济学的理论研究中，是否还有必要坚持马克思主义政治经济学的阶级

① 马克思：《资本论》第 1 卷，人民出版社 1975 年版，第 12 页。

② 《邓小平文选》第 3 卷，人民出版社 1993 年版，第 373 页。

③ 卫兴华：《关于“政治经济学”的理论思考》，载于《经济评论》1999 年第 2 期。

④ 《列宁全集》第 14 卷，人民出版社 1957 年版，第 362 页。

性或党性呢？它应该具有哪个党的党性呢？这显然是一个理论立场问题。在改革开放之初，邓小平就旗帜鲜明地提出，一定要坚持“四项基本原则”。在改革开放的过程中，邓小平又多次反复强调。例如，邓小平在《搞资产阶级自由化就是走资本主义道路》中说：“我们大陆坚持社会主义，不走资本主义的邪路。社会主义与资本主义不同的特点就是共同富裕，不搞两极分化。创造的财富，第一归国家，第二归人民，不会产生新的资产阶级。”① 在《旗帜鲜明地反对资产阶级自由化》中，邓小平说：“中国没有共产党的领导、不搞社会主义是没有前途的。……我们要理直气壮地坚持社会主义道路，坚持四项基本原则。”② 在《中国只能走社会主义道路》中，邓小平指出：“所谓资产阶级自由化，就是要中国全盘西化，走资本主义道路。中国根据自己的经验，不可能走资本主义道路”③；“在实现四个现代化的整个过程中，至少在本世纪剩下的十几年，再加上下个世纪的五十年，都存在着反对资产阶级自由化的问题”④。

因此，在社会主义初级阶段和建立和完善社会主义市场经济体制的历史进程中，作为社会主义经济建设的指导理论只能是马克思主义政治经济学，而且必须是发展的和与中国的具体实际相结合的马克思主义政治经济学，即中国化的马克思主义政治经济学。正如刘国光先生所指出的，如果说中国是一个马克思主义指导下的社会主义市场经济国家，那么马克思主义经济学就应该是指导、是主流，西方经济学应该是参考和借鉴。如果西方经济学真的在中国成为主流并占据主导地位，从而取代马克思主义政治经济学，那么不管你在主观上怎么想，不管你愿不愿意，最终都要导致改变社会主义的发展方向，取消共产党的领导或使她变色。刘国光先生同时强调，必须用“与时俱进的、发展的马克思主义政治经济学作为经济学教学的主体、经济研究的指导思想和经济政策的导向”⑤。而在现代科技劳动价值论基础上的社会主义市场经济条件下的劳动力资本理论正是在坚持马

---

① 《邓小平文选》第3卷，人民出版社1993年版，第123页。
② 《邓小平文选》第3卷，人民出版社1993年版，第195-196页。
③ 《邓小平文选》第3卷，人民出版社1993年版，第207页。
④ 《邓小平年谱》下卷，中央文献出版社2004年版，第1172-1173页。
⑤ 刘国光：《经济学教学和研究中的一些问题》，载于《经济研究》2005年第10期。

克思主义政治经济学的理论立场与唯物辩证法的基础上，将马克思主义政治经济学的基本原理与中国特色社会主义市场经济的具体实际相结合，在阐明马克思经济学中相关经济范畴的历史性质和理论假设性质的前提下，对马克思的劳动价值论和劳动力商品理论的深化和发展，它服务于解放和发展社会主义生产力并最终实现共同富裕的社会主义本质要求。

第六章　实践回归：劳动力资本理论推动当代中国经济的转型升级与深刻变革

在马克思主义经济理论框架内，在现代科技劳动价值论基础上建构的社会主义市场经济条件下的劳动力资本理论，具有重大的学术价值和理论意义，这主要表现在它从理论上推进了马克思主义的劳动力理论和劳动力商品理论的发展，深化和拓展了现代科技劳动价值论的研究领域，丰富和发展了马克思主义的资本理论等，同时也是马克思主义经济学中国化和中国特色社会主义政治经济学研究的理论产物，使马克思主义经济学在“科技—经济一体化”的知识经济时代焕发出新的理论生命力，并进一步提高马克思主义经济学自身的现实解释力和学术话语权。

这仅是问题的一个方面，在我们看来，任何科学理论的学术价值和理论意义，只有当理论回归社会实践，关照社会现实，回应社会实际问题，并能够为社会实践提供前瞻性和可行性的社会实践方案时，方能彰显其学术价值和理论意义的本质所在，方能回避“经院哲学式”的自圆其说和空洞说教。在此意义上，学术价值和理论意义固然重要，而理论的现实意义更为重要，具体到劳动力资本化理论，它在现实性上将推动社会主义市场经济条件下生产方式的转型升级和深刻变革，并在此基础上推动是社会主义市场经济条件下生产关系一系列的新变革、新变化，推动社会主义市场经济条件下的生产资料所有制结构新变革，赋予社会主义市场经济条件下的“按劳分配”原则以新内涵，促就社会主义市场经济条件下的和谐劳动关系新建构。在此，我们在此结合其重大理论价值着重就其巨大的现实意义作如下的分析。

第一节　推动社会主义市场经济条件下生产方式的转型升级

马克思进行政治经济学研究进而创立劳动力商品理论所处的时代，其生产方式是资本主义的物质生产方式，而当今中国社会主义市场经济条件下的生产方式已经发生了深刻的变化。在马克思劳动力商品理论基础上建构的劳动力资本论，是与当今中国社会主义市场经济条件下的生产方式相适应的资本理论，它回到实践中必然推动当今中国社会主义市场经济条件下生产方式的转型、变革和升级。

一、马克思创立劳动力商品理论的“生产方式”现代审视

关于马克思进行政治经济学研究进而创立劳动力商品理论时的生产方式，马克思在他的政治经济学最具代表性的著作即《资本论》第一卷出版时，在亲自撰写的“第一版序言”中作过明确的说明，他指出：“我要在本书研究的，是资本主义生产方式以及和它相适应的生产关系和交换关系。到现在为止，这种生产方式的典型地点是英国。因此，我在理论阐述上主要用英国作为例证。”① 从马克思的这一表述看，他的政治经济学的研究对象首要的是资本主义生产方式，而这种生产方式在实质上是指与一定生产力构成要素的技术组合方式相一致的资本主义社会组合方式。也就是说，这种生产方式不仅有其特定的生产力发展水平，即生产力的构成要素及技术组合方式所代表的生产力发展水平，而且还有与之相适应的资本主义的社会组合方式，即资本主义的生产关系，它们一起构成了资本主义的生产方式，这是当时资本主义经济的基础和根基。在我们看来，这也是马克思政治经济学直观的或直接的研究对象，只有这样解读，我们才能理解马克思在“资本主义生产方式”之后紧接着讲“以及和它相适应的生产关系和交换关系”，而紧接着讲的“和资本主义生产方式相适应的生产关系

① 马克思：《资本论》第1卷，人民出版社2004年版，“第一版序言”第8页。

和交换关系”恰恰是马克思政治经济学深层次的本质意义上的研究对象。

这是因为，资本主义生产方式范畴本身包含着资本主义生产关系和交换关系之含义，而在资本主义生产方式之后紧接着又说和它相适应的资本主义生产关系和交换关系，这不是前后重复吗？非也。在笔者看来，马克思在写这句话时思维是颇为清晰的，简单梳理其中的逻辑便可以清晰地看到这一点：马克思在此讲的是，我要在本书研究的，首先是资本主义生产方式，只有通过研究资本主义生产方式，才能研究“和它相适应的生产关系和交换关系”，别无其他路径；而资本主义生产方式呈现为“物”的生产，而资本主义的生产关系和交换关系实质上是“人与人”的关系，只有研究资本主义“物”的生产方式，才能揭示资本主义“人与人”的关系。实际上，这也正好印证了马克思所讲的：“资本不是物，而是一定的、社会的、属于一定历史社会形态的生产关系，后者体现在一个物上，并赋予这个物以独特的社会性质。”① 同时，这也就意味着“与资本主义生产方式相适应的生产关系和交换关系”是政治经济学深层次的本质意义上的研究对象，这才是资本主义经济的主体和核心。在马克思看来，资本主义生产方式的典型地点就是英国，与此相适应的资本主义生产关系和交换关系的典型也在英国，因此马克思要以英国为例加以研究。

从马克思对《资本论》研究对象的具体规定中可以看出，马克思所创立的政治经济学，包括他创立的劳动力理论和劳动力商品理论，其研究对象是分层次的，首要的直接的研究对象是资本主义生产方式，深层次的本质意义上的研究对象是与资本主义生产方式相适应的生产关系和交换关系。这两个层次的研究对象相互联系在一起，构成的一个马克思政治经济学整体意义上的研究对象，也构成了马克思劳动力理论和劳动力商品理论的研究对象。这也正如恩格斯在《反杜林论》中所指出的：“政治经济学，从最广的意义上说，是研究人类社会中支配物质生活资料的生产和交换的规律的科学”②，但“到现在为止，我们所掌握的有关经济科学的东西，几

① 马克思：《资本论》第3卷，人民出版社2004年版，第922页。

② 《马克思恩格斯文集》第9卷，人民出版社2009年版，第153页。

乎只限于资本主义生产方式的发生和发展"，因此"政治经济学作为一门研究人类各种社会进行生产和交换并相应地进行产品分配的条件和形式的科学——这样广义的政治经济学尚待创造"①，而现在所创立的"只限于资本主义生产方式的发生和发展"以及与此相适应的生产关系和交换关系的政治经济学。在此意义上，马克思劳动力理论和劳动力商品理论正是在资本主义物质生产方式基础上建立起来的。

同时应当看到，从马克思所处的时代发展到现今，马克思政治经济学的研究对象，在今天看来势必由"资本主义生产方式以及和它相适应的生产关系和交换关系"发展为"现代市场经济的生产方式以及和它相适应的生产关系和交换关系"，并且尤其要突出现代市场经济社会条件下"社会主义生产方式以及和它相适应的生产关系和交换关系"，只有如此才能建构起中国特色社会主义的政治经济学，进而指导中国特色社会主义经济实践。与此相适应，也只有将马克思劳动力理论和劳动力商品理论发展为适应于现代市场经济社会条件下"社会主义生产方式以及和它相适应的生产关系和交换关系"的新理论——劳动力资本理论，才能在实践中推进现代市场经济社会条件下"社会主义生产方式以及和它相适应的生产关系和交换关系"的发展。那么，与本论题相关联的现代市场经济社会条件下"社会主义生产方式"，除了社会主义的本质属性，在现实的现象层面应当是一种什么样的生产方式呢？在我们看来，这就是与"科学技术是第一生产力"相适应的生产方式。

二、劳动力资本理论建立的现代新型生产方式之基础

资本主义生产方式既是资本主义经济系统的基础和根基，也是马克思政治经济学研究对象首要的和基础性的构成部分，这是马克思劳动力理论和劳动力商品理论建立的生产方式的基础。从马克思所处的时代发展到今天，人类的生产方式或劳动方式发生了重大转变，形成了与"科技第一生产力"发展状况相适应的科技型生产方式或知识型劳动方式，这是劳动力资本理论建

① 《马克思恩格斯文集》第9卷，人民出版社2009年版，第156页。

立的生产方式的基础。这主要表现在以下几个方面的重大转变：

第一，由科技劳动与生产劳动相分离的劳动形式，向科技劳动和生产劳动相结合的劳动形式的转变，形成了科技劳动与生产劳动一体化的劳动方式。在马克思所处的时代，科技劳动与生产劳动是分离的，科技的经济功能主要是以“要素渗透方式”间接地实现的，即科技需要向生产劳动者、生产资料等转化渗透这些中间环节，才能转化为经济效益。然而，在现代市场经济社会中，科技劳动与生产劳动日益结合，科学的经济功能不再仅仅以间接的方式经过许多中间环节后才显现，而且更为重要的是以直接的方式实现的，甚至科技直接成为经济系统中的一个有机组成部分或部门。这时，科学、技术与生产的相互转化的机制达到了相当完善的水平，出现了“科学研究-技术研发-物质生产”一体化的态势，并且在这三位一体化关系中的科学和技术，已经成为推动整个社会生产和经济发展的首要、关键和决定性的第一生产力。在此第一生产力的基础上，现代市场经济社会中现实财富的创造和取得，正如马克思早就预言的那样，随着大工业的发展，必将是“较少地取决于劳动时间和已耗费的劳动量，较多地取决于在劳动时间内所运用的作用物的力量，而这种作用物自身——它们的巨大效率——又和生产它们所花费的直接劳动时间不成比例，而是取决于科学的一般水平和技术进步，或者说取决于这种科学在生产上的应用”①；同时，用于财富创造的“直接劳动在量的方面降到微不足道的比例……它在质的方面，虽然也是不可缺少的，但……同一般科学劳动相比，同自然科学在工艺上的应用相比……却变成一种从属的要素”②。就是说，随着大工业的发展，商品价值中来自于工厂内部直接从事生产的工人的直接劳动的部分降低到微不足道的程度，成为从属要素；相反，却主要取决于科学技术的进步及其在生产中的运用，即来自于科技劳动。“科技-经济”一体化社会的形成和在此基础上发展起来的知识经济，将马克思当年的科学预言变成了现实。

---

① 《马克思恩格斯文集》第 8 卷，人民出版社 2009 年版，第 195-196 页。

② 《马克思恩格斯文集》第 8 卷，人民出版社 2009 年版，第 188-191 页。

第二，由以体力劳动为主的劳动形式，向以脑力劳动为主的劳动形式的转变，形成了以脑力和智力劳动为主的知识劳动或创新劳动形式。创造商品价值的劳动既包括体力劳动，也包括脑力劳动，人的劳动能力是其体力和脑力的总和。在马克思所处的时代，资本主义生产方式的特点，恰恰在于它把各种不同的劳动，因而也把脑力劳动和体力劳动，或者说，把以脑力劳动为主或以体力劳动为主的各种劳动分离开来，分配给不同的人。同时由于当时的生产过程中脑力劳动创造的价值数量较小，在价值总额中的比例很小，而且脑力劳动又往往依附于体力劳动来进行生产活动，缺乏独立创造商品价值的具体形式。因此，当时的价值理论所论及的主要是以体力劳动为主的劳动形式。然而，社会是不断向前发展的，19 世纪 70 年代产生了第二次产业革命，这是以发电机和电动机的发明与利用为标志的新兴科技革命。第二次世界大战后又出现了以原子能等新能源的发明与利用、电子计算机等的发明与利用、新材料的人工合成与利用、空间技术的发展以及遗传工程的重要成就等为标志的新科技革命，引起了第三次产业革命。20 世纪 70 年代末到 80 年代初，伴随着个人计算机问世，出现了以个人计算机为主的创新时期，引起了信息技术发展过程中的重大革命性转变。进入 20 世纪 90 年代以后，又开始了以互联网为中心的创新高峰期。互联网的出现，是信息技术领域又一个更重大的革命性转变，开始了一个新的信息文明时代，极大地改变了人们的生产方式、工作方式和生活方式，人们的生产劳动也相应地出现了一系列新特点，如全自动化的工厂用计算机控制操作，不需要很多工人进行体力劳动，只要少数人开关按钮即可；又如，随着个人电脑时代的到来、信息高速公路的发展以及“互联网+”行动的倡导，各种软件产品、信息产品即以脑力劳动为主的产品开始进入了大规模生产、大规模运输和传播的阶段，大大改变了人类的生产活动。此时，以脑力劳动为主的劳动形式，如知识劳动、高科技劳动、科技劳动、科技化劳动等劳动方式已经成为现代市场经济社会的主体，相应地以体力劳动为主的劳动形式成为现代市场经济社会的辅助形式。

第三，由以重复性劳动为主的劳动形式，向以创新劳动为主的劳动形式的转变，创新劳动成为现代经济社会发展的重要形式。在马克思所处的时代，由于科技劳动和生产劳动相分离、相对立，致使那个时代的生产劳动是以重复性的一般劳动为主的，重复性劳动是那个时代的劳动形式的主要特征，资本家把工人仅仅当作会说话的工具，当作榨取剩余价值的手段。而在现代市场经济社会中，尤其是在当今“科技-经济”一体化新时代，创新劳动日益成为现代劳动的主要形态，创新——广义上的科技创新，包括知识创新、科学创新、技术创新、市场创新、管理创新、产品创新等，日益成为当今时代的一个重要特征。江泽民强调“创新是民族进步的灵魂，是国家兴旺发达的不竭动力。科技创新越来越成为当今社会生产力解放和发展的重要基础和标志，越来越决定着一个国家、一个民族的发展进程”；从一定意义上讲，“科学的本质就是创新……二十世纪相对论、量子论、基因论、信息论的形成，都是创新思维的成果。正是基于物理科学、生命科学和思维科学等的突破性进展，人类创造了超过以往任何一个时代的科学成就和物质财富。二十一世纪，科技创新将进一步成为经济和社会发展的主导力量”①。胡锦涛强调“提高自主创新能力，建设创新型国家，是国家发展战略的核心，是提高综合国力的关键”②，因此要“努力建设创新型国家，把增强自主创新能力作为科学技术发展的战略基调和调整经济结构、转变经济增长方式的中心环节，大力提高原始创新能力、集成创新能力和引进消化吸收能力，努力走出一条具有中国特色的科技创新之路”③。党的十八大以来，突出“创新是引领发展的第一动力”，强调“必须把创新摆在国家发展全局的核心位置，不断推进理论创新、制度创新、科技创新、文化创新等各方面创新，让创新贯穿党和国家一切工作，让创新在全社会蔚然成风”④；同时，“深入实施创新驱动发展战略”，充分“发挥科技创新在全面创新中的引领作用，加强基础研究，强化原始创新、集

① 江泽民：《论科学技术》，中央文献出版社 2001 年，第 147、192 页。

② 《十七大以来重要文献选编》上卷，人民出版社 2009 年版，第 577-578 页。

③ 《十六大以来重要文献选编》中卷，人民出版社 2006 年版，第 1094 页。

④ 《中国共产党第十八届中央委员会第五次全体会议文件汇编》，人民出版社 2015 年版，第 31 页。

成创新和引进消化吸收再重新”[1]。2014 年国家确定了加紧实施的 16 个重大专项，重点攻克“高端通用芯片、集成电路装备、宽带移动通信、高档数控机床、核电站、新药创制等关键核心技术，加快形成若干战略性技术和战略性产品，培育新兴产业。在此基础上，以 2030 年为时间节点，再选择一批体现国家战略意图的重大科技项目，力争有所突破。从更长远的战略需求出发，我们要坚持有所为有所不为，在航空发动机、量子通信、智能制造和机器人、深空深海探测、重点新材料、脑科学、健康保障等领域再部署一批体现国家战略意图的重大科技项目”[2]。在这样的现实面前，创新成为了我们这个时代的符号，创新劳动成为了我们这个时代最重要的劳动形式。

第四，由以依附性劳动为主的劳动形式，向以自主性劳动为主的劳动形式的转变，自主性劳动成为了现代经济社会的重要劳动方式。在近代商品经济社会时代，甚至在工业化时期，劳动者选择职业灵活度小，甚至终身从事同一职业和同一岗位，劳动强度大、劳动时间长，呈现出明显的劳动依附于机器和资本的特征。托夫勒作了这样的概括：“各种文明都有潜在的法则，有一整套规律和原则贯穿在它的一切活动之中，好像是经过反复设计好了似的。工业化推向全球，它的独特潜在的设计变得清晰可见。它包括六个相互联系的原则……这些原则影响到人类生活的各个方面……今天在我们的学校、企业和政府机构中许多怒气冲冲的冲突，实际上集中在这六个原则上。作为第二次浪潮的人，本能地运用这些原则，保护这些原则”，这些原则具体是指标准化、专业化、同步化、集中化、好大狂、集权化[3]。这六个原则集中显示了近代社会劳动形式的依附性特征。然而，在当今时代，依附性劳动逐步被自主性劳动所取代。主要表现在以下方面：（1）劳动者由于自身素质的不断提高，已经不再满足于单调的劳动，

① 《中国共产党第十八届中央委员会第五次全体会议文件汇编》，人民出版社 2015 年版，第 37 页。

② 《中国共产党第十八届中央委员会第五次全体会议文件汇编》，人民出版社 2015 年版，第 107 页。

③ 阿尔温 · 托夫勒：《第三次浪潮》，朱志炎等译，生活 · 读书 · 新知三联书店 1984 年，第 100、115 页。

越来越多的劳动者选择职业、选择劳动的灵活性大大提高。(2) 劳动手段的自动化程度越来越高，呈现出智能化趋势，这样就把劳动者从单一的依靠人手的劳动中解放出来，劳动强度大大降低。(3) 劳动对象日益向深度和广度发展，新型化和微型化趋势明显。如电脑的集成度每 18 个月就要翻一番，纳米技术已经被广泛应用于社会经济生活的各个领域。(4) 劳动方式出现了劳动者与劳动对象逐渐分离的趋势，特别是信息产业和“互联网+”的发展，这一趋势更加明显，劳动越来越不受时间和空间的限制。(5) 劳动时间大大缩短，就业形式更加灵活多样。发达国家工人的劳动时间一般都降低到了每周 40 个工作小时以内，有些国家在 35 小时以内，节假日也越来越多等①。这些方面充分体现出了现代劳动形式的自主性特征。

第五，由经验型管理劳动，向科学型管理劳动的转变，科学管理成为现代市场经济社会的重要管理劳动形式。从历史维度看，管理劳动有一个从孕育到产生、从低级到高级、从经验型到科学型的发展过程，而且科学型的管理在现代已经居于主导地位。在手工业生产状态下，生产者独自进行生产和销售，不须专人进行管理。而在机器大工业的生产状态下，工厂作为企业单位的组织细胞，拥有数百、数千、数万，甚至数十万或数百万人进行工作。这么多的人组织在同一个工厂中，需要进行组织管理，这如同“一个单独的提琴手是自己指挥自己，一个乐队就需要一个乐队指挥”②一样，“人数较多的工人在同一时间、同一空间（或者说同一劳动场所），为了生产同种商品，在同一资本家的指挥下工作，这在历史上和概念上都是资本主义生产的起点”③。这种大规模生产需要进行统一的指挥、管理、监督和调节，既是资本的职能，也是社会化大生产的必要条件。起初，作为管理的劳动是经验型的，只是从经验出发，在一部分人或少数人中进行组织分工；而随着生产的发展，生产的范围扩大，产品日益增加，企业内部的分工越来越细致，越来越需要科学的组织与管理，这时对管理提出了更高的要求。现代企业的管理者，不仅要具有与该企业有关的专业知识，

---

① 赵振华：《劳动价值论新论》，上海三联书店 2002 年版，第 140 页。

② 马克思：《资本论》第 1 卷，人民出版社 2004 年版，第 384 页。

③ 马克思：《资本论》第 1 卷，人民出版社 2004 年版，第 374 页。

如生产化工产品的必须是化工专业的专家，生产医药产品的必须是医药专家之类；而且还要具备信息时代所必须掌握的现代化信息手段，如熟练掌握外语和高等数学、熟练运用计算机和现代管理手段等；同时还要具备市场知识，通过深入研究市场情况确定企业经营的战略和策略；更加重要的是，还要有较高的道德水准和政策水平，懂得领导艺术，团结全体人员，调动广大劳动者积极性。现代企业的管理者，尤其需要善于实现科技创新、体制创新和理论创新，通过创新把企业推向前进。这些都需要管理者掌握先进的科技知识，进行高级管理劳动。只有科学型的高级管理劳动，才能保障企业的有效经营和持续发展。如果管理者不能进行科学的管理，该企业就会在竞争中处于不利地位甚至被兼并、破产。现代企业经营的好坏，与管理者是否懂得科学管理分不开，所以现代的管理劳动不是一般的经验型的管理劳动，而是高级的科学型的管理劳动①。科学型的管理劳动已经成为作为现代科技——管理科学技术的具体应用，它至少具有“六化”的特征，即现代管理劳动手段的信息化、现代管理劳动组织结构的法制化、现代管理劳动方式的民主化、现代管理劳动效果的最优化、现代管理劳动意识的整体化和现代管理劳动理论的科学化②。

由劳动方式从马克思所处的时代到现时代的转变可见，现代劳动方式不仅是科技劳动与生产劳动一体化的劳动方式，而且也是以脑力和智力劳动为主的知识劳动或创新劳动形式；不仅是创新性劳动和自主性劳动为主的劳动形式，而且也是科学型管理性的劳动方式等。由这些特点所决定，现代劳动方式是一种以科技劳动为主的新型劳动方式，这也就是“科技-经济”一体化社会主义现代市场经济社会的科技型生产方式。

三、劳动力资本理论视域中社会主义生产方式的转型升级

从理论上讲，社会主义市场经济条件下的生产方式，理应是比资本主义生产方式更高级形态的新型生产方式，而这种新型生产方式是与科技第

---

① 陈征：《当代劳动的新特点》，《光明日报》2001 年 7 月 17 日。

② 刘冠军：《论现代管理的“六化”特征》，载于《天府新论》，1998 年第 5 期。

一生产力相适应的科技型生产方式或知识型生产方式，这也就是“科技-经济”一体化现代市场经济社会中的新型劳动系统方式，在其内在构成上，一方面，是由劳动者和生产资料相结合而构成的，其中的劳动者不仅包括传统意义上的物质生产劳动者，也包括参与其中的技术劳动者和科学劳动者或知识劳动者；而生产资料不仅包括传统意义上的物质生产资料，也包括精神生产资料或知识生产资料特别是科学生产资料。另一方面，科技型生产方式还形成了以科技劳动为核心组成、其他劳动为辅助部分的结构，具体来说：（1）基础性科技劳动生产、更新和发展着科学知识体系，这是新型劳动系统方式的精髓，是核心之灵魂；（2）应用性科技劳动和开发性科技劳动将科技知识转化为一定的专业技术、生产程序和工艺流程等，这是新型劳动系统的肺腑，是核心之体；（3）科技化的生产劳动将科学技术转化为直接生产力而且生产现实的劳动产品，这是新型劳动系统的肢体，是核心之外围。这三者共同构成了“以科技劳动为核心”和“以准科技劳动为辅助”的现代新型的劳动系统方式——社会主义市场经济条件下的新型生产方式。

同时应当看到，当代中国尽管经过近四十年的改革开放取得了一系列的重大成就，但是我们要清醒地认识到：“我国仍处于并将长期处于社会主义初级阶段的基本国情没有变，人民日益增长的物质文化需要同落后的社会生产之间的矛盾这一社会主要矛盾没有变，我国是世界上最大发展中国家的国际地位没有变。这是我们谋划发展的基本依据。”① 这也就是说，社会主义初级阶段是当代中国的最大国情、最大实际，处于社会主义初级阶段的当代中国的生产方式不乏世界一流的“以科技劳动为核心”和“以准科技劳动为辅助”的现代新型的劳动系统方式，但相当多的企业还远未达到这种新型生产方式的要求；人民日益增长的物质文化需要同落后的社会生产之间的矛盾仍然是当代中国社会的主要矛盾，改进落后的社会生产方式进而实现工农业生产方式的转型升级仍然是十分艰巨的任务；当代中国仍然是世界上最大的发展中国家，远未达到发达国家的生产方式的程度，

① 习近平：《在庆祝中国共产党成立95周年大会上的讲话》，《人民日报》2016年7月2日。

因此习近平总书记指出：“面对中国经济发展进入新常态、世界经济发展进入转型期、世界科技发展酝酿新突破的发展格局，我们要坚持以经济建设为中心，坚持以新发展理念引领经济发展新常态，加快转变经济发展方式、调整经济发展结构、提高发展质量和效益，着力推进供给侧结构性改革，推动经济更有效率、更有质量、更加公平、更可持续地发展，加快形成崇尚创新、注重协调、倡导绿色、厚植开放、推进共享的机制和环境，不断壮大我国经济实力和综合国力。”①

在这样的现实面前，按照劳动力资本理论的内在规定，从生产方式构成的劳动维度讲，一方面，要通过教育和培训等途径提高社会主义劳动者的知识、技能等劳动力资本，将越来越多的社会主义劳动者从原来意义上的普通的物质生产领域的劳动者，转化为能够进行技术研发创新甚至科学研究创新的劳动者，不断扩大社会主义市场经济条件下“总体工人”中的“脑力劳动无产阶级”范围，充分发挥科技劳动者、知识分子在经济建设中的作用。另一方面，要加强劳动力资本的产权保护，不仅将社会主义市场经济条件下劳动者的劳动力视为劳动力商品，而是将其升级为劳动力资本，保障其劳动力资本的收益权。而从事生产方式构成的生产资料维度讲，不仅将传统意义上的物质生产资料作为现代新型生产方式的构成要素，也要将精神生产资料特别是劳动者掌握的知识、技能等劳动力资本以及与之相关的图书资料情报信息、仪器设备研发软性生产资料作为现代新型生产方式的构成要素，并加强这方面的产权保护和专利保护。这样，势必能够推进社会主义市场经济条件下生产方式从低端粗放型向高端科技型或知识型转化升级。

第二节　推动社会主义市场经济条件下生产关系的新变革

按照马克思主义经济学的基本原理，能够导致社会主义生产关系产生新

① 习近平：《在庆祝中国共产党成立95周年大会上的讲话》，《人民日报》2016年7月2日。

变革的经济因素应当源于生产资料所有制的新变化。从这个理论角度来说，我们必须首先分析在劳动力由商品向资本转化的过程中，原来社会主义生产关系内部的生产资料所有制是否发生新变化，或者说，劳动力资本由商品向资本的转化是否能够成为导致生产资料所有制产生新变化的经济因素。

一、传统计划经济体制下社会主义生产关系的政治经济学本质再认识

在传统计划经济体制下，由于社会主义国家对国民教育的普及和对科学技术知识的重视，科技与劳动也呈现出相互结合的趋势。但是，由劳动者通过艰苦的学习劳动而掌握和占有的从而与劳动力结合在一起的科学技术知识却并没有转化为劳动者的劳动力资本，这是一个值得深刻反思的重大理论问题。马克思指出："经济范畴只不过是生产的社会关系的理论表现，即其抽象。"① 因此，对于在传统计划经济体制下劳动者掌握和占有的精神生产资料为什么没有转化为劳动者自己的劳动力资本，只能在当时的社会生产关系中寻找原因。

在传统计划经济体制下，一切社会经济资源（包括人力资源即劳动力）都是通过国家经济计划来统一配置，这部分科学技术知识并不是以商品的形式被生产出来。因此，科学研究劳动与技术开发劳动也就不表现为凝结或物化为价值实体的经济学意义上的抽象劳动，而仅仅表现为一般的人类劳动的支出即生理学意义上抽象劳动②，甚至某些科学技术人员为了国家与民族的根本利益而能够长期不计报酬地辛勤工作和无私奉献，这也就导致科学技术知识等精神劳动产品并没有获得价值形式，而仅仅是根据国家制订的经济计划和社会生产与发展的需要表现为一定的使用价值。在这种社会生产条件下，与物质生产资料结合在一起的科学技术知识，也就必然随着物质生产资料本身的按照国家计划的无偿调拨或统一分配，应用到社会生产中去，生产出人民生活需要的物质文化产品。尽管在社会主义

① 《马克思恩格斯选集》第 1 卷，人民出版社 1995 年版，第 141 页。

② 关于经济学意义上的抽象劳动与生理学意义上的抽象劳动的划分及其详细探讨，参见任洲鸿：《马克思"抽象劳动"概念探析》，载于《当代经济研究》2009 年第 8 期。

公有制企业中也存在着经济核算，但是由于物质生产资料的价格是由国家统一计划制定的，所以这种经济核算也就仅仅停留在形式上而已。正是由于传统计划经济体制排斥商品经济关系，致使与劳动者的劳动力直接结合在一起的那部分科学技术知识等精神生产资料，也只是在现实的社会生产过程中表现为提高劳动生产率的使用价值，因为这种劳动生产率的提高一般与劳动者自己的物质利益没有直接关系。

众所周知，在传统计划经济体制下，我国的工资制度是由国家统一制定的。在工业部门，按不同部门和工种实行五级到八级的固定工资制度，在高等教育和文化艺术部门一般实行十二级工资制度①。有学者曾作过这样的推算：在高等院校中，当助教一般至少要二十三岁（即从七岁入学算起，经过五年小学、六年中学、四年大学和一年实习），从助教的最低级到教授的最高级，按照五年晋升一级来计算，即使是在其一生都能顺利晋升的情况下，从十二级到一级，最少需要六十年。也就是说，大学里的一名助教若要拿到最高工资，最少要等到八十三岁，而这个岁数已经大大超过了退休年龄。实际上许多人不要说坚持工作，就是活到这个年纪，恐怕也十分困难②。在这种情况下，即使掌握和占有再多的科学技术知识，也很难说其工作能力与劳动贡献能与其劳动报酬相适应。而许多年富力强的中青年骨干教师，在其对社会贡献的劳动数量最大、质量最高的生命的黄金时期，却得不到与其劳动贡献相应的劳动报酬而只能受制于僵化的等级工资制度。

历史经验表明，既然在传统计划经济体制下科学技术知识等精神生产资料无法获得价值形式，那么由劳动者所掌握和占有的科学技术知识等精神生产资料仅仅由其具体性质而表现为不同的使用价值，根本无法转化为劳动力资本。因为“一方面，在理论上，价值概念先于资本概念，而另一方面，价值概念的纯粹的发展又要以建立在资本上的生产方式为前提，同样，在实践上也是这种情况。”③ 事实上，如果尚未形成“建立在资本上的

---

① 蒋学模：《高级政治经济学——社会主义本体论》，复旦大学出版社 2001 年版，第 18 页。

② 参见徐节文：《论按劳分配》，中国社会科学出版社 1982 年版，第 246 页。

③ 《马克思恩格斯全集》第 46 卷上册，人民出版社 1979 年版，第 205 页。

生产方式”，也就是说，还没有形成一种以追求价值增殖为根本目的的生产资料与劳动者的结合方式，那么，价值概念即使能够在社会生产过程中形成，也只能局限于社会生产的某些狭小的领域而不可能获得比较充分的发展，更不可能达到以追求剩余价值为根本目标的资本逻辑统治的历史高度，而这种历史高度，恰恰也正是资本完成其历史使命的必经阶段。

从这个意义上来看，传统计划经济体制下对价值概念的形成与发展，是由于受到人为因素而被限制的，而从人类社会生产力与生产关系矛盾运动的历史发展规律来看，这种限制必将表现为一种历史的、暂时的限制，表现为一种必然被突破的限制。从传统计划经济体制向社会主义商品经济直至社会主义市场经济的制度变迁，正是对这一规律的活生生的说明。可以说，劳动力由商品向资本的转化科技与劳动相结合的生产条件下，从传统计划经济向社会主义市场经济转轨的必然结果和以追求价值增殖为灵魂的现代市场经济的客观要求。因为劳动者对科学知识事实上的掌握与占有，并没有使其成为属于劳动者自己的资本，即没有使自己通过劳动所获得的精神财富转变成能够为自己带来价值增殖的物质生产力，也就没有使劳动者凭借对这部分精神生产资料的占有和掌握而获得自己创造的一部分剩余价值，即劳动者对其精神生产资料的所有权并没有得到相应的经济实现，使其在事实上成为一种“虚假所有权”，其根本原因就在于，传统计划经济体制对劳动者与生产资料相结合实行严格的计划、控制和集中，从而也就将价值规律限制在极其狭窄的范围之内。

正如美国著名的马克思主义经济学家斯威齐所说：“在社会主义社会的经济学中，计划理论应当占有价值理论在资本主义社会的经济学中所占有的那种基础地位。同理，价值和计划相对立的程度，也同资本主义和社会主义的对立一样。”① 可见，传统计划经济体制下，价值规律已经基本上被计划原理所取代，已经成为一种将计划经济等同于社会主义，而将市场经济等同于资本主义的一种社会实践基础。或许这也正是自改革开放伊始，我国理论界将“计划经济”和“市场经济”与“社会主义”与“资本主

① ［美］斯威齐：《资本主义发展论》，商务印书馆 2006 年版，第 72-73 页。

义”这两类不同性质的问题纠缠不清并展开长期争论的重要认识根源。因为在传统计划经济体制下，既然价值规律已经为计划原理所取代，那么将劳动者掌握和占有的精神生产资料转化为能够带来价值增殖的劳动力资本也就更是不可想象的事情。

二、传统计划经济体制下生产资料与劳动者实现“直接结合”的理论反思

传统社会主义政治经济学认为，社会主义生产关系就是以生产资料公有制为基础的社会经济关系。一种典型的说法就是：在社会主义生产关系中，由于实现了生产资料公有制，劳动者成为生产资料的主人，在社会生产过程中实现了与属于自己的生产资料的“直接结合”，这是社会主义与资本主义的根本区别，这种劳动者与生产资料的结合方式也就决定了社会主义生产关系的性质。在资本主义雇佣劳动制度下，劳动者与生产资料的结合方式是一种典型的“间接结合”，这是由生产资料的资本主义私有制决定的。

从一般意义讲，社会主义条件下的劳动者与生产资料的直接结合是通过两个基本层次实现的：(1) 劳动者在全社会范围内与生产资料的直接结合。由于生产资料属于“全民”，即全民中的每一个个体都是全民财产的法定所有者，当他成长为具有劳动能力的劳动者之后，就成为全社会联合劳动者的一员，普遍拥有与生产资料相结合，从而进入社会生产过程并参加社会劳动的平等权利。劳动者与生产资料在这个层次上的直接结合表现为法律意义上的直接结合，而资本主义社会中的雇佣劳动者显然不具有这种对生产资料的法定所有者地位。(2) 劳动者在社会主义公有制企业范围内与生产资料的直接结合。因为如果仅仅限于第一层次的结合，那么劳动者还不足以从潜在的劳动者转化为现实的劳动者。只有劳动者个人通过特定的就业形式进入社会主义企业，作为企业联合劳动的绝大部分与生产资料现实地结合之后，才真正实现了劳动者与生产资料的直接结合。只有实现了这种结合，社会主义生产过程才能得以实际进行，劳动者才能依此获取劳动收益。可见，社会主义公有制企业内劳动者与生产资料的直接结合

是一种经济意义上的直接结合①。

然而，当我们对现实的社会主义市场经济条件下的生产资料公有制企业中的劳动者与生产资料相结合的实际情况进行理论考察时会发现，这种劳动者与生产资料“直接结合”的说法存在着不少理论上的疏漏。我们可以简单地列举如下几个方面的具体表现：

第一，任何单个劳动者并没有对生产资料的所有权，所谓生产资料的“主人”的说法与劳动者的经济利益之间不存在什么直接关系，甚至可以说，它们之间根本没有关系。一方面，任何单个劳动者没有对生产资料的支配权、使用权和转让权等经济权利，他至多只是一个对生产资料“名义上的”所有者。另一方面，社会主义公有制企业也并没有能力保证全民中的每一个有劳动能力的劳动者实现其参加社会劳动的基本权利。一般来说，单个劳动者要么只能通过劳动力市场与社会主义公有制企业之间签定劳动契约从而获得参加社会劳动的实际权利，要么选择其他所有制企业实现自己参加社会劳动的基本权利，要么处于失业状态从而使自己的劳动能力闲置起来，并通过一定的社会保障资金来勉强维持生活。尤其重要的是，从经济学角度来看，那些进入社会主义公有制企业从而与生产资料实现了现实结合的劳动者之所以能够实现参加社会劳动的基本权利，并不是因为他是“全民”中的一员，而是因为他符合公有制企业中的公有资本实现其价值增殖的客观需要。可见，单个劳动者在社会主义公有制企业中实现与生产资料的结合，与他对这部分生产资料所固有的所谓“法律意义”上的所有权无关。

当然，理论界也有对此不同的看法。有一种观点认为，既然全民作为整体对财产共同所有的权利是由全部个体同时拥有的公有财产权聚合而成的，那么劳动者个人也就同样具有全民财产主人的身份，这在法律上从来不成问题。因为整体固然可以而在于或濒于部分之和，但如果每个具体的个人的所有权都等于零，又哪里谈得上全民所有?② 这种对劳动者作为全

① 蒋学模：《高级政治经济学——社会主义本体论》，复旦大学出版社 2001 年版，第 150-151 页。

② 蒋学模：《高级政治经济学——社会主义本体论》，复旦大学出版社 2001 年版，第 151 页的“脚注 1”。

民所有的生产资料的“主人”即所有者的辩护似乎是有道理的，但是通过上述分析可知，既然单个劳动者作为这种纯粹“名义上的”法律所有者对生产资料没有任何实际经济权利，那么这种纯粹“名义上的”法律所有权对劳动者个人的利益也就没有任何实际意义，可以说是可有可无的，甚至可以把它视为使劳动者维护社会主义制度的一种意识形态的需要，因为“意识形态是减少提供其他制度安排的服务费用的最重要的制度安排。……它具有确认现行制度结构合乎义理或凝聚某个团体的功能。”① 从这个意义上看，传统社会主义政治经济学对生产资料与劳动力的事实上的国家所有制具有明显的辩护性质和意识形态功能。

第二，在社会主义市场经济条件下，既然劳动者与生产资料公有制企业中的生产资料之间是通过劳动力市场与劳动契约等一系列中介才实现其现实的结合的，或者说，劳动者的劳动力是以商品的形式出卖给公有制企业以服务于公有资本实现价值增殖的需要，那么再认为劳动者与生产资料之间实现了“直接结合”也就难以成立。因为所谓劳动者与生产资料的直接结合，必然是指劳动者与自己拥有实际经济权利的生产资料的结合。譬如，马克思所研究的资本主义生产方式下独立生产商品的农民、手工业者和使用自己资本的工业资本家，实际上都是在社会生产过程中与生产资料直接结合的典型。对于在经济过程中独立农民和手工业者，马克思认为，他们事实上被分裂为两重身份，“作为生产资料的所有者，他是资本家；作为劳动者，他是他自己的雇佣工人。因此，他作为资本家，自己给自己支付工资，从自己的资本中取得利润，就是说，剥削他自己这个雇佣工人，他以剩余价值的形式向自己支付那应由劳动向资本交付的贡物”②。可见，在劳动者与生产资料实现了直接结合的生产条件下，一方面，劳动者的劳动力不再通过劳动力市场表现为现实的商品，另一方面，劳动者在实际生产过程中的剩余劳动属于劳动者自己。然而，在社会主义市场经济条件下的公有制企业中，劳动者的劳动力是通过劳动契约的形式作为商品出卖给

① 林毅夫：《关于制度变迁的经济学理论：诱致性变迁与强制性变迁》，载于［美］R. 科斯、A. 阿尔钦、D. 诺斯等著：《财产权利与制度变迁——产权学派与新制度学派译文集》，上海三联书店和上海人民出版社 2000 年版。

② 《马克思恩格斯全集》第 26 卷第 1 分册，人民出版社 1972 年版，第 440 页。

企业的，而且公有资本之所以能够实现价值增殖，显然也只能来源于劳动者的剩余劳动，尽管公有资本对劳动者的剩余劳动的占有是直接以社会的名义对这种社会劳动的占有或扣除，而不像私有资本那样，假借社会的名义来将剩余劳动占为己有①。

事实上，即使是在传统计划经济体制下，社会主义劳动者也并非因为生产资料公有制，即实现了生产资料与劳动者的所谓“直接结合”而真正发挥其劳动的主动性、积极性和创造性。例如，苏联学者考斯塔认为，在斯大林模式下的社会主义制度中，“这种国家企业的多年经验一清二楚地表明，职工并没有把生产资料和产品看作‘自己的财产’。一再提出的宣传口号，如‘机器属于我们大家’。‘每人都是所在工作岗位上的主人’等等，与其说已真正成为现实，不如说只是善良的愿望。劳动者不把劳动看成自己的事，而是看作‘上边的’事。马克思在资本主义撩拨条件下分析的批判过的‘异化’和‘雇佣劳动’现象，又以新的形式和特点明显地表现出来。”② 同样的情况在我国传统计划经济体制下也普遍存在，其政治经济学本质也就是我们前面所集中分析讨论的劳动者与国家之间达成的单边统一规治契约，生产资料公有制演化为生产资料国家所有制与国家对劳动者的普遍的严格的统治，甚至这种“建立在公有制基础上的统治与被统治之间的关系，远比建立在人们普遍接受的意义上的私有制基础上的那种关系更严酷。”③ 因此，传统社会主义政治经济学中以生产资料公有制为依据、以生产资料与劳动者的所谓“直接结合”为基础提出的一系列想当然的说法，都已经为社会主义建设的生动实践所证伪。

---

① 任洲鸿：《关于劳动价值论的若干基本理论问题的思考》，载于《经济评论》2007 年第 2 期。

② 尤里考斯塔：《社会主义的计划经济理论与实践》，中国社会科学出版社 1985 年版，第 147-148 页。

③ 布鲁斯：《社会主义的所有制与政治体制》，华夏出版社 1989 年版，第 17 页。布鲁斯进一步认为，其原因主要在于，“第一，国家手中掌握着经济强制工具，将工作场所和条件的全部——或几乎全部——支配权集中于一个中心，其规模不是单独资本家和公司所能匹敌的；第二，国家能够将经济强制和政治压迫直接结合起来，尤其是在一个实际上取消了政治权利、集会和言论自由权利的极权制度中。”W. 布鲁斯：《社会主义的所有制与政治体制》，华夏出版社 1989 年版，第 17-18 页。

三、劳动力资本理论视域下社会主义生产关系的深刻变革

面对业已建立并不断完善的社会主义市场经济体制，我们必须对传统社会主义政治经济学中的许多理论观点进行深刻总结、反思，甚至是批判。不可否认，传统计划经济体制正是按照传统社会主义政治经济学中的基本理论观点进行人为建构的历史产物。然而，传统社会主义政治经济学是否真正如实地反映马克思主义经济学尤其是马克思的经济学说的本意，已经有越来越多的学者提出质疑。

早在1995年，樊纲就曾指出："中国经济学在1979年以前'社会主义政治经济学'的主流范式，应该说就是50年代初斯大林主持下写成的苏联版《政治经济学教科书（社会主义部分）》的那个范式。人们后来把这一范式称为'马克思主义经济学'。但实际上，这套东西究竟与马克思、恩格斯等人当年构造的经典意义上的马克思主义经济学是不是一个东西，是很值得怀疑的。"① 李文溥则进一步对斯大林主持编写的《政治经济学教科书》提出尖锐的理论批判，认为当时联共（布）中央决议编写政治经济学教科书是出于党内政治斗争的需要，而作为党内政治斗争的工具，这部教科书必须充分体现最高政治领导人的意志，极力宣传一系列唯心主义的所谓"客观经济规律"、所有制（即生产资料公有制）崇拜和国家拜物教，并最终沦为一种为斯大林模式辩护的伪科学性质的理论学说。②

传统社会主义政治经济学的诸多理论观点已经随着社会主义市场经济的伟大实践而逐渐被人们抵制，而构建适合中国特色社会主义市场经济的中国化的马克思主义经济学则在当代中国学术界已经基本达成理论共识。在社会主义市场经济条件下的资本逻辑统治范围内，以现代科技革命（尤其是新技术革命）为基础的"科技—经济一体化"的现代社会化大生产，客观上要求科学技术知识等精神产品的生产也被纳入商品生产和追求价值增殖的资本运动轨道之中，从而使科学技术知识等精神产品表现为精神形

---

① 樊纲：《"苏联范式"批判》，载于《经济研究》1995年第10期。

② 李文溥：《斯大林〈政治经济学教科书〉的政治经济学研究》，载于《社会科学》2006年第3期。

态的商品。由于科学技术知识等精神产品本身获得了商品的社会经济规定性，也就必然具有独立的价值和使用价值。当作为精神商品的科学技术知识为劳动者所掌握或占有，则必然会与劳动者的劳动力结合在一起，表现为劳动力资本；当作为精神商品的科学技术知识与物质生产资料结合在一起，则表现为“物化的知识力量”的机器体系等物质资本，并且会使原有的物质生产资料获得更强大的生产力。

在社会主义市场经济条件下，从马克思主义的劳动力资本理论视角来看，“人人有知识，个个有技能”的社会主义劳动者既表现为劳动力商品所有者，也表现为劳动力资本所有者，即社会主义劳动者表现为劳动力商品与劳动力资本的“双重所有者”。其中，社会主义劳动者的劳动力商品化是其劳动力资本化的基础和前提，劳动者的劳动力资本化则是作为劳动主体的社会主义劳动者在追求价值增殖的市场化过程中对劳动力商品实现积极扬弃的必然结果。从这个意义来看，劳动力由商品向资本的转化已经使传统政治经济学中所说的社会主义生产关系发生了深刻的变革。然而，在马克思的资本与劳动的“二元对立”理论模型①中，科学技术知识通过与物质生产资料的结合而处于和雇佣工人完全分离的状态，因为雇佣工人越来越成为机器生产过程中的一个有意识的附件，单个雇佣劳动不仅与物质生产资料的所有权相分离，也和总体工人的分工与协作所形成的社会劳动生产力相分离，而且还与自己的劳动本身相分离（因为在企业内的劳动不再是属于工人，而是属于资本家），等等，这也正是马克思始终强调的资本主义制度下的异化劳动的经济根源。

在现代经济社会与境中，科学技术已经成为“第一生产力”，“科学-技术-经济”之间的一体化趋势日益明显。科学技术知识等精神要素已经越来越渗透到一切生产要素（包括劳动力）之中，这就一方面导致物质生产资料日益成为“物化的知识力量”，另一方面则导致科技与劳动之间的结合，这就使现代社会生产中的生产资料不再是简单的物质形态的生产资

① 关于马克思的资本与劳动的“二元对立”理论模型的详细探讨，请参见任洲鸿：《从“对立”到“和谐”——资本—劳动关系历史演变的劳动价值论阐释》，载于《探索》2008年第4期。

料，如土地、厂房、机器设备、生产工具与原料等，而越来越表现为由物质形态的生产资料与精神形态或知识形态的生产资料相结合条件下的生产资料系统。同时，科技与劳动相结合的过程，也就是劳动者对表现为精神生产资料的科学技术知识的掌握和占有过程，它本质上是劳动者作为主体以学习或生产实践等形式进行劳动的过程，从而使精神生产资料与劳动者的劳动力获得了一体化的客观存在形式。在这种新的生产条件下，如果再将生产资料仅仅局限于物质形态的生产资料，显然已经不符合现代科技革命（尤其是新技术革命）条件下“科技—经济一体化”社会化大生产的时代特征了。

因此，探讨劳动者与生产资料的具体结合方式，必须在由物质生产资料、精神生产资料和劳动力三者相结合所构成的现实生产力系统中加以考察。既然劳动者与生产资料实现“直接结合”的说法存在着上述理论缺陷，那么由此而建立起来的原来意义上的社会主义生产关系也应当置于新的生产条件下来重新加以认识。

具体来说，也就是在劳动力资本理论指导下来重新考察劳动者与生产资料的结合状况，以及由此决定的社会主义生产关系发生怎样的深刻变革。从马克思主义的劳动力资本理论视域下，原来意义上的社会主义生产关系在社会主义市场经济中表现出一系列新的经济特征。总体来看，这一系列新的经济特征可以概括为“双重所有，两种结合”，即社会主义劳动者是劳动力商品与劳动力资本的双重所有者：一方面，劳动者作为劳动力商品的所有者，与物质形态的生产资料的结合是一种间接结合；另一方面，劳动者作为劳动力资本的所有者，与精神形态的生产资料的结合是一种直接结合。显然，这种在社会主义市场经济条件下的“双重所有，两种结合”的生产关系，与传统意义上的社会主义生产关系相比而言已经发生了深刻的变革，而这种变革毕竟是社会主义市场经济条件下，社会主义劳动者的劳动力商品向劳动力资本转化的必然结果。事实上，这种变化了的生产条件的分配状况，也就决定了劳动力资本化条件下社会主义分配关系的新的经济内涵。在这样的历史条件下，劳动力资本理论必将推动社会主义生产关系的新变革。

第三节　推进社会主义市场经济条件下“按劳分配”制度的创新与和谐劳动关系的构建

马克思认为：“分配关系和分配方式只是表现为生产要素的背面。……分配的结构完全决定于生产的结构。分配本身是生产的产物，不仅就对象说来如此，而且就形式说也是如此。就对象说，能分配的只是生产的成果，就形式说，参与生产的一定形式决定分配的特定形式，决定参与分配的形式。”① 可见，劳动力由商品向资本的转化所导致的生产关系的深刻变革，必将引发作为社会主义原则的按劳分配制度的具体实现形式的创新，进而为在社会主义市场经济条件下构建和谐劳动关系奠定了经济基础。

一、劳动力资本理论为切实推进“按劳分配”制度创新奠定了理论基础

苏联版《政治经济学教科书》曾经为我们提供了一系列“社会主义经济规律”，如社会主义基本经济规律、国民经济有计划按比例发展规律、劳动生产率提高规律和按劳分配规律，等等，这些经济规律之所以形成并发生作用，就是以生产资料公有制（应当说，理解为“物质生产资料公有制”更为准确）为基础的。这种观点在我国理论界长期流行并形成一种普遍认识，即认为（物质）生产资料公有制与按劳分配之间存在着牢不可破的对应关系。例如，吴宣恭教授认为：“在公有制经济中，……当消费品还需要按不同份额分配时，劳动就是唯一的尺度和标准，按劳分配就自然成为唯一可供选择的分配方式。”② 郭飞教授认为：“生产资料公有制，是实行按劳分配的根本前提。”③ 据说，其理论依据主要是马克思在《哥达纲领

① 《马克思恩格斯全集》第 46 卷上册，人民出版社 1979 年版，第 32-33 页。

② 吴宣恭：《关于“生产要素按贡献分配”的理论》，载于《当代经济研究》2003 年第 12 期。

③ 郭飞：《生产要素按贡献参与分配原则新思考》，载于《马克思主义研究》2005 年第 2 期。

批判》中关于消费资料分配问题的一段论述，即“消费资料的任何一种分配，都不过是生产条件本身分配的结果；而生产条件的分配，则表现生产方式本身的性质。例如，资本主义生产方式的基础是：生产的物质条件以资本和地产的形式掌握在非劳动者手中，而人民大众所有的只是生产的人身条件，即劳动力。既然生产的要素是这样分配的，那么自然地就产生现在这样的消费资料的分配。如果生产的物质条件是劳动者自己的集体财产，那么同样要产生一种和现在不同的消费资料的分配。”① 然而，当涉及社会主义市场经济条件下如何理解按劳分配的具体经济内容时，理论界却众说纷纭。

之所以出现这种局面，至少有以下两方面原因：一方面，由于现实的社会主义与马克思所设想的共产主义社会第一阶段相去甚远，也就无法实现马克思意义上的按劳分配，这在客观上为解释现实的社会主义社会中的按劳分配提供了较大理论空间；另一方面，由于对马克思所说的关于分配方式的决定因素作了片面的理解，即将“生产条件的分配”决定着消费资料的分配片面地理解为（物质）生产资料所有制决定着消费资料的分配②，从而将（物质）生产资料公有制与按劳分配作为不可动摇的对应物加以理解。后者在“斯大林模式”中得到理论与实践的双重强化，而且作为标准的“社会主义公式”引入中国社会主义建设并通过传统计划经济体制得到长期贯彻，使之成为我国理论界普遍认可的一种不容质疑的社会主义基本经济理论。

我们已经深刻认识到，以公有制为主体，多种所有制经济共同发展是我国社会主义初级阶段的一项基本经济制度。然而，一个不容忽视的事实是，自改革开放以来，一方面，公有制在整个国民经济中所占的比重和公有制经济中的从业人员占全国就业人员的比重都呈不断下降趋势，公有制的具体实现形式也逐步多样化；另一方面，非公有制经济呈现出前所未有

---

① 《马克思恩格斯选集》第 3 卷，人民出版社 1995 年，第 306 页。

② 马克思认为：“所谓分配，不是通常意义上的消费资料的分配，而是生产要素本身的分配，其中物的因素集中在一方，劳动力则与物的因素相分离，处在另一方。”马克思：《资本论》第 2 卷，人民出版社 1975 年版，第 40 页。显然，决定分配方式的不仅仅是物质生产资料所有制，还应该包括劳动力的所有制状况。

的增长态势，无论是在整个国民经济中所占的比重还是其从业人员的数量都已经超过公有制经济①，而且目前我国70%以上的劳动者在非公有制企业就业②。从这个意义上看，传统意义上的按劳分配即使获得了诸如按劳动效果分配或多层次分配等具体实现形式，它在社会主义市场经济中的适用范围也是相当有限的，并呈现出不断缩小的趋势。同时，在非公有制经济中，劳动者的收入分配则表现为按劳动力价值分配等与传统意义上的按劳分配不同的分配方式，其适用范围也随着非公有制经济的发展而呈现出不断扩大的趋势。因此，试图依靠传统意义上的按劳分配来实现共同富裕的社会主义本质，显然是“心有余而力不足”，目前我国分配领域中的贫富差距正在不断加剧的经济事实就足以说明这一点。

事实上，根据马克思提出的生产条件的分配决定生产成果的分配的基本原理，决定分配方式的不仅仅是物质生产资料所有制，还应该包括劳动力的所有制状况。正如马克思所说：“所谓分配，不是通常意义上的消费资料的分配，而是生产要素本身的分配，其中物的因素集中在一方，劳动力则与物的因素相分离，处在另一方。”③ 因此，面对以公有制为主体、多种所有制经济共同发展的社会主义初级阶段的基本经济制度，面对劳动、资本、技术、管理等一切生产要素都通过市场化配置并参与分配的经济现实，无论是从所有制结构来看，还是从通过市场化配置的各种生产要素的具体内容来看，传统意义上的按劳分配既不足以解释现实社会主义中的分配事实，也无力实现共同富裕的社会主义本质。因此，在现实的社会主义中国，若要使按劳分配的社会主义原则能够保持自己的生命力，必须结合当代中国的具体经济条件与社会劳动的新的时代特征赋予其新的理论内涵。

基于社会主义初级阶段的所有制结构特征与传统意义上的按劳分配所面临的实践挑战，对按劳分配进行理论创新必须要承担双重理论任务：一

① 相关数据可参见邹东涛、欧阳日辉：《中国所有制改革30年》，社会科学文献出版社2008年版，第150-166页。

② 程恩富、胡靖春：《论我国劳动收入份额提升的可能性、迫切性与途径》，载于《经济学动态》2010年第11期。

③ 马克思：《资本论》第2卷，人民出版社1975年版，第40页。

方面，要突破仅仅作为（物质）生产资料公有制的对应物的理论束缚，使之能够对社会主义初级阶段中各种不同所有制经济具有普遍的理论解释力；另一方面，要能够从理论上说明每一个有知识、有技能的社会主义劳动者可以而且应当实现共同富裕的客观必然性。否则，作为社会主义原则的按劳分配只会逐步被其他分配方式所取代，所谓“社会主义原则”和以按劳分配为“主体”也就会名存实亡。可见，创新的按劳分配理论既是在社会主义市场经济条件下对传统意义上的按劳分配进行的一次积极的理论改造，也是对社会主义初级阶段现实分配方式的一种马克思主义经济学的理论表达。

尽管学术界关于按劳分配问题的研究已经取得了大量具有理论价值的研究成果，但绝大多数学者都没有从科学与劳动相结合的现代社会化大生产的时代特征出发，将劳动者作为掌握与占有科学知识等精神生产资料的所有者，也就无法从劳动力商品的内部矛盾入手来探究劳动力商品与劳动力资本之间的辩证转化的内在机制，并由此揭示劳动力资本化现象背后的生产资料所有制与生产关系的深刻变革，更没有通过这种分析逻辑来进一步探究分配方式的新变化并实现对按劳分配的理论创新。因为在科技劳动与知识经济日益发展的现代社会化大生产条件下，以科学知识为主要内容的精神生产资料在整个社会生产过程中的作用日益提高，而这种精神生产资料又往往在客观上与劳动力处于一体化的存在状态。在这种新的生产条件下，试图仅仅运用劳动力价值的提高或劳动的复杂程度加强等传统马克思主义经济学的理论观点来涵盖劳动者个人收入的政治经济学内容已经远远不够了。不断发展的生动的经济生活，客观上要求我们必须实现对按劳分配的理论创新。

在社会主义市场经济条件下，无论社会主义劳动者处于何种物质生产资料所有制关系（即无论是物质生产资料的公有制、私有制还是混合所有制）之中，劳动者的劳动力都归劳动者个人所有。由劳动者通过长期的学习劳动和生产实践所掌握和占有的以科学知识（不仅包含自然科学，也包括社会科学）为主要内容的精神产品不可分割地与劳动者的劳动力结合在一起，并在劳动者的实际劳动过程中表现为精神生产资料即劳动力资本。

正如马克思所说："资本不是物，而是一定的、社会的、属于一定历史社会形态的生产关系，它体现在一个物上，并赋予这个物以特有的社会性质。资本不是物质的和生产出来的生产资料的总和。资本是已经转化为资本的生产资料，这种生产资料本身不是资本，就像金和银本身不是货币一样。"① 可见，将与劳动力结合在一起的精神生产资料理解为劳动力资本，完全符合马克思主义经济学的理论精神。

正如黑格尔所说："凡有限之物莫不扬弃其自身。"② 如果我们遵循马克思劳动价值论的"铁的逻辑"③ 必将发现，劳动力商品与劳动力资本之间在劳动主体自身的劳动过程中始终存在着这样一种内在逻辑张力，即由于劳动创造价值并且是价值的唯一源泉，资本是能够带来剩余价值的价值，其本质是抽象劳动的凝结或物化，这就必将导致：一方面，在劳动主体自身的劳动过程中必然始终存在着劳动力商品超越其最初有限的经济内容进而向劳动力资本转化的客观趋势；另一方面，必然存在着劳动力资本在劳动者主体自身的劳动过程中不断增加和积累的客观趋势。正是在劳动力商品向劳动力资本转化的进程中，价值这个作为抽象劳动的凝结或物化的"普遍的东西"，"它不仅没有因为自己的辩证的前进而丧失什么，也没有丢下什么，而且还带上一切收获，使自身不断丰富和充实起来……"④ 事实上，劳动者在整个社会生产过程中不仅"更新他们所创造的财富世界，同样也更新他们自身。"⑤ 追求价值增殖既是资本的灵魂，也是市场经济的灵魂，但只有劳动才能够将这个灵魂激活并赋予其生命力，从而使其表现为创造物质财富与精神财富的强大现实生产力。劳动力资本是劳动主体对自己的劳动力商品在追求价值增殖的市场化过程中的积极扬弃，也是在学习劳动与生产实践过程中不断改变着"自身的自然"⑥ 的必然经济结果。劳动力资本化本质上既是对劳动力商品的辩证否定过程，也是对劳动

---

① 马克思：《资本论》第3卷，人民出版社1975年版，第920页。
② 黑格尔：《小逻辑》，商务印书馆1996年版，第176页。
③ 《马克思恩格斯全集》第16卷，人民出版社1964年版，第353页脚注3。
④ 《列宁全集》第55卷，人民出版社1990年版，第200页。
⑤ 《马克思恩格斯全集》第46卷（下册），人民出版社1980年版，第226页。
⑥ 马克思：《资本论》第1卷，人民出版社1975年版，第202页。

者劳动能力的现实发展过程，而这恰恰是由劳动力商品的特殊使用价值即创造价值的唯一活的源泉的经济规定性所决定的，由此也就决定了劳动力商品向劳动力资本转化所必然具有的特殊经济内容和不可逾越的历史限度，即服从于追求价值增殖的资本逻辑。

因此，作为“人人有知识、个个有技能”的社会主义劳动者，不仅是自己劳动力商品的所有者，而且还是自己劳动力资本的所有者。按照市场经济所必然遵循的价值规律、商品交换规律和（劳动力）资本所有权规律，劳动者不仅应该获得自己劳动力商品的价值，而且还应该凭借自己对精神生产资料即劳动力资本的所有权获得一部分剩余价值，这才能实现“经济上”① 的公平。这种对剩余价值分享的分配方式是由劳动者在其劳动力个人所有制基础上，作为劳动力商品和劳动力资本的双重所有者的生产条件本身的分配所决定的，这正是劳动力资本化理论视域下按劳分配的政治经济学内涵。事实上，掌握和占有科学知识等精神生产资料本身就是占有财富的一种具体实现形式，因为科学知识本身就是“财富的最可靠的形式，既是财富的产物，又是财富的生产者……既是观念的财富同时又是实际的财富……”②。从这个意义上看，劳动力资本化条件下贯彻实行按劳分配制度，有望为共同富裕的社会主义本质赋予一种崭新的制度内涵。

值得指出的是，以劳动力资本化理论为基础推进按劳分配制度的创新，既坚持和发展了马克思的劳动价值论，又与目前理论界通常说的按生产要素分配论（从生产要素所有权意义上，而不是从生产要素创造价值意义上）并行不悖。事实上，马克思并不认为劳动价值论与按要素所有权分配存在矛盾。正如马克思所说：“由每年新追加的劳动新加进的价值，——从而，年产品中体现这个价值并且能够从产品价值中取出和分离出来的部分，——分成三部分，它们采取三种不同的收入形式，这些形式表明，这个价值的第一部分属于或归于劳动力的所有者，第二部分属于或归于资本的所有者，第三部分属于或归于土地所有权的占有者。因此，这就是分配

① 《马克思恩格斯全集》第 46 卷（上册），人民出版社 1979 年版，第 414 页。

② 《马克思恩格斯全集》第 46 卷（下册），人民出版社 1980 年版，第 34 页。

的关系或形式，因为它们表示出新生产的总价值在不同生产要素的所有者中间进行分配的关系。”① 然而，有学者认为：“在马克思的劳动价值论中，价值创造和价值分配是同源一致的。谁创造价值，价值就归谁。”② 这显然是对马克思劳动价值论的误解。

二、劳动力资本理论视域下“按劳分配”制度的创新探索

马克思主义的劳动力资本理论的构建，为我们努力构建适合中国特色社会主义市场经济的马克思主义的按劳分配理论提供了理论基础，从而为推进社会主义市场经济条件下的按劳分配制度创新提供了马克思主义经济学理论指导。正如马克思所说：“改变了的分配将以改变了的、由于历史过程才产生的新的生产基础为出发点。”③ 在社会主义市场经济条件下，劳动者的劳动力由商品向资本转化的客观趋势，正是我们重新认识按劳分配的“新的生产基础”，也是我们实现按劳分配制度创新的“新的生产基础”。因为在社会主义市场经济条件下，社会生产与再生产过程不仅是以物质财富与精神财富为主要内容的使用价值的再生产与新生产过程，而且也是追求价值增殖即服从于资本逻辑统治的价值的再生产与新生产过程，同时还是社会主义劳动者的个人能力的提高与发展过程，而且劳动者的个人能力的提高与发展只能在资本逻辑统治范围内才有可能实现，或者说，劳动者只能在追求自身劳动力商品价值的增加和对自己所掌握和占有的劳动力资本的积累的过程中实现个人能力的提高和发展。可见，追求价值增殖的资本逻辑仍然是社会主义市场经济的本质要求。这也正是与劳动者结合在一起的以科学知识为主要内容的精神生产资料之所以获得劳动力资本的经济规定性的根本原因。

在资本逻辑统治之下，只有实现价值增殖或者说只有生产资本的劳动才算是生产劳动。马克思指出：“从资本主义生产中出来的商品，与我们据以出发的、作为资本主义生产元素的商品不同。……每个个别的商品都表

---

① 马克思：《资本论》第3卷，人民出版社1975年版，第992页。

② 胡培兆：《马克思的劳动价值论新解》，载于《经济学动态》2001年第7期。

③ 《马克思恩格斯全集》第46卷（下册），人民出版社1980年版，第362页。

现为一定部分的资本和资本所创造的剩余价值的承担者。"① 然而，一个容易被人们忽略的经济事实是，劳动力本身也是作为资本主义生产过程的产物被生产出来的。如果承认这一点，也就应该承认劳动力作为资本，或者说，劳动力包含剩余价值的经济事实。而这部分剩余价值是由劳动者在劳动过程中获得的生产知识和技能的价值，即劳动者"改变他自身的自然"②活劳动的凝结，这部分价值以精神生产资料的形式存在于劳动者的体内。我们从在马克思严格的经济学意义上的"雇佣劳动"概念基础上提出的产品的价值构成公式入手，来探讨劳动力由商品向资本的转化将导致产品的价值构成发生哪些新变化，进而以此来理解劳动力资本条件下的按劳分配的新的政治经济学内涵。

马克思认为，从单个资本的生产过程来看，产品的全部价值由两部分组成：一部分是生产中消耗的不变资本的价值 C，它是通过劳动者的具体劳动转移到产品中去的价值部分，这部分价值只能用来补偿再生产过程中消耗的生产资料的价值，不会形成任何收入；另一部分是劳动者耗费的抽象劳动凝结而成的新价值，即产品价值中的 V+M，其中的 V 是用来补偿可变资本的价值部分，形成劳动者的工资收入，M 即剩余价值，被物质生产资料所有者所占有，并且成为利润、利息、地租等各种收入的来源。这个产品价值构成可由如下公式来表示：

产品价值 = C+V+M （公式 1）

值得注意的是，这个产品价值构成公式是根据马克思关于雇佣工人的劳动力商品的经济学规定作出的，也就是说，公式中的 V 即劳动力商品价值是服从于可以还原为一定量生活资料与学习费用的可变资本这个理论假定的，即马克思所设定的"严格的经济学意义上的雇佣劳动"所能够容纳的经济内容。

事实上，在马克思时代，科技知识在整个社会化大生产中已经获得了广泛应用，但是科技与雇佣工人却处于绝对分离的状态，而是由资产阶级

---

① 《马克思恩格斯全集》第 26 卷第 3 册，人民出版社 1974 年版，第 119-120 页。

② 马克思：《资本论》第 1 卷，人民出版社 1975 年版，第 202 页。

及其代理人所占有。在科技与劳动的分离的条件下，如果考虑到资本家及其代理人所掌握的以科学知识为主要内容的精神生产资料的话，产品价值公式可变形为：

产品价值=C+KC+V+M（公式2）

其中，KC是由资本家阶级掌握的精神生产资料。在此经济条件下，由于资本家集物质生产资料和精神生产资料于一身，按照资本所有权规律的客观要求，资本家阶级占有整个M即剩余价值部分，而雇佣工人只能获得相当于自己劳动力商品的价值即工资。这种分配方式是由资本主义生产方式所决定的。马克思在研究资本主义雇佣劳动制度下的工资问题时说："我们这里必须到处假定，支付的是经济上公平的工资，即由经济学上的一般规律决定的工资。在这里，矛盾应该产生于一般关系本身，而不是产生于个别资本家的欺骗行为。"① 可见，尽管马克思曾经从道义上对雇佣劳动制度进行过严厉的谴责，但是在对它进行科学的经济学研究时仍然认为，雇佣工人如果能够得到相当于其劳动力商品价值的工资，也就实现了经济上的"公平"，因为它符合价值规律与商品交换规律，除此之外再也没有更多的东西。

在劳动力资本理论视域下，我们将在一次生产劳动过程中劳动者获得的、由活劳动凝结形成的、以知识和技能为主要内容的价值部分考虑在内，作为生产过程结果的产品的价值构成公式变形为：

产品价值=C+KC+V+KL+M（公式3）

其中，KL表示在一次生产劳动过程中生产的依附于劳动者活的肌体的知识和技能的价值。如果说此时的M即剩余价值，在经济学意义上是属于物质生产资料和精神生产资料的所有者的人格化代表即资本家的话，那么作为生产过程的产物的KL即知识和技能的价值，无论是在经济学意义上还是在经济事实上都是属于劳动者的。马克思曾指出："整个剩余产品，即整个客体化的剩余劳动，现在表现为剩余资本（与开始这一周转之前的原有资本相对而言），也就是说，表现为把劳动能力作为自己的特有使用

① 《马克思恩格斯全集》第46卷上册，人民出版社1979年版，第414页。

价值而与之相对立的、独立化的交换价值。”① 然而，由于难以避免的时代局限性，马克思只考察了由资本家所占有的、是劳动者异己的、与劳动者相对立的表现为剩余资本的剩余价值，却没有注意到与劳动者一体化的、由劳动者所占有的那部分表现为精神生产资料的剩余资本。

在此应该注意到：一方面，社会生产活动绝不是一次性的过程，它必须是生产与再生产和往复循环过程；另一方面，在现代经济社会中，劳动者在参与实际生产过程之前一般都要事先接受系统的学习、教育和培训。此外，随着社会分工的日益发展，生产的专业化和社会化程度不断提高，过去作为资本家的代理人的管理劳动者等也逐渐分化独立，真正参与到社会生产过程中的“总体工人”的概念也就必然不断扩大，无论是直接的还是间接地参与到社会生产过程中去的劳动者已经日益成为整个社会的“结合劳动人员”，作为精神生产资料的科学知识也就随着“总体工人”的不断扩大而分散到几乎每个社会成员中去。所以，前面公式中的 KC 也就不再为社会中的某一利益集团所独占，而是成为社会中所有“结合劳动人员”的精神生产资料 KL。这样就使生产过程的产品价值构成公式进一步发展变化。劳动者在参与实际生产过程之前通过投入大量时间和精力等学习形式的活劳动所形成的价值，即那些无法还原为劳动者的生活资料与学习费用的价值部分，以属于劳动者的精神生产资料的形式参与到实际生产劳动中和价值增殖过程中，并且表现为服务于创造剩余价值的精神资本。考虑到以上三个方面的因素，生产过程的产品的价值构成公式则进一步变形为：

产品价值 = C+V+KL+M = C+V+KLb+ML+MC+KLc （公式 4）

其中，C 表示物质形态的生产资料；V 表示劳动力商品价值，即可以还原为一定量生活资料与学习费用的可变资本；KLb 表示劳动者在每次实际生产过程之前通过专门学习与培训所掌握的科学知识、技能及信息等精神生产资料的价值；ML 表示劳动者凭借其对精神生产资料的占有所获得的剩余价值部分；MC 表示资本家凭借其对物质生产资料的占有所获得的

① 《马克思恩格斯全集》第 46 卷上册，人民出版社 1979 年版，第 447 页。

剩余价值部分；KLc 表示劳动者在每次实际生产过程之后获得的知识和技能的价值部分，它同时也就转化为下一次生产过程中的 KLb，从而实现劳动者本人的劳动力资本的积累。

可见，精神生产资料与劳动者的一体化发展，导致在现代市场经济中商品生产的产品价值构成已经发生了重大变化，而这种价值构成的变化实际上已经改变了决定劳动产品分配的生产条件本身的分配，从而必将直接导致与传统理论中的生产资料所有制相适应的分配关系的变革。马克思明确反对那种将生产关系与分配关系分割开来而将分配关系简单地理解为对产品进行分配的浅薄而荒谬的资产阶级政治经济学观点，他反复强调："分配关系和分配方式只是表现为生产要素的背面。……分配的结构完全决定于生产的结构。分配本身是生产的产物，不仅就对象来说如此，而且就形式说也是如此。"① 因此，既然传统理论中的生产资料所有制由于精神生产资料与劳动者的一体化而发生了重大变化，这种变化意味着生产条件本身的分配已经同资本与劳动分离的生产资料所有制有了很大的差异，而生产条件的分配是一个社会生产方式的全部基础，它"决定着生产的全部性质和全部运动"②。由于生产力是始终发展变化着的最活跃、最革命的因素，尤其在现代科技革命为主要内容的科学技术的迅猛发展的条件下更使得社会生产力表现出前所未有的剧烈变化，而"某种生产方式和交换方式越是活跃，越是具有成长和发展的能力，分配也就越快地达到超过它的母体的阶段，达到同当时的生产方式和交换方式发生冲突的阶段"③。这样，与传统的资本主义生产方式相适应的生产关系与分配关系，必然要随着新的生产力的迅猛发展而改变自己的形式，从而改变自己的内容，否则它就不可能容纳日益膨胀的社会生产力。

同时，从生产条件本身的分配状况来看，在引入精神生产资料概念之后，由于精神生产资料与劳动力的一体化而导致传统观念中的生产资料所有制的确已经发生根本的变化。这样，与马克思严格的经济学意义上的雇

---

① 《马克思恩格斯全集》第 46 卷上册，人民出版社 1979 年版，第 32-33 页。

② 马克思：《资本论》第 3 卷，人民出版社 1975 年版，第 994 页。

③ 《马克思恩格斯选集》第 3 卷，人民出版社 1995 年版，第 491 页。

佣劳动概念相适应的生产条件也就发生了根本变化。因此，面对劳动力由商品向资本转化过程中所形成的新的生产条件，我们必须突破马克思所设定的“严格的经济学意义上的雇佣劳动”概念的束缚，而应该探寻作为劳动力商品与劳动力资本“双重所有者”的社会主义劳动者在社会主义市场经济条件下按劳分配的新的经济内容。事实上，在现代科技劳动和知识经济条件下，由于科技知识与劳动者之间的结合，马克思严格定义的雇佣劳动概念所剩下的仅仅是劳动者为货币收入而劳动的经济形式规定，其收入的性质及其内容已经发生了根本的变化。物质生产资料已经不再是简单地作为“统治”劳动者的“物化的知识力量”，而转变为由劳动者所掌握的精神生产资料所支配并服务于劳动者的劳动能力的发展的手段。精神生产资料与劳动者的一体化发展，已经在一定程度上抛掉了资产阶级的狭隘形式，使财富（包括物质财富与精神财富两方面）成为在普遍的商品生产与交换中造成的“个人需要、才能、享用、生产力等等的普遍性”，成为“人对自然力——既是通常所谓的自然力，又是人本身的‘自然’力——统治的充分发展”，成为“人的创造天赋的绝对发挥”①。

由此可见，在科技知识与劳动力一体化条件下，劳动力由商品向资本的转化是实现价值增殖的资本逻辑的客观要求，这就为我们重新认识社会主义市场经济条件下的分配方式提供了一个崭新的理论视角。在社会主义市场经济体制下，劳动力由商品向资本的转化即精神生产资料与劳动者一体化这种新的生产条件，决定了按劳分配的社会主义原则的新的政治经济学内涵：一方面，按劳分配是按照劳动者的劳动力商品的价值分配，取得工资收入；另一方面，按劳分配还要求劳动者按照作为一种与自身结合在一起的精神形态的生产要素即属于劳动者的劳动力资本，即劳动者所占有和掌握的以科学知识为主要内容的精神生产资料，取得一部分由劳动者创造的剩余价值。这样，在社会主义市场经济体制下，由精神生产资料与劳动者一体化所形成的新的生产资料所有制，客观上就要求将按劳分配与按要素分配有机地结合起来，因为“按劳分配”中的“劳”已经被赋予“劳动力商品”与“劳动力资本”的双重含义了。尽管在社会主义市场经

① 《马克思恩格斯全集》第46卷上册，人民出版社1979年版，第486页。

济条件下劳动力商品的价值实现与劳动者凭借其劳动力资本所分享的剩余价值量，必然由于市场竞争的具体情况而表现出价格波动性和不确定性，但这种不确定性是通过市场机制配置社会经济资源不可避免的。

事实上，劳动力由商品向资本的转化所赋予的按劳分配的新的经济学含义，既对资本主义生产方式下的狭隘的资本占有权的积极扬弃，也是在社会主义市场经济条件下对传统计划经济体制中实行的按劳分配制度的一种深刻变革。在马克思的“严格的经济学意义上的雇佣劳动”概念下，资本家凭借对物质生产资料与精神生产资料的双重占有而最终占有雇佣工人的全部剩余劳动，雇佣工人只能得到自己的劳动力商品的价值。在劳动力由商品向资本转化的过程中，精神生产资料与劳动者一体化使劳动者成为精神生产资料即精神资本的所有者。同样是在市场经济所通行的资本所有权规律作用下，劳动者凭借精神生产资料占有由自己的活劳动所创造的一部分剩余价值，这部分剩余价值成为劳动者的重要收入来源。这样，传统理论中的物质资本所有权规律已经转化为物质资本所有权规律与劳动力资本所有权规律并行不悖的新的意义上的资本所有权规律。

据此可得出如下结论：在社会主义市场经济体制下，资本所有权规律所实现的经济内容已经发生了新的变化，能够占有剩余价值的不再只有占有物质生产资料的资本家，而且还有掌握和占有精神生产资料的劳动者。当然，这里所说的劳动者绝不再是马克思所说的严格意义上的雇佣工人了，而是指一切以掌握和占有一定科学、技术、知识等为主要内容的精神生产资料的社会主义劳动者。随着“科教举国”战略的逐步实施与推进，全体社会主义劳动者的科学文化素质必将不断提高，每一个掌握和占有科学知识为主要内容的精神生产资料的社会主义劳动者，必将通过社会主义市场机制在实现自己的劳动力商品的价值并凭借自己的劳动力资本而分享剩余价值的同时，将自己所掌握和占有的科学、技术、知识等这种“财富的最可靠的形式”从“观念的财富”转化为“现实的财富”①，从而实现共同富裕的社会主义本质。

马克思认为，资本的本质在于追求剩余价值，即价值增殖。价值增殖

① 《马克思恩格斯全集》第46卷下册，人民出版社1980年版，第34-35页。

的资本逻辑使其成为历史上创造剩余劳动的最有效率的生产方式，它激起人们无止境的致富欲望，促进了整个社会的普遍勤劳。资本“是发展社会生产力的重要的关系。只有当资本本身成了这种生产力本身发展的限制时，资本才不再是这样的关系”①。从唯物史观来看，价值增殖的资本逻辑本质上是一种历史进步的力量，它将推动人类社会生产力“达到这样的程度，以致一方面整个社会只需用较少的劳动时间就能占有并保持普遍财富，另一方面劳动的社会将科学地对待自己的不断发展的再生产过程，对待自己的越来越丰富的再生产过程，从而，人不再从事那种可以让物来替人从事的劳动，——一旦到了那样的时候，资本的历史使命就完成了”②。可见，在资本的历史使命最终完成之前，人类社会生产必然服从于资本价值增殖逻辑的统治。在新的历史时期，我们党把建立社会主义市场经济体制作为进行经济体制改革的目标，这就是从深层次上把握了人类社会发展的客观规律，是从根本上坚持了马克思主义关于资本批判的基本原理。

我国的社会主义建设实践表明，由社会主义市场经济体制的不断完善与发展所激发起的全国人民的聪明才智、普遍的勤劳和强大的社会生产力，这充分说明追求价值增殖是市场经济的固有灵魂和普遍规律，没有姓“资”和姓“社”之分。在当今时代条件下，无论在西方发达资本主义国家还是在建设中国特色社会主义的中国，在追求价值增殖的资本逻辑统治下所能容纳的人类社会生产力还远远没有充分释放出来，资本的历史使命也还远远没有完成，而这恰恰正是我们应该坚持马克思劳动价值论的经济条件，但必须结合生产关系的新变化而加以深化和发展。正如恩格斯所指出的：“政治经济学本质上是一门历史的科学。它所涉及的是历史性的即经常变化的材料”③。这一论断的深刻含义在于，它本身就指明了作为马克思主义理论有机组成部分的政治经济学的与时俱进的理论固有品质。真正的理论创新绝不可能是悬在空中的、抽象的主观臆想，而必须只能是在结合新的历史条件、时代特征和本国国情的前提下对马克思主义基本原理加以阐发、深化和运用的结果。劳动力资本理论与由此建立的新的按“劳”分

① 《马克思恩格斯全集》第46卷上册，人民出版社1979年版，第287页。

② 《马克思恩格斯全集》第46卷上册，人民出版社1979年版，第287页。

③ 《马克思恩格斯选集》第3卷，人民出版社1995年版，第489页。

配理论，正是在结合以科学技术知识为主要内容的精神生产资料与劳动者一体化发展所导致的传统理论中的生产资料所有制的新变化和社会主义市场经济的历史条件，在坚持马克思劳动价值论的基本原理的基础上提出的，是对马克思主义劳动价值论和现代科技劳动价值论在新的历史时期的深化与发展，也必然是适合建设有中国特色社会主义的马克思主义经济理论的组成部分。在这种意义上，劳动力资本理论必将赋予社会主义“按劳分配”原则以新的内涵。

三、劳动力资本理论必将有力促进和谐劳动关系的构建

在劳动力由商品向资本转化的过程中，以社会主义公有制为基础的社会主义生产关系和分配关系发生深刻变革的同时，社会主义的劳动性质和劳动关系必然发生深刻的变革，必然赋予其新的经济内涵，从而推进社会主义和谐劳动关系的新建构。

概括来说就是，社会主义公有制由传统意义上的物质生产资料的国家所有制和集体所有制，转变了为物质生产资料公有制与精神生产资料的劳动者个人所有制的有机结合，社会主义联合劳动则由传统意义上单纯的劳动联合转变为劳动者的劳动联合与劳动者的劳动力资本的联合。这样，在社会主义市场经济运行过程中，劳动者的劳动力商品与劳动力资本都应当服从于市场经济所必然遵循的价值规律、商品交换规律和资本所有权规律，劳动者不仅应该获得自己劳动力商品的价值，而且还应该凭借自己对精神生产资料即劳动力资本的所有权获得一部分剩余价值，这才能真正实现“经济上”[①] 的公平。这种对剩余价值分享的分配方式[②]是由劳动者在其劳动力个人所有制基础上，作为劳动力商品和劳动力资本的双重所有者

① 马克思在研究雇佣劳动的工资问题时说：“我们这里必须到处假定，支付的是经济上公平的工资，即由经济学上的一般规律决定的工资。”《马克思恩格斯全集》第46卷上册，人民出版社1979年版，第414页。

② 关于社会主义社会中是否还存在剩余价值范畴，学术界仍然存在着争议，相关文献可参见斯大林：《苏联社会主义经济问题》，人民出版社1961年版，第13页；李铁映：《关于劳动价值论的读书笔记》，载于《中国社会科学》2003年第1期；李炳炎：《共同富裕经济学》，经济科学出版社2006年版，第55页。我们认为，社会主义市场经济作为现代市场经济的一种具体表现形式，仍然遵循资本运行的内在逻辑和规律，因此在社会主义市场经济中剩余劳动仍然表现为剩余价值，这是具有历史必然性的。

的生产条件本身的分配所决定的，这正是按劳分配这一社会主义原则在劳动力资本理论视域下的马克思主义政治经济学内涵，也是社会主义劳动者最终实现共同富裕的现实途径，从而也是建设社会主义和谐社会的经济基础。恩格斯指出："每一个既定社会的经济关系首先表现为利益。"① 建立在物质生产资料公有制与精神生产资料的劳动者个人所有制的有机结合基础上的社会主义联合劳动，已经由传统意义上单纯的劳动联合转变为劳动者的劳动联合与劳动者的劳动力资本的联合，这是一种生产关系的深刻变革，同时是劳动关系的深刻变革，它使物质生产资料所有者与精神生产资料所有者之间的利益达到了高度一致，尽管这种一致性仍然被限制在资本逻辑统治②的范围之内。

以唯物史观为指导的马克思主义经济学认为，社会的和谐与否归根结底取决于经济基础的和谐，取决于社会生产条件的和谐，最终取决于劳动本身的和谐。任何人类劳动总是在一定的生产关系之中才能获得自己的现实性。劳动力资本理论正是马克思的劳动力商品理论与当代中国具体的社会经济条件相结合的必然产物，劳动力商品向劳动力资本的转化是社会主义市场经济利用资本关系发展社会主义生产力和实现社会主义本质的必然要求。现代科技（尤其是新技术）革命所蕴藏着的社会生产力客观上要求资本逻辑的统治必将不断深化和广化，通过社会主义市场经济体制来解放和发展社会主义生产力，客观上要求以一种和谐的资本—劳动关系作为基本经济关系，只有这样才能充分发挥资本的历史进步作用，才能发展社会主义生产力。马克思曾以深邃的历史眼光指出："社会关系和生产力密切相联。随着新生产力的获得，人们改变自己的生产方式，随着生产方式即谋生的方式的改变，人们也就会改变自己的一切社会关系。手推磨产生的是封建主的社会，蒸汽磨产生的是工业资本家的社会。"③ 从生产力发展的历史趋势来看，在以现代科学技术劳动为主要特征的知识经济条件下，在

---

① 《马克思恩格斯选集》第 3 卷，人民出版社 1995 年版，第 209 页。

② 关于资本逻辑统治的历史意义及其历史暂时性的详细讨论，参见任洲鸿、刘冠军：《从"雇佣劳动"到"劳动力资本"——西方人力资本理论的一种马克思主义解读》，载于《马克思主义研究》2008 年第 8 期。

③ 《马克思恩格斯选集》第 1 卷，人民出版社 1995 年版，第 141-142 页。

“科技—经济一体化”的社会主义市场经济社会中，人类社会必将是由掌握以科学、技术、知识以及信息等精神生产资料的劳动者为首的社会，他们也是人类社会在这一发展阶段上的先进生产力的真正代表。

因此，构建社会主义和谐社会，必须紧密结合科技与劳动相结合、“科技—经济一体化”的时代特征建立新型资本—劳动关系，这也是建立和完善社会主义市场经济的主要内容，从而使由“人人有知识、个个有技能”的社会主义劳动者组成的社会主义和谐社会矗立在坚实的经济基础之上。正如人的大脑必然指挥和控制人的肢体的行动一样，作为精神生产资料或劳动力资本所有者的社会主义劳动者日益成为整个社会生产的主导力量，并成为支配物质资本并使之真正服务于人的全面发展的主体力量。可以想见，社会主义和谐社会，必将是一个真正的学习型社会，一个人与自然（既包括自然界本身，也包括作为“人化自然”或“第二自然”的物质资本，因为它已经不再是与劳动者相对立的物质力量）之间、人与人之间真正和谐的社会，一个真正使每个社会成员都能够获得全面发展的、“以人为本”的社会。从这个意义上讲，马克思主义的劳动力资本理论必将促就社会主义市场经济条件下的和谐劳动关系新建构。

主要参考文献

著作类

[1] 马克思:《资本论》第 1-3 卷，人民出版社 1975 年版。

[2] 马克思:《资本论》第 1-3 卷，人民出版社 2004 年版。

[3] 马克思:《机器、自然力和科学的应用》，人民出版社 1978 年版。

[4] 马克思:《1844 年经济学—哲学手稿》，人民出版社 1979 年版。

[5] 恩格斯:《自然辩证法》，人民出版社 1984 年版。

[6]《马克思恩格斯全集》第 1 卷，人民出版社 1956 年版。

[7]《马克思恩格斯全集》第 2 卷，人民出版社 1957 年版。

[8]《马克思恩格斯全集》第 3 卷，人民出版社 1960 年版。

[9]《马克思恩格斯全集》第 4 卷，人民出版社 1958 年版。

[10]《马克思恩格斯全集》第 6 卷，人民出版社 1961 年版。

[11]《马克思恩格斯全集》第 13 卷，人民出版社 1962 年版。

[12]《马克思恩格斯全集》第 19 卷，人民出版社 1963 年版。

[13]《马克思恩格斯全集》第 20 卷，人民出版社 1971 年版。

[14]《马克思恩格斯全集》第 21 卷，人民出版社 1965 年版。

[15]《马克思恩格斯全集》第 22 卷，人民出版社 1965 年版。

[16]《马克思恩格斯全集》第 23 卷，人民出版社 1972 年版。

[17]《马克思恩格斯全集》第 24 卷，人民出版社 1972 年版。

[18]《马克思恩格斯全集》第 25 卷，人民出版社 1974 年版。

[19]《马克思恩格斯全集》第 26 卷第 1 分册，人民出版社 1972 年版。

[20]《马克思恩格斯全集》第 26 卷第 2 分册，人民出版社 1973 年版。

[21]《马克思恩格斯全集》第 26 卷第 3 分册，人民出版社 1974 年版。

[22]《马克思恩格斯全集》第 31 卷，人民出版社 1972 年版。

[23]《马克思恩格斯全集》第 42 卷，人民出版社 1979 年版。

[24]《马克思恩格斯全集》第 46 卷上册，人民出版社 1979 年版。

[25]《马克思恩格斯全集》第 46 卷下册，人民出版社 1980 年版。

[26]《马克思恩格斯全集》第 47 卷，人民出版社 1979 年版。

[27]《马克思恩格斯全集》第 1-10 卷，人民出版社 2009 年版。

[28]《马克思恩格斯全集》第 48 卷，人民出版社 1985 年版。

[29]《马克思恩格斯全集》第 49 卷，人民出版社 1982 年版。

[30]《马克思恩格斯选集》第 1-4 卷，人民出版社 1995 年版。

[31]《马克思恩格斯选集》第 1-4 卷，人民出版社 1972 年版。

[32]《马克思恩格斯〈资本论〉书信集》，人民出版社 1976 年版。

[33]《列宁全集》第 4 卷，人民出版社 1984 年版

[34]《列宁全集》第 13 卷，人民出版社 1987 年版。

[35]《列宁全集》第 14 卷，人民出版社 1957 年版

[36]《列宁全集》第 15 卷，人民出版社 1988 年版。

[37]《列宁全集》第 37 卷，人民出版社 1986 年版。

[38]《列宁选集》，第 1-4 卷，人民出版社 1995 年版。

[39]《列宁选集》，第 1-4 卷，人民出版社 1972 年版。

[40] 斯大林:《苏联社会主义经济问题》，人民出版社 1958 年版。

[41]《斯大林全集》第 13 卷，人民出版社 1956 年版。

[42]《斯大林文集》，人民出版社 1985 年版。

[43] 毛泽东:《毛泽东著作选读》上、下册，人民出版社 1986 年版。

[44]《邓小平文选》第 1、2 卷，人民出版社 1994 年版。

[45]《邓小平文选》第 3 卷，人民出版社 1993 年版。

[46] 中共中央宣传部理论局:《六个“为什么”——对几个重大问题的回答》，学习出版社 2009 年版。

[47] [英] 圣西门:《圣西门选集》上、下卷，商务印书馆 1982 年版。

[48] [英] 亚当·斯密:《国民财富的性质和原因的研究》上、下卷，商务印书馆 1972 年版。

[49] [英] 李嘉图:《政治经济学及赋税原理》，商务印书馆 1972 年版。

[50] [英] 约·雷·麦克库洛赫:《政治经济学原理》，商务印书馆 1975 年版。

[51] [法] 让·巴蒂斯特·萨伊:《政治经济学概论》，商务印书馆 1997 年版。

[52] [英] 约翰·勃雷:《对劳动的迫害及其救治方案》，商务印书馆 1983 年版。

[53] [美] 西奥多·W. 舒尔茨:《报酬递增的源泉》，北京大学出版社 2001

年版。

［54］［美］西奥多·W. 舒尔茨:《论人力资本投资》，北京经济学院出版社 1990 年版。

［55］［美］加里·S. 贝克尔:《人力资本》，北京大学出版社 1987 年版。

［56］［美］科斯、哈特、斯蒂格利茨等:《契约经济学》，经济科学出版社 1999 年版。

［57］［美］约瑟夫·熊彼特:《经济分析史》第 1-3 卷，商务印书馆 1996 年版。

［58］［美］亨利·威廉·斯皮格尔:《经济思想的成长》上、下册，中国社会科学出版社 1999 年版。

［59］［德］哈贝马斯:《作为“意识形态”的技术和科学》，学林出版社 1999 年版。

［60］［美］约翰·贝茨·克拉克:《财富的分配》，商务印书馆 1981 年版。

［61］［英］马克·布劳格:《经济学方法论》，北京大学出版社 1990 年版。

［62］［英］乔纳森·沃尔夫:《当今为什么还要研读马克思》，高等教育出版社 2006 年版。

［63］［英］杰弗·霍奇森:《资本主义、价值和剥削——一种激进理论》，商务印书馆 1990 年版。

［64］［英］E. P. 汤普森:《英国工人阶级的形成》上、下册，译林出版社 2001 年版。

［65］［英］肖恩·塞耶斯:《马克思主义与人性》，东方出版社 2008 年版。

［66］［苏］B. H. 托尔斯特赫等:《精神生产——精神活动问题的社会哲学观》，北京师范大学出版社 1988 年版。

［67］［苏］A. Γ. 米列伊科夫斯基等:《现代资产阶级政治经济学批判》，商务印书馆 1985 年版。

［68］［苏］巴加图利亚等:《马克思的经济学遗产》，贵州人民出版社 1981 年版。

［69］［苏］洛赫马涅柯:《技术进步与社会主义生产关系》，辽宁人民出版社 1988 年版。

［70］［德］于尔根·库钦斯基:《生产力的四次革命》，商务印书馆 1984 年版。

［71］［德］施密特:《马克思的自然概念》，商务印书馆 1988 年版。

［72］［苏］列·阿·列昂节夫:《恩格斯在马克思主义政治经济学形成和发展方面的作用》，中国人民大学出版社 1982 年版。

[73]［苏］伊利延科夫:《马克思〈资本论〉中抽象和具体的辩证法》，福建人民出版社1986年版。

[74]［匈］卢卡奇:《历史与阶级意识——关于马克思主义辩证法的研究》，商务印书馆1992年版。

[75]［法］路易·阿尔都塞等:《读〈资本论〉》，中央编译出版社2001年版。

[76]［法］费尔南·布罗代尔:《资本主义的动力》，生活·读书·新知三联书店1997年版。

[77]［德］黑格尔:《法哲学原理》，商务印书馆1982年版。

[78]［德］黑格尔:《小逻辑》，商务印书馆1996年版。

[79]［克罗地亚］勃朗科·霍尔瓦特:《社会主义政治经济学——一种马克思主义的社会理论》，吉林人民出版社2003年版。

[80]［俄］普列汉诺夫:《论一元论历史观之发展》，生活·读书·新知三联书店1965年版。

[81]［波］W. 布鲁斯、K. 拉斯基:《从马克思到市场：社会主义对经济体制的求索》，上海三联书店、上海人民出版社1998年版。

[82]［比利时］曼德尔:《论马克思主义经济学》上、下卷，中国人民大学出版社1979年版。

[83]［日］堺屋太一:《知识价值革命》，东方出版社1986年版。

[84]［捷克］卡莱尔·科西克:《具体的辩证法》，社会科学文献出版社1989年版。

[85]［美］威廉姆·肖:《马克思的历史理论》，重庆出版社2007年版。

[86]［美］悉尼·胡克:《对卡尔·马克思的理解》，重庆出版社1989年版。

[87]［美］赫伯特·马尔库塞:《单向度的人：发达工业社会意识形态研究》，上海译文出版社2007年版。

[88]［美］丹尼尔·贝尔:《后工业社会的来临——对社会预测的一项探索》，商务印书馆1984年版。

[89]［英］I. 梅扎罗斯:《超越资本——关于一种过渡理论》上、下卷，中国人民大学出版社2003年版。

[90]［英］G. A. 柯亨:《卡尔·马克思的历史理论——一个辩护》，重庆出版社1989年版。

[91]［美］哈里·布雷弗曼:《劳动与垄断资本》，商务印书馆1978年版。

[92] [英] 米克:《劳动价值学说的研究》，商务印书馆 1979 年版。

[93] [美] 保罗·斯威齐:《资本主义发展论》，商务印书馆 2006 年版。

[94] [美] 科斯、阿尔钦、诺斯等:《财产权利与制度变迁》，上海三联书店、上海人民出版社 2000 年版。

[95] [美] Y. 巴泽尔:《产权的经济分析》，上海三联书店、上海人民出版社 2003 年版。

[96] 刘冠军:《走进新时代的马克思劳动价值论》，中央文献出版社 2008 年版。

[97] 刘冠军:《现代科技劳动价值论研究——马克思劳动价值论在现代经济社会与境中的发展》，中国社会科学出版社 2009 年版。

[98] 刘冠军:《大教学观下的思想政治理论研究》，首都经济贸易大学出版社 2015 年版。

[99] 王珏、李涛:《劳动力资本论——国企改革出路探析》，中共中央党校出版社 1999 年版。

[100] 张兴茂:《劳动力产权论》，中国经济出版社 2001 年版。

[101] 王金柱:《双产权制度论》，商务印书馆 2005 年版。

[102] 吴宣恭等:《产权理论比较——马克思主义与西方现代产权学派》，经济科学出版社 2000 年版。

[103] 张军:《现代产权经济学》，上海三联书店、上海人民出版社 1995 年版。

[104] 李忠民:《人力资本——一个理论框架及其对中国一些问题的解释》，经济科学出版社 1999 年版。

[105] 李健民:《人力资本通论》，上海三联书店 1999 年版。

[106] 张凤林:《人力资本理论及其应用研究》，商务印书馆 2006 年版。

[107] 程恩富等:《劳动创造价值的规范与实证研究——新的活劳动价值一元论》，上海财经大学出版社 2005 年版。

[108] 董振华:《创新劳动论——从经济学到哲学的理论思考》，中共中央学校出版社 2005 年版。

[109] 顾海良:《马克思经济思想的当代视界》，经济科学出版社 2005 年版。

[110] 吴易风:《英国古典政治经济学》，商务印书馆 1996 年版。

[111] 胡汝银:《低效率经济学：集权体制理论的重新思考》，上海三联书店 1995 年版。

[112] 蒋先福:《契约文明：法治文明的源与流》，上海人民出版社 1999 年版。

[113] 何传启:《分配革命——按贡献分配》，经济管理出版社 2001 年版。

[114] 刘世锦:《经济体制效率分析导论》，上海三联书店、上海人民出版社 1994 年版。

[115] 俞可平等主编:《马克思主义研究论丛——所有制和分配理论》，中央编译出版社 2006 年版。

[116] 张维迎:《企业的企业家——契约理论》，上海三联书店、上海人民出版社 1999 年版。

[117] 巫继学:《自主劳动论要》，上海人民出版社 1987 年版。

[118] 叶险明:《“知识经济”批判》，人民出版社 2007 年版。

[119] 李健平:《〈资本论〉辩证法探索》上卷，福建人民出版社 1986 年版。

[120] 仰海峰:《形而上学批判——马克思哲学的理论前提及当代效应》，江苏人民出版社 2006 年版。

[121] 胡培兆:《价值规律新论》，经济科学出版社 1989 年版。

[122] 俞吾金:《重新理解马克思——对马克思哲学的基础理论和当代意义的反思》，北京师范大学出版社 2005 年版。

[123] 熊子云:《〈1844 年经济学—哲学手稿〉概要》，中国人民大学出版社 1983 年版。

[124] 中共中央马克思恩格斯列宁斯大林著作编译局马恩室编译:《〈1844 年经济学哲学手稿〉研究（文集）》，湖南人民出版社 1983 年版。

[125] 中共中央学校研究室:《28 位专家学者谈劳动价值论再认识》，中共中央党校出版社 2001 年版。

[126]《马克思主义研究资料》1983 年第 2 辑，人民出版社 1983 年版。

[127]《马克思主义研究资料》1983 年第 6 辑，人民出版社 1983 年版。

[128]《马克思主义来源研究论丛》第 6 辑，商务印书馆 1984 年版。

[129]《马克思主义来源研究论丛》第 7 辑，商务印书馆 1986 年版。

论文类:

[1] 周为民、陆宁:《按劳分配与按要素分配——从马克思的逻辑来看》，载于《中国社会科学》2002 年第 4 期。

[2] 汤在新:《论科技工作者和经营管理者的收入及其来源》，载于《中国社会科学》2001 年第 5 期。

[3] 豆建民:《人力资本间接定价机制的实证分析》，载于《中国社会科学》，2003年第1期。

[4] 王开国、宗兆昌:《论人力资本性质与特征的理论渊源及其发展》，载于《中国社会科学》1999年第6期。

[5] 张燕喜等:《经济学的“哥德巴赫猜想”——马克思“重新建立个人所有制”研究观点综述》，载于《中国社会科学》1999年第5期。

[6] 孟捷:《技术创新与超额利润的来源——基于劳动价值论的各种解释》，载于《中国社会科学》2005年第5期。

[7] 朱勇、吴易风:《技术进步与经济的内生增长——新增长理论发展述评》，载于《中国社会科学》1999年第1期。

[8] 何炼成:《也谈劳动价值论一元论——简评苏、谷之争及其他》，载于《中国社会科学》1994年第4期。

[9] 谷书堂、柳欣:《新劳动价值论一元论》，载于《中国社会科学》1993年第6期。

[10] 苏星:《劳动价值论一元论》，载于《中国社会科学》1992年第6期。

[11] 吴易风:《马克思的产权理论与国有企业产权改革》，载于《中国社会科学》1995年第1期。

[12] 吴易风:《论政治经济学或经济学的研究对象》，载于《中国社会科学》1997年第2期。

[13] 吴易风:《从社会主义商品生产到社会主义市场经济的理论发展轨迹》，载于《当代中国史研究》2005年第5期。

[14] 顾准:《试论社会主义制度下的商品生产和价值规律》，载于《经济研究》1957年第3期。

[15] 孙冶方:《论作为政治经济学对象的生产关系》，载于《经济研究》1979年第8期。

[16] 陈贤翼:《关于所有制和生产关系》，载于《经济研究》1980年第3期。

[17] 许耀钧:《论生产关系的内容》，载于《经济研究》1980年第5期。

[18] 袁培树:《略论生产资料所有制不属于生产关系范畴》，载于《经济研究》1980年第9期。

[19] 杨长福:《关于政治经济学研究对象的几点商榷》，载于《经济研究》1981年第1期。

［20］马家驹：《所有制和政治经济学的对象》，载于《经济研究》1981 年第 5 期。

［21］陈瑞铭：《试论生产力、生产方式、生产关系诸范畴的内涵及其相互关系》，载于《经济研究》1984 年第 12 期。

［22］史正富：《劳动、价值和企业所有权——马克思劳动价值论的现代拓展》，载于《经济研究》2002 年第 2 期。

［23］陆立军：《论社会主义社会的劳动和劳动价值》，载于《经济研究》2002 年第 2 期。

［24］赖德胜：《教育、劳动力市场与收入分配》，载于《经济研究》1998 年第 5 期。

［25］诸建芳等：《中国人力资本投资的个人收益研究》，载于《经济研究》1995 年第 12 期。

［26］左大培：《劳动价值论的科学地位》，载于《经济学动态》2003 年第 2 期。

［27］俞吾金：《作为全面生产理论的马克思哲学》，载于《哲学研究》2003 年第 8 期。

［28］赵卫：《精神劳动及其价值问题刍议》，载于《哲学研究》1996 年第 1 期。

［29］李伯聪：《社会形态的三阶段和工具发展的三阶段》，载于《哲学研究》2003 年第 11 期。

［30］刘奔：《时间是人类发展的空间——社会时—空特性初探》，载于《哲学研究》1991 年第 10 期。

［31］刘奔：《哲学家需要关注现实经济问题》，载于《哲学研究》2000 年第 4 期。

［32］陈筠泉：《劳动价值与知识价值》，载于《哲学研究》2001 年第 11 期。

［33］郭飞：《生产要素按贡献参与分配原则新思考》，载于《马克思主义研究》2005 年第 2 期。

［34］叶险明：《论生产资料所有制关系的结构变化》，载于《马克思主义研究》2005 年第 2 期。

［35］叶险明：《生产关系与知识所有权》，载于《马克思主义研究》2006 年第 1 期。

［36］张建琦：《人力资本的性质与企业剩余分配》，载于《中国工业经济》2001 年第 5 期。

［37］肖曙光：《企业人力资本入股实施：一个整体框架研究》，载于《中国工业经济》2006 年第 8 期。

［38］张衔:《马克思对“斯密教条”的批评及其现实意义》，载于《教学与研究》2004年第2期。

［39］李江帆:《略论精神产品的商品性》，载于《学术研究》1985年第5期。

［40］刘诗白:《论科技创新劳动》，载于《经济学家》2001年第3期。

［41］刘诗白:《论科学力》，载于《经济学家》2002年第3期。

［42］陈招顺、李石泉:《政治经济学研究对象是生产方式和生产关系》，载于《学术月刊》1980年第6期。

［43］李业杰:《论劳动过程的二重化本质》，载于《文史哲》1988年第6期。

［44］卫兴华:《评否定按劳分配思潮中的几种观点》，载于《高校理论战线》1991年第1期。

［45］王建民:《劳动力商品与人力资本》，载于《北京大学学报》（哲学社会科学版）2001年第6期。

［46］王建民:《论劳动力商品的自我增殖——兼评“人力资本”理论》，载于《山东大学学报》（哲学社会科学版）2005年第2期。

［47］冯丛林:《对劳动力商品论若干问题的评析》，载于《马克思主义研究》2001年第6期。

［48］程恩富等:《价值、财富与分配“新四说”》，载于《经济经纬》2003年第5期；

［49］征汉文:《论劳动力资本化与社会主义本质的实现》，载于《唯实》2006年第12期。

［50］征汉文:《浅析劳动力资本化对生产关系的影响》，载于《现代经济探讨》2006年第8期。

［51］朱敏:《劳动资本化及其激励效应》，载于《经济学家》2001年第2期。

［52］屈炳祥:《论社会主义社会劳动力的资本化》，载于《经济评论》1996年第1期。

［53］李玲:《试论劳动力资本化——兼论按要素分配》，载于《中央财经大学学报》1999年第9期。

［54］黄建军:《劳动力资本与社会主义本质》，载于《当代财经》1997年第8期。

［55］余传贵:《试论社会主义市场经济条件下的劳动力资本化》，载于《财经理论与实践》1999年第11期。

［56］王珏:《国企改革应实现劳动力资本化》，载于《中国经贸导刊》1999年第

3 期。

[57] 张光明:《斯大林模式的根本特征》,载于《俄罗斯研究》2003 年第 1 期。

[58] 林岗:《所有制的含义、结构和基础》,载于《学习与探索》1986 年第 2 期。

[59] 胡永明:《对马克思所有制范畴内涵的再探索》,载于《学习与探索》1985 年第 1 期。

[60] 王东胜、张矛:《论所有制的内函》,载于《学习与探索》1980 年第 1 期。

[61] 王东胜、张矛:《试论社会主义生产条件的所有制》,载于《学习与探索》1980 年第 6 期。

[62] 艾思奇:《努力研究社会主义社会的矛盾规律》,载于《哲学研究》1958 年第 7 期。

[63] 骆耕漠:《关于生产关系的几个理论问题的研究》,载于《光明日报》1962 年 1 月 23 日。

[64] 李光远:《劳动力所有制论质疑》,载于《经济研究》1982 年第 1 期。

[65] 杜一、康德琯:《〈劳动力所有制质疑〉的质疑——与李光远同志商榷》,载于《经济研究》1983 年第 7 期。

[66] 于伍:《唯生产资料所有制论剖析》,载于《江淮论坛》1982 年第 6 期。

[67] 于伍:《试论社会主义社会的劳动力所有制形式》,载于《新建设》1962 年第 6 期。

[68] 蒋家俊:《关于社会主义劳动力所有关系问题》,载于《学术月刊》1980 年第 6 期。

[69] 蒋学模:《社会主义制度下劳动力所有制问题的我见》,载于《学术月刊》1980 年第 11 期。

[70] 古克武:《也谈社会主义社会劳动力个人所有制》,载于《江淮论坛》1981 年第 1 期。

[71] 荣兆梓、倪学鑫:《试论社会主义社会的劳动力个人所有权》,载于《江淮论坛》1980 年第 3 期。

[72] 刘冠军:《剩余价值生产的“三阶段”动态模式构建及“四要素”分析》,载于《当代经济研究》2015 年第 9 期。

[73] 刘冠军:《是科技价值论还是科技劳动价值论》,载于《海派经济学》2013 年第 1 期。

[74] 刘冠军:《现代科技劳动价值论基础上的劳动力资本化研究》,载于《洛阳

师范学院学报》2012 年第 9 期。

[75] 刘冠军:《现代科技劳动价值论的“对象域”与劳动力资本化研究》，载于《东岳论丛》2011 年第 1 期。

[76] 刘冠军:《科技具体劳动的马克思劳动价值论解读》，载于《齐鲁学刊》2010 年第 2 期。

[77] 刘冠军:《现代科技企业价值生产和运行的网络模式》，载于《科学学研究》2008 年第 1 期。

[78] 刘冠军:《科技时代马克思劳动价值论的困境与出路》，载于《学术界》2008 年第 3 期。

[79] 刘冠军:《科技商品“二因素”及其辩证统一 ——从马克思商品理论和劳动价值论维度的考察分析》，载于《洛阳师范学院学报》2008 年第 4 期。

[80] 刘冠军:《价值增殖过程中的自然科学与单纯的自然力》，载于《东方论坛》2007 年第 4 期。

[81] 刘冠军:《价值增殖中的社会科学与社会劳动的自然力》，载于《齐鲁学刊》2007 年第 6 期。

[82] 刘冠军、任厚升:《科技产品商品论刍议—— 一种基于现代商品经济社会之理论和现实的分析》，载于《山东理工大学学报》2007 年第 6 期。

[83] 刘冠军:《马克思劳动价值论的科学内涵及其逻辑展开》，载于《洛阳师范学院学报》2006 年第 6 期。

[84] 刘冠军:《马克思劳动价值论研究进程中的三次转向》，载于《文史哲》2006 年第 6 期。

[85] 刘冠军:《“科技与经济一体化”社会与境成因探析》，载于《烟台大学学报》2006 年第 2 期。

[86] 刘冠军:《马克思劳动价值论与诸种“非劳动价值论”——一种“科学理论”视域的比较研究》，载于《齐鲁学刊》2006 年第 1 期。

[87] 刘冠军、刑润川:《运用马克思劳动价值论解读科学价值》，载于《哲学研究》2005 年第 4 期。

[88] 刘冠军、邢润川:《科技融入经济系统的主要方式及其发展走向》，载于《自然辩证法研究》2005 年第 6 期。

[89] 刘冠军、邢润川:《科学是“魔鬼般的价值库”—— 一种劳动价值论视域的解读》，载于《自然辩证法通讯》2005 年第 3 期。

[90] 刘冠军、邢润川:《马克思劳动价值论的现实解读》，载于《山东社会科学》2005 年第 5 期。

[91] 刘冠军、邢润川:《破译现代企业活劳动减少而价值量增加之谜—— 一种劳动价值论视域的研究》，载于《天府新论》2005 年第 2 期。

[92] 刘冠军、刑润川:《科学价值的“库存”模型和孵化机制研究》，载于《中国软科学》2004 年第 2 期。

[93] 刘冠军、邢润川:《科学价值:“无人工厂”之利润的真正来源—— 一种马克思主义劳动价值论角度的理解》，载于《科学技术与辩证法》2004 年第 6 期。

[94] 刘冠军、邢润川:《现代科技商品经济社会之与境论——从商品视域看现代经济社会之与境》，载于《齐鲁学刊》2004 年第 6 期。

[95] 刘冠军:《运用劳动价值论对科技价值的研究》，载于《科学学研究》2002 年第 2 期。

[96] 刘冠军:《“科学价值库”与超额剩余价值——从科学价值库理论看超额剩余价值的实质》，载于《人文杂志》2002 年第 2 期。

[97] 刘冠军:《准确理解马克思“自然科学是不费分文的生产力”思想的意义》，载于《吉林大学社会科学学报》2001 年第 2 期。

[98] 刘冠军:《现代科技劳动价值论的框架和内涵》，载于《学术研究》2000 年第 10 期。

[99] 刘冠军:《论科学价值库理论创立的客观必然性》，载于《自然辩证法研究》1999 年第 7 期。

[100] 刘冠军:《论科技生产力和科技生产关系的矛盾及其规律》，载于《科学技术与辩证法》1999 年第 1 期。

[101] 刘冠军:《论科学价值库理论的意义》，载于《自然辩证法研究》1998 年第 9 期。

[102] 刘冠军:《正确认识自然力在价值增殖过程中的作用》，载于《自然辩证法研究》1998 年第 2 期。

[103] 刘冠军:《论科技价值实体的矛盾二重性》，载于《自然辩证法研究》1996 年第 1 期。

[104] 刘冠军:《论马克思“不费分文”的生产力思想》，载于《自然辩证法研究》1996 年第 8 期。

[105] 刘冠军:《论科技劳动的私人性和社会性的矛盾》，《中国科协第二届青年学

术年会论文集——软科学分册》，中国科学技术出版社 1995 年版。

［106］刘冠军、任洲鸿：《价值创造视域中科技劳动与生产劳动的融合及其理论意义—— 一种马克思主义经济哲学的考察》，载于《烟台大学学报》2010 年第 2 期。

［107］任洲鸿、刘冠军：《从“雇佣劳动”到“劳动力资本”——西方人力资本理论的一种马克思主义解读》，载于《马克思主义研究》2008 年第 8 期。

［108］任洲鸿、刘冠军：《“精神劳动”与“精神产品”的马克思主义经济学解读》，载于《东岳论丛》2008 年第 5 期。

［109］任洲鸿、刘冠军：《国内近年来关于劳动力资本化问题的研究述评》，载于《经济评论》2010 年第 6 期。

［110］任洲鸿：《试论马克思的资本历史使命理论及其当代意义》，载于《当代经济研究》2011 年第 10 期。

［111］任洲鸿：《试论马克思的经济社会形态理论及其当代意义》，载于《经济学家》2011 年第 3 期。

［112］任洲鸿：《关于实现“按劳分配”理论创新的思考》，载于《经济学家》2010 年第 5 期。

［113］任洲鸿：《劳动产权与劳动力产权辨析——兼与张亚斌等同志商榷》，载于《财经理论与实践》2001 年第 6 期。

［114］任洲鸿：《马克思“抽象劳动”概念探析》，载于《当代经济研究》2009 年第 8 期。

［115］任洲鸿：《从“二因素”到“二重性”：论马克思经济学术语转换的内在逻辑——评晏智杰教授的〈对财富与价值二分论的解析〉》，载于《当代经济研究》2008 年第 9 期。

［116］任洲鸿：《西方人力资本概念的劳动价值论阐释》，载于《当代经济研究》2007 年第 8 期。

［117］任洲鸿：《关于劳动价值论的若干基本理论问题的思考》，载于《经济评论》2007 年第 2 期。

［118］任洲鸿：《从“对立”到“和谐”——资本—劳动关系历史演变的劳动价值论阐释》，载于《探索》2008 年第 4 期。

［119］任洲鸿：《马克思商品“二分法”的理论探析——新技术革命时代劳动价值论认识的一个可能视角》，载于《洛阳师范学院学报》2008 年第 4 期。

［120］［瑞典］J. 伊斯埃尔：《论社会主义社会的异化问题》，载于《哲学译丛》

1980 年第 5 期。

[121] [匈] M. 瓦依达:《异化与社会主义》，载于《哲学译丛》1980 年第 1 期。

[122] [罗] V. 罗曼:《马克思主义与科技革命》，载于《哲学译丛》1979 年第 2 期。

[123] [法] B. 夏旺斯:《关于苏联的生产关系》，载于《哲学译丛》1978 年第 3 期。

[124] [英] J. 柯亨:《社会主义制度下的异化》，载于《哲学译丛》1965 年第 3 期。

[125] [波] A. 沙夫:《马克思主义旧内容的新发现》，载于《哲学译丛》1965 年第 6 期。

[126] [英] J. 林赛:《社会主义制度下的异化》，载于《哲学译丛》1965 年第 3 期。

[127] [西德] E. 麦茨克:《马克思的思想起源中的人与历史》，载于《哲学译丛》1965 年第 4 期。

[128] [美] 罗伯特·J·巴罗:《人力资本与经济增长》，载于《国外财经》2001 年第 4 期。

[129] [美] 杰姆斯·J·海克曼:《论中国对人力资本的投资问题》，载于《经济资料译丛》2004 年第 3 期。

[130] [美] 埃里克·A·汉努舍克等:《学校教育，劳动力质量和各国经济增长》，载于《经济资料译丛》2003 年第 2 期。

[131] [美] 斯坦·戴维斯等:《知识型企业的来临》，载于《经济资料译丛》1996 年第 1 期。

[132] [美] 卡洛林·肖·贝尔:《人力资本形成和决策者》，载于《经济学译丛》1985 年第 7 期。

[133] [日] 柳个濑孝三:《“教育经济学”批判》，载于《经济学译丛》1982 年第 8 期。

[134] [苏联] 叶·布赫伐里特:《资产阶级“人力资本”理论批判》，载于《经济学译丛》1981 年第 1 期。

[135] Arrow, K. J. 1962, The Economics Implication of Learning by Doing [J]. *Review of Economic Studies*, Vol. 29, pp. 155-173.

[136] Becker, Gary S. 1962, Investment in Human Capital: A Theoretical Analysis

[J]. *Journal of Political Economy*, *Supplement*, Vol. 70 (Oct.), pp. 9-49.

[137] Becker, Gary S. and Chiswick, Barry R. 1966, Education and the Distribution of Earnings [J]. *American Economic Review*, Vol. 56 (May), pp. 358-369.

[138] Blinder, Alan S. and Weiss, Yoram. 1976, Human Capital and Labor Supply: A Synthesis [J]. *Journal of Political Economy*, 84. No. 3 pp. 449-472.

[139] Lucas Robert E, Jr. 1988, On the Mechanics of Economic Development [J]. *Journal of Monetary Economics*, Vol. 22, pp. 3-42.

[140] Mincer, Jacob, 1958, Investment in Human Capital and Personal Income Distribution [J]. *Journal of Political Economy*, 84 (August), pp. 281-302.

[141] Mincer, Jacob, 1970, The Distribution of Labor Income: A Survey with Special Reference to the Human Capital Approach [J]. *Journal of Economic Literature*, 8 (March), pp. 1-26.

[142] Romer, P. M. 1986, Increasing Returns and Long-Run Growth [J]. *Journal of Political Economy*, Vol. 94 (Oct.), pp. 1002-1037.

[143] Romer, P. M. 1990, Endogenous Technological Change [J]. *Journal of Political Economy*, Vol. 98, Part2, pp. s71-102.

[144] Theodore W. Schultz, 1962, Capital Reflections on Investment in Man [J]. *Journal of Political Economy*, Supplement, 70 (Oct.), pp. 1-18.

[145] Theodore W. Schultz, 1961b, Investment in Human Capital [J]. *American Economic Review*, Vol. 51 (March), pp. 1-17.

[146] Theodore W. Schultz, 1960, Capital Formation by Education [J]. *Journal of Political Economy*, *Supplement*, 68 (Dec.), pp. 571-583.

重要术语索引

第一版后记

本书力图在马克思主义经济学框架内系统地建构起一种与西方人力资本理论相抗衡的理论体系——马克思主义劳动力资本化理论。由于这一理论是基于现代科技劳动价值论和社会主义市场经济实践进行研究和建构的结晶，前者是理论基础，后者是现实根基，所以将本书的标题定名为《现代科技劳动价值论与社会主义市场经济条件下的劳动力资本化研究》。同时，这样为本书定名，也是为了与我们主持承担的教育部人文社会科学研究2007年度规划基金项目“现代科技劳动价值论与社会主义市场经济条件下的劳动力资本化研究”（项目批号为“07JA710017”）这一项目名称相一致，因为本书是这一项目的主要研究成果之一。

在马克思主义经济学框架内系统地创立劳动力资本化理论，是我多年的心愿。这一心愿，主要源自以下四个方面的原因：一是西方人力资本理论对马克思主义经济学的冲击和挑战。作为马克思主义经济理论工作者，我们如何面对20世纪中叶以来以反映现代科技革命条件下社会化大生产新特征为主要内容的西方人力资本理论？这已经成为中国化马克思主义经济学所必须科学回答的重大理论课题。二是我国理论界的研究现状。可以说，我国理论界对待西方人力资本理论的态度是非常复杂和微妙的，既不得不承认这一理论对我国实施“科教兴国”伟大战略的现实指导意义，又不能接受这一理论对马克思经济理论的冲击和侵蚀，特别是没有在马克思主义经济学理论框架内建构起一种能与之相抗衡的理论学说。三是轰轰烈烈的社会主义市场经济建设的伟大实践使然。因为只要是市场经济，就必须服从资本追求价值增殖的内在逻辑，就必然将包括劳动力在内的一切生产要素纳入资本的范畴。四是我个人的学术背景。由于多年来致力于马克思主义经济理论特别是其基本原理的研究，在现代经济社会与境中将马克思劳动价值论发展为“科学价值库”理论、现代科技劳动价值论之后，必须将马克思劳动力理论在劳动力商品基础上向前推进，建构起社会主义市场经济条件下的劳动力资本化理论。

上述四方面的原因汇集到一起，使我的这一心愿愈加强烈！因为一旦这一心愿得以实现，即在马克思主义经济学框架内系统地创立劳动力资本化理论，其意义是重大的：一则能够应对西方人力资本理论对马克思主义经济学的冲击和挑战；二则我们在马克思主义经济学理论框架内建构了一种能与西方人力资本理论相抗衡的理论，使我国理论界的困境得以克服；三则将马克思劳动力理论推进到劳动力资本化理论阶段，使马克思主义经济学视域中的资本世界更加丰富，不仅有作为物质生产资料的物质资本，也有作为精神生产资料的劳动力资本。四则有助于社会主义市场经济条件下的所有制变革、分配方式变革、和谐社会建构等。

然而，笔者深知，在马克思主义经济学框架内系统地创立劳动力资本化理论，是一项复杂的艰难的系统工程。没有敢于长期坐“冷板凳”的精神和毅力，那是无法完成这一复杂工程的。早在十年前在对“科学价值库”理论和现代科技劳动价值论进行深入系统的研究过程中，便萌发了将马克思劳动力理论中的劳动力商品推进到劳动力资本的想法，但由于将更多的时间和精力用于“科学价值库”理论和现代科技劳动价值论的研究和建构，同时感到在没有将这两个理论建构起来的前提下是难以对劳动力资本进行研究的，更谈不上建构其理论了。因此，研究劳动力资本化问题也仅仅是一个不太成熟的想法而已，主要的时间和精力用于“科学价值库”理论和现代科技劳动价值论的研究和建构上，整个的研究历程主要体现在近年来主持的相关项目上，如 1997—1998 年主持完成了曲阜师范大学研究项目“科技劳动价值理论探索”；1999—2000 年主持完成了曲阜师范大学研究项目“知识经济与科学价值库理论”；2000—2002 年主持完成了山东省教委人文社会科学研究项目“知识经济与马克思主义劳动价值论”；2002—2008 年主持完成了山东省社会科学规划研究项目 · 重点项目“科技创新价值论和科技企业创新的孵化机制研究”；2005—2008 年主持完成了曲阜师范大学博士科研启动专项基金“现代科技劳动价值论的系统建构——马克思劳动价值论在现代经济社会与境中的发展”；2008 年 6—12 月主持完成了日照市社会科学重点研究项目“关于加快高新技术产业发展的研究”，等等。

在对上述课题的研究过程中，我逐渐感觉到研究劳动力资本化问题的条件已经趋近成熟。一方面，从理论上讲，现代科技劳动价值论将马克思劳动价值论和科技劳动价值论思想在现代经济社会与境中加以发展，将其“对象域”从原来的物质生产领域拓展到精神生产领域，在物质生产和精神生产相统一的领域内确立其科学概念并构建其基本原理、科学定律和结构模式以及通过逻辑推理而推导出相关的一系列结论等。也就是说，现代科技劳动价值论作为一个由科学概念、基本原理和科学定律以及科学推论构筑的理论体系，为我们实现由“劳动力商品”向“劳动力资本”的跃迁作了基础理论上的铺垫，提供了理论基础。另一方面，轰轰烈烈的中国特色社会主义市场经济建设的伟大实践，使社会主义市场经济体制在中国已经初步建立，现代市场经济的资本逻辑规律在社会主义市场经济经济社会中仍然是其基本的规律，同时“科技与经济一体化”社会的科技经济或知识经济社会已经来临，“资本和劳动”二元对立社会氛围正在被“消解”，代之以在科学发展观指导下构建“社会主义和谐社会”的社会氛围，所有制结构变革以及在此基础上的分配方式的变革正在走向深入，等等。这为劳动力资本化研究奠定了坚实的现实基础。

同时还应当看到，在这样的理论基础和现实基础上，我们还有一系列的工作要做，有一系列的问题需要解决。也就是说，在社会主义市场经济的实践中，现代科技劳动价值论也仅仅为我们实现由“劳动力商品”向“劳动力资本”的跃迁奠定了理论基础，我们还必须运用这一基础理论进一步研究“劳动力资本化”所引发的一系列的重大的经济社会问题。譬如：

（1）我们如何在已经较为系统和成熟的现代科技劳动价值论为核心的前期理论研究成果基础上，在社会主义市场经济和“科技与经济一体化”及现代科技劳动日益普遍化的条件下，围绕劳动力资本化的历史必然性与经济合理性展开深入系统的研究？

（2）马克思在当时的“资本和劳动”二元对立的社会历史条件下，在科学区分劳动和劳动力、劳动商品和劳动力商品的基础上创建了科学的劳动力理论和劳动力商品理论，并萌发了大量的“劳动力资本”的思想，这一具有前瞻性和超时代性的思想能否在社会主义市场经济条件下凸显出来，进而形成系统的科学的劳动力资本理论？

（3）与此相适应，我们在社会主义市场经济条件下，如何结合现代科技劳动与知识经济的时代特征在马克思主义经济学框架中引入“劳动力资本”“劳动力资本化”范畴？“劳动力资本”“劳动力资本化”的本质是什么？如何科学地规定其内涵？如何确立“劳动力资本”在马克思所揭示的资本世界中的地位？如何确立“劳动力资本”在马克思主义经济学中的位置？如何划分“劳动力资本”的基本类型？如何认识“劳动力资本”的产权特征？

（4）“劳动力资本”“劳动力资本化”与马克思所提出和研究的“劳动力商品”“劳动力商品化”是什么关系？如何辨析“劳动力资本”与马克思所研究的“不变资本”？如何辨析“劳动力资本”与我国当前理论界所提出的“劳动资本”？

（5）如何对“劳动力资本”与“人力资本”进行比较分析？如何论证劳动力资本是劳动者以学习劳动为主要形式的人类劳动的凝结和物化，从而将人力资本概念纳入到现代科技劳动价值论的理论框架中，批判吸收人力资本理论中的劳动价值论思想？

（6）如何重新审视“雇佣劳动”概念的历史性质，论证马克思所定义的“雇佣劳动”概念的前提是科学与劳动相分离，并在此基础上论证马克思的“资本-劳动二元对立”思想的历史性和劳动力资本化的必然性？

（7）如何论证在社会主义市场经济条件下，现代科技劳动与劳动力资本化事实上已经根本改变了传统意义上的生产资料所有制理论，从而必然引发生产关系与分配关系的根本变革，为实现马克思劳动价值论的理论创新提供了难得的社会历史条件？

（8）在社会主义市场经济条件下，如何以劳动力资本化为理论视角，结合劳动力资本的天然私有性质，论证由“资本-劳动二元对立”条件下的“异化劳动”到现代科技劳动条件下的“和谐劳动”的历史必然性和现实可能性？

(9) 在社会主义市场经济条件下，如何系统论证现代科技劳动条件下的劳动力资本化与建设学习型社会、构建人与自然（包括自然界本身与“人化自然”或“第二自然”的物质资本）相互和谐、“以人为本”的社会的内在联系？

(10) 如何在理论层面上实现社会主义市场经济条件下从马克思“资本-劳动”二元对立条件下的劳动力商品化与“异化劳动”或雇佣劳动向现代科学知识与劳动者一体化过程中的劳动力资本化的历史超越？如何在现实层面上，实现在实际经济活动中扬弃异化劳动和雇佣劳动，实现社会主义市场经济建设过程中的和谐劳动、和谐生产、和谐社会的构建？

(11) 我们为什么必须对社会主义市场经济条件下对劳动力资本化问题进行深入系统的研究，实现马克思主义劳动力理论研究的飞跃即从劳动力商品到劳动力资本的飞跃？为什么说只有运用现代科技劳动价值论的基础理论对社会主义市场经济条件下的劳动力资本化问题进行深入系统的研究，现代科技劳动价值论才能从理论走进现实？才能从纯粹的理论建构走进活生生的经济社会生活？

(12) 我们能否用现代科技劳动价值论的基础理论解决社会主义市场经济条件下的劳动力资本化问题？为什么说对社会主义市场经济条件下的劳动力资本化问题的研究，既是现代科技劳动价值论的深化和发展，也是马克思主义劳动力理论在当代的发展走向，并且这一发展走向正是在现代科技劳动价值论基础上向前拓展的？等等。

面对这样的一系列问题，我在逐渐感觉到研究劳动力资本化问题的条件已经趋近成熟的同时，也深深地感到创建劳动力资本化理论的艰难和要走的研究之路还很长。让我欣喜的是，当我于 2006 年初从《齐鲁学刊》编辑部调到曲阜师范大学经济学院工作以后，发现有许多年轻的专业教师，如任洲鸿讲师（2008 年晋升为副教授）、杜曙光副教授（2009 年晋升为教授）、刘刚讲师等对马克思主义经济理论颇感兴趣，并经常就上述的有关问题进行深入的讨论。经过多次的讨论，特别是经过我和任洲鸿副教授的讨论，在我的倡导下于2007年上半年以“现代科技劳动价值论与社会主义市场经济条件下的劳动力资本化研究”为题申报了教育部人文社会科学研究项目·一般规划基金项目，并且于当年的9月份获得批准。同时，也正是从2007年9月开始，任洲鸿同志考取了我的博士研究生，这样便为我们俩人一起研究这一课题提供了较好的平台。在此加以说明的是，在该项目的申请表中主持人是我，项目组成员除任洲鸿同志之外还有我们学院的其他几位老师，然而对该项目展开深入系统研究的则主要是我和任洲鸿博士，特别是本书之大纲的架构、材料的收集、学界观点的梳理、新观点的提出、具体的写作等都是由我和任洲鸿博士完成的。因此本书以我们俩人署名出版。当然，在此也要感谢项目组其他成员的积极参与。

在对教育部这一课题的研究过程中，使我在马克思主义经济理论方面的研究思路更加明晰。从对“科学价值库”理论的研究，到对现代科技劳动价值论的建构，再到劳动力资本化理论的创建，整个研究的进程从理论的“深处”一步步“浮到”了波澜壮阔的经济社会的“表层”。当在“科学价值库”理论和现代科技劳动价值论的基础上完成了劳动力资本化理论的建构之时，轰轰烈烈的中国特色社会主义市场经济建设实践层面的一系列现实问题——劳动力资本化理论视域中的生产关系变革，劳动力资本化理论视域中的所有制变革，劳动力资本化理论视域中的分配制度或分配方式的变革，劳动力资本化理论视域中的和谐劳动关系建构，劳动力资本化理论视域中的“资本-劳动”对立关系的扬弃，劳动力资本化理论视域中的异化劳动的扬弃，劳动力资本化理论视域中的国有企业改革，劳动力资本化理论视域中的“人人有其股”的新内涵，等等——便纳入到了我们的研究视野之中。所以，2009年初，当任洲鸿博士准备以《“新按劳分配”论——劳动力资本化理论视域下的“按劳分配”研究》为其博士学位论文的题目展开研究，建构起劳动力资本化理论视域中的新按劳分配理论，并将这一打算和计划告诉我时，我感到由衷的高兴，因为他和我一起建构了劳动力资本化理论，对这一理论颇为熟悉，并取得了较好的前期研究成果；同时，将劳动力资本化理论应用于研究社会主义市场经济条件下的按劳分配问题，这是一个全新的领域和课题，不仅理论价值重大，而且现实意义突出。我相信，从“科学价值库”理论，到现代科技劳动价值论，再到劳动力资本化理论，进一步到劳动力资本化理论视域中的新按劳分配理论，等等，马克思主义经济理论必将一步步走进我们的时代，走进我们的现实，走进我们的实践。在我看来，这就是马克思主义理论之中国化、时代化、大众化的真谛。

在本书即将定稿之时，我感到由衷的欣喜，因为它毕竟凝结了我们多年的心血。当然，本书的完成并不意味着对这一课题研究的结束，如前所述，还有更多的现实问题需要我们不懈的努力。

最后加以说明的是，在对本课题的研究和对本书的写作过程中，得到了许多师长、同志、朋友和家人的关爱、支持和帮助，在此向他们致以真诚的谢意！特别是，本书作为教育部人文社会科学研究 2007 年度规划基金项目的研究成果，得到了国家教育部社会科学司有关专家领导的大力支持；中国经济出版社编译部的潘静副主任为本书的出版给予了大力帮助，在此我代表本书作者一并谨致谢忱！

刘冠军　谨记

2010 年 3 月于曲阜师大

第二版后记

本书的第一版——《现代科技劳动价值论与社会主义市场经济条件下的劳动力资本化研究》，是我们承担的“同名的”教育部人文社会科学基金项目结项成果，由中国经济出版社于2010年6月出版。当时对于劳动力资本问题的研究，仍然囿于既有的现代科技劳动价值的理论框架，仅作为现代科技劳动价值论的理论拓展，并没有获得充分的展开和深入探讨。在主题的确立方面，为慎重起见，我们仍然局限于社会主义市场经济条件下的“劳动力资本化”层面，而未使用社会主义市场经济条件下的“劳动力资本”范畴。

从2010年以来，伴随着中国特色社会主义市场经济的改革深化和快速发展，“市场”在中国经济社会发展进程中对资源配置的作用发生了深刻的变化，从原来的基础性作用转化升级为“决定性作用”——中国特色社会主义的生产关系在改革开放进程中不断发展。同时，伴随着世界范围的第三次科技革命和工业革命向新科技革命和工业革命的转变，“工业4.0”这被誉为“即将来临的第四次工业革命”的浪潮冲击着世界各国，中国也不失时机地出台了《中国制造2025》，科技强国战略、人才强国战略和创新驱动发展战略全面启动，大数据背景下的“互联网+”行动计划更是渗透到工业、农业和服务业等各行各业，自动化、信息化和智能化的“三化合流”趋势已经将“中国制造”推进到了“中国智造”和“中国慧造”，这使中国特色社会主义“生产方式”发生深刻变化，从原来的粗放型的物质生产方式不断推进到“科技化”生产方式，并向着高端科技型生产方式——智能化的生产方式发展。这两方面结合在一起，即将中国特色社会主义的新型生产方式和“市场在资源配置中的决定性作用”的生产关系结合在一起，使中国特色社会主义市场经济充满了活力和生机。

在此社会大背景下，七年以来我们对劳动力资本化的认识也在不断深化，越来越认识到中国特色的社会主义市场经济是对资本主义物质型“生产方式以及和它相适应的生产关系和交换关系”① 的历史性超越，是建立在“科学技术是第一生产力”② 基础上的以社会主义科技型“生产方式以及和它相适应的生产关系和交换关系”为核心内容和发展旨归的市场经济，是实现马克思探索工人阶级解放和人类解放所设计的理想社会的必然性制度选择。在社会主义市场经济条件下，劳动者的劳动力实现从商品到资本的转变，则是社会主义劳动者实现共同富裕的历史必由之路。正是由中国特色社会主义的新型生产方式以及与之相适应的中国特色社会主义的新型生产关系、新型经济制度和新型经济道路所决定，当代中国的社会主义市场经济伟大实践，呼唤在马克思主义政治经济学的理论框架内，创建能够反映这种新型生产方式以及与之相适应的新型生产关系、新型经济制度和新型经济道路的马克思主义劳动力资本理论。

这也正是本书再版的理论初衷。或者说，正是基于这种社会大背景下的理论思考，我们对本书第一版进行了进一步的修订，将本书的主题直接确定为《现代科技劳动价值论与社会主义市场经济条件下的劳动力资本研究》，将原来第一板中的“劳动力资本化”的“化”去掉。而为了简练起见，将第二版的书名直接简化为《劳动力资本研究》，将现代科技劳动价值论和社会主义市场经济条件分别作为这一主题研究的理论基础和社会背景潜含在其中。在与任洲鸿博士多次的电话沟通和讨论的过程中，感觉用《劳动力资本研究》作为本书的书名还是有些不够简洁，最后达成共识，将其直接命名为《劳动力资本论》

与此同时，对第二版的理论框架和主要内容也做了诸多调整和修订。全书以“劳动力资本”为主题并贯穿于本书的始终，进而在已经成熟的“现代科技劳动价值论”的理论框架内将其独立出来，同时又没有失掉这一既有理论的基础性支撑。首先，以古典政治经济学中的劳动力资本思想

① 马克思:《资本论》第1卷，人民出版社2004年版，“第一版序言”第8页。

② 《邓小平文选》第3卷，人民出版社1993年版，第274页。

作为思想渊源，以马克思的劳动力理论作为奠基性的理论起点，以马克思的劳动力商品理论作为过渡性的理论形态，结合中国特色社会主义市场经济建设的具体实践和科技第一生产力基础上的知识经济新时代特征，论证了劳动力从商品到资本转化的社会现实发展的历史必然性，以及与此相适应的理论发展的逻辑必然性。其次，以现代科技劳动价值论为基础，系统论证了现代科技经济一体化社会与境下马克思劳动价值论和科技劳动价值论思想的“对象域”向现代科技劳动价值论的“对象域”的时代转换，为劳动力资本化趋势提供了一种系统的理论阐释。再次，在现代科技劳动价值论的基础上，结合当代中国的具体实际，系统构建起社会主义市场经济条件下的劳动力资本理论，它包括劳动力资本的理论内涵、劳动力资本在整个资本世界中的地位、劳动力资本具体类型划分、劳动力资本的使用价值和价值的特殊性，以及劳动力资本的产权结构等具体内容。最后，从理论和现实两个层面阐述劳动力资本理论的价值和意义。

在理论上，通过与西方人力资本理论的比较和对话，彰显劳动力资本理论的学术价值和理论意义，指出所谓的现代人力资本理论实质上是西方资产阶级主流经济学自身发展的理论产物，是“和资产阶级眼界相符合的”并“满脑袋都是生意经”① 的、带有浓厚资产阶级意识形态色彩的理论形态，是在“资产阶级眼界内”试图遮蔽资本主义生产方式以及与此相适应的资本主义生产关系所固有的内在矛盾而创立的资本理论。尽管现代西方人力资本理论在当代中国大地上无限制性的传播和肆意的蔓延，不能说没有可以借鉴之处，但我们不能否认它对中国特色社会主义市场经济之改革开放实践、对中国特色社会主义理论体系及意识形态必然造成误导和侵蚀之结果。而劳动力资本理论，这是在马克思主义经济学理论框架内建构起来的资本理论，是马克思劳动力商品理论与中国特色社会主义具体实际，特别是与中国特色社会主义新型生产方式以及与此相适应的生产关系相结合的理论产物，是中国特色社会主义政治经济学研究的资本理论形态，是能够与西方现代人力资本理论相抗衡的一种马克思主义的资本理

① 马克思：《资本论》第 2 卷，人民出版社 1975 年版，第 134 页。

论，因此其理论意义和学术价值是重大的。

理论只有回到现实，关照现实、回应实践、解决实际问题，其学术价值和理论意义才能真正彰显，这是其学术价值和理论意义的本质之所在。在现实性上，我们围绕推进社会主义市场经济条件下生产方式从低端的粗放型物质生产方式向科技化乃至向高端科技型生产方式的转型升级、推进社会主义市场经济条件下与其新型生产方式的相适应的所有制结构和生产关系新变革、构建中国特色社会主义和谐劳动关系等重大社会命题，对劳动力资本化理论的现实意义做了简要阐发和总结，旨在向关注本书的读者传达这样的信息：在马克思主义政治经济学框架中体系内、运用马克思主义唯物史观的基本原理和基本方法、使用马克思主义政治经济学的概念范畴和话语体系、沿着马克思政治经济学历史演进的逻辑进路所建构起来的劳动力资本理论，并不比在“资产阶级眼界内”、使用西方资产阶级主流经济学的概念范畴、话语体系、沿着西方资产阶级所谓的主流经济学的理论逻辑进路所形成的现代西方人力资本理论差，甚至能够更有针对性地、深层次地关照中国特色社会主义市场经济的现实，更加切实地、系统地回应中国特色社会主义市场经济的实践，更加有效地、前瞻性解决中国特色社会主义市场经济的实际问题——这是由马克思主义理论所具有的实践基础上科学性和革命性相统一本质特征、随着时代发展而发展的与时俱进的理论品质所决定的。

正因为如此，我们有足够的马克思主义理论的自信并一直在努力着。在此说明的是，尽管我们做了诸多努力，但随着中国特色社会主义市场经济的伟大实践不断发展，围绕劳动力资本问题的理论研究也绝不会止步，可谓任重而道远。七年时光如流水匆匆而逝，对于一个人来讲不算短，在这期间我们都有很大的变化。在此特别想说的是，任洲鸿博士在此期间已经成长为在我国马克思主义经济学界崭露头角、有一定学术影响力的青年才俊，从他对马克思主义经济理论的热衷程度和勤奋致力于马克思主义经济理论的努力程度看，有望成为我国马克思主义理论研究的一流学者（我国的高校现在都在致力于“一流大学”“一流专业”的建设，被称为“双一流”建设项目，我想，我们国家更应该注重一流学者的建设，因为一流大学和一流专业的建设根基在于一流学者；没有一流的学者，哪来的一流大学和一流专业，因此建议启动一流高校、一流专业和一流学者的“三一流”建设项目)，这让我感到由衷的欣喜和愉悦。他在此期间先后主持承担了教育部人文社会科学规划基金“知识积累与劳动报酬递增：包容性增长的政治经济学研究”和国家社会科学基金“基于分工演进的包容性劳资关系研究”等高端科学研究项目；他在博士学位论文基础上修订而成的专著《“新按劳分配”论——一种基于劳动力资本化理论的劳动报酬递增学说》，被列为“曲阜师范大学青年学术文丛”由山东人民出版社于 2014 年出版；在《经济学家》《当代经济研究》《经济评论》和《东南学术》等国内一流的杂志上发表了一系列颇有学术含金量的一流论文。对任洲鸿博士的这些著作和论文，我是见后必读的，并时常推荐给我所指导的博士研究生阅读。

而就我个人而言，变化也比较大，工作单位从原山东的高校调到首都的高校，从此和任洲鸿博士研讨问题就不那么方便了；期间主持完成了一项国家社科基金项目，主持在研一个全国文化名家暨“四个一批”人才自主课题等；同时，学院的管理工作也占用了我很多的时间和颇多的精力，使我的时间和精力总感到不够用。因此，教学、科研和管理工作的繁忙，加之工作调动和调整，本想早对本书的第一版进行修订和再版——因为在我们看来中国特色社会主义市场经济的伟大实践需要这样的理论，但一直未能抽出时间，想来也有些遗憾。所幸的是，这几年也未“闲着”。如今借修订本书第二版的机会想表达的是，我们会更加珍惜当下已经安定下来的正常工作和生活，在理论研究的陡峭山路上不畏劳苦、继续前行。这正像马克思提醒追求真理的读者所讲的：“在科学上没有平坦的大道，只有不畏劳苦沿着陡峭山路攀登的人，才有希望达到光辉的顶点。”①

最后加以指出的是，本书第二版的修订和出版得到国家社会科学基金项目“马克思‘科技-经济’思想及其发展研究”（11BKS005）、全国文化名家暨“四个一批”人才自主选题“马克思‘科技-社会’思想及其发展

① 马克思：《资本论》第 1 卷，人民出版社 2004 年版，“法文版序言和跋”第 24 页。

研究”（中宣干字［2016］133号）的资助，得到了国家社科规划办和中宣部干部局有关专家领导的大力支持；本书的第一版作为教育部人文社会科学研究规划基金项目的研究成果，曾得到国家教育部社会科学司有关专家领导的大力支持；在本书第二版的出版过程中，中国经济出版社的赵静宜主任给予了的大力支持和帮助，她的耐心、信任和敬业精神让我们感动（今天下午，她又发来微信，提醒书稿的修订事宜），正是在赵静宜主任的大力帮助和支持，本书第二版才能如此顺利地出版，在此我代表本书作者一并谨致谢忱！

刘冠军　谨记

2017年7月17日于首经贸